ज़ीरो टू हीरो

उन 20 उद्यमियों की प्रेरणादायी कहानियां जिन्होंने बिना
एमबीए के अपने रास्ते खुद बनाने की हिम्मत की

ज़ीरो टू हीरो

रश्मि बंसल

अनुवाद
अनु सिंह

यात्रा बुक्स

वैस्टलैंड लिमिटेड
61, द्वितीय तल, सिल्वरलाइन अलपक्कम मेन रोड, मदुरावोयल, चेन्नई-600095
93, प्रथम तल, शाम लाल रोड, दरियागंज, नई दिल्ली-110002

भारत में प्रथम प्रकाशितः एकलव्य एजुकेशन फाउंडेशन, 2010
अंग्रेजी का प्रथम संस्करणः *कनेक्ट द डॉट्स,* वैस्टलैंड लिमिटेड, 2012
हिंदी का प्रथम संस्करणः वैस्टलैंड लिमिटेड, यात्रा बुक्स के सहयोग से, 2015

आई.एस.बी.एनः 978-93-85152-04-7

टाइपसेटः अर्चना प्रिंटर्स, ईस्ट रामनगर, शाहदरा, दिल्ली-32, मोबाइलः 9811357243

मेरे पेरेंट्स
मनोरमा और प्रह्लाद चंद्र अग्रवाल
को समर्पित
जिन्होंने मेरे भीतर के
'हीरो' को जगाया

"आप आगे देखते हुए बिंदुओं को जोड़ते हुए नई रेखाएं नहीं खींच सकते; आप सिर्फ पीछे देखते हुए बिंदुओं को जोड़ सकते हैं। इसलिए आपको किसी न किसी चीज पर भरोसा करना होगा--अपने गट पर, अपनी किस्मत पर, अपनी ज़िंदगी, अपने कर्मों पर... किसी भी एक चीज पर। इस सोच ने कभी मुझे धोखा नहीं दिया, और मेरी ज़िंदगी इसी सोच ने बदली है।"

--स्टीव जॉब्स, कमेन्समेंट अड्रेस,
स्टैनफोर्ड यूनिवर्सिटी (2005)

आभार

मेरा आभार सुनील हांडा को, जो मेरे टीचर, दोस्त, फिलॉसोफर और गाइड हैं। इस किताब को लिखने और उसके प्रकाशन के दौरान उनके लगातार सहयोग और प्रोत्साहन के लिए।

मेरे दोस्त पियुल मुखर्जी, और दीपक गांधी के लिए, जिन्होंने बहुत धैर्य से हर चैप्टर पढ़ा और अपना कीमती फीडबैक दिया।

स्वास्तिक निगम, ए श्रीनिवास राव, सौरभ दातार और आईआईएम अहमदाबाद के छात्र, जिन्होंने तब प्रूफ रीडिंग की जब तक उनकी आंखें बाहर नहीं आ गईं।

निखिल सहस्त्रबुद्धे, अविनाश अग्रवाल, और सूर्या रघुनाथन--ट्रांसक्रिप्शन के लिए।

अमृत वत्स के कवर डिजाइन के लिए।

मेरी बेटी निवेदिता का, जिसने अपना कमरा मुझे काम करने के लिए दिया, और लेखक कैसे काम करते हैं, पर टिप्स देती रही।

मेरी मां, और मेरी हाउस हेल्प--लता और सोनू--का, जिनके बैकएंड सपोर्ट के बिना कोई भी औरत काम नहीं कर सकती।

और आख़िर में, मैं इस किताब में आए सभी उद्यमियों का शुक्रिया, जिन्होंने खुले दिल से अपनी कहानियां मुझसे बांटीं।

ये कहानियां अगली पीढ़ी को अपनी सनक और जुनून बचाए रखते हुए आगे बढ़ते रहने के लिए प्रेरित करती रहेंगी।

और एक ख़ूबसूरत नई दुनिया बनाती रहेंगी।

लेखक की कलम से

जब तक मैं 17 साल की थी, मुझे वो सब कुछ मिलता रहा जो मैं चाहती थी--बिना किसी कोशिश के।

मैं स्कूल बोर्ड एक्जाम की टॉपर थी।

मैंने नेशनल टैलेंट सर्च स्कॉलरशिप हासिल किया।

क्विजिंग में जाने कितने पुरस्कार और शील्ड्स मिले।

लेकिन जब मैं 17 साल ही हुई तो मैंने अमेरिका के चार यूनिवर्सिटी में अप्लाई किया। दो ने मुझे रिजेक्ट कर दिया, एक ने वेटलिस्ट पर डाल दिया और चौथे ने मुझे एडमिशन तो दिया लेकिन बिना किसी फाइनेंशियल मदद के।

मेरा दिल टूट गया।

मैं अपने पेरेन्ट्स के साथ इंडिया लौट आई और सेंट जेवियर्स कॉलेज में बैचलर्स डिग्री के अप्लाई कर दिया। वहां भी किस्मत ने साथ नहीं दिया।

आखिर में मैंने सोफिया कॉलेज से इकॉनोमिक्स में बीए किया और वो तीन साल मेरी ज़िंदगी के सबसे बेहतरीन साल थे।

मैं आगे बढ़ती रही, अच्छा करती रही। आजाद हो गई, आत्मविश्वास से भर गई। कॉलेज मैगजीन की एडिटर बनी, स्टूडेंट काउंसिल की मेंबर बनी, इंटर-कॉलेजिएट फेस्टिवल सर्किट में सक्रिय हो गई।

नर्ड से मैं *पटाका* टाइप कुछ बन गई थी।

इस बीच मैंने 'द इंडियन पोस्ट', 'द संडे ऑब्र्जवर', 'मिड-डे' और 'द इंडिपेंडेंट' जैसे अखबारों के लिए लिखना शुरू कर दिया।

इन सब बातों का मतलब क्या है? कहना मैं सिर्फ ये चाहती हूं कि

चीजें वैसी कई बार नहीं होतीं, जैसी हम चाहते हैं। ईश्वर का प्लान हमारे लिए कुछ और होता है।

आखिर में सब कुछ वैसा ही हुआ जैसा होना चाहिए था--परफेक्ट!

मैं आईआईएम अहमदाबाद पढ़ने गई, अपनी मैगजीन शुरू की, और वो किया जो करना मुझे सबसे अच्छा लगता था--लिखना। एक दिन मुझे आईआईएम अहमदाबाद के उद्यमी पर किताब लिखने का मौका मिला, और मैंने दोनों हाथों से वो मौका पकड़ लिया।

वो किताब थी *स्टे हंग्री स्टे फूलिश*।

जनवरी 2009 में कैंपस में अपने पंद्रहवें रियूनियन के लिए थी, और *स्टे हंग्री स्टे फूलिश* की 50,000 कॉपिज बिक गई थीं। इसे सेलिब्रेट करने के लिए आईआईएम अहमदाबाद के डीन ने मुझे सम्मानित किया।

ये उसी क्लासरूम में हुआ जहां बैठकर मैं अक्सर सोचती थी, मैं यहां कर क्या रही हूं आखिर?

उस दिन मुझे अपने उस सवाल का जवाब मिल गया था।

मैंने अपने डॉट्स जोड़ लिए थे।

सच तो ये है कि एक प्लान और है, एक बड़ा प्लान। आपकी ज़िंदगी का हर तजुर्बा, चाहे वो अच्छा रहा हो या खराब--आपको वो बनाता है, जो आप हैं।

कोई एक मुलाकात।

कोई एक बातचीत।

कोई एक आर्टिकल जो आपने कहीं पढ़ा, और आपके जेहन में ठहर गया वो।

ये आपकी ज़िंदगी के सफर में अचानक आ गया मोड़ हैं, जो आपको आपकी मंजिल की ओर ले जाएगा।

इसलिए बाहर निकलिए और कुछ कीजिए। सीखिए। तजुर्बे हासिल कीजिए।

अपनी ज़िंदगी के कैनवस पर बहुत सारे डॉट्स बनाइए।

फिर उन्हें अपनी पसंद के रंगों से भरिए।

एक ऐसी ज़िंदगी बनाइए जो किसी आर्ट पीस की तरह हो।

सौंदर्य और हैरत से भरा कोई पीस, आपके दिल की कोई बात।

इस किताब की हर कहानी में हर शख़्स ने ठीक यही किया है--ज़िंदगी पर यकीन किया है, खुद पर यकीन किया है। तब जाकर *ज़ीरो से हीरो* बने हैं वो।

-- रश्मि बंसल

जुगाड़

इन उद्यमियों को बिजनेस में कोई फॉर्मल ट्रेनिंग नहीं मिली। उन्होंने सिर्फ देखकर, नए नए प्रयोग करके और दिमाग लगाकर सीखा। क्योंकि बिजनेस रॉकेट साइंस नहीं होता।

जुनून

कुछ उद्यमी किसी एक आइडिया या जुनून पर काम करते हुए अपने लिए रास्ते तैयार कर लेते हैं। एक ऐसा आइडिया, जो सबसे अलग है, अपने वक़्त से बहुत आगे है। ये वेंचर अपने सपने को हकीकत में बदलने की एक मिसाल है।

जुबान

क्रिएटिव लोगों को अपनी बात कहने के लिए प्लैटफॉर्म चाहिए होता है। अगर उनका हुनर सबसे अलग हो तो वो प्लैटफॉर्म भी तैयार हो जाता है। और इस तरह आर्टिस्ट भी उद्यमी बन जाता है।

अनुक्रम

जुगाड़

इन उद्यमियों को बिजनेस में कोई फॉर्मल ट्रेनिंग नहीं मिली। उन्होंने सिर्फ देखकर, नए नए प्रयोग करके और दिमाग लगाकर सीखा। क्योंकि बिजनेस रॉकेट साइंस नहीं होता।

पृ.2 सड़कों का बादशाह
प्रेम गणपति–जन्म 1973
दोसा प्लाजा

बेहतर भविष्य की तलाश में लाखों की संख्या में हर रोज मुंबई आने वालों के हुजूम में से एक थे वो। प्रेम गणपति नाम के बर्तन मांजने वाले इस शख्स ने मैकडॉनल्ड्स से प्रेरणा लेकर 'दोसा प्लाजा' के नाम से फास्टफूड चेन शुरू किया, जिसके पूरे देश में अब 26 आउलेट्स हैं।

पृ.20 एक आविष्कारक
कुंवर सचदेव–जन्म 1962
सु-कैम

कुंवर सचदेव सिर्फ बीएससी ग्रैजुएट है, लेकिन वे कई इंजीनियरों पर भारी पड़ते हैं। स्कूल में एक औसत छात्र, कुंवर को फिजिक्स से बहुत बाद में प्यार हुआ। बाद में इसी फिजिक्स ने उन्हें एक बिजनेस खड़ा करने का रास्ता दिखाया। कुंवर अब पावर इलेक्ट्रॉनिक्स के क्षेत्र में सु-कैम नाम की 500 करोड़ रुपए की एक कंपनी चलाते हैं।

पृ.42 इंग्लिश गुरु
गणेश राम–जन्म 1960
वीटा

एनएसएस के स्वयंसेवी के तौर पर काम करते हुए गणेश राम को अपने बारे में एक बात पता चली–उनके पास पढ़ाने का कौशल है। 1981 में खोले गए एक कोचिंग सेंटर, विवेकानंदस्टडीसर्कल से शुरू हुआ उनका सफर वीटा तक पहुंच गया है, जो भारत में स्पोकन इंग्लिश सिखाने का सबसे बड़ा ट्रेनर है।

पृ.68 ख़ूबसूरती का सुनहरा रंग

सुनीता रामनाथकर–जन्म 1954

फेम केयर फार्मा

अपनी दूसरी बेटी के जन्म के चार महीने बाद ही इस गृहिणी ने 'फेम' फेयरनेस ब्लीच लॉन्च किया। अगले 27 सालों में घर से शुरू हुई इस स्किनकेयर कंपनी ने बड़ी मल्टीनेशनल कंपनियों के आगे अपना वजूद कायम रखा, और हाल ही में डाबर ने इस कंपनी को खरीद लिया।

पृ.88 खाने का ख़ज़ाना

एम महादेवन–जन्म 1955

ओरिएंटल कुइजीन्स

महादेवन ने मद्रास यूनिवर्सिटी में प्रोफेसर की अच्छी-भली नौकरी को छोड़कर चाइनीज रेस्टुरेंट खोलने का फैसला किया। लेकिन रसोई में भी उन्हें कॉस्ट-अकाउंटिंग के ज्ञान से उतनी ही मदद मिली। आज एम महादेवन का साम्राज्य कई पाक-शैलियों और कई देशों में अपनी पहचान बना चुका है।

पृ.114 स्वच्छता अभियान

हनमंत गायकवाड़–जन्म 1972

बीवीजी (भारत विकास ग्रुप)

इंजिनियरिंग की पढ़ाई करते हुए हनमंत ट्यूशन पढ़ाया करते थे, ताकि कॉलेज में अपना खर्च चला सकें। आज वे भारत विकास ग्रुप (बीवीजी) नाम की एक फैसिलिटी मैनेजमेंट संस्था चला रहे हैं, जिसका टर्नओवर 300 करोड़ रुपए है। बीवीजी के न सिर्फ कई कॉरपोरेट क्लायंट हैं, बल्कि ये फर्म राष्ट्रपति भवन की देखभाल भी करता है।

पृ.134 जुनून है तो सब हासिल

रंजीव रामचंदानी–जन्म 1968

तंत्रा टी-शर्ट्स

रंजीव रामचंदानी ने माइक्रोबायॉलोजी की पढ़ाई की, लेकिन ये उन्हें रास नहीं आई। उन्होंने एडवर्टाइजिंग में काम शुरू किया, लेकिन वो दुनिया भी उन्हें रास नहीं आई। आख़िर में वे तंत्रा नाम की कंपनी में अपने बॉस बन गए--जहां वे ख़ास किस्म की इंडियन डिजाइनों वाली टी-शर्ट्स बनाते हैं। और उन्हें अपने काम से बेइंतहा मोहब्बत हो गई है!

जुनून

कुछ उद्यमी किसी एक आइडिया या जुनून पर काम करते हुए अपने लिए रास्ते तैयार कर लेते हैं। एक ऐसा आइडिया, जो सबसे अलग है, अपने वक्त से बहुत आगे है। ये वेंचर अपने सपने को हकीकत में बदलने की एक मिसाल है।

फैलाने का बीड़ा उठाया।

सौरभ व्यास--जन्म 1979

गौरव राठौर--जन्म 1980

पॉलिटिकल एज

हॉस्टल की दोस्ती और पॉलिटिक्स के लिए प्यार ने इस अलग किस्म की कंपनी को जन्म दिया। दो आदर्शवादी युवा अब नेताओं को रिसर्च और कन्सलटिंग सर्विस मुहैया करा रहे हैं।

सत्यजीत सिंह--जन्म 1967

शक्ति सुधा इंडस्ट्रीज

सत्यजीत सिंह अपनी ज़िंदगी में बहुत अच्छा कर रहे थे। कन्ज़्युमर ड्यूरेबल बेचते थे, और काम अच्छा चल रहा था। लेकिन फिर भी एक दिन उन्होंने बिजनेस बंद कर दिया, और मखाना का कमर्शियल बिजनेस करने का फैसला किया। इसके साथ ही उन्हें अपनी ज़िंदगी का मिशन मिल गया, और इसका फायदा हजारों छोटे किसानों को हुआ।

सुनील भू--जन्म 1961

फ्लैंडर्स डेयरी

शहर का एक लड़का, जो बचपन से जानता था कि उसे एक दिन खेतों में ही काम करना है।

चेतन मैनी--जन्म 1970

रेवा इलेक्ट्रिक कार कंपनी

जब से उन्हें याद है, तब से चेतन मैनी इलेक्ट्रॉनिक्स को लेकर पागल थे -- और गाड़ियों को लेकर भी। ये वो जुनून था जिसकी वजह से चेतन ने एक इलेक्ट्रिक कार बनाने की ठानी। आज रेवा सिर्फ ऐसी गाड़ियां ही नहीं बना रही, बल्कि जनरल मोटर्स जैसी बड़ी कंपनियों को अपनी टेक्नॉलोजी लाइसेंस भी कर रही है।

हाथी छाप

महिमा रिसाइकलिंग में कुछ करना चाहती थीं, लेकिन किसी एनजीओ के साथ मिलकर नहीं। इसलिए उन्होंने हैंडमेड पेपर का काम शुरू कर दिया। इस बीच महिमा ने कई और दिलचस्प चीजें ढूंढ़ निकाली, जिनमें से एक था हाथी के गोबर का इस्तेमाल।

त्रिकाया एग्रीकल्चर

शहर में पैदा हुए समर के बड़े ख्वाब नहीं थे। लेकिन ज़िंदगी चुनौती देती रही और उन्होंने तय किया कि चुनौतियों का सामना सामने से किया जाएगा। पिछले एक दशक में त्रिकाया एग्रीकल्चर ने एक हॉबी को एक फलते-फूलते बिजनेस में तब्दील कर दिया है। भारत में क्या-क्या उगाया जा सकता है, उस सोच की सीमाओं के तोड़ते हुए नई चीजें पैदा कर रहा है।

जुबान

क्रिएटिव लोगों को अपनी बात कहने के लिए प्लैटफॉर्म चाहिए होता है। अगर उनका हुनर सबसे अलग हो तो वो प्लैटफॉर्म भी तैयार हो जाता है। और इस तरह आर्टिस्ट भी उद्यमी बन जाता है।

अभिजीत बनसोड़—जन्म 1972

यंग एनआईडी ग्रैजुएट अभिजीत बनसोड़ सोचते थे कि ये देसी इंजीनियर वेस्ट से इतने प्रभावित क्यों होते हैं। अभिजीत ने भारतीय धरोहर हेरिटेज के नाम से संरक्षित किया, टाइटन का रागा कलेक्शन तैयार किया और अब अपनी प्रॉडक्ट डिजाइन कंपनी चला रहे हैं।

परेश मोकाक्षी--जन्म 1969

हरिश्चंद्राची फैक्टरी

परेश मोकाक्षी एक्टर बनना चाहते थे, लेकिन मराठी नाटककार और निर्देशक बन गए। दादासाहब फाल्के की बायोग्राफी अचानक हाथ लगी, और परेश एक नए सफर पर अचानक निकल पड़े--एक ऐसी फीचर फिल्म बना डाली जो 2009 में भारत की ऑफिशियल ऑस्कर एंट्री बनी।

कृष्णा रेड्डी--जन्म 1984

प्रिंस डांस ग्रुप

उड़ीसा के एक छोटे से गांव में कृष्ण रेड्डी ने मजदूरों की एक टोली बनाई, और एक डांस ग्रुप बना लिया--प्रिंस डांस ग्रुप। इस ट्रूप ने भारत का सबसे मशहूर टैलेंट शो--इंडिया हैज गॉट टैलेंट--जीत लिया, और मिथक कथाओं से ली गई कहानियों पर कोरियॉग्राफी करके दर्शकों का दिल जीत लिया।

कल्याण वर्मा--जन्म 1980

वाइल्ड लाइफ फोटोग्राफर

बाईस साल की उम्र में कल्याण वर्मा के पास एक अदद-सी नौकरी थी, याहू में। लेकिन एक दिन इस लड़के ने नौकरी छोड़ दी, और अपने जुनून को पूरा करने में लग गए। ये जुनून था वाइल्ड लाइफ फोटोग्राफी का। आज कल्याण एक ऐसे ईडियट के तौर पर जाने जाते हैं जिसने अच्छे-खासे काम को लात मारकर वो करना शुरू कर दिया जिसमें वाकई उनका मन लगता था।

जुगाड़

इन उद्यमियों को बिजनेस में कोई फॉर्मल ट्रेनिंग नहीं मिली। उन्होंने सिर्फ देखकर, नए-नए प्रयोग करके और दिमाग लगाकर सीखा। क्योंकि बिजनेस रॉकेट साइंस नहीं होता।

सड़कों का बादशाह

प्रेम गणपति
दोसा प्लाजा

बेहतर भविष्य की तलाश में लाखों की संख्या में हर रोज मुंबई आने वालों के हुजूम में से एक थे वो। प्रेम गणपति नाम के बर्तन मांजने वाले इस शख्स ने मैकडॉनल्ड्स से प्रेरणा लेकर 'दोसा प्लाजा' के नाम से फास्टफूड चेन शुरू किया, जिसके पूरे देश में अब 26 आउलेट्स हैं।

'मेरा इंग्लिश बहुत अच्छा नहीं है,' पहली बार इंटरव्यू के लिए वक़्त मुकर्रर करने के लिए हम उनसे बात करते हैं, तो प्रेम ये कहते हैं।

'कहने को तो हिंदी भी परफेक्ट नहीं है'--भारी तमिल लहजे वाली उनकी हिंदी समझे में कई बार परेशानी होती है।

लेकिन एक भाषा है जो प्रेम गणपति बहुत आसानी से, और अच्छी तरह समझते हैं--बिजनेस की भाषा।

ब्रांडिंग? उनसे बेहतर कौन समझेगा!

कॉस्टिंग? हमेशा उस पर नजर होती है।

ग्राहकों का संतोष? उससे बढ़कर तो कुछ है ही नहीं।

प्रेम गणपति यानि पीजी को ये सब सीखने के लिए किसी बिजनेस स्कूल जाने की जरूरत नहीं पड़ी। उन्होंने कॉलेज के बाहर, मुंबई की तंग और धूलभरी सड़कों पर काम करते हुए अपना ज्ञान हासिल किया।

प्रेम ने अपना करियर किसी 'रेस्टोरेंटलाइन' में बर्तन मांजने वाले के तौर पर शुरू किया, और धीरे-धीरे कड़ी मेहनत की बदौलत ऊपर पहुंचते चले गए। चाय के स्टॉल से लेकर सड़क के किनारे दोसा बेचने तक, और फिर वाशी रेलवे स्टेशन के पास एक छोटा-सा फूडज्वाइंट चलाने तक--कई सारे लोगों के लिए इतनी ही उपलब्धियां काफी होती हैं। लेकिन प्रेम गणपति के लिए नहीं थी।

प्रेम गणपति ने नवी मुंबई के सबसे पहले मॉल--सेंटर वन--में अपना एक काउंटर खोला, और उसके बाद पीछे मुड़कर नहीं देखा।

आज देश भर में 26 'दोसा प्लाजा' आउटलेट्स हैं और यहां तक कि न्यूजीलैंड में भी एक फ्रेंचाइजी है।

यहां तक पहुंचना आसान नहीं। लेकिन यहां तक पहुंचना नामुमकिन भी नहीं। प्रेम गणपति की कहानी आपको उम्मीद देती है, कि हां, इस देश में कोई भी कुछ भी हासिल कर सकता है। हमारे देश में सैकड़ों धीरूभाई अंबानी हो सकते हैं। और हमारे देश में लाखों प्रेम गणपतियों का बनना भी मुमकिन है।

सड़कों का बादशाह

प्रेम गणपति
दोसा प्लाजा

प्रेम गणपति तमिलनाडु के तूतीकोरिन जिले के नगलपुरम में पैदा हुए। छह भाइयों और एक बहन के बीच वो चौथे नंबर पर थे।

"मेरे पिता खेती से जुड़ा बिजनेस करते थे... उससे पहले कोयले का व्यापार कर रहे थे... लेकिन उस धंधे में उन्हें बहुत नुकसान हुआ। मेरे पैदा होने के आस-पास उन्होंने वो काम बंद कर दिया," खेती का काम भी बहुत अच्छा नहीं चलता था, लेकिन काम किसी तरह चल रहा था।

सीनियर गणपति योगा और जिमनास्टिक्स के टीचर भी थे। प्रेम बताते हैं कि उनके पिता सबसे अलग थे। उनका जो व्यवहार था, नॉर्मल लोगों से थोड़ा अलग था। मिसाल के तौर पर ईमानदारी उनकी पहचान थी। "मेरे पिता ने कभी बिजनेस के बारे में मुझे नहीं सिखाया। वे कभी सफल नहीं रहे। लेकिन उन्होंने मेरे विचारों, मेरे मूल्यों पर बहुत असर डाला। जिंदगी में जो भी थोड़ी-बहुत सफलता मुझे मिली है, उन्हीं की वजह से है।"

प्रेम नादर समुदाय से हैं, और इसलिए दसवीं तक की पढ़ाई उन्होंने पास के ही एक सामुदायिक स्कूल से की। उस समय तमिलनाडु के मुख्यमंत्री थे कामराज नादर, और उन्हीं की वजह से मेरे जैसे लोगों के लिए शिक्षा मुमकिन हो सकी।

नादर कम्युनिटी का गांव में एक मंदिर ट्रस्ट जो स्कूल चलाता था। जिस

एससीएन स्कूल में प्रेम ने पढ़ाई की, वहां आस-पास के गांवों से भी बच्चे
पढ़ने आते थे।

"अब तो वहां बारहवीं तक की पढ़ाई होती है। इस साल स्कूल पूरे
जिले में फर्स्ट आया," प्रेम गर्व से बताते हैं।

एससीएन हाईस्कूल के छात्र अब बड़ी चुनौतियों के लिए प्रयासरत हैं,
लेकिन जब प्रेम ने दसवीं की पढ़ाई पूरी की थी तो उनके सामने एक ही
रास्ता था--स्कूल से बाहर निकलकर काम ढूंढ़ना। हमारे समुदाय में लोग या
तो आठवीं तक पढ़ाई करते हैं या बहुत से बहुत दसवीं तक। फिर परचून
की दुकान खोल लेते हैं, कपड़े की दुकान खोल लेते हैं, बर्तनों की दुकान
में जॉब पर जाते हैं।

पैसे की कमी थी। प्रेम चेन्नई चले गए, जहां उनके पिता और भाई
पहले से काम कर रहे थे और वहां एक कॉफी की दुकान में उनकी नौकरी
लग गई।

"मैंने कॉफी बीन पीसना सीखा... छोटे-छोटे काम सीखे।" उसके बाद
साल की एक छुट्टी में जब वे गांव लौटे तो उन्होंने दूसरा काम ले लिया--कॉफी
और चावल के व्यापार का। शायद प्रेम इसी काम में रम जाते, लेकिन किस्मत
को कुछ और मंजूर था।

"मेरे मालिक का एक भाई बॉम्बे से आया था 1990 में। उसके साथ
मैं बॉम्बे चला गया।"

क्यों?

क्यों नहीं?

प्रेम तब सत्रह साल के थे, बाहर की दुनिया देने की उत्सुकता थी।
बिना किसी को बताए वे सपनों की नगरी की ओर निकल गए। किसी हिंदी
फिल्म का प्लॉट लग सकता है ये, लेकिन इसके बाद जो हुआ वो वाकई
बहुत फिल्मी था। जिस इकलौते इंसान को प्रेम इतनी बड़ी मुंबई में जानते
थे, वो इकलौता इंसान उन्हें बांद्रा स्टेशन पर अकेला छोड़कर खुद कहीं गायब
हो गया।

"मुझे कुछ भाषा वगैरह भी मालूम नहीं था," वे बताते हैं। एक भले दिल वाला तमिल इंसान उन्हें मरियम्मन मंदिर के पास ले गया, जहां लोगों ने चेन्नई वापस जाने के पैसे जमाकर उन्हें दे दिया।

प्रेम ने पैसे लेने से इंकार कर दिया। कहा कि यहीं कुछ काम करेंगे।

मुंबई हर रोज कई नए अजनबियों को पनाह देती है। प्रेम को भी एक बेकरी शॉप में नौकरी मिल गई। काम क्या था? साफ-सफाई करना और पिज्जा और बर्गर वाले ट्रे साफ रखना। छह महीने के बाद प्रेम अपने गांव गए। लौटने पर उन्हें चेंबूर के सदगुरु होटल में नई नौकरी मिल गई।

1991 में 'सदगुरु' के मालिक ने वाशी के एपीएमसी मार्केट में एक नया वेंचर शुरू किया। प्रेम गणपति को गुरुदेव होटल में मोरी (किचन की नाली) के पास काम मिला।

"बर्तन मांजने का," प्रेम बताते हैं।

"मैं उनको काफी रिक्वेस्ट करता था... मैं टेंथ तक पढ़ा हूं, मुझे थोड़ा इंग्लिश नॉलेज है। मुझे वेटर बनाओ या तो बाहर चाय लेकर जाने का काम दो। कुछ नहीं तो कम से कम टेबलक्लीन करने का जॉब दे दो..."

पेट भले ही भूख से जल रहा हो, लेकिन किसी इंसान के भीतर भी एक आग होती है। प्रेम गणपति के भीतर भी थी।

लेकिन मुश्किल ये थी कि होटल का मालिक उस युवा लड़के को नजरअंदाज करता रहता था, जो हमेशा ज़्यादा, और ज़्यादा काम मांगा करता था। तब शायद क्षेत्रीयता काम पर इस कदर भारी थी कि 'मद्रासियों' को मेज साफ करना, या वेटर के काम करने जैसे फ्रंटलाइन काम नहीं मिला करते थे। उन्हें किचन तक ही रखा जाता था, और मैंगलोर के लोगों या स्थानीय लोगों को सामने का काम मिलता था।

'मुझे बहुत तकलीफ होती थी, बुरा लगता था,' प्रेम बताते हैं। लेकिन तब सही वक़्त का इंतजार करने के अलावा प्रेम कुछ कर भी नहीं सकते थे।

जब बगल में 'प्रेम सागर' नाम का रेस्टुरेंट खुला तो प्रेम की किस्मत

"मेरा दुकान सब जगह खोलने का था मुझे। फास्ट जाने का था।"

बदली। यहां उन्हें 'टीबॉय' का काम मिला। लेकिन एक टीबॉय का काम बर्तन मांजने वाले से बेहतर कैसे होता होगा? क्योंकि बाहर चाय लेकर जाने से 10 प्रतिशत का कमीशन मिलता है, और आप क्लायंट्स से अपने रिश्ते बना सकते हैं–वैसे इंसानी रिश्ते जो जाने कब आपको कहां पहुंचा दें!

प्रेम गणपति में बिजनेस का कुदरती हुनर था। जब बाकी के टीबॉय ज्यादा से ज्यादा तीन सौ रुपए हर रोज कमाते थे, प्रेम हजार रुपए प्रति दिन तक कमा लिया करते थे। आखिर इसका राज क्या था?

"देखिए, मेरे रिश्ते सबसे बहुत अच्छे थे। हमारे बगल में तमिलनाडु मर्कन्टाईल बैंक था। वहां से लोग फोन करके मेरा नाम लेकर कहते कि प्रेम को ही भेजो।"

"मैं सबसे प्यार से, हंसकर बात करता था। मेरी सर्विस बहुत अच्छी थी। मुझे ये भी मालूम था कि किस इंसान को किस तरह की चाय पसंद है, और कितने बजे। ये भी जानता था कि किसे लंच के साथ कौन-सा सॉफ्ट ड्रिंक चाहिए। मैं इन चीजों पर ख़ास ध्यान देता था।"

"क्योंकि पूरा मार्केट में, सबको अलग-अलग टेस्ट रहता है। तो मैं उनके हिसाब से अच्छा सर्विस देने की कोशिश किया ताकि मेरा नाम हो।"

चाहे आप चाय बेच रहे हों या फिर फॉर्चुन 500 क्लायंट को सर्विस दे रहे हैं, बिजनेस का मूल सिद्धांत एक ही होता है। हमेशा!

जल्द ही प्रेम की कमाई भी अच्छी होने लगी और बचत भी होने लगी क्योंकि रहने-खाने की सुविधा मिली हुई थी। लेकिन सफर शुरू होना तो अभी बाकी था। उन्हीं के एक कस्टमर, एक तमिल सज्जन ने, प्रेम को एक ऑफर दिया। वाशी के सेक्टर 3-4 मार्केट में वे चाय की एक दुकान खोलना चाहते थे। वे पैसे लगाने को तैयार थे, और प्रेम से उन्होंने बिजनेस चलाने को कहा–50:50 की पार्टनरशिप में।

प्रेम गणपति खुशी-खुशी तैयार हो गए। चाय की दुकान एक किराना

दुकान के पीछे खोली गई। पहले ही दिन से बिजनेस चल निकला। दो-तीन महीनों के बाद पैसे लगाने वाले पार्टनर का लालच बढ़ने लगा। तब मुनाफा 8,000-10,000 तक पहुंच गया था। फिर प्रेम को उसका 50 प्रतिशत क्यों दिया जाए?

"मुझे निकाल दिया और सैलरी पर किसी को रख लिया।"

प्रेम गणपति दौड़ शुरू होने से पहले ही दौड़ से बाहर हो गए।

साल था 1992। प्रेम छुट्टियों में अपने गांव गए, और वापस मुंबई अपने एक रिश्तेदार से छोटा-सा कर्ज और छोटे भाई को साथ में लिए लौटे। अपनी बीस हजार की छोटी-सी लागत से प्रेम गणपति ने सड़क के किनारे अपनी एक छोटी सी दुकान लगा ली।

बिजनेस अच्छा चल रहा था, लेकिन पड़ोस की हाउसिंग सोसाइटी ने जीना दूभर कर रखा था। रोज की किट-किट से परेशान होकर प्रेम ने एक हाथगाड़ी खरीद ली और बस डिपो के पास अपनी दुकान लगा ली। ये वेंचर भी बहुत कम दिन चला।

लेकिन कभी हार न मानने वाले प्रेम के पास गिरकर दुबारा उठते रहने के अलावा कोई रास्ता नहीं बचा था। जल्दी ही प्रेम को एक और जगह मिल गई, और इस बार वाशी के सेक्टर 17 में प्रेम ने एक 'साउथ इंडियन' स्टॉल लगा लिया। प्रेम को दोसा या इडली बनाना तक नहीं आता था। इडली या दोसा तैयार करने का सामान आस-पास के दक्षिण भारतीय परिवारों से आता था और खाना बनाना उन्होंने गलती करते हुए, दूसरों को ध्यान से देखते हुए सीखा।

"मुझे तुरंत समझ में आ गया कि आटे की क्वालिटी अच्छी नहीं थी। इसलिए मैंने अपना ग्राइंडर खरीद लिया और खुद ही आटा बनाने लगा।"

प्रेम गणपति का दोसास्टॉल 1992 से 1997 तक बॉम्बे मर्केन्टाईल को-ऑपरेटिव बैंक के बाहर खूब चला।

"काफी अच्छा मेरा नाम हुआ।"

और कमाई भी अच्छी होने लगी। प्रेम गणपति मुनाफे के तौर पर हर महीने बीस हजार रुपए तक कमा रहे थे।

"मैं हमेशा पर्सनली नहीं खड़ा हो पाऊंगा...
इसलिए एक ब्रांड बनाना जरूरी था।"

लेकिन कोई बिजनेस ऐसा नहीं जिसमें परेशानी न होती हो।

"उस समय स्टार्टिंग में सिडको आता था, भागना पड़ता था। बाद में म्युनिसिपैलिटी आया। म्युनिसिपैलिटी के लोगों ने भी काफी तकलीफ दिया है।"

फिर आप धीरे-धीरे 'सेटिंग' करना भी सीख जाते हैं।

इस वक्त तक प्रेम गणपति वाशी के सेक्टर 11 में एक किराए के घर में रह रहे थे। यही घर रसोई का काम करता था, जहां से चटनी, आलू भाजी और दोसे का मसाला हर सुबह तैयार होकर निकलता था। स्टॉल में दिनभर ध्यान देने की जरूरत पड़ती थी, और ऑपरेशन्स चलाने के लिए प्रेम के दो और भाईयों ने बिजनेसज्वाइन कर लिया।

लेकिन इतना छोटा-सा स्टॉल आखिर इतना मशहूर क्यों था? मुंबई में तो हर जगह 'उडुपी' में इडली और दोसा मिल जाता है। फिर लोग इस छोटे से स्टॉल के पास क्यों भीड़ लगाते थे? इसलिए क्योंकि ये सबसे अलग था।

"मैं सफाई पर बहुत ध्यान देता था। सड़क के किनारे बाकी के दोसावालों से अलग हम शर्ट और पैंट पहनते थे, लुंगी नहीं। हमारी हाथगाड़ी हमेशा एकदम साफ होती थी। एकदम अच्छा और फ्रेश चीज बनता था। अच्छा ढंक के रखता था।"

एक बोर्ड पर बड़े-बड़े अक्षरों में नीले और सफेद रंगों से 'प्रेम गणपति साउथ इंडियन फास्टफूड' लिखा होता। ब्रांडिंग शुरू से ही एकदम साफ और स्पष्ट थी।

स्टॉल आम जनता के बीच में ही मशहूर नहीं थी, कई गाड़ी वाले ग्राहक भी रुककर यहां से दोसा और इडली खरीदा करते थे। इनमें मर्सिडिज में आने वाले बड़े लोग भी होते थे। खाने की कीमत कम थी। दो इडली चार रुपए में और एक मसाला दोसा दस रुपए में मिलता था। पास के नवरत्न रेस्टुरेंट की तुलना में ये बहुत सस्ता था।

1997 तक प्रेम ने एक-दो लाख के आस-पास बचत कर ली। इन पैसों से उन्होंने अपने एक भाई के लिए चेन्नई में किराने की एक दुकान खोल दी। प्रेम कुछ साल काम करने के बाद घर लौट सकते थे। लेकिन जनवरी 1998 में उन्होंने एक और बड़ा जुआ खेला।

प्रेम ने 50,000 रुपए डिपॉजिट और 5,000 रुपए किराया देकर वाशी स्टेशन के ठीक बगल में एक दुकान ले ली। इसके साथ ही 'प्रेम गणपति प्रेम सागर दोसा प्लाजा' की शुरूआत हुई, और वहां से एक ब्रांड का सफर शुरू हुआ।

'दोसा प्लाजा' नाम कैसे आया, इसके पीछे भी एक दिलचस्प कहानी है। उस समय प्रेम का एक रूममेट हुआ करता था जो एनआईआईटी का छात्र था। इसी शख्स ने प्रेम की एक ई-मेल आईडी बनाई और उन्हें इंटरनेट सर्फिंग सिखाई। दोपहर के तीन बजे से लेकर शाम के छह बजे तक प्रेम को जब थोड़ी फुर्सत मिलती तो वे एक साइबरकैफे में जाकर लॉगऑन करते, और 'सर्च' करते।

"काफी मैं फूड के बारे में सोचता था कि कैसा क्या होता है। मैकडॉनल्ड्स, पिज्जा हट सबके बारे में आईडिया आया मुझे।"

प्रेम को अहसास हो गया था कि वे दोसा के लिए मशहूर हैं। इसलिए उनके नाम में भी ये आना चाहिए। जैसे पिज्जा हट, जो पिज्जा के लिए जाना जाता है। उन्होंने कई नाम सोचे--दोसापैलेस, दोसा पार्क, दोसा इन।

इसी दौरान उन्हें कोकाकोला के ब्रांड की कहानी पता चली, कि उन्होंने कोला के आगे 'कोका' इसलिए लगाया क्योंकि ये सुनने में अच्छा लगता था। और अचानक प्रेम के दिमाग में एक नाम अटक गया--दोसा प्लाजा--जिसमें एक किस्म की लय भी थी। यही नाम चुना जा सकता था!

"फिर मैंने एक दिन 'प्लाजा' का मीनिंगडिक्शनरी में देखा। तो ओपेन बिल्डिंग को, ओपेनस्पेसबिल्डिंग को 'प्लाजा' बोलते हैं।"

चूंकि प्रेम भी खुली जगह से अपना बिजनेस चला रहे थे, इसलिए उन्हें ये नाम बिल्कुल सटीक लगा--प्रेम गणपतिज प्रेम सागर दोसा प्लाजा।

प्रेम ने अपनी ओपन एयरईटरी के लिए एक वेबसाइट भी बनाया--

मेरे ख़्याल से देश का पहला ऐसा दोसाशॉप, जिसकी वेबसाईट थी! लेकिन अभी काफी कुछ और किया जाना था।

ग्राहकों की और से 'वेराईटी' की मांग आ रही थी। इसलिए तीन-चार महीनों के बाद प्रेम ने बगल में एक चाइनीजस्टॉल खोला और उसका नाम दिया 'चाइनीजप्लाजा', जो बुरी तरह फ्लॉप रहा।

"हमें बिल्कुल अंदाजा नहीं था कि चाइनीजस्टॉल कैसे चलाते हैं। हमें चाइनीज बनाना नहीं आता था... क्या-क्या चीजें उसमें पड़ती हैं, ये नहीं जानते थे। इसके अलावा लोकेशन भी अच्छा नहीं था। पहले से ही वहां एक 'अलीबाबा चाइनीज' था।"

वेंचर घाटे में चल रहा था और हमें तीन महीने में ही दुकान बंद करनी पड़ी। लेकिन पैसे की बर्बादी नहीं हुई क्योंकि हमें कुछ सीखने को मिला।

प्रेम गणपति ने प्रयोग करना शुरू कर दिया। उन्होंने चाइनीज फिलिंग्स के साथ कुछ मसाले तैयार किए और उनको दोसों में भरना शुरू कर दिया।

"शेजवान दोसा।"

"मंचूरियन दोसा।"

"पनीर-चिली दोसा।"

स्टॉल के आस-पास डेरा डालने वाले एनआईआईटी के छात्र उनका टेस्ट मार्केट बने।

"ये अमेरिकन चॉपसी दोसा खाओ। इसमें खट्टा-मीठा भी है।"

स्टूडेंट्स आराम से तैयार हो जाते थे और उन्होंने नए किस्म के दोसों को स्वीकृति देना शुरू कर दिया और इस तरह चाइनीज दोसा दोसा प्लाजा के मेन्यू का हिस्सा बना। ग्राहकों को ये नया प्रयोग पसंद आया, और वे लौट-लौटकर आने लगे। प्रेम ने प्रयोग किए और नए किस्म की वेराइटी का ईजाद किया। वे रेसिपी ढूंढ़ा करते थे। उन्होंने अलग-अलग किस्म की पाक-शैलियों को मिलाकर देखा कि कैसे उन्हें मिक्स और मैच करके नई रेसिपी बनाई जा सकती है।

लेकिन उनका रोल-मॉडलमैकडॉनल्ड्स रहा। जब भी वे कहीं अटकते, यही सोचते कि आखिर मैकडॉनल्ड्स ने कैसे किया होगा।

“मैंने ध्यान दिया कि मैकडॉनल्ड्स अपने प्रॉडक्ट के बगल में टीएम लिखता था। तभी मुझे अपने ब्रांड की ट्रेडमार्किंग का आइडिया आया, क्योंकि कई सारे लोग मेरी रेसिपी की नकल करने लगे थे। ‘साई सागर दोसा प्लाजा,’ ‘उडुपीदोसा प्लाजा’ और न जाने क्या क्या।” प्रेम ने एक वकील की मदद से ‘दोसा प्लाजा’ रजिस्टर करा लिया। आज उनकी 27 रेसिपिज पर उनका कॉपीराइट और ट्रेडमार्क है।

अपने प्रॉडक्ट पर ध्यान देने के अलावा प्रेम को ‘ब्राडिंग’ और पब्लिसिटी की कीमत भी समझ में आने लगी।

“पब्लिक को मेरे स्टॉल पर लेकर आने के लिए मैंने काफी मेहनत किया। न्यू बॉम्बे में कितना भी कॉलेज है, सब कॉलेज में अपना स्टॉल लगाया। बड़ा-बड़ा बैनर के साथ।”

धीरे-धीरे उनकी मेहनत रंग लाने लगी। 2002 तक दोसा प्लाजा सफलता के नए कीर्तिमान रच चुका था। दो आउटलेट्स और 15 लोगों के स्टाफ के साथ महीने के 10 लाख रुपए के टर्नओवर के साथ प्रेम गणपति को अब संतुष्ट हो जाना चाहिए था। लेकिन उनमें कुछ और करने की एक ज्वलंत ख्वाहिश थी।

“एक्चुअली, मेरा प्रॉफिट जो था मैंने कभी निकाला नहीं। बस मेरा घर चलता था।”

प्रेम गणपति और आगे बढ़ना चाहते थे। इसके लिए वे आज का बैंक बैलेंस भी कुर्बान करने को तैयार थे। वे और बड़े इन्वेस्टमेंट के साथ दोसा प्लाजा की पूरी चेन शुरू करना चाहते थे।

“मुझे और दुकान खोलना है, और मुझे अच्छा बनना है, अच्छा सर्विस करना है। मेरा विजन यही रहता था।”

विजन यानी दूरदर्शिता और मिशन यानी उद्देश्य जरूरी है, लेकिन कई बार संयोग भी इसमें अहम भूमिका अदा करता है।

हुआ यूं कि न्यू बॉम्बे के पहले मॉल--सेंटर वन--को बनाने वाली टीम अकसर दोसा प्लाजा लंच के लिए आया करती थी। उस टीम के अमन नाम के प्रोजेक्ट मैनेजर से प्रेम की दोस्ती हो गई।

"हमारे फूड कोर्ट में आप जगह ले लीजिए," अमन ने सलाह दी।

प्रेम को आइडिया बहुत अच्छा लगा। अपने भाईयों के विरोध के बावजूद प्रेम ने तीन लाख के बड़े डिपॉजिट और बाकी के निवेश, जैसे इंटीरियर डेकोरेशन और इक्विपमेंट के खर्च, के साथ इस नई कोशिश में छलांग लगा दी।

बैंक लोन लिया जा सकता था, लेकिन प्रेम को लगा कि उनका फाइल अभी इतनी मजबूत नहीं है। उनके पास कोलैटरल के तौर पर देने के लिए कोई संपत्ति नहीं थी। फिर उन्हें फंड्स कहां से मिलते?

कई और बाकी उद्यमियों की तरह प्रेम ने भी परिवार और दोस्तों का सहारा लिया। "काफी लोग से मैंने फंड लिया, लोन पर। फ्रेंड्ससर्कल से। थोड़ा-थोड़ा पैसा आता था और मैं काम करता गया।"

जब तक मॉल का काम पूरा हुआ, प्रेम का काउंटर पूरी तरह तैयार हो गया। अगस्त 2003 में सेंटर वन मॉल ने अपने दरवाजे खोल दिए। दोसा प्लाजा पहले ही दिन से हिट रहा।

पहले ही दिन सेल्स 44,000 रुपए का हुआ। पहले महीने का टर्नओवर 6 लाख रुपए था। मुनाफे का मार्जिन 15-20 प्रतिशत तक था।

इसी दौरान अमन ने सलाह दी, "तुम्हें और ब्रांडिंग की जरूरत है।" उन्होंने प्रेम को एक एडवर्टाइजिंग एजेंसी के बारे में बताया जिसका नाम था 'थिंकवाईनॉट।'

और दोसा के बादशाह को क्लायंट की भूमिका में आने में बिल्कुल मुश्किल नहीं हुई।

"उनका साथ मैंने एक हफ्ता तो मैं डेली उनको लेकर आता था। फूड खिलाता था। प्रॉडक्ट समझाने तक उनको मैंने टाईम दिया।"

एजेंसी ने अपना काम शुरू किया और एक लोगो, मैस्कट, मेन्यू कार्ड, पीओपी और पोस्टर्स तैयार किए। ब्रांडिंग की ये सारी चीजें दोसा प्लाजा अभी भी इस्तेमाल करता है।

एडवर्टाइजिंग तो अच्छा है ही, लेकिन फ्री पब्लिसिटी से बढ़कर कुछ नहीं है। '108 डोसाजऑनऑफर' ने दोसा प्लाजा को स्थानीय अख़बारों और टीवी पर खूब कवरेज दिलाई।

इससे मेरे दिमाग में एक सवाल कौंधा है। रेस्टुरेंटमेन्यू में दिखाई देने वाले ये 108 आइटम क्या वाकई मिलते हैं, या सिर्फ प्रभाव जमाने के लिए हैं।

प्रेम मुझे यकीन दिलाते हैं कि मैं जो भी ऑर्डर करूं, वो उपलब्ध होगा।

"देखिए, ये मिक्स एंड मैच है। हमारे पास 5-6 सॉस हैं, 5-10 चटनियां हैं। दोसा वही है। सब्जियां भी वही हैं..."

तो ये राज है!

इससे भी बड़ा राज ये है कि आप अपने स्टाफ को ट्रेनिंग कैसे देते हैं, जिससे वे सारी चीजें मिलाए और फिर इस तरह के 'कूल' नाम दे। जैसे 'सलाद रोस्टदोसा', या फिर 'मेक्सीरोलदोसा'। क्रिएटिव, लेकिन बहुत एक्जॉटिक नहीं। लोगों को ये मालूम होना चाहिए कि वे क्या खाने जा रहे हैं।

चेन चलाने को लेकर एक और ख़ास ध्यान देने वाली बात ये है कि आपको कन्सिसटेंट होना पड़ेगा। किसी भी आउटलेट में आप चले जाएं, खाना एक जैसा ही लगना चाहिए। इसलिए, दोसा प्लाजा में इस्तेमाल होने वाले सभी सॉस और चटनियां एक ही सेंट्रल किचन में तैयार होते हैं।

सेंटर वन आउटलेट की सफलता एक टर्निंगपॉइंट साबित हुई। मानो कई रास्ते एक साथ खुल गए! लेकिन अपने स्टेशन वाले, पुराने स्टॉल से 200 मीटर की दूरी पर एक आउटलेट खोलना एक बात थी। दूसरे शहरों में आउटलेट खोलने का ख़्याल कैसे आया?

दो चीजें हुईं। पहली, प्रेम गणपति ने 'फ्रेंचाइजी' के बारे में सीखा। जिस कंपनी से दोसा प्लाजा ने अपनी बिलिंग मशीनें खरीदीं उसी कंपनी ने ठाणे के सिनेवन्डर मॉल में एक काउंटर खोलने में दिलचस्पी दिखाई।

"हमको फ्रेंचाइजी चाहिए," उस कंपनी के मालिक ने कहा। "मुझे मालूम नहीं था कि फ्रेंचाइजी होता क्या है, लेकिन मैंने कहा ठीक है, मुझे सोचने के लिए थोड़ा वक्त दे दो। मैंने सारी चीजों के बारे में पता किया, रिसर्च किया।"

प्रेम को समझ में आ गया कि दुनिया के सारे बड़े फास्टफूड चेन्स फ्रेंचाइजी पर ही चल रहे थे। फिर दोसा प्लाजा क्यों नहीं?

"मेरा दोस्त है, एमबीए किया, अब जॉब ही नहीं मिल रहा। पहले उसको बीस हजार का सैलरी था एमबीए के बाद उसे 12,000 में दवा बेचने का नौकरी मिला।"

क्या उन्हें इस बात का कभी डर नहीं लगा कि फ्रेंचाइजी लेने वालों को उनके राज पता चल जाएंगे, और फिर वे अपने आउटलेट खोल लेंगे?

"नहीं, मुझे कभी चिंता नहीं हुई क्योंकि मैं अहम चीजों पर अपना नियंत्रण रखता हूं। रेसिपी, मसाले, सॉस मेरे किचन से जाते हैं। स्टाफ भी मैं ही सप्लाई करता हूं लेकिन सैलरी फ्रेंचाइजी से आती है।"

दरअसल फ्रेंचाइजी का काम कैश काउंटर संभालना और निवेश करने के अलावा रोज-रोज के खर्चे देखना होता है। दोसा प्लाजा को सेल्स पर 6-8 प्रतिशत की रॉयल्टी मिलती है। किसी और के निवेश पर अपना ब्रांड बड़ा करने का इससे बेहतर तरीका और क्या होगा?

दूसरा बड़ा कदम दोसा प्लाजा ने 'सिस्टम्स' के रूप में लिया। कंपनी ने एक सॉफ्टवेयर में निवेश किया जो एक सेंट्रल सर्वर से सभी आउटलेट्स को जोड़ता है और उनकी बिलिंग, इन्वेन्ट्री और ऑपरेशन्स पर नजर रखता है। और ये सब 'प्रोफेशनलाइज' होने के बाद ही मुमकिन हुआ।

2004 में प्रेम ने ईश्वरन नाम के एक पार्टनर को साथ में लिया जो बिजनेस डेवलपमेंट और ऑटोमेशन पर नजर रखते थे। ईश्वरन सॉफ्टवेयर बैकग्राउंड से थे। उसी दौरान दोसा प्लाजा ने अलग-अलग डिपार्टमेंट्स भी शुरू किए।

"शुरू में हम ज़्यादा से ज़्यादा आउटलेट्स खोलने पर ध्यान दे रहे थे... हमें उससे मुनाफा भी हो रहा था। उसके बाद हमने सब कुछ डिटेल में प्लान करना शुरू कर दिया।"

पर्चेस, मार्केटिंग और कॉस्टिंग बहुत जरूरी हो गई।

"हमने सभी रेसिपी के लिए कैलकुलेशन किया। कितने ग्राम आटा, कितनी सब्जी। सबको कॉस्टिंग के हिसाब से जाना चाहिए।"

इसके लिए एक ट्रेनिंग मैनेजर को सभी आउटलेट्स घूम-घूमकर कॉस्टिंग को पूरी तरह नियंत्रित करने के लिए रखा गया। लेकिन ये मैनेजर कौन थे और उन्हें एक नई कंपनी ज्वाइन करने के लिए कैसे तैयार किया गया--वो भी एक ऐसी कंपनी जो दोसा बेचने का बिजनेस कर रही हो।

प्रेम गणपति एक शब्द में इसका जबाव देते हैं, "रिलेशनशिप्स।"

"मेरा होटल इंडस्ट्री में सबसे रिलेशन था," प्रेम को ये समझ में आने लगा था कि ये लोग बड़े ब्रांड के साथ काम तो कर रहे थे, लेकिन इनके सपने पूरे नहीं हो रहे थे।

दोसा प्लाजा के ऑपरेशन्स मैनेजर मेन्डोन्सा ऐसी ही एक मिसाल हैं। उन्हें मैकडॉनल्ड्स से लाया गया? मगर कैसे?

"मैंने एक दिन मीटिंग बुलाया, ऑफर किया। उसका पांच साल काम करने के बाद एमएनसी कंपनी में जो जगह मिलना चाहिए था, वो नहीं मिला। मुझसे बात करने लगा कि दोसा प्लाजा एक ग्रोइंग कंपनी है।"

फिर वो हमारे साथ जुड़ने के लिए तैयार हो गया।

ऐसा नहीं है कि पैसे बहुत अच्छे दिए जा रहे थे। बल्कि पैसे तो कम दिए जा रहे थे। लेकिन मेन्डॉन्सा ने एक सपने में यकीन किया।

"मैंने उसका अपना विजन बताया। मेरा और बाहर में फर्क ये था कि यहां उनको ज़्यादा वैल्यू मिलेगा, ज़्यादा नाम मिलेगा। ज़्यादा फ्रीडम मिलेगा... इसलिए उन्होंने मेरा कंपनी ज्वॉइन किया।"

क्या प्रेम गणपति ने अपने कर्मचारियों को ईसॉप्स (कंपनी में हिस्सेदारी) ऑफर किया? अभी तक सिर्फ ईश्वरन की कंपनी में हिस्सेदारी है। लेकिन एक बड़े स्तर पर सभी कर्मचारियों को कंपनी से जुड़ाव है।

दोसा प्लाजा की सफलता में सिर्फ मैनेजर ही नहीं, सभी स्तरों के कर्मचारियों का हाथ है। सबसे पुराने दोसा प्लाजा के किचन का 80 प्रतिशत स्टाफ अभी भी उनके साथ है। जो स्टाफ तब 1500-2000 रुपए कमाता था, अब 15,000 रुपए कमाता है। उनके पास कोई स्कूली या कॉलेज की शिक्षा या डिग्री नहीं है, लेकिन उन्होंने भी आगे बढ़ना सीख लिया है।

प्रेम गणपति ने एक और बात पर ख़ास ध्यान दिया है--यहां जाति और

समुदाय बिल्कुल मायने नहीं रखता। उनकी कंपनी में उत्तर भारतीय भी हैं, दक्षिण भारतीय भी और यहां तक कि पूर्वी भारत के लोग भी।

"हम मेहनत और हुनर की सबसे ज़्यादा कद्र करते हैं।"

आज दोसा प्लाजा में 150 कर्मचारी हैं, और कुल 26 आउटलेट्स हैं जिनमें पांच कंपनी चलाती है और बाकी फ्रेंचाइजी पर चलते हैं।

उत्तर भारत में फ्रेंचाइजी को मार्केट करने के लिए कंपनी ने "फ्रेंचाइजी इंडिया होल्डिंग लिमिटेड" के साथ 67:33 बेसिस पर टाई-अप किया है। दस नए फ्रेंचाइजी आउटलेट्स अभी निर्माणाधीन हैं और अमेरिका, जापान और ऑस्ट्रेलिया से एन्क्वायरी आ रही है। दोसा प्लाजा की न्यूजीलैंड में एक फ्रेंचाइजी है!

मार्च 2009 में दोसा प्लाजा का कुल टर्नओवर 5 करोड़ रुपए था। ध्यान रहे कि कंपनी फ्रेंचाइजी से मिलने वाली रॉयल्टी को अपनी कमाई के तौर पर देखती है, सेल्स को नहीं। और मेरे ख्याल से इससे बड़े निवेशक शायद दोसा प्लाजा को 'प्रॉफिटेबल' लेकिन 'स्मॉल' ऑपरेशन मानते होंगे। क्या दोसा प्लाजा बड़े लीग में शामिल होने के लिए तैयार है?

कम-से-कम प्रेम गणपति तो ऐसा ही सोचते हैं।

"देखिए, हम सिर्फ वैसी जगहों पर फ्रेंजाइजी आउटलेट खोल रहे हैं जहां हम खुद नहीं जा सकते। हमारे पास मुंबई-पुणे हाइवे पर एक 'एक्सप्रेस' मॉडल पहले से तैयार है। हम ऐसे और 20 आउटलेट्स खोलना चाहते हैं।"

"लेकिन वेंचर कैपिटलिस्ट्स और प्राइवेट इक्विटीफंड्स कहां हैं?" मैं सोच रही हूं।

लेकिन दोसा प्लाजा इन मुद्दों पर काफी पहले से सोच रहा है। अभी तक कोई रास्ता नहीं निकला। निवेशकों को शायद कोयले की खान में छुपा हीरा दिखाई नहीं दे रहा। लेकिन इससे प्रेम गणपति के हौसले पस्त नहीं हुए हैं।

"अभी भी मैं मिडल में हूं... इससे और फास्ट जाना चाहिए... नहीं तो मैं प्रॉब्लम में आ सकता हूं।"

और समस्याएं तो आती रहती हैं। आपको बस उनसे सामने से जूझना

पड़ता है। हर जगह नए मॉल्स आ रहे हैं, और सेंटर वन के आउटलेट में सेल्स कम होने लगा था। इसलिए दोसा प्लाजा ने पिछले साल वहां का काउंटर बंद करने का फैसला लिया।

इसके अलावा, फूड कोर्ट में कई और लोग भी दक्षिण भारतीय खाना परोस रहे हैं। ग्राहकों के पास कई विकल्प हैं, और इससे प्रतियोगिता बढ़ी है। इससे समस्याएं भी बढ़ी हैं।

"मैं अपनी पत्नी से कहता हूं, थोड़ा रुको... मैं अभी फर्स्टजेनरेशन है बिजनेस में, इसलिए मुझे इसमें ज़्यादा टाइम देना ही पड़ेगा।"

प्रेम चाहते हैं कि उनके बेटे और बेटी, दोनों होटल मैनेजमेंट इंडस्ट्री में जाएं। लेकिन साथ ही ये भी कहते हैं, "अगर उनकी सोच मुझसे अलग होगी और वो कुछ और करना चाहेंगे तो मैं रोकूंगा नहीं..."

प्रेम गणपति अभी सिर्फ 36 साल के हैं, लेकिन दुनिया भर की समझदारी है उनमें।

"अगर चांस मिलता है पढ़ने का, तो पढ़ना चाहिए। लेकिन आदमी जॉब करके भी सीख सकता है। असली स्टूडेंट को हर आदमी से, हर एक्सपीरिएंस से कुछ न कुछ सीखने को मिलता है।"

सीखते रहिए, चलते रहिए, बढ़ते रहिए!

✳

युवा उद्यमियों को सलाह

कपड़े का बिजनेस करो, फूड का बिजनेस करो,
जो भी करो सबसे हट के होना चाहिए और ब्रांडिंग करना चाहिए।
बराबर कॉस्टिंग करके, सही तरीके से हैंडल करोगे तो काफी प्रॉफिट है... किसी भी बिजनेस में।
फूड बिजनेस में देखना पड़ता है कि आइटम क्या है। मैं कहां खोल रहा हूं? जैसे कि बस स्टैंड के सामने है तो वहां क्या बिकेगा?
फिर थोड़ा स्पेशलाइज होना चाहिए। क्लिन और हाइजीन पर ध्यान देना चाहिए। ब्रांडिंग और विजिबिलिटी।
वड़ा भी बेचा तो पब्लिक को दिखना चाहिए।
प्रेजेन्टेशन अच्छा है तो एक रुपया ज़्यादा मिलेगा।
लक है लेकिन घर पर बैठा रहेगा तो लक नहीं मिलेगा। कोशिश करेगा तो ही लक साथ देगा।
मैं बॉम्बे आया वो एक्सीडेंट था।
फूडलाइन में आया एक्सीडेंट था।
उसमें क्या अच्छा करना चाहिए, वो मैंने प्रैक्टिस किया।
अच्छा व्यवहार होना चाहिए।
अच्छा प्रॉडक्ट होना चाहिए। और अच्छा सर्विस।
मेरे साथ कितना प्रॉब्लम हो मैं सबको कन्विंस करता हूं। सारे टीम को मोटिवेट करता हूं, तकलीफ दूर करता हूं।
यही मेरा सीक्रेट है।

एक आविष्कारक

कुंवर सचदेव
सु-कैम

कुंवर सचदेव सिर्फ बीएससी ग्रैजुएट है, लेकिन वे कई इंजीनियरों पर भारी पड़ते हैं। स्कूल में एक औसत छात्र, कुंवर को फिजिक्स से बहुत बाद में प्यार हुआ। बाद में इसी फिजिक्स ने उन्हें एक बिजनेस खड़ा करने का रास्ता दिखाया। कुंवर अब पावर इलेक्ट्रॉनिक्स के क्षेत्र में सु-कैम नाम की 500 करोड़ रुपए की एक कंपनी चलाते हैं।

कुछ ऐसे लोग होते हैं जो स्कूल में हमेशा अव्वल आते हैं, और बड़े होकर इंजीनियर बन जाते हैं।

कुछ लोग ऐसे भी होते हैं जो शुरू में गिरते-संभलते हैं, और बाद में आविष्कारक बन जाते हैं।

कुंवर सचदेव ऐसे शख्स हैं जिन्हें फिजिक्स और मैथ्स से नफरत थी, लेकिन अब वे इलेक्ट्रॉनिक्स और इनवर्टरों के अलावा कुछ और नहीं जानते। सु-कैम का रिसर्च एंड डेवलपमेंट सेंटर क्युबिकल में काम करने वाले कर्मचारियों के लिए डिजाइन किया गया ऑफिस लगता है, लेकिन दरअसल ये आविष्कार-इंजीनियरों की कर्मभूमि है।

हालांकि जब आप पहली बार कुंवर से मिलेंगे तो उनकी मासूम शक्ल देखकर थोड़ी हैरानी जरूर होगी, "क्या ये वही शख्स है जो 500 करोड़ रुपए की कंपनी का एमडी है?"

शायद कुंवर ने मेरे जेहन में चल रहे ख़्यालों को पढ़ लिया है, इसलिए उनकी आंखों में एक किस्म की शरारत है। "बताइए कि आप मेरे बारे में क्यों लिखना चाहती हैं... आपको रतन टाटा जैसे किसी मशहूर शख्स के बारे में लिखना चाहिए।"

मैं उन्हें अपनी किताब का उद्देश्य बताती हूं--नई पीढ़ी के उद्यमियों को प्रेरणा देना, उन्हें कई और रास्तों के बारे में जानकारी देना, उनके सामने रोलमॉडल रखा। लगता है थोड़ा मस्का लगाना पड़ेगा, कि आप भी फेमस हैं, मैं मन-ही-मन ये सोचती हूं।

लेकिन कुंवर के चेहरे पर एक बड़ी सी मुस्कान आ जाती है। "आप बिल्कुल मेरे जैसी हैं! हम दोनों थोड़े पागल हैं, जो हमें करना है वही करते हैं। देखिए--आपके पास मुझे कन्विंस करने के कई तरीके हैं। आपने जब तय कर लिया है तो आप ये किताब लिखेंगी ही, चाहे जो हो जाए।"

और इसी तरह कुंवर ने एक कंपनी खड़ी कर दी। 'चाहे जो हो जाए' की जिद के साथ।

एक आविष्कारक

कुंवर सचदेव
सु-कैम

कुंवर सचदेव एक रेलवे क्लर्क की संतान हैं। लेकिन ऐसे रेलवे क्लर्क की, जो सबसे जुदा थे।

"मेरे पिता रेलवे में थे, लेकिन हमेशा से अपना काम करना चाहते थे।" अपनी सरकारी नौकरी के अलावा कुंवर के पिता ने एक बिजनेस भी चलाया और इसके लिए अपने परिवार को रेलवे कॉलोनी से निकालकर पंजाबी बाग शिफ्ट कर दिया--एक ऐसी जगह, जहां आस-पास सिर्फ और सिर्फ 'उद्यमी' रहते थे।

कुंवर के पिता ने कई तरह का बिजनेस किया--किराने की एक दुकान, टेलरिंग की दुकान--लेकिन उनमें से कुछ भी नहीं चला। "वे लोगों को लेकर आते थे और उन्हें पार्टनर बना लेते थे। एक बार जब काम जम जाता था तो समस्याएं शुरू हो जाती थीं... इसलिए मेरे पिता को आर्थिक रूप से कभी उतनी सफलता नहीं मिली।"

परिवार ने कई मुश्किल दौर देखे। एक रेलवे क्लर्क की कमाई बहुत कम होती है, और उस कमाई में से भी कुंवर के पिता बिजनेस में लगा दिया करते थे। "हम तो मिडल क्लास भी नहीं थे। बल्कि हम मिडल क्लास से भी नीचे थे। अपने जन्मदिन पर नए जूते या शर्ट मिलना बहुत बड़ी बात थी।"

बल्कि कुंवर छठी क्लास में आए तो हालात और मुश्किल हो गए। उन्हें

दिल्ली के मशहूर हंसराज स्कूल से निकालकर एक सरकारी स्कूल में डाल दिया गया। इसका एक छोटे से बच्चे पर क्या असर पड़ा होगा? "मैं बहुत छोटा था, इसलिए मैं ठीक-ठीक नहीं बता सकता...," कुंवर कहते हैं। लेकिन ये निश्चित तौर पर कहा जा सकता है कि उनका बचपन बहुत सुहाना नहीं था।

"जहां तक मेरे परिवार का सवाल है... मैंने ज़िंदगी में कई उतार-चढ़ाव देखे हैं। मैं अपने बचपन के दिनों के बारे में बात नहीं करना चाहता। मेरे मां-बाप हमेशा झगड़ा करते रहते थे, और मैं किसी से अपने मन की बात नहीं बता सकता था। धीरे-धीरे मैं एकाकी होता चला गया।"

कुंवर अपने बचपन के बारे में बताते हैं तो ऐसा लगता है कि इसमें कहीं एक दुखती रग है जो छू ली गई है। लेकिन इसमें कहीं आत्म-दया नहीं है। बल्कि, सोचने पर ये लगता है कि कुंवर ने भी अपने मुश्किल दिनों में कहीं कोई उम्मीद की किरण देखी होगी।

"मुझे मालूम था कि मेरे पीछे कोई नहीं था, इसलिए मुझे खुद पर भरोसा करना होगा। मैंने अपने फैसले खुद लिए, और मैं बहुत आजाद हो गया। मुझे इससे ज़िंदगी में बहुत मदद मिली।"

कुंवर को पढ़ाई में कोई दिलचस्पी नहीं थी, इसलिए स्कूल उन्होंने जैसे-तैसे पास किया। "कोई ऐसा टीचर नहीं था जो मेरा उत्साह बढ़ा पाता," कुंवर बताते हैं। परिवार की ओर से भी कोई दबाव नहीं था।

"मेरे पिता अपनी ज़िंदगी में मसरूफ थे, उनके पास मेरी चिंता करने या मुझे मार्गदर्शन देने की फुर्सत नहीं थी।"

लेकिन अपनी ख़ास 'फिर-भी-कुछ-सीखा' स्टाइल में कुंवर कहते हैं, "जो भी है, मैंने अपने पिता को कभी खाली बैठे नहीं देखा। वे बहुत मेहनती थे।" उनकी मेहनत करने की आदत उनके तीनों बेटों ने भी ली।

जब कुंवर छोटे थे तो अकसर सुबह-सुबह उठकर अपने पिता की किराने की दुकान पर मदद करने के लिए चले जाया करते, क्योंकि वहां का हेल्पर देर से आता था। जब कुंवर के बड़े भाई ने अपना छोटा-सा बिजनेस शुरू किया तो कुंवर ने वहां भी उनकी मदद की।

"मेरा बड़ा भाई साइकिल पर घूम-घूमकर पेन बेचा करता था। मैं भी

उनके साथ जाया करता था। एक-दो रुपए भी मिलते थे तो बहुत खुशी होती थी।"

बारहवीं क्लास के बाद कुंवर अपने बड़े भाई के साथ काम करना चाहते थे, लेकिन उन्होंने साथ में हिंदू कॉलेज में भी दाखिला ले लिया और ये अपने आप में एक महत्वपूर्ण फैसला रहा। इस एक अनुभव ने कुंवर की ज़िंदगी और उनकी शख्सियत पूरी तरह बदल दी।

"मैं एक ऐसे स्कूल से आया था जहां सब हिंदी में बात करते थे। हिंदू कॉलेज में फर्स्टईयर में सब अंग्रेजी में बात किया करते थे। मैं बहुत संकोची था। मैं किसी से बात ही नहीं करता था। सोचता था कि पता नहीं कभी मैं किसी से इंग्लिश में बात भी कर पाऊंगा या नहीं..."

फिर एक दिन किसी ने उनसे कहा, "अपनी अंग्रेजी सुधारने के लिए तुम इंग्लिश नॉवेल्स पढ़ा करो।" जो पहली किताब कुंवर ने पढ़ने के लिए उठाई, वो उन्हें आज भी याद है--आयनरैंड की 'द फाउंटेनहेड।'

"एक हफ्ते तक तो मैं किताब देखता ही रहा और सोचता रहा कि ये मैं कभी नहीं पढ़ पाऊंगा। आख़िरकार मैंने ये पढ़ना शुरू कर दिया और पहले ही साल में मैंने 30 अंग्रेजी नॉवेल्स पढ़ डाले। मेरी भाषा सुधर गई, मेरे लिए लोगों से बात करना आसान हो गया और मैंने कॉलेज में कई दोस्त भी बनाए।"

और तो और, फाइनल ईयर तक आते-आते कुंवर कॉलेज के सबसे 'लोकप्रिय' छात्र में से एक थे। वे छात्र राजनीति में सक्रिय रहे और हिंदू कॉलेज के कल्चरल फेस्टिवल 'मक्का' की ऑर्गनाइजिंग कमिटी में भी रहे।

"हर साल फेस्टिवल के लिए स्टूडेंट्स फंड्स इकट्ठा करते थे। अब तक का रिकॉर्ड एक लाख रुपए का था। उस साल हमने पांच लाख रुपए जमा किए! हमने तीन लाख रुपए खर्च किए और दो लाख रुपए अगले बैच के लिए जमा कर दिए," कुंवर खुश होकर बताते हैं।

जहां तक पढ़ाई का सवाल था, वो वैसे भी कुंवर के लिए प्राथमिकता नहीं थी।

"मैंने बीए मैथेमैटिकल स्टैटिस्टिक्स (ऑनर्स) में दाखिला लिया और हर

साल मैं सिर्फ इसलिए पास होता रहा क्योंकि मैं फेल होना नहीं चाहता था। लेकिन मैंने कभी मन लगाकर पढ़ाई नहीं की। मैं अकसर सोचा करता था कि आखिर इन थ्योरम्स का फायदा क्या है?" ज़िंदगी के जो अहम पाठ थे, उन्होंने क्लासरूम के बाहर सीखे।

"लोगों से कैसे बात करनी है, उन्हें कैसे अपने साथ लेकर चलना है और कैसे समूहों में चलना है, ये सीखा मैंने। मैंने चीजें ऑर्गनाइज करना सीखीं। मुझे अपनी लंबाई को लेकर कई किस्म की शंकाएं थीं। मुझे लगता था कि लोग सोचते होंगे कि ये बच्चा आखिर क्या कर लेगा। लेकिन जब मेरे सामने चुनौतियां आईं तो मैंने करके दिखाया। इसलिए मैं ज़िंदगी में कई चुनौतियां लेता रहा और मैंने अपने लिए दो-एक बड़े लक्ष्य भी निर्धारित कर लिए।"

इनमें से प्रमुख था, 'बिजनेस में कुछ बड़ा करना।'

"मैं बड़ी-बड़ी बातें किया करता था और मेरे परिवार को इनसे बहुत उलझन होती थी कि बड़ी-बड़ी बातें करता है।" क्या सपने देखने की हिम्मत नहीं होनी चाहिए हम सबमें, या फिर हम सबको वास्तविकता स्वीकार करते हुए सिर्फ वही लक्ष्य रखने चाहिए जो आसानी से हासिल हो सकें? ये एक निजी फैसला है। कुंवर के सपनों ने उन्हें जगाए रखा, जबकि उनके भाई ने छोटी-सी दुकान खोलकर उसे चलाते हुए रातों में चैन की नींद सोने का फैसला कर लिया था।

"कॉलेज के बाद मैंने अपने भाई के साथ काम शुरू किया, लेकिन उनके ख़्याल मेरे ख्यालों से बिल्कुल नहीं मिलते थे। जो वे अपनी ज़िंदगी में करना चाहते थे, मैं नहीं करना चाहता था। उन्हें जो हासिल हो चुका था, वो उसे पकड़े रहना चाहते थे।"

तब तक बड़े भाई 'सेटल' कर चुके थे और उनके पास अब दो दुकानें थीं। "तुम ये दुकान चलाओ और मैं दूसरी चलाता हूं," उन्होंने कुंवर से कहा,

"मैं पंजाबी बाग में पला-बढ़ा, जहां आस-पास कई उद्यमी रहते थे जो छोटे दुकानदार थे। अगर मैं रेलवे कॉलोनी में पला-बढ़ा होता तो शायद वो न बन पाता, जो आज हूं।"

लेकिन ये ऑफर कुंवर ने स्वीकार नहीं किया।

"हम पैसे तो कमा रहे थे, लेकिन मैं एक ब्रांड बनाना चाहता था। मुझे याद है कि उस वक्त श्री डी के जैन का एक ब्रांड था, लक्जर। मैं डी के जैन की कुर्सी पर बैठना चाहता था। लेकिन मेरे भाई को ब्रांडिंग में कोई दिलचस्पी नहीं थी। उन्हें भरोसा नहीं था कि हम ब्रांड बेच पाएंगे।"

कुंवर ने अपनी ओर से पूरी कोशिश की। लेकिन ढाई साल के बाद उन्हें अहसास हो गया कि वे अपने भाई के साथ काम नहीं कर सकते। इसकी वजह से परिवार में बहुत तनाव हुआ। सवाल ये था कि ये लड़का अपने आप कर क्या लेगा?

"कुछ दिनों के लिए मैं घर पर बैठा रहा और मैंने तय कर लिया कि मैं पेन्स यानी कलम से जुड़ा कोई काम नहीं करूंगा।" कोई और होता तो शायद कलम का धंधा ही करता, वो काम जिससे वो वाकिफ हो। लेकिन कुंवर अपने भाई के साथ प्रतियोगिता नहीं करना चाहते थे।

एक और मुश्किल थी। अपने कॉलेज के दिनों से ही कुंवर कॉलेज की जूनियर गीता से प्रेम करते थे। अब गीता के परिवार की ओर से शादी के लिए दबाव बढ़ने लगा था। इसके अलावा कुंवर शाम को लॉ पढ़ने भी जाते थे।

"मैं हमेशा से लॉ पढ़ना चाहता था क्योंकि शुरू से ही मैंने अपने घर में कई केस-मुकदमे देखे थे। मेरे पिता ने कई लोगों के खिलाफ मुकदमा दायर किया था... मेरी मां अदालत के चक्कर लगा-लगाकर परेशान थी। इसलिए लॉ तो मैं हमेशा से पढ़ना चाहता था।"

ज़िंदगी में पहली बार कुंवर ने गंभीरता से पढ़ाई की।

"तीन सालों तक मैंने इवनिंग क्लासेस की, और मुझे मेरे प्रोफेसर्स भी पसंद करने लगे। हालांकि मैं कभी भी वकील नहीं बनना चाहता था, लेकिन मेरे प्रोफेसर्स हमेशा कहते थे कि मुझे वकील ही बनना चाहिए!"

कुछ सीखना, पढ़ना अपने आप में एक अलग किस्म की खुशी और संतोष देता है। साथ ही शिक्षकों का सहयोग वो दवा होता है जो ज़िंदगी का रूख़ तक बदल सकता है। इससे पढ़नेवालों को एक अलग किस्म की

प्रेरणा मिलती है।

इस बीच कुंवर की शादी हो गई, वो भी बहुत नाटकीय तरीके से।

"लड़की के परिवार वाले तैयार नहीं हो रहे थे, इसलिए हमें भागकर शादी करनी पड़ी। मैं अपनी पत्नी को अपने घर नहीं ले जाना चाहता था क्योंकि मैंने कई सारी चीजें देखी हैं ज़िंदगी में... और मैं नहीं चाहता था कि उसे भी इस तरह के कड़वे अनुभव हों।"

शादी दोस्तों के सामने संपन्न हुई। ये युवा जोड़ी पूरी तरह बिना किसी सहयोग के थी। कुंवर उस वक्त तीन से चार हजार रुपए कमा रहे थे। उन्होंने अपनी छोटी-सी बचत से घर के लिए कुछ फर्नीचर खरीदे। लेकिन गीता को समझ में आ गया कि एक की तनख़्वाह से गुजारा नहीं हो सकता। इसलिए उसने भी नौकरी शुरू कर दी। इस बीच कुंवर के मन में नौ से पांच की नौकरी छोड़ने का ख़्याल कुलबुलाने लगा।

"मेरे ऊपर दबाव था कि ज़िंदगी में मुझे कुछ करना ही था। क्या करना था, ये बदलता रहता था। कभी मैं वकील बनने का सोचता था। कभी अपना काम शुरू करना चाहता था।"

शादी के बाद कुंवर की ज़िंदगी में थोड़ी स्थिरता आई, और इसके साथ ही आई नौकरी छोड़ने की हिम्मत। लेकिन दिमाग में अभी भी स्पष्टता नहीं थी। आख़िर में कुंवर ने केबल टीवी का बिजनेस शुरू किया, बावजूद इसके कि वो इस बिजनेस के बारे में कुछ भी नहीं जानते थे। "मैं सिर्फ उस प्रॉडक्ट की स्पेलिंग जानता था," कुंवर हंसते हुए बताते हैं। "मैंने वो प्रोजेक्ट ले लिया, हालांकि मैं जानता तक नहीं था कि इसको करना कैसे है!"

साल था 1989। उन दिनों केबल टीवी का मतलब 'एमए' यानी मास्टर एन्टीना सिस्टम होता था। तब दूरदर्शन के दो चैनल हुआ करते थे, और एक वीसीआर के जरिए ट्रांसमिट हुआ करता था। उसी 'एक्स्ट्रा' चैनल को केबल कहते थे। कुंवर का काम बहुमंजिला इमारतों में जाकर उनके सेक्रेटरी और कमिटी से मिलना था और उन्हें सिस्टम लगाने के लिए राजी करना था।

"जब लोग सोसाइटी में फ्लैट्स लेते हैं तो उन्हें कॉमन सुविधाएं मिलती

"मेरे पिता हमेशा पार्टनरों के साथ काम करते थे। लेकिन मैंने उन्हें हमेशा परेशान देखा था। इसलिए मेरे दिमाग में ये बात रह गई, और इसलिए मैं बिजनेस में कोई पार्टनर नहीं चाहता था।"

हैं। इसी तरह, लोगों को अपने टीवी के लिए अलग-अलग एंटीना लगाना होता था। इसके बदले सोसाइटी के लोग हमारा सिस्टम लगा सकते थे, और एक कॉमन एंटीना के जरिए सोसाइटी में मौजूद सभी टीवी पर प्रोग्राम रिले होते। इसके अलावा, उन्हें एक एक्स्ट्रा चैनल भी मिलता।"

होटलों और दुकानें, जहां टीवी बिका करते थे, वहां भी ये सिस्टम लगने लगा। हर इन्सटॉलेशन की कीमत एक लाख रुपए से दस लाख रुपए तक की होती थी, और तब दिल्ली में दो या तीन कंपनियां ही ये सर्विस देती थी। कुंवर बताते हैं कि उस दौरान उन्होंने बहुत अच्छे लोगों के साथ काम किया। इस काम के जरिए बहुत तेजी से उन्होंने काफी कुछ सीखा भी।

कुंवर को चार से पांच ऑर्डर मिल जाया करते थे, क्योंकि वे एक अच्छे सेल्समैन थे। लेकिन उन्हें जरा भी अंदाजा नहीं था कि सिस्टम लगाया कैसे जाता है। ये कंपनी की जिम्मेदारी थी, लेकिन वे इंडियन स्टैंडर्ड टाइम के हिसाब से काम कर रहे थे।

"कुछ ऐसे लोग, जिनसे मैंने ऑर्डर लिया था, वे मुझसे बहुत नाराज रहने लगे क्योंकि उनका काम नहीं होता था। उनमें से एक क्लायंट का एक होटल था। उन्होंने मुझसे पैसे वापस करने को कहा, और ये तक कहा कि वे मेरे साथ काम ही नहीं करना चाहते।"

कुंवर ने उनसे कहा, "आप मेरी मोटरसाइकिल की चाबी रख लीजिए। चाहे तो उसे बेच दीजिए। लेकिन आपने मुझे जो भी पैसे दिए थे, उसका मैंने वो सामान खरीद लिया जिसकी सिस्टम के लिए मुझे जरूरत थी। लेकिन अगर आप मुझे एक मौका देंगे तो मैं ये तय कर दूंगा कि आपका काम हो जाए।"

ये कुंवर की ज़िंदगी का अहम मोड़ साबित हुआ।

"उस दिन मुझे ये समझ में आया कि इस काम को कैसे करना है। मैंने उन लोगों के साथ काम करना शुरू कर दिया जो सिस्टम इन्स्टॉल करते थे। उन्हीं से मैंने मॉड्यूलेटर, ऐम्पलिफायर वगैरह लगाना सीखा। मैंने खुद काम करना शुरू किया। उस दिन से मैंने खुद काम सीखना शुरू कर दिया।"

कुंवर ने फिर से नौवीं और दसवीं की फिजिक्स की किताबें पढ़ीं।

"मैं आधे से ज़्यादा थ्योरी सीख चुका था, और वापस बेसिक स्टडीज की ओर मुड़ना चाहता था। ये मेरे लिए बहुत जरूरी था और मुझे समझ में आ गया कि मैं ये काम अच्छी तरह कर सकता हूं। उस समय समझ में आया कि जिन चीजों से मैं भागा करता था, वो दरअसल बहुत दिलचस्प थीं!"

सिस्टम के बारे में ये सारे फंडे समझ लेने के बाद कुंवर ने किसी ऐसे शख्स की तलाश शुरू कर दी जो उनकी मदद कर सके। एक दिन उनके दादाजी के घर में किसी ने उनसे कहा कि एक लड़का है जो काम खोज रहा है। कुंवर ने उस लड़के को काम पर रख लिया।

"मैंने उस लड़के को काम सिखाया। मैं इस इंडस्ट्री के कई लोगों से संपर्क में आया और नई चीजें सीखें। जैसे-जैसे मेरा बिजनेस बढ़ा, मैंने दस लड़कों को काम पर रख लिया। मेरा केबल टीवी बिजनेस अच्छा चल रहा था।"

फिर 1992 में केबल टीवी की दुनिया में एक और बड़ी क्रांति आई और इन्स्टॉलेशन बिजनेस में अचानक प्रतियोगिता बहुत बढ़ गई। कुंवर ने कुछ नया शुरू करने का फैसला कर लिया, और फिर एक बार नए रास्ते पर निकल पड़े।

"उस समय मेरे जैसे लोग बहुत कम थे जिन्हें केबल बिजनेस के बारे में इतनी जानकारी थी। इसलिए मैंने अपना सिस्टम बनाने का फैसला किया। "मैनुफैक्चरिंग में कुंवर को कोई अनुभव नहीं था, लेकिन उन्हें मालूम था कि वे ये भी सीख जाएंगे।

"मैंने एक यूनिट खोला और वहां दिन-रात काम करने लगा। मुझे मालूम ही नहीं कि ज़िंदगी तब किस रफ्तार से आगे बढ़ रही थी।"

बिजनेस चल निकला और 1995-96 में कुंवर के पास एक फैक्टरी थी जिसमें 50 लोग काम कर रहे थे, और अच्छे पैसे कमा रहे थे। "मेरे पास तब अपनी गाड़ी भी थी," कुंवर हंसते हुए बताते हैं। लेकिन उन्होंने बिजनेस के लिए पैसे कहां से जुटाए? क्या उन्होंने बैंकों में लोन की अर्जी डाली? हां, लेकिन 1997 में दो लाख रुपए के अलावा बैंकों ने उनकी अर्जियां ठुकराई ही, स्वीकार नहीं की।

वो मुश्किल दौर था।

"कई बार ऐसा भी होता था कि मेरी जेब में एक रुपया तक नहीं होता था। मेरी बीवी मेरा बहुत सहयोग करती थी। वो उस समय पढ़ा रही थी और अच्छा कमा रही थी। लेकिन मैंने कभी उससे एक भी रुपया नहीं मांगा।" पुरुष का अहं? कुंवर कहते हैं कि उन्हें कभी पैसे मांगने की हिम्मत नहीं हुई।

"कई बार ऐसा भी होता था कि मैं पांच-छह किलोमीटर गाड़ी को धक्का देते हुए पहुंचाता था क्योंकि मेरे पास पेट्रोल के लिए पैसे नहीं होते थे। आप मुझे अहंवादी कह सकते हैं, लेकिन मैं अपनी तकलीफें कभी किसी से बांट नहीं पाया। अगर मेरे पास कुछ नहीं है तो मैं बिना उसके काम चला लूंगा लेकिन मैं उसका रोना नहीं रोऊंगा। आज मैं ये सब बातें बता पा रहा हूं, लेकिन एक वक्त ऐसा था कि मैं ये बातें अपनी पत्नी या दोस्तों से नहीं बांट पाता था।"

मुझे नहीं लगता ये कोई समझदारी की बात है, लेकिन सब अपने-अपने तरीके से सोचते हैं।

खुशकिस्मती से कुंवर के लिए चीजें बदलने लगीं। 1998 में उन्होंने इनवर्टरों के बिजनेस में आने की सोची। केबल टीवी का बिजनेस अच्छा चल रहा

"स्कूल में मैं फिजिक्स से भागता था, हिस्ट्री से नफरत करता था। अब मैं किसी भी विषय पर किताबें पढ़ने के लिए डिनर तक मिस कर सकता हूं। पढ़ने से मेरा मन ही नहीं भरता! मैं लगातार कुछ न कुछ सीख रहा हूं।"

था, और साल का टर्नओवर तीन-चार करोड़ के आस-पास था। मुनाफा भी अच्छा था। लेकिन तब और बड़े खिलाड़ी मैदान में आ चुके थे, और प्रॉडक्ट की मांग भी घटने लगी थी।

"देखिए, हम कोई स्टैंडर्ड प्रॉडक्ट नहीं बना रहे थे। मैंने बहुत रिसर्च एंड डेवलपमेंट किया, लेकिन मेरे पास लोग नहीं थे। मैंने 20 लाख रुपए लगाकर एक स्पेक्ट्रम एनलाइजर भी खरीदा।" ये एक बड़ी रकम थी, और उतने पैसों में घर बन सकता था।

लेकिन कुंवर की प्राथमिकता बिजनेस थी। वे अपने मुनाफा पर जुआ खेलकर और बड़ी मशीनों में निवेश करने को तैयार थे, जो उन्हें अगली बड़ी लीग में ले जा सकती थी। इसके पीछे कोई तर्क नहीं है, लेकिन ये वही शख्स समझ सकता है जो जुनूनी हो।

"मैं जो भी कमा रहा था, वापस अपने बिजनेस में लगा रहा था क्योंकि यही मेरी ज़िंदगी थी। मैंने अपनी पत्नी तक को स्पेक्ट्रम एनलाइजर के बारे में नहीं बताया क्योंकि मैं जानता था कि इससे हमारे बीच झगड़ा होगा। मैं इन्वेस्ट करता रहा, और आखिर में मैंने इनवर्टर बिजनेस शुरू कर दिया।"

कुंवर समझ गए थे कि उत्तर भारत में इनवर्टरों की जबर्दस्त मांग है, लेकिन सभी लोग एक ही किस्म का इनवर्टर बना रहे थे। क्या वो कुछ बेहतर, कुछ सुपीरियर बना सकते थे? कुछ संयोग, कुछ डिजाइन--उसके सम्मिश्रण से जो तैयार हुआ, वो देखने लायक था।

दरअसल कुंवर के घर में एक इनवर्टर था जो अकसर खराब हो जाया करता था। एक दिन मैकेनिक उसे बनाने आया तो कुंवर ने इनवर्टर को भीतर तक झांककर देखा। "मुझे समझ में आ गया कि ये लोग सब-स्टैंडर्डपीसीबी लगा रहे थे। मैं केबल टीवी इंडस्ट्री में मिले अनुभवों की वजह से पीसीबी के बारे में काफी कुछ जानता था।"

कुंवर ने देखा कि बाजार में एक हाई-क्वालिटी ब्रांडेड इनवर्टर आया है, और फिर एक दिन वे उसे खरीद लाए। उन्होंने अपनी फैक्ट्री में जो लोगों को इसी पीसीबी का इस्तेमाल करते हुए एक इनवर्टर बनाने को कहा, लेकिन ये लोग पावर इलेक्ट्रॉनिक्स के बारे में कुछ नहीं जानते थे।

"दो किस्म के इलेक्ट्रॉनिक्स होते हैं--एक जिसका इस्तेमाल केबल टीवी में होता है जिसे आरएफ इलेक्ट्रॉनिक्स कहते हैं। दूसरे किस्म का पावर इलेक्ट्रॉनिक्स इनवर्टर में इस्तेमाल होता है। पावर इलेक्ट्रॉनिक्स इंजीनियर आरएफ इलेक्ट्रॉनिक्स से अलग होते हैं। आप किसी एक में ही स्पेशलाइज करते हैं!"

लेकिन कुंवर को दोनों क्षेत्रों में अनुभव हासिल था और स्पेक्ट्रम एनलाइजर की मदद से उन्होंने टेस्टिंग करना और प्रयोग करना शुरू कर दिया। "मैं खूब सारी किताबें और आर्टिकल्स पढ़ा करता था। उन दिनों इंटरनेट का उतना चलन नहीं था, इसलिए मैं प्रदर्शनियों में जाता था, मोटी-मोटी किताबें लेकर आता था और उन्हें घर में बैठकर पढ़ता रहता था।"

"मेरे में एक किस्म का जुनून आ गया था। लोग समझेंगे या नहीं, मुझे इसकी परवाह नहीं थी।"

ज्ञान की खातिर और ज्ञान--अजीब-सी बात है, लेकिन आगे बढ़ने का रास्ता भी यही है।

स्पेक्ट्रम एनलाइजर की ही मिसाल ले लीजिए। कुंवर अपने केबल टीवी के एम्पलिफायर और मॉड्यूलेटर को टेस्ट करने के लिए इसका इस्तेमाल करते थे। इसकी कोई जरूरत नहीं थी, और कोई छोटा मैन्युफैक्चरर तो इसके बारे में सोचता तक नहीं था। फिर भी, कुंवर टेस्ट करते थे क्योंकि वो क्वालिटी को लेकर बहुत गंभीर थे।

इसमें उन्हें मजा भी आ रहा था। एक न एक दिन कुछ फ़ायदा भी जरूर होगा।

"निश्चित तौर पर मैंने ये सीखा कि अलग-अलग चीज़ें कैसे काम करती हैं। मैंने कई प्रैक्टिल चीज़ें सीखीं और अपने लड़कों को भी सिखाईं।"

कुंवर ने आख़िरकार अपना इनवर्टर लॉन्च कर दिया, लेकिन मार्केट में कोई तहलका नहीं मचा पाए। फिर भी उन्होंने हिम्मत नहीं हारी। "हम लगातार कोशिश करते रहे। प्रयोग करते रहे। नए उपकरण खरीदते रहे।" इसमें एक पावर एनलाइजर और टेस्टिंग के लिए कुछ और मीटर शामिल थे।

टीम ने पूरा एक साल अपना पहला इनवर्टर बनाने में लगाया, फिर उसे दूसरों से अलग करने की, बेहतर बनाने की कोशिश की। अपने ऑपरेशन्स

> "मैं इतनी बड़ी-बड़ी बातें करता था कि मेरे परिवार को चिंता होती
> थी... कि बड़ी-बड़ी बातें करता है। मेरे सपने इतने बड़े हैं
> कि अगर मैं अगले पचास साल भी काम करूं
> तो करने को और भी बहुत कुछ होगा!"

के पहले साल इन्होंने सिर्फ 100 इनवर्टर बनाए।

बड़ी कंपनियों ने कहा, "ये सब करने की जरूरत नहीं है।" लेकिन कुंवर जिद पर अड़े थे कि जो होगा, उन्हीं के तरीके से होगा। उन्हें अपने तरीके पर पूरा भरोसा था।

आख़िरकार, टीम छोटे सर्किट के साथ एक इनवर्टर बनाने में कामयाब रही जो सिर्फ एक बैट्री पर चलता था। इसकी क्षमता भी काफी ज़्यादा थी। इस इनवर्टर को मार्केट में पसंद किया गया और धीरे-धीरे सेल्स बढ़ने लगा।

"हमारे इनवर्टर कम बिजली खाते थे। बाकी इनवर्टरों की तकनीक इतनी खराब थी कि वे अच्छी तरह चार्ज ही नहीं हो पाते थे। इनवर्टर ऑन करते ही वे खराब हो जाते थे। लोग इन प्रॉडक्ट्स से बहुत नाराज थे।"

शायद कंपनियां इनवर्टरों को बेचने की बजाए उनकी सर्विसिंग में ज़्यादा मुनाफा कमाती हों?

"मैं ये कभी समझ ही नहीं पाया," कुंवर कहते हैं।

"आप सिर्फ अच्छा प्रॉडक्ट बनाना चाहते थे?" मैं पूछती हूं।

"मैं नहीं जानता। मैं एक अच्छा प्रॉडक्ट बनाना चाहता था। मैं सिर्फ ये जानता था कि मुझे इस टेक्नॉलोजी के साथ काम करना है।" इसलिए, वे इनवर्टर पर काम करने के लिए और लोगों को लेकर आ गए। ये लोग डिजिटल और पावर इलेक्ट्रॉनिक्स बैकग्राउंड से थे, और इनके पास ताजातरीन आइडिया थे।

एक अच्छा प्रॉडक्ट होना अच्छी बात है। लेकिन एक अच्छे प्रॉडक्ट को भी मार्केटिंग की जरूरत होती है, और ये बात अकसर कंपनियां नजरअंदाज कर दिया करती हैं। सु-कैम भी कोई अपवाद नहीं था।

2000 में किसी ने वैसे ही कुंवर से कहा, "आपका कोई ब्रांड नेम नहीं है?"

कुंवर ने नाराज होकर कहा, "ये क्या कह रहे हैं आप!"

कुंवर जानते थे कि उनसे बेहतर इनवर्टर कोई नहीं बना सकता। बल्कि कई लोग तो उनके प्रॉडक्ट की नकल कर रहे थे।

लेकिन वो शख़्स लगातार कहता रहा, "दूसरी कंपनी का ब्रांड है। आप मार्केट में पता कर लीजिए।"

कुंवर के दिमाग में ये बात घूमती रही और उन्होंने कुछ रिसर्च किया। उन्हें पता चल गया कि वो शख़्स सही कह रहा थाः सु-कैम वो प्रॉडक्ट नहीं था जो लोग उसके नाम से मांगा करते थे। इस बारे में कुछ न कुछ करना जरूरी थी!

कुंवर ने एक एडवर्टाइजिंग एजेंसी से बात की जिसका ऑफिस उसी इमारत में, उसी मंजिल पर था जहां सु-कैम का दफ्तर था। कुंवर उनके पास गए और पूछा, "क्या आप ब्रांड बनाने में मेरी मदद कर सकते हैं?"

एजेंसी ने सलाह दी कि सु-कैम को हर साल 25 से 30 लाख रुपए विज्ञापनों पर खर्च करने होंगे। उस वक़्त ये काफी ज़्यादा था, लेकिन कुंवर बीस लाख के बजट पर तैयार हो गए। और जब इस आइडिया के लिए तैयार हो गए, तो कुंवर ने तय कर लिया कि वे एडवर्टाइजिंग बिजनेस के बारे में भी सब कुछ सीख कर रहेंगे। उसका नतीजा कुछ बहुत अच्छे आइडियाज के रूप में नजर आया।

"टाइम्स ऑफ इंडिया में ये लोग क्लासिफाइड पन्ने के लिए अलग रेट्स रखते थे, और बाकी पन्नों के लिए अलग। मैंने उनसे कहा कि मुझे क्लासिफाइड्स पेज में चार लाइनें चाहिए और मैं अपना एड एक ख़ास जगह डालना चाहता हूं। जो शख़्स मेरे पास एड लेने आया, वो इस बारे में ज़्यादा जानता नहीं था इसलिए उसने हामी भर दी। तो मैंने अलग-अलग लाइनें ले लीं, उन्हें एक में जोड़ दिया और इस तरह एक पूरा एड तैयार हो गया।"

कुंवर ने एक लूप होल खोज लिया था, और उसका सही तरीके से इस्तेमाल भी किया। उन्होंने क्लासिफाइड्स का इस्तेमाल डिस्प्ले एडवर्टाइजिंग

"मेरी लंबाई एक समस्या थी... क्योंकि मैं छोटा था इसलिए लोग सोचते थे कि ये क्या कर लेगा? लेकिन जब भी मुझे चुनौती दी जाती, मैं सोचता कि मैं उन्हें करके दिखाऊंगा!"

के तौर पर किया। टाइम्स ऑफ इंडिया को बाद में समझ आया तो उन्होंने अपनी नीति बदल डाली, लेकिन तब तक बहुत कम पैसे में सु-कैम अपनी पहचान बना चुका था। कंपनी ने फिर टीवी पर विज्ञापन देना शुरू कर दिया। सु-कैम पहली इनवर्टर कंपनी थी जिसका टीवी पर विज्ञापन आया।

कुंवर के दिमाग में एक और आइडिया आया--उन्होंने ऐसे बोर्ड्स बनाए जिस पर सिर्फ सु-कैम लिखा हुआ था।

"मेरे दो-तीन कर्मचारी ऐसे थे जो अपने काम में बहुत अच्छे नहीं थे। मैंने ये काम उन्हें सौंप दिया। हमने पूरे भारत के लिए तीन टीमें बनाईं और उन्हें हर जगह बोर्ड लगाने का काम सौंप दिया। मैं नहीं जानता था कि इसका क्या असर होता, लेकिन ये आइडिया बहुत काम आया। इससे सु-कैम ब्रांड को बहुत लोकप्रियता मिली।"

कुंवर की टीम ने ढाबा मालिकों से उनके नाम सु-कैम के बोर्ड पर लिखकर उसे टांगने को कहा, और उनके प्रॉडक्ट्स के साथ सु-कैम को एडर्वटाईज करने की गुजारिश की।

2002 तक सु-कैम की स्थिति में बहुत सुधार आ चुका था। तब तक टर्नओवर दस करोड़ के पार जा चुका था, लेकिन प्रॉडक्ट को बेहतर बनाने का काम जारी था। अगले साल सु-कैम ने नए किस्म के प्रॉडक्ट्सलॉन्च किए, जिनमें सिनेवेव इनवर्टर और प्लास्टिक बॉडी वाला इनवर्टर शामिल था। कंपनी यूपीएस रेंज लेकर आई और देश के कोने-कोने में इसके प्रॉडक्ट्स बिकने लगे।

सु-कैम ने अपना पहला ब्रांच हैदराबाद में खोला, और अपना पहला एक्सपोर्ट ऑर्डर श्रीलंका से हासिल किया।

"मेरे पास दिल्ली में एक कर्मचारी था जिसे मैंने बांग्लादेश जाकर ग्राहकों

का पता लगाने को कहा। लेकिन ये उसके लिए पहला मौका था, और वो कोई ऑर्डर लेकर नहीं आ पाया। अगली बार मैं उसके साथ गया है। इस तरह धीरे-धीरे हमें ऑर्डर मिलने लगे और हम एक्सपोर्ट करने लगे।"

कंपनी ने अफ्रीका में एक प्रदर्शनी में हिस्सा लिया। धीरे-धीरे अफ्रीका सु-कैम के लिए एक बड़ा एक्सपोर्ट मार्केट बन गया।

ज़िंदगी में पहली बार कुंवर के लिए सब कुछ सही रास्ते पर चलने लगा था। लेकिन अचानक ज़िंदगी ने दूसरा मोड़ ले लिया।

"मुझसे एक बड़ी कंपनी ने संपर्क किया, जो कॉन्ट्रैक्ट बेसिस पर इनवर्टर बना रहे थे।" लेकिन मैंने कहा, "मुझे आपके नाम से प्रॉडक्ट्स क्यों बनाने चाहिए?"

कुंवर ने ऑफर ठुकरा दिया लेकिन उन्हें इसका ख़ामियाजा भुगतना पड़ा। जिस कंपनी से उन्होंने पंगा लिया था, उसने जोर लगाया और सु-कैम पर एक्साइज डिपार्टमेंट ने छापा मार दिया। कुंवर पर कई तरह के मुकदमे ठोक दिए गए।

"मुझे तो मालूम भी नहीं था कि मैं कुछ गलत कर रहा हूं। मैं पंजाबी बाग में बड़ा हुआ जहां दुकानदार और बिजनेसमैन कभी इनकम टैक्स और एक्साइज के बारे में सोचते ही नहीं थे, न इनके बारे में कोई जानकारी रखते थे। मुझे सिर्फ ये मालूम था कि मैं बिजनेस कर रहा था, और यही बड़ी बात थी।"

सभी अपने-अपने तरीके से सीखते हैं।

"मैंने कभी सोचा ही नहीं कि मेरा कोई स्टेटस था और लोग मेरे पीछे भी पड़ जाएंगे। मेरी पत्नी भी कहती है कि मैं बेवकूफ था। लेकिन उस दिन मुझे अहसास हुआ कि बिजनेस करने का ये तरीका सही नहीं है। मैं नहीं जानता आप इस बारे में कैसे लिखेंगी क्योंकि ये सब मुझे ही नुकसान पहुंचा सकता है..."

लेकिन ये गुजरे हुए कल की बात है। इसके बारे में लिखने से दूसरों को मदद मिलेगी, उनकी आंखें खुलेंगी।

तब तक कुंवर को ये अहसास हो चुका था कि उन्हें अपना तरीका

बदलना होगा। और उन्होंने किया भी। लेकिन वो दौर बहुत मुश्किल था।

"मेरे ख़िलाफ कई मुकदमे थे, और ये भी मुमकिन था कि मैं सलाखों के पीछे डाल दिया जाता। मुझे सरकार को बहुत सारे पैसे टैक्स और फाइन के रूप में चुकाने पड़े। मेरे स्टॉक्स सील कर दिए गए, और ये बात पूरे मार्केट में फैल गई कि कंपनी को किसी और ने खरीद लिया है।"

सु-कैम की प्रतियोगी कंपनी ने वहां के आधे से ज़्यादा कर्मचारियों को अपने यहां रख लिया।

"मेरे ख़्याल से वो मेरे बिजनेस का सबसे मुश्किल दौर था। मैं कुछ दिनों के लिए डिप्रेशन में चला गया था। मैं ऑफिस जाता था, किसी से बात नहीं करता था और वापस लौट आता था। मेरे पास ऐसा कोई नहीं था जो एक्साइज के मामलों को हैंडल कर सके। मुझे सब कुछ खुद करना पड़ता था, और कंपनी की देखरेख भी करनी थी।"

"मेरी पत्नी को कुछ समझ नहीं आ रहा था और वो बहुत परेशान थी। लेकिन फिर भी वो मेरे साथ खड़ी रही। फिर मैं उस मुश्किल से भी बाहर निकल आया। हमने फिर से प्रोडक्शन शुरू कर दिया। हमने एकदम शुरुआत से रिसर्च एंड डेवलपमेंट टीम बनाई।"

इस वक़्त तक सु-कैम ने कुछ नई तकनीकों पर भी काम शुरू कर दिया था जिसे सुरक्षित बनाए रखना था। "मैंने महसूस किया कि हमें अपने प्रॉडक्ट्स को पेटेंट करना होगा। 2004 में पहली बार मैंने पेटेंट के लिए अप्लाई किया।"

अपने उत्कृष्ट प्रॉडक्ट्स, एक स्थापित ब्रांड और मजबूत डीलरों के नेटवर्क के साथ सु-कैम में पिछले पांच सालों में जबर्दस्त बढ़ोत्तरी देखी है। 2004 में सु-कैम का टर्नओवर 100 करोड़ था। आज 500 करोड़ रुपए है, जिसमें से 80 करोड़ रुपए एक्सपोर्ट मार्केट से आते हैं।

हालांकि रास्ते में और कई अड़चनें भी आई हैं।

"2006 में हमारा बिजनेस बहुत अच्छा कर रहा था और मैंने देखा कि मेरे कुछ कर्मचारी, जो मेरे साथ काफी सालों से थे, मेरे विजन से कुछ अलग सोच रहे थे। इसलिए 2007 में मैंने कुछ लोगों को कंपनी से निकाल

दिया... और तब मेरे बिजनेस को इसका नुकसान उठाना पड़ा।" इसका असर अभी भी महसूस होता है। पुराने कर्मचारियों ने कंपनी के बारे में कई तरह की अफवाहें फैलाईं।

"ये मेरी अपनी गलती है। लेकिन इस तरह के उतार-चढ़ाव आते रहते हैं। मैं अपनी ही गलतियों से सीख जाऊंगा!"

लेकिन आख़िर बात क्या थी?

"मैं चाहता था कि ये लोग मार्केट में जाएं और हमारे नए प्रॉडक्ट्स के बारे में बात करें, उन नई तकनीकों के बारे में बात करें जो हम साथ मिलकर तैयार कर रहे थे। लेकिन ये लोग गाड़ियों में, अच्छी लाइफ स्टाइल में ज़्यादा दिलचस्पी रखने लगे थे। उनमें मेरा जुनून भी नहीं था।"

पैसे की बात नहीं थी। कुंवर कहते हैं कि वे हमेशा से उदार एम्पलॉयर रहे हैं। लेकिन एक उद्यमी अगर ये उम्मीद करे कि सब लोग ठीक उसी तरह सोचें, ये थोड़ी आदर्शवादी बात हो जाती है। सु-कैम अगर लिस्टेड कंपनी होती तो शायद मसला कुछ और होता था। तब शेयरों से उनके ठोस मूल्य और फायदे जुड़े होते।

इसी दौरान एक अमेरिकी मल्टीनेशनल कंपनी की ओर से सु-कैम को खरीदने का एक और ऑफर आया।

"मैंने पिछली बार बहुत बड़ी गलती की थी, इसलिए इस बार मैंने बहुत समझदारी से काम लिया। उन्होंने मुझे यूएस बुलाया, मैं गया और उनसे मिला भी। फिर उन्होंने मुझे सिंगापुर बुलाया। मैं वहां जाकर भी उनसे मिला। लेकिन मैं अपने मन में ये तय कर चुका था कि कंपनी तो मैं नहीं बेचूंगा।"

रिलायंस ने भी सु-कैम को एक पीई (प्राइस-अर्निंग्स) ऑफर के साथ संपर्क किया, और कुंवर ने ये ऑफर स्वीकार करने का फैसला किया। रिलायंस इंडिया पावर फंड--रिलायंस (एडीएजी) और सिंगापुर की तेमासेक होल्डिंग्स ने सु-कैम में 45 करोड़ रुपए का निवेश किया। बढ़ोत्तरी के लिए एक मंच तैयार होने लगा था।

2006 में कंपनी ने देश के बाहर अपना पहला ऑफिस दुबई में खोला। उसी साल सु-कैम 100 केवीए पावर वाला इनवर्टर बनाने वाली दुनिया की

दूसरी सबसे बड़ी कंपनी बन गई और भारत के सबसे पहले एसएमएफ (सील्ड, मेन्टेनेंस फ्री बैट्री) बैट्री प्लांट का उद्घाटन किया।

उसके बाद पुरस्कारों और सम्मानों का सिलसिला चल पड़ा।

'नेशनल अवॉर्ड फॉर क्वालिटी प्रॉडक्ट्स फॉर मैनुफैक्चरिंग इनवर्टर्स ऑफ आउटस्टैंडिंग क्वालिटी।'

'रेसिपिएंट ऑफ सेक्टॉरल अवॉर्ड--कंज्युमर इलेक्ट्रॉनिक्स में सबसे ज़्यादा निर्यात के लिए'

'विज्ञान और तकनीकी मंत्रालय, भारत सरकार की ओर से इन-हाउस आर एंड डी के लिए सम्मान'

इस सूची में 'इनोवेशन फॉर इंडिया 2008' अवॉर्ड शामिल हो गया है जो मैरिकोइनोवेशन फाउंडेशन की ओर से दिया जाता है। इनोवेशन--यानी नवाचार --ये सभी कंपनियां कहती जरूर हैं, लेकिन असल में करती नहीं हैं। लेकिन सु-कैम इन सबसे अलग है।

कंपनी के आर एंड डी डिपार्टमेंट में फिलहाल 32 लोग हैं, और सभी इंजीनियर हैं। इसे इनोवेशन नहीं, इन्वेंशन कहा जाएगा--आविष्कार।

"2006 में हमने 50 टेक्नॉलोजी पेटेंट्स के लिए अप्लाई किया। अब हम हर महीने दो पेटेंट के लिए अप्लाई कर रहे हैं क्योंकि हमारे पास इतने सारे नए आइडियाज हैं! "वैसे सच कहा जाए तो ये सारे आइडियाज कुंवर के दिमाग की उपज हैं।

"कई बार तो कुंवर रात में ग्यारह बजे फोन करते हैं... तुम लोग फलां-फलां चीज क्यों नहीं करने की कोशिश करते?" आर एंड डी का एक इंजीनियर बताता है।

सु-कैम लैब्स में कई आविष्कार हो रहे हैं--जिनमें से कुछ आर्थिक तौर पर फायदा देते हैं। हाल में मिली सफलताओं में 'पावर क्वालिटी मॉनिटर' और 'बैट्रीइक्वलाइजर' शामिल है। लेकिन टाइमर सुविधा के साथ एक गीजर बनाने की क्या जरूरत है? क्योंकि मुमकिन है कि जल्द ही ऐसा कोई गीजर मार्केट की जरूरत बन जाए! और मजा तो नई चीजें बनाने में है।

भविष्य कैसा दिखाई देता है? क्या भारत और बाकी दुनिया में इनवर्टर

की मांग बनी रहेगी? सु-कैम अब खुद को इनवर्टर ही नहीं, पावर बैक-अप कंपनी के रूप में देखता है। मसलन, सु-कैम ने टेलीकॉम टावर्स को इनवर्टरों से जोड़ा है। ये किफायती है, सक्षम है और सही मायने में 'ग्रीन' है क्योंकि ये इनवर्टर दरअसल सौर ऊर्जा पर चलता है।

"पावर के स्टोरेज का बहुत बड़ा स्कोप है। इस फील्ड में कोई नहीं है। जब पावर क्रिएट हो रहा होता है, बन रहा होता है, तो हमें इसका इस्तेमाल करना होता है नहीं तो ये बर्बाद हो जाता है। लेकिन सवाल है कि हम इसे स्टोर कैसे करें?" कुंवर को लगता है कि उनके पास कुछ सवालों के जवाब हैं। संक्षिप्त में कहें तो ये जवाब है--बड़े इनवर्टर!

"मेरी एक बड़ी समस्या है, सपने देखने की। मुझे मालूम है कि मुझे काम करना होगा। मैंने तीन साल पहले 100 किलोवॉट का इनवर्टर बनाया था। उस वक्त किसी ने नहीं सोचा था कि ये मुमकिन हो सकेगा..."

लेकिन किसी ने नहीं सोचा था कि इतना सब भी मुमकिन हो सकेगा!

"मुझे तब अहसास नहीं हुआ... मैं अपनी ज़िंदगी में सब चीजें देर से समझता हूं। ट्यूबलाइट जो हूं! मेरी पत्नी भी कहती है कि मुझे छोटी-छोटी चीजें समझ नहीं आतीं। लेकिन मुझे वो समझ में आता है जो किसी को समझ नहीं आता..."

वो कैसे करेंगे, ये बात वो भी नहीं जानते। लेकिन कुंवर सब कर लेंगे, इसमें कोई शक नहीं।

कुंवर के जेहन में एक ऐसे दिन का ख़्वाब है जिसमें जमा किए हुए पावर की टंकियां हैं, और 500 किलोवॉट के इनवर्टर।

"दरअसल लोगों ने पावर के क्षेत्र में कभी काम ही नहीं किया। आज भी वे 100 साल पुराने डिस्ट्रिब्युशन और ट्रांसफॉर्मर डिजाइनों का इस्तेमाल करते हैं... मेरे सपने इतने बड़े हैं कि मैं अगले पचास साल भी काम करूं, अगली पीढ़ी भी इस पर काम करे तो पूरे न हों शायद!"

1600 कर्मचारियों वाली सु-कैम की पांच फैक्ट्रियों में अब कुंवर सचदेव का मन नहीं लगता। कंपनी के पास प्रोफेशनल सीईओ है जो रोजमर्रा के ऑपरेशन्स देखता है ताकि कुंवर वो कर सकें जो वो करना चाहते हैं।

आविष्कार, पुनराविष्कार, नई संभावनाओं की तलाश। लगातार!

*

युवा उद्यमियों को सलाह

लोग नौकरियों में इसलिए संतुष्ट हो जाते हैं क्योंकि उन्हें अपनी क्षमताओं का अहसास नहीं है। आप कुछ करते हैं, और तब आत्मविश्वास आता है।

फैसले कभी सही या गलत नहीं होते। उसके नतीजे सकारात्मक या नकारात्मक होते हैं। लेकिन आप हमेशा किनारे पर बैठकर पक्ष-विपक्ष के बारे में नहीं सोचते रह सकते। आपको फैसले तो लेने ही हैं। यही हर उद्यमी का ख़ास गुण है!

गलतियां ज़िंदगी में होती ही हैं। मैंने भी गलतियां की हैं, और उनसे सीखा है। कुछ लोग आपके साथ हो सकते हैं, कुछ नहीं होते। आपको अपने जुनून और अपनी रुचि के जरिए आगे बढ़ना है।

आप सिर्फ पैसे के बारे में नहीं सोच सकते। पैसा आता-जाता रहता है। अगर आप सफल हैं, तो ये बढ़ता रहता है। मैं जुनूनी था, और मैंने इसके लिए मेहनत की। इसके अलावा मेरे लिए कुछ मायने नहीं रखता।

इंग्लिश गुरु

गणेश राम
वीटा

एनएसएस के स्वयंसेवी के तौर पर काम करते हुए गणेश राम को अपने बारे में एक बात पता चली--उनके पास पढ़ाने का कौशल है। 1981 में खोले गए एक कोचिंग सेंटर, विवेकानंद स्टडीसर्कल से शुरू हुआ उनका सफर वीटा तक पहुंच गया है, जो भारत में स्पोकन इंग्लिश सिखाने का सबसे बड़ा ट्रेनर है।

जब मैंने मुंबई में पहली बार बस शेल्टरों पर 'वीटा इंग्लिश स्पीकिंग क्लासेस' के विज्ञापन देखे तो मैंने ख़ुद से कहा, "वाह! ये सही वक़्त आया है!"

नब्बे के दशक में यदि कंप्यूटर्स का जमाना था, तो आज की जरूरत अंग्रेजी है!

मैंने 'वीटा' गूगल किया, ये देखने के लिए कि इतने अच्छे बिजनेस का अवसर पहचानने वाला दिमाग किसका था। शायद कोई एमबीए, जिसे वीसी फंडिंग मिल गई हो (विज्ञापन पर किए गए खर्च को देखकर मैंने ये अनुमान लगाया!) या फिर एक बड़े बाप का बेटा या बेटी जो शिक्षा के क्षेत्र में उगते हुए सूरज की पहचान रखता हो।

मैं गलत थी। बिल्कुल गलत। वीटा 1981 से अस्तित्व में है!

बीपीओज, केपीओज, एलपीओज के पहले से।

सीएनएन, सीएनबीसी, एचबीओ के पहले से।

युवा भारतीयों की दुनिया में नौकरी के लिए अंग्रेजी की एक क्षमता जरूरत बन जाने से पहले से।

गणेश राम ने लाखों छात्रों को अंग्रेजी सिखाई, और उनकी ज़िंदगी बेहतर बनाई।

आप उन्हें विजनरी यानी दूरदर्शी कह सकते हैं, लेकिन वे आपको यकीन दिलाने की कोशिश करते हैं, "मेरे पास कोई विजन नहीं था, न ही कोई बिजनेसप्लान था।"

मैं चेन्नई के टी नगर में उनके छोटे से ऑफिस में बैठे हुए सोचती हूं कि ऐसा कोई स्प्रेडशीट कॉलम नहीं होता जिसमें भरोसे, मेहनत और व्यावहारिक ज्ञान यानी कॉमनसेंस का जोड़ दर्शाया जा सके।

या फिर दर्शाया जा सके एक शिक्षक का जुनून, जो चाहता है कि उसके सभी छात्र ज़िंदगी के हर इम्तिहान में 'पास' हों।

इंग्लिश गुरु

गणेश राम
वीटा

गणेश राम एक संपन्न परिवार में पैदा हुए, एक ऐसे परिवार में जो वक़्त से आगे सोचता था।

"मेरे दादाजी बनारस हिंदू विश्वविद्यालय पढ़ने गए थे, वहां से इंजीनियरिंग में डिप्लोमा लेने। लौटकर उन्होंने तंजौर का पहला चावल मिल खोला, और एक बहुत संपन्न शख़्सियत बने।"

"राइस मिल राम अय्यर" के तीन बेटे थे, लेकिन उनमें से किसी को बिजनेस चलाने में कोई रुचि नहीं थी। और फिर जो हुआ, वो अवश्यंभावी था।

"मेरे दादाजी को किसी ने एक प्राइवेट बैंक को कर्ज देने के लिए तैयार कर लिया। वो बैंक डूब गया और अपनी डूबती साख और इज़्ज़त बचाने के लिए मेरे दादादी की अपनी सारी संपत्ति भी बेच दी। इसके बाद भी उनके पास कुछ संपत्ति बची, लेकिन वो भी उनके बाद वाली पीढ़ी ने इधर-उधर कर दी।"

गणेश जब एक साल के थे, उनके पिता की मौत हो गई। गणेश की मां के पास कुछ पैसे थे, और उनके माता-पिता का सहयोग भी था। लेकिन अचानक परिवार 'तंगहाल' हो गया।

गणेश, उनकी मां और भाई-बहन कुंबकोणम से चेन्नई आ गए। "जब मेरे पिता की मौत हुई, मेरे बड़े भाई की उम्र 14 साल थी। उसने उसी उम्र

में घर चलाने के लिए काम करना शुरू कर दिया। उसकी वजह से ही मेरी बड़ी बहन और मैं अपनी पढ़ाई पूरी कर सके।"

पढ़ाई नगर पालिका स्कूल और सरकारी कॉलेज में हुई, लेकिन शिक्षा तो मिली कम-से-कम। गवर्नमेंट कॉलेज, नंदनम में पढ़ाई करते हुए गणेश ने एक एनएसएस प्रोजेक्ट में हिस्सा लिया, जहां उन्हें शाम को स्लम के बच्चों को पढ़ाने का काम सौंपा गया। ये पढ़ाने का पहला मौका था, और पहली बार उन्हें अध्यापन में मिलने वाले सुख का अहसास हुआ।

"मैं मैथ्स में बहुत अच्छा था, और मुझे समझ में आ गया था कि ये विषय मुझे बहुत पसंद भी है। जो मैं पढ़ा रहा हूं, अगर स्लम का एक बच्चा भी समझ सकता है, तो इसका मतलब है कि मैं लोगों को ट्रेन कर सकता हूं!"

इस बीच गणेश ने फिजिक्स में अपनी बीएससी पूरी की, और इंडियन एक्सप्रेस में उन्हें नौकरी मिल गई। 1981 में उन्हें साढ़े सात सौ रुपए का दरमाहा मिलता था, और उन्हें मैनेजमेंट ट्रेनी की जगह मिली थी जो तब बहुत बड़ी बात थी। लेकिन गणेश को इस नौकरी में कोई दिलचस्पी नहीं थी।

"मैंने अपनी मां से कहा कि मैं अपना काम करना चाहता हूं।"

उन्होंने कहा, "तुम गलती कर रहे है। आख़िर तुम करोगे क्या?"

गणेश ने कहा, "मैं सोशल सर्विस करूंगा--या फिर मैं अपना कुछ काम करूंगा।"

मां ने कहा, "मैं तुम्हें इसकी इजाज़त नहीं दूंगी। तुम्हें नौकरी मिल रही है। तुम अफसर बन जाओगे, और परिवार की तरक्की होगी।"

लेकिन गणेश अपनी जिद पर अड़े रहे, और फिर उनकी मां ने परिवार के ज्योतिषी से सलाह लेना का फैसला किया।

ज्योतिषी ने गणेश का हाथ देखा, उनकी कुंडली देखी और कहा, "अगर ये नौकरी कर भी ले तो वहां टिकेगा नहीं बहुत दिनों तक। इसलिए ये जो करना चाहता है, इसे करने दो।"

आख़िर में गणेश की मां ने हार मान ली।

लेकिन अब उन्होंने पूछा, "तुम क्या करोगे?"

गणेश ने कहा, "मुझे लगता है मैं अच्छी तरह पढ़ा सकता हूं। मैं या तो कोई टीचिंग का काम ले लूंगा या अपना काम करने की कोशिश करता रहूंगा। तुम मेरी चिंता मत करो। बस मुझे सिर पर छत और खाना देती रहो। मैं कुछ न कुछ कर लूंगा!"

ये वो वक़्त था जब गणेश सोच रहे थे कि शुरुआत कहां से की जाए, और किया क्या जाए आख़िर। तभी गणेश ने नंदनम एक्सेटेंशन में एक बंगला देखा और वहां छप्पर की एक छत देखी।

गणेश उस घर में घुस गए, और मकान मालिक से पूछ लिया कि उस छप्पर वाले घर का किराया कितना है।

"तुम यहां क्या करोगे?" मकान मालिक ने पूछा।

"मैं बच्चों को ट्यूशन क्लासेस देने की सोच रहा हूं," गणेश ने जवाब दिया।

"ठीक है। मुझे 500 रुपए तीन महीने का एडवांस और हर महीने 170 रुपए का किराया दे दो", मकान मालिक ने कहा।

लेकिन गणेश के पास 500 रुपए आते कहां से? आसान था--वे अपनी मां के सामने पैसे के लिए गिड़गिड़ाए, और वादा किया कि कुछ ही महीने में पैसे वापस कर देंगे।

मां किसी तरह तैयार हो गई और इस तरह गणेश का सफर शुरू हुआ।

गणेश ने बंगले को ठीक-ठाक किया और अपनी कोचिंग क्लासेस की मार्केटिंग शुरू कर दी। "इसका मतलब था मैंने ऐसे तीन छात्र ढूंढ़ लिए जो बारहवीं क्लास में फेल हो चुके थे," गणेश हंसते हुए बताते हैं।

गणेश ने उनसे कहा, "अभी जनवरी चल रही है और तुम लोग अप्रैल के महीने में परीक्षाएं दोगे। तीन महीने में मैं तुम लोगों की पूरी तैयारी करवा दूंगा और तुम्हें पास कर दूंगा। क्या तुम लोग मेरे सेंटर पर पढ़ने के लिए तैयार हो?"

उन्होंने कहा, "ठीक है सर। हम आएंगे।" और तीनों तीस-तीस रुपए महीने की फीस देने को तैयार हो गए।

गणेश ने फीता काटा और अपने कोचिंग सेंटर का 12 जनवरी 1981

"मैं मैथ्स में बहुत अच्छा था, और मुझे समझ में आ गया था कि ये विषय मुझे बहुत पसंद भी है। जो मैं पढ़ा रहा हूं, अगर स्लम का एक बच्चा भी समझ सकता है, तो इसका मतलब है कि मैं लोगों को ट्रेन कर सकता हूं!"

को स्वामी विवेकानंद के जन्मदिन के दिन 'उद्घाटन' कर दिया। क्लासेस शुरू हुईं, और सब ठीक ही चल रहा था। सिवाय इसके कि महीने के आख़िर में किराया 170 रुपए दिया जाना था, और आने वाले थे सिर्फ 90 रुपए!

एक हफ्ते के बाद गणेश ने अपने छात्रों को बुलाया और कहा, "एक प्रॉब्लम है। आप मेरी मदद कर सकेंगे?"

"हमें बताइए सर। क्या सर?" उन्होंने पूछा।

"क्या आप लोग मेरे पढ़ाने के तरीके से खुश हैं?" गणेश ने पूछा।

उन्होंने जवाब दिया, "बिल्कुल सर। हम पूरा यकीन है कि हम मैथ्स के एक्जाम में पास हो जाएंगे।"

गणेश ने उनसे अपनी स्थिति बताई और कहा कि वे अपनी मां से और पैसे नहीं लेना चाहते हैं, या उन तीनों से और पैसे देने को भी नहीं कहना चाहते। इसलिए दूसरा तरीका क्या हो सकता था?

जब आगे के सारे रास्ते अंधेरे नजर आते हैं तो उस शख़्स के पास, जिसका एक लक्ष्य हो, रौशनी की कोई न कोई किरण खुद चलकर आती है। कोई न कोई नया हल जरूर निकलता है!

"क्या तुम लोग मेरे लिए एक-एक स्टूडेंट लेकर आ सकोगे? अपनी ही उम्र का? तुम्हारा वैसा कोई दोस्त जो फेल हुआ हो?" गणेश ने अपने तीनों छात्रों से पूछा।

उन्होंने कहा, "बिल्कुल सर!"

तीनों छात्र एक-एक नहीं, बल्कि अपने साथ दो-दो स्टूडेंट्स लेकर आए। इसलिए, पहले ही महीने में गणेश के पास नौ छात्र थे। हर स्टूडेंट तीस रुपए देता था, और इस तरह उनकी कमाई 270 रुपए प्रति महीने हो गई!

"बिजलीका खर्च 10 रुपए था, किराया 175 रुपए था। इस तरह मुझे पहले महीने में ही फायदा हुआ," गणेश बताते हैं।

गणेश ने बचे हुए पैसे पास के एक बैंक में जमा करा दिए। धीरे-धीरे उनकी लोकप्रियता बढ़ती गई और गणेश राम के क्लासेस के लिए कई सारे बच्चे आने लगे। वे ही नहीं, जो फेल हुए थे, बल्कि वे भी जो तेज-तर्रार थे, लेकिन और बेहतर करना चाहते थे।

"मैथ्स--जो भी अच्छा पढ़ा सकता है--उसे बहुत सारे स्टूडेंट्स मिलेंगे," गणेश विनम्रता के साथ कहते हैं।

ये क्लासेस शुरू में बारहवीं क्लास के बच्चों के लिए थी, लेकिन धीरे-धीरे और उम्र के बच्चे भी इसमें दिलचस्पी लेने लगे। इसलिए गणेश ने क्लास 8 और क्लास 10 के बच्चों के लिए भी बैच शुरू कर दिया। तीन महीने में ही उस छोटे से बंगले में सुबह से शाम तक बच्चों की भीड़ लगी रहती थी।

गणेश ने अपने मकान मालिक से पूछा, "क्या आप इस छत को थोड़ा सा और आगे बढ़ा सकते हैं?"

मकान मालिक तुरंत तैयार हो गया। 1000 वर्ग फुट की वो खुली जगह ढंक दी गई, और गणेश ने दो-तीन क्लासरूम्स और बढ़ा लिए। अब वक्त था कुछ और शिक्षकों को ढूंढ कर लाने का!

"मैंने अपने भाई और अपनी बहन से गुजारिश की। मैं मैथ्स में अच्छा हूं, मेरी बहन कॉमर्स और इकॉनोमिक्स में अच्छी थी और भाई इंग्लिश में अच्छा था।"

मैंने उनसे पूछा, "क्या तुम लोग ऑफिस के बाद सुबह या शाम को मेरी मदद कर सकते हो?"

दोनों तैयार हो गए। तब तक परिवार को समझ में आ गया था कि गणेश कुछ बड़ा करने जा रहा है। आख़िरकार, गणेश बैंक में पैसे जो जमा कर रहा था!

छह महीने के भीतर ही गणेश सभी विषयों के लिए ट्यूशन सेंटर चला रहे थे। चूंकि उनके पास हिंदी पढ़ाने वाला कोई नहीं था, इसलिए हिंदी के

लिए अलग से एक टीचर रखा गया। बाहर से आया हुआ उनका दूसरा टीचर बायॉलोजी के लिए था।

लेकिन ये सिलसिला यही ख़त्म नहीं हुआ। गणेश का दिमाग लगातार चलता रहता था। पहले ही साल में उन्हें समझ में आ गया कि 'लोकेशन' एक समस्या थी।

"मैंने देखा कि ये एक रिहाइशी इलाका था जहां बसों की सुविधा नहीं थी। चेन्नई के दूसरे हिस्से से आने वाले बच्चों को हमारे सेंटर पर आने में दिक्कत होती थी। इसलिए हम किसी कमर्शियल एरिया में क्यों नहीं चले जाते?"

इस वक़्त तक गणेश ने पैसे बचा लिए थे, और अब तक उनके पास बीस-पच्चीस हजार रुपए आ गए थे, और इतने पैसे कुछ 'बड़ा' सोचने की हिम्मत देने के लिए काफी थे।

"मैंने सोचा कि चेन्नई का सबसे अच्छा कमर्शियल इलाका कौन-सा है? मैंने तय किया कि ये जगह टी नगर है क्योंकि यहां न सिर्फ बसें आती हैं, बल्कि लोकल ट्रेनें भी आती हैं। लोकल रेलवे स्टेशन भी बिल्कुल पास में ही है।"

"मैं लोकेशन की तलाश में टी नगर आ गया। लेकिन मेरे पास कोई 'विजन' नहीं था और न ही मैंने कोई बिजनेस प्लान तैयार किया था कि पहले साल में मैं यहां तक पहुंच जाऊंगा और दूसरे साल में यहां तक। मेरे पास तो मैनेजमेंट का कोई अनुभव भी नहीं था।"

कॉलेज से सीधा बिजनेस! लेकिन गणेश जो भी कर रहे थे, उसके पीछे कोई न कोई व्यवहारिक समझ और अंतर्ज्ञान यानी इन्ट्यूशन काम कर रहा था।

टी नगर में गणेश ने मैडले रोड में आख़िरकार एक जगह पसंद की ("हमारा एक सेंटर अभी भी वहां है!" गणेश बताते हैं।) यहां भी एक खुली छत थी जहां तक चाहे क्लासेस बढ़ाई जा सकती थीं।

गणेश ने मकान मालिक से पूछा, "क्या आप मेरे लिए छप्पर डाल सकते हैं?"

मकान मालिक ने कहा, "ठीक है।"

गणेश ने पांच हजार रुपए एडवांस और 550 रुपए मासिक किराए में बात पक्की कर ली। लेकिन एक अहम फैसला लिया जाना बाकी था। बाहर बोर्ड पर क्या लिखा जाता?

"नंदनम में मैंने अपने सेंटर का नाम 'विवेकानंद स्टडी सर्कल' रखा था। विवेकानंद क्यों? क्योंकि कॉलेज के दिनों से ही विवेकानंद मेरे आदर्श थे।"

लेकिन बहुत सारे लोग सेंटर को लाइब्रेरी समझ लिया करते थे। इसलिए गणेश ने नाम बदलकर विवेकानंद *कल्वी निलयम* रखने का फैसला किया।

"कल्वी का मतलब होता है शिक्षा, और निलयम का मतलब होता है सेंटर--इसलिए विवेकानंद कल्वी निलयम। इस तरह ये ट्यूशन सेंटर और ट्यूटोरियल सेंटर हो गया। मैंने विज्ञापन देना भी शुरू कर दिया।"

शुरू के विज्ञापन पोस्टर, बैनर, वॉलस्टेंसिल वगैरह थे। गणेश ने एक विज्ञापन एजेंसी को काम सौंपा था, लेकिन रात में वे खुद जाकर काम देखा करते थे। हर काम में बारीकी और उसके संपर्क में रहना, ये मूलमंत्र था।

उदाहरण के तौर पर, गणेश ये सुनिश्चित करते थे कि कमजोर बच्चों को एक्स्ट्राक्लासेस मिलें।

"मेरा लक्ष्य उन्हें पास करना होता था। इसलिए मैं ये नहीं कहूंगा कि तुम्हारी कोचिंग के घंटे इतने ही हैं, इसके बाद मैं तुम्हें नहीं पढ़ाऊंगा। मैंने अपनी फैकल्टी से भी कहा कि हमें ये सुनिश्चित करना होगा कि हमारे सारे स्टूडेंट्स पास करें।"

दो साल के भीतर ही विवेकानंद कल्वी निलयम चेन्नई का सबसे बड़ा ट्यूटोरियल सेंटर बन गया, जिसमें 800 के क़रीब बच्चे पढ़ने आते थे।

एक दिन गणेश के भाई राजगोपालन ने कहा, "मुझे लगता है कि हमारे स्टूडेंट्स की स्पोकन इंग्लिश अच्छी नहीं है। हम स्पोकन इंग्लिश की ट्रेनिंग

"मैं ये मानता हूं कि आप जो भी करें, अच्छी तरह करें। मेरा सिद्धांत है, जो भी मैं करूंगा अच्छी तरह करूंगा और अपनी संतुष्टि हासिल करने के लिए करूंगा।"

भी क्यों नहीं शुरू कर देते?"

"क्यों नहीं?" गणेश ने कहा। "आपकी इंग्लिश अच्छी है। अगर आप चाहें तो बाकी सब्जेक्ट्स छोड़कर सिर्फ इस पर ध्यान लगा सकते हैं।"

इतना ही आसान! राजगोपालन ने एक बैच को पढ़ाना शुरू कर दिया, और जब तक उस बैच ने अपना कोर्स ख़त्म किया, वे इंग्लिश में पारंगत हो चुके थे! लेकिन कैसे? क्या ये इतना ही आसान था?

"देखिए, राजगोपालन ने क्लासेस को बहुत कैजुअल और मजेदार रखा। उन्होंने छोटी-छोटी कहानियां और चुटकुले सुनाए, इसलिए जो बहुत अच्छे स्टूडेंट्स नहीं भी थे, उन्हें भी कॉन्सेप्ट समझ में आने लगा।"

छात्रों को पढ़ाने का ये राजगोपालन का अपना तरीका था।

"उनकी ट्रेनिंग इतनी प्रैक्टिकल थी कि वे कभी 'नाउन' को 'नाउन' नहीं बोलते थे। उसे वे 'नेमिंगवर्ड' कहते थे और वर्ब 'एक्शनवर्ड' हुआ करता था।"

राजगोपालन का तर्क था कि जब हम अपनी मातृभाषा बोल रहे होते हैं, तो हम व्याकरण के नियमों से वाकिफ़ नहीं होते। हम सिर्फ देखकर या सुनकर सीख रहे होते हैं। तो इंग्लिश भी इसी तरह क्यों नहीं सिखाई जा सकती?"

सिखाई जा सकती है--उन्होंने देख लिया था! और क्लास में बढ़ते हुए छात्रों की संख्या इसका सबूत थी। गणेश को एक बड़ा हॉल किराए पर लेना पड़ा था, जहां कॉलर माइक के साथ एक साथ 100 बच्चों को पढ़ाया जाता था।

"फिर 101वां स्टूडेंट आकर कहता था कि क्या मैं एक एक्स्ट्रा कुर्सी लगा लूं? अगर कुर्सी नहीं लगेगी तो कोई बात नहीं। मैं एक कोने में खड़े होकर क्लास अटेंड कर लूंगा।"

गणेश को समझ में आ गया कि उनके पास जीत का एक जबर्दस्त फॉर्मूला था। इंग्लिश ट्रेनिंग एक बड़ी चीज बन सकता था, और सिर्फ एक ही सेंटर में नहीं, बल्कि कई सेंटरों में!

लेकिन परेशानी कहां थी? परेशानी ये थी कि राजगोपालन के पास क्लास

लेने के लिए सिर्फ शाम का वक़्त होता था। वे दिन में एक सरकारी नौकरी में व्यस्त होते थे। लेकिन वक़्त आ गया था एक एक बड़ा फैसला लिया जाता...

विवेकानंद कल्वी निलयम को अब महीने के चार लाख रुपए की कमाई हो रही थी। प्रॉफिट मार्जिन 80 प्रतिशत था। निवेश--मां से लिए गए पांच सौ रुपए से ज़्यादा नहीं, जो बहुत पहले लौटाए जा चुके थे।

एक दिन गणेश ने हिम्मत करके भाई से पूछा, "आप नौकरी छोड़ क्यों नहीं देते?"

बात में दम तो था, लेकिन राजगोपालन के मन में थोड़ी सी शंका थी। एक बार फिर पारिवारिक ज्योतिषी ने कहा कि ये सही फैसला होता।

"ये एक बड़ा फैसला था... मेरी उम्र सिर्फ 24 साल थी तब! जैसे ही उन्होंने ज्वॉइन किया, मुझे लगा कि वे मुझसे बहुत बड़े हैं और मुझे उनके अनुभव का आदर करना चाहिए। इसलिए मैंने तुरंत उन्हें इंस्टीट्यूट का प्रिसिंपल बना दिया।"

पार्टनरों की अपेक्षाओं पर खरे उतरना, और वो भी अपने ही परिवार के सदस्यों की, ये अपने आप में एक कला है। लेकिन अगर कैनवस बहुत बड़ा हो तो सबको अपनी पसंद से ब्रश चलाने की जगह मिल जाती है, और तब जो तैयार होता है, एक 'बिग पिक्चर' होता है।

"मैं ये मानता हूं कि आप जो भी करें, अच्छी तरह करें। मेरा सिद्धांत है, जो भी मैं करूंगा अच्छी तरह करूंगा और अपनी संतुष्टि हासिल करने के लिए करूंगा।"

और गणेश का काम था कैनवस को लगातार बड़ा करते जाना। उन्होंने क्लास लेना बंद कर दिया और सिर्फ प्रशासनिक कामों पर ध्यान देने लगे। उससे ज़्यादा उनका ध्यान बिजनेस को बड़ा करने में जाने लगा।

अब जब राजगोपालन ने अपनी नौकरी छोड़ दी थी, एक तरीका ये था कि अंग्रेजी के क्लासेस सुबह, दोपहर और शाम को चलाए जाते। लेकिन गणेश के मन में कुछ और ख़्याल थे। और महत्वाकांक्षाएं भी।

उन्होंने राजगोपालन से कहा, "जो भी आप जैसे भी बोलते हैं, मुझे उसकी

स्क्रिप्ट दे दीजिए ताकि मैं उसे डुप्लीकेट कर सकूं।"

उनके दिमाग में 'डिस्टेंस एडुकेशन प्रोग्राम' शुरू करने का विचार था।

गणेश ने एक तमिल टाइपराइटर खरीदा, और एक अंग्रेजी टाइपराइटर खरीदा।

उन्होंने तमिल और अंग्रेजी के टाइपिस्ट भी रखे।

फिर किसी को स्टेंसिल्स काटने, और लेसन्स की नकल लिखने के लिए भी रखा।

इस तरह लूजशीट्स को बांधकर किताब की शक्ल दे दी गई।

"तमिल में एक पत्रिका आती था जिसका नाम था *कलकंडु*, जो युवाओं के बीच बहुत मशहूर थी। इनमें ज़्यादातर लेख खुद को बेहतर बनाने (सेल्फ-इम्प्रूवमेंट) पर होते थे। उस पत्रिका में मैंने एक चौथाई पन्ने का विज्ञापन दिया।"

विज्ञापन तमिल में था, और लिखा था: "क्या आप अंग्रेजी बोलना चाहते हैं? हमें लिखिए और हम आपको कोर्स मैटिरियल भेजेंगे।"

विज्ञापन को जबर्दस्त प्रतिक्रिया मिला और उसके बाद गणेश हर अंक में विज्ञापन देने लगे। "लोग हमें चिट्ठियां भेजते थे, हम उन्हें प्रॉस्पेक्टस भेजते थे... वे एप्लिकेशन फॉर्म भरकर देते थे और मनीऑर्डर भेज दिया करते थे। जैसे ही हमें मनीऑर्डर मिलता था, हम मैटिरियल भेज दिया करते थे।"

कोर्स की क़ीमत 90 रुपए थी, और हर महीने 200-300 स्टूडेंट्स साइन-अप कर रहे थे। गणेश ने ज़्यादा बड़ी और लोकप्रिय पत्रिकाओं में विज्ञापन निकालने का फैसला किया।

"रिस्पॉन्स ऐसा था कि पूरे तमिलनाडु में विवेकानंद कल्वी निलयम का ये प्रोग्राम बहुत मशहूर हो गया। 86 के दशक तक हम हर रोज तीन सौ छात्र भर्ती कर रहे थे!"

पढ़ने की सामग्री के अलावा बड़े केंद्रों पर कॉन्टैक्ट क्लासेस भी हुआ करते थे। कोई परीक्षा नहीं होती थी। यहां सबूत साक्षात बोल रहा था।

तमिलनाडु में मशहूर होना ही बहुतों के लिए काफी होता। लेकिन राइस मिल राम अय्यर के पोते के लिए ये काफी नहीं था। वे आगे की सोच रहे थे।

"मैं हमेशा अपना दिमाग लगाता हूं क्योंकि हमारे पास बाहर की
कोई एजेंसी या कन्सलटेंट नहीं है। हमारे सारे विज्ञापन
हम ही लिखते हैं, और हमारी अपनी इन-हाउस
एजेंसी है जो उन्हें रिलीज करती है।"

गणेश ने अपने भाई से कहा, "किसी ऐसे इंसान को ढूंढते हैं जो हमारे
पूरे तमिल मैटिरियल का तेलुगु में अनुवाद कर सके। फिर हम अपना ऑपरेशन्स
आंध्र प्रदेश में भी शुरू कर पाएंगे!"

एक अनुवादक ढूंढ़ लिया गया और तेलुगु से अंग्रेजी का कार्यक्रम शुरू
हो गया।

इस वक़्त तक संख्या इतनी बढ़ चुकी थी कि स्टेसिलिंग से काम नहीं
चल रहा था।

अब प्रिंटिंग का वक़्त आ चुका था।

उन दिनों प्रिंटिंग एक मुश्किल और दूभर प्रक्रिया हुआ करती थी। एक
कॉम्पोजिटर होता था, जो पहले लीडलेटर्स का इस्तेमाल करके पहले स्क्रिप्टकॉम्पोज
करता था। उसके बाद इसकी प्रूफ रीडिंग और सुधार की जरूरत पड़ती थी,
जिसके बाद मैटिरियल छपने के लिए प्रेस में जाता था।

"ये एक लंबी प्रक्रिया था--ऑफसेट प्रिंटिंग नहीं थी तब। जितनी बार
आप प्रिंट करते थे, प्रूफ रीडिंग करनी होती थी!"

लेकिन फिर भी ये काम स्टेन्सिलिंग से कम मेहनत का था, और इस
कोशिश में फायदा ही होता।

3000 कॉपियां उस वक़्त प्रिंट हुईं। ये कॉपियां एक से दो महीने चलती
थीं, और फिर कॉम्पोजिंग, प्रूफ रीडिंग और रिप्रिंटिंग का काम दुबारा शुरू हो
जाता था।

"काम बहुत मुश्किल था, लेकिन फिर भी हम कर रहे थे," गणेश कहते
हैं।

इस बीच एक छोटी सी दुविधा आई। कोर्स अब तेलुगु में उपलब्ध था,

और उसे तमिल नाम 'विवेकानंद कल्वी निलयम' के साथ आंध्र प्रदेश भेजने का कोई तुक नहीं था। इसलिए 1988 में गणेश ने एक नया नाम चुना, 'विवेकानंद इंस्टीट्यूट।'

सब ठीक चल रहा था कि तभी गणेश राम के पास आयकर विभाग की एक चिट्ठी आई, "क्या आप अपने रिटर्न्स भर रहे हैं?"

जवाब था, "नहीं।"

एक दोस्त ने सलाह दी कि गणेश एक प्राइवेट लिमिटेड कंपनी बना लें, और इस तरह विवेकानंद कल्वी निलयम प्राइवेट लिमिटेड कंपनी हो गया। इसके अलावा कुछ और बदलाव भी हुए।

जहां इंग्लिश ट्रेनिंग की मांग बहुत तेजी से बढ़ रही थी, उतनी ही तेजी से ट्यूटोरियल बिजनेस भी बढ़ रहा था। चौथी मंजिल से क्लासेस तीसरी मंजिल तक भी आ गईं, और फिर दूसरी मंजिल पर भी। फिर पूरी की पूरी इमारत विवेकानंद के छात्रों के लिए उपलब्ध करानी पड़ी।

लेकिन 1988 तक गणेश ने महसूस किया कि इंग्लिश प्रोग्राम से आने वाली आमदनी ट्यूटोरिल की आमदनी से कहीं ज़्यादा थी। इसके अलावा ट्यूटोरियल सेंटर चलाने का मतलब था, अलग-अलग विषयों के लिए बहुत सारे स्टाफ रखना। इसलिए, गणेश ने वो बिजनेस बंद करने का फैसला किया।

इस तरह, विवेकानंद पूरी तरह इंग्लिश ट्रेनिंग कंपनी बन गया।

लेकिन इंग्लिश सिखाना एक सफल उद्यम का एक छोटा सा हिस्सा ही हो सकता है। लेकिन छोटी-छोटी चीजों में ही बड़ी सफलताएं निहित होती हैं। आप हर चीज बेहतर, थोड़ा और बेहतर कैसे बना सकते हैं?

गणेश ने देखा कि प्रूफरीडर कई बार अपना काम अच्छी तरह नहीं करते थे। इसलिए गलतियां रह जाती थीं, और ये गलतियां गणेश को परेशान किया करती थीं।

इसी दौरान प्रिंटिंग में एक बड़ी क्रांति हुई, और फोटो टाइपसेटिंग की शुरुआत हो गई। इसमें टाइपसेटिंग कंप्यूटर पर होने लगी, और फिर प्रिंटिंग ब्रोमाइड पर होने लगा। पहले ब्रोमाइड को काटा जाता था, और फिर चिपकाया जाता था, नेगेटिव बनाए जाते थे और फिर उन्हें प्रिटिंग के लिए भेज दिया

जाता था।

ये काम अभी भी मुश्किल और दूभर था, लेकिन इसका एक फायदा था--आपको हर बार कॉपी को प्रूफरीड करने की जरूरत नहीं पड़ती थी।

इस बीच गणेश अपना व्यवसाय फैलाते रहे। फिर और अनुवाद होने लगे। मलयालम, कन्नड, हिंदी... सभी भाषाओं में अनुवाद भी हुए और स्टूडेंट्स की संख्या भी तेजी से बढ़ती रही।

हर नए कार्यक्रम का मतलब था, एक नई जगह कॉन्टैक्ट सेशन करना।

"दो महीने में एक बार हम किसी स्थानीय स्कूल को किराए पर लेते थे, अपने सारे स्टूडेंट्स को इत्तिला करते थे और फिर सीधे उनसे बातचीत करते थे। हम उनके सवालों का जवाब देते थे, और फिर उन्हें रिस्पॉन्स शीट्स दिया करते थे। शिक्षकों का एक पैनल उन शीट्स की जांच करता था... ये एक बहुत बड़ी गतिविधि हुआ करती थी।"

इन सबकी देख-रेख के लिए विवेकानंद इंस्टीट्यूट में अब 40-45 कर्मचारी काम किया करते थे।

इनमें से एक बड़ा काम छात्रों के ऐप्लिकेशन्स को उनके मनीऑर्डर से मिलाना था। इतनी बड़ी संख्या में ये मनीऑर्डर आते थे कि ये काम आसान नहीं था!

"कुछ स्टूडेंट्स कहते थे कि उन्होंने पैसे भेज दिए हैं, और हम फिर भी मटिरियल नहीं भेज रहे! कई ऐप्लिकेशन फॉर्म्स तो भेज देते थे, लेकिन मनीऑर्डर नहीं भेजते थे। ये एक बहुत बड़ी समस्या थी!"

एक चार्टर्ड अकाउंटेंट दोस्त ने एक बहुत आसान सा मशविरा दिया, "एक कंप्यूटर खरीद लो!"

इस तरह विवेकानंद इंस्टीट्यूट ने अपना पहला कंप्यूटर खरीदा, जो एक एक्सटी था, और तब सबसे नया मॉडल था। एक कन्सलटेंट को लाया गया, जिससे 'मैचिंग' का ये काम आसान किया जा सके।

1990 तक बिजनेस मॉडल स्थिर हो गया था। पांच भाषाओं में इंग्लिश ट्रेनिंग के अलावा एक और कोर्स चलाया जा रहा था--इफेक्टिव इंग्लिश (प्रभावशाली अंग्रेजी) का।

"अगर आप नब्बे के दशक के कॉम्पिटिशन सक्सेस रिव्यू उठाकर देखें तो हमारे विज्ञापन उसमें मिलेंगे आपको। हमने एक और कार्यक्रम शुरू किया -- इंग्लिश से इंग्लिश सिखाने का।"

1995 तक विवेकानंद इंस्टीट्यूट का टर्नओवर 70-80 लाख रुपए हो गया था। सब कुछ यही 45 लोग चला रहे थे। यही इस प्रोग्राम की खूबसूरती थी!

"मेरा बड़ा खर्च विज्ञापनों पर होता है। मैंने दक्षिण भारत और हिंदी की तकरीबन सभी बड़ी पत्रिकाओं में विज्ञापन निकाला था।"

इस वक़्त तक विवेकानंद इंस्टीट्यूट दस लाख स्टूडेंट्स को किसी ने किसी रूप में प्रभावित कर चुका था।

"जब भी हमें कोई बड़ी उपलब्धि हासिल होती, हम किसी मशहूर शख्सियत को बुलाया करते थे, जैसे कमल हासन या फिर रजनीकांत, जो हमारे मैटिरियल बांटते थे!"

1995 दो और कारणों से ख़ास रहा। पहला, डेस्कटॉप पब्लिशिंग की वजह से प्रिंटिंग की कई समस्याओं का हल निकल आया। दूसरा, गणेश ने देखा कि कॉरेस्पॉन्डेंस कोर्स बिजनेस अपने चरम पर था। हालात बदल रहे थे, और विवेकानंद इंस्टीट्यूट को भी बदलना होता!

"देखिए, मैं हमेशा अपना दिमाग लगाता हूं क्योंकि हमारे पास बाहर की कोई एजेंसी या कन्सलटेंट नहीं है। हमारे सारे विज्ञापन हम ही लिखते हैं, और हमारी अपनी इन-हाउस एजेंसी है जो उन्हें रिलीज करती है।"

"1993-94 के आस-पास धीरे-धीरे टीवी लोकप्रिय होने लगा था, ख़ासतौर पर सन टीवी जैसे निजी चैनल।"

गणेश के दिमाग में जो एक सवाल हमेशा घूमा करता था, वो था कि हमारा टारगेट ग्रुप कौन है? और हम उस टारगेट ग्रुप तक सबसे प्रभावी ढंग से कैसे पहुंच सकते हैं।

"हमने दैनिक अख़बारों में अपने विज्ञापन कभी नहीं निकाले। हम सिर्फ साप्ताहिक और मासिक पत्रिकाओं में अपने विज्ञापन निकालते थे क्योंकि कोई इंसान डिस्टेंस एजुकेशन या पत्राचार शिक्षा के लिए तभी जाएगा जब उसके

पास पढ़ने का समय हो। लेकिन धीरे-धीरे पत्रिकाएं पढ़ने की आदत कम होने लगी।"

मसलन, एक वक़्त में बहुत मशहूर तमिल पत्रिका *कुमुदम* की 6 लाख प्रतियां बिक रही थीं और ये तमिल की सबसे बड़ी पत्रिका थी। लेकिन कुछ सालों में पत्रिका का वितरण घटता गया, लेकिन विज्ञापन के दर और ऊपर जाते रहे।

"जब हम कुमुदम के जरिए विज्ञापन देकर अच्छा बिजनेस कर रहे थे, तब विज्ञापन की क़ीमत 6000 रुपए प्रति पेज थी। लेकिन 1995 में वे लोग 35,000 रुपए प्रति पेज लेने लगे। यही हाल *मलयाला मनोरमा* का भी था।"

गणेश ने टीवी पर विज्ञापन देना शुरू जरूर किया, लेकिन इससे ब्रांड के बारे में जागरूकता बढ़ी, छात्रों की संख्या नहीं बढ़ी। इस तरह के संदेश के लिए टीवी उपयुक्त माध्यम नहीं था।

लेकिन उससे भी बड़ा मुद्दा ये था कि टीवी पढ़ने की आदत पर असर डाल रहा था, और इसकी वजह से पत्राचार कार्यक्रमों की लोकप्रियता पर भी असर पड़ रहा था।

"हर दिन के 2000 एनरोल्मेंट से धीरे-धीरे ये संख्या घटने लगी। मैं बहुत परेशान हो गया! क्या मैं कहीं गलती कर रहा हूं... या फिर मार्केट बदल गया है?"

15 लाख छात्रों को विभिन्न भाषाओं में ट्रेनिंग देने के बाद वक़्त आ चला था कि एक बार और मनन किया जाता।

गणेश ने एनआईआईटी और एप्टेक की फ्रेंचाइजी के लिए विज्ञापन देखे, और तय कर लिया कि उनके बिजनेस का भविष्य यही था। वे पत्राचार यानी कॉरिस्पॉन्डेंस को 'डायरेक्ट ट्रेनिंग सेंटरों' में तब्दील कर देंगे।

फ्रेंचाइजिंग का काम संभालने के लिए मेजर राजन नाम के एक शख़्स को रखा गया। विवेकानंद इंस्टीट्यूट चेन्नई, हैदराबाद और बैंगलोर में शुरू हो गया जिसमें कंपनी कोर्स मटीरियल दिया करती थी, शिक्षकों को ट्रेनिंग देती थी, और एक रॉयल्टी के बदले ब्रांड का नाम देती थी। फ्रेंचाइजी इन्फ्रास्ट्रक्चर में निवेश करते थे।

"हर दिन के 2000 एनरोल्मेंट से धीरे-धीरे ये संख्या घटने लगी। मैं बहुत परेशान हो गया! क्या मैं कहीं गलती कर रहा हूं... या फिर मार्केट बदल गया है?"

2003 तक विवेकानंद इंस्टीट्यूट के पूरे दक्षिण भारत में 60 सेंटर हो गए, और साल का टर्नओवर 14 करोड़ का रहा। कर्मचारियों की संख्या 100 के आस-पास थी। लेकिन तभी एक और समस्या आड़े आई।

नकली लक्स साबुन और नकली कैडबरी चॉकलेट्स की तरह नकली विवेकानंद इंस्टीट्यूट भी खुलने लगे!

"हम 'विवेकानंद इंस्टीट्यूट' का ट्रेडमार्क रजिस्टर नहीं करा सकते थे क्योंकि आप विवेकानंद के नाम को कैसे ट्रेडमार्क कर सकते हैं? वे सभी के लिए बराबर के महापुरुष हैं।"

इसलिए, तब तक स्वामी विवेकानंद इंस्टीट्यूट, श्री विवेकानंद इंस्टीटूयट, विवेकानंद अकादमी, विवेकानंद विद्यालय--सभी खुलने लगे थे, और सब गणेश राम के विवेकानंद इंस्टीट्यूट की लोकप्रियता का फायदा उठा रहे थे।

"इसके अलावा मेरे कुछ फ्रेंचाइजी ने तय किया कि हमारे पास तकनीकी जानकारी तो है ही, फिर रॉयल्टी क्यों दी जाए? वे श्री विवेकानंद इंस्टीट्यूट के नाम से खुद ही इंग्लिश कोर्स पढ़ाने लगे।"

मुक़दमे हुए--अभी भी सलेम विवेकानंद इंस्टीट्यूट के ख़िलाफ अदालत में मामला लंबित है।

"लोगों ने सोचा कि ये हमारा इंस्टीट्यूट है सलेम में, और मैं इस बारे में कुछ नहीं कर सका!"

इस तरह की लड़ाइयों से कंपनी को नुकसान पहुंचा। कंपनी की बढ़ोत्तरी धीमी होने लगी।

"इसलिए मैंने सोचा कि चलो, हम वो सब हासिल कर चुके हैं जो हम अपने बूते पर कर सकते थे। इसके बाद हम प्रोफेशनल मदद लेते हैं।"

देश की बड़ी विज्ञापन एजेंसियां, जिनमें ओएंडएम, जेडब्ल्यूटी और लिंटास

शामिल थे, उन्हें अकाउंट की पिच के लिए बुलाया गया। जनवरी 2004 में जेडब्ल्यूटी को अकाउंट सौंप दिया गया।

"मैंने उन्हें सारी समस्याएं बताईं।"

उन्होंने कहा, "वक्त बदल रहा है, लोगों की सोच बदल रही है। इसलिए हम क्या करते हैं कि आपका नाम बदल कर वीटा रख देते हैं--विवेकानंद इंग्लिश ट्रेनिंग अकादमी।"

गणेश सकते में आ गए।

"मैं विवेकानंद के नाम पर समझौता नहीं करना चाहता था।"

वे अपनी बात पर अड़े रहे--लोगो और नाम के ऑप्शन्स देते रहे, और नाम बदलने के पक्ष में बहस करते रहे।

गणेश ने सोचा, "मैं अब अपना दिमाग नहीं लगाऊंगा क्योंकि मेरा दिमाग अब पूरी तरह इस्तेमाल हो चुका है। इसलिए आप जो कहेंगे, मैं मानूंगा। मैंने आंखें बंद कीं, और उनके सुझावों पर काम करना शुरू कर दिया और इस तरह विवेकानंद इंस्टीट्यूट वीटा बन गया।"

ये कैंपेन अप्रैल 2004 में शुरू हुआ।

गणेश ने एजेंसी से गुजारिश की कि उन्हें पहले एक राज्य से नाम बदलने की कार्रवाई शुरू करनी चाहिए--कर्नाटक से, और ये देखना चाहिए कि फ्रेंचाइजी इसके बारे में क्या सोचती है। प्रतिक्रिया सकारात्मक रही, और गणेश ने पूरे देश में 'वीटा' नाम इस्तेमाल करने का फैसला कर लिया।

इस बदले हुए नाम ने गणेश की एक और समस्या का हल ढूंढ़ने में मदद की, जिससे वे काफी दिनों से जूझ रहे थे। उनकी समझ ये थी कि ब्रांड विज्ञापन फ्रेंचाइजी के मालिक का होगा, जबकि स्थानीय विज्ञापन फ्रेंचाइजी जारी करेगी। दुर्भाग्य से, फ्रेंचाइजी ये काम नहीं कर रही थी।

इसलिए गणेश ने अपना फॉर्मूला बदल लिया।

उन्होंने कहा, "हम स्थानीय प्रोमोशन भी करेंगे और फिर ग्रोथ में हिस्सेदारी रखेंगे। अभी आप मुझे 20 प्रतिशत रॉयल्टी दे रहे हैं, और स्टडीमैटिरियल के लिए भी दे रहे हैं। इसके बदले हम बराबरी के पार्टनर्स बनेंगे।"

अब फ्रेंचाइजी को सिर्फ किराया और स्टाफ की तनख़्वाह देनी थी, और

क्वालिटी बनाए रखने की जिम्मेदारी उठानी थी। वीटा स्थानीय विज्ञापनों, स्टडी मैटीरियल और ब्रांड बिल्डिंग का काम संभालती।

कर्नाटक में सबने ये नया रेवेन्यू मॉडल बड़ी आसानी से मान लिया। लेकिन चेन्नई के सभी 13 फ्रेंचाइजी साथ आ गए और उन्होंने सहयोग करने से इंकार कर दिया। और तो और, वे लोग नाम भी बदलकर 'वीटा' करने को तैयार नहीं हुए।

फ्रेंचाइजी मैनेजर चिंतित थे लेकिन गणेश ने कहा, "इतने सालों तक मेरा कोई विजन नहीं था। अब मेरे पास एक विजन है, और मैं उस ओर बढ़ना चाहता हूं।"

"इतने सालों से जो हो रहा था, बस 'हो रहा था'। मैंने न कभी कोई लक्ष्य रखा, न कोई ढंग का रेवेन्यू मॉडल रखा। मैंने ये भी कभी नहीं सोचा कि मुझे कहां तक पहुंचना है, और आगे कैसे जाना है..."

गणेश ने फैसला ले लिया था। या तो फ्रेंचाइजी उनके साथ आते, या वे अकेले आगे बढ़ जाते।

13 फ्रेंचाइजी में से सिर्फ एक साथ आने को तैयार हुआ। गणेश ने कहा, "कोई बात नहीं!"

"हमने मैडले रोड में अपना बोर्ड बदलकर वीटा का बोर्ड लगाया। मईलापुर में भी नाम बदला गया। हमने घोषणा की कि 'विवेकानंद इंस्टीट्यूट' अब वीटा के नाम से जाना जाएगा, और सिर्फ इन्हीं दो जगहों से चलेगा—मैडले रोड और मईलापुर।"

नाम बदलने का ये कैंपेन इतना सफल रहा कि इसे सीएनबीसी के स्टोरीबोर्ड पर भी डिस्कस किया गया।

कैंपेन जारी करने से पहले जेडब्ल्यूटी ने आख़िरी बार गणेश से पूछा। जेडब्ल्यूटी ने कहा, "हमने एक छोटा सा सर्वे किया और पाया कि दक्षिण में सब लोग इस नाम को जानते हैं। इतना लोकप्रिय नाम—विवेकानंद इंस्टीट्यूट —क्या आपको पूरा भरोसा है कि ये नाम आप बदलना चाहेंगे?"

आख़िरकार, नाम बदलना इतना भी आसान नहीं होता!

मैंने कहा, "इस बार हमेशा के लिए मेरा नाम बदल जाने दो।"

ज़िंदगी और मौत का सवाल था, गणेश हंसते हुए कहते हैं।

"विवेकानंद स्टडी सर्कल से विवेकानंद कल्वी निलयम से विवेकानंद इंस्टीट्यूट... ये आख़री बार नाम बदल रहे हैं। उस वक़्त मेरा कोई सपना नहीं था, हम अपने आप आगे बढ़ रहे थे। अब मैंने सोच-समझकर फैसला लिया है। और ये सही फैसला रहा है।"

और उन 12 ब्रांचों का क्या हुआ जो अलग हो गए थे?

"उन्हें लगा कि अगर वे विद्रोह कर देंगे तो मैं मान जाऊंगा। लेकिन मैं शुरू से आजाद ख़्याल का रहा हूं। मैं किसी के आगे इतनी आसानी से नहीं झुकता।"

फ्रेंचाइजी 'विवेकानंद' के नाम से ऑपरेट करते रहे, और आख़िर में गणेश को मुक़दमा दायर करना पड़ा।

"इस बार मेरे पास एक अच्छी वकील थी, जो जानती थी कि केस को कैसे बढ़ाना है और इसमें निषेधाज्ञा कैसे हासिल करना है।"

फ्रेंचाइजी भी दो-तीन समूहों में बंट गए। उनमें से एक ने वीएलसी का नाम इस्तेमाल किया तो दूसरे ने ई-स्क्वायर का। लेकिन वीटा कैंपेन इतना जबर्दस्त था कि सब जान गए कि विवेकानंद इंस्टीट्यूट ही वीटा था।

एक दिन जेडब्ल्यूटी चेन्नई की प्रमुख अनीता गुप्ता ने पूछा, "गणेश राम, क्या आपको नाम बदलने का अफसोस है? आपने अकेले इस कैंपेन पर साढ़े चार करोड़ रुपए खर्च किए हैं।"

गणेश ने कहा, "नहीं मैम। बल्कि मैं खुश हूं।"

"क्यों?" उन्होंने पूछा।

गणेश ने कहा, "भगवान का शुक्र है कि मैं सिर्फ दक्षिण भारत में मशहूर हूं, इसलिए मुझे सिर्फ चार राज्यों में नाम बदलने की घोषणा करनी पड़ी। अगर 'विवेकानंद इंस्टीट्यूट' नेशनल होता तो फिर मुझे चार की जगह चालीस करोड़ खर्च करने पड़ते!"

ये तो आप पर निर्भर करता है कि आप चीजों को किस नजरिए से देखते हैं!

गणेश को लगता है कि 'वीटा' स्वीट और नया नाम है, और इसलिए

आसानी से स्वीकार कर लिया जाएगा। नाम बदलने के बाद फिर विस्तार पर ध्यान केंद्रित किया गया, और अब सेंटर खोलने की कोशिश हो रही है। दूरस्थ शिक्षा यानी डिस्टेंस एडुकेशन पर अब उतना ध्यान नहीं रह गया था।

इसके अलावा क्लासरूम सेशन के लिए फीस भी ज़्यादा ली जा सकती थी। पत्राचार कार्यक्रम के लिए जहां 975 रुपए फीस थी, वहीं वीटा ट्रेनिंग सेंटर में सबसे सस्ता ऑप्शन 1600 रुपए का था। इसके अलावा छात्रों की जरूरत के हिसाब से सिल्वर, गोल्ड और डायमंड पैकेज उपलब्ध थे।

"हम ये देखने के लिए एक आकलन करते हैं कि छात्रों को 120 घंटे का कोर्स लेना चाहिए कि अस्सी घंटे का, या फिर 40 घंटे का।"

जेडब्ल्यूटी ने गणेश को एक 'बिजनेस प्लान' बनाने की सलाह दी।

"2005 तक मेरे 70 सेंटर होंगे... 2006 तक 100... कुछ इस तरह से। अभी से आपके पास एक प्लान होना चाहिए, और आपको उसी हिसाब से आगे काम करना चाहिए।"

इस तरह रेवेन्यू के मापदंड और लक्ष्य निर्धारित किए गए।

2004 में वीटा ने अपना ऑडिटर बदल दिया। नया ऑडिटर न सिर्फ उन्हें अकाउंट्स पर सलाह देता, बल्कि वित्तीय मुद्दों पर भी सलाह देता।

सबसे पहला सवाल जो ऑडिटर ने पूछा वो था, "आपने किसी बैंक से अभी तक संपर्क नहीं किया?"

गणेश ने कहा, "लेकिन बैंक से बात क्यों करनी चाहिए? मैं अभी तक सिर्फ पैसे जमा कर रहा था... कोई लोन नहीं ले रहा था क्योंकि मेरे बिजनेस मॉडल को उसकी जरूरत नहीं थी!"

सीए ने समझाया कि प्लान के हिसाब से तेजी से आगे बढ़ने के लिए इसमें भी बदलाव लाने की जरूरत थी। गणेश को भी समझ में आ गया कि उन्हें अपने ऑपरेशन का स्टाइल बदलना होगा।

"मुझे समझ में आ गया कि मैं ब्रांड बनाने पर बहुत सारे पैसे खर्च कर रहा था। लेकिन 2004 में मेरे सिर्फ 69 फ्रेंचाइजी थे, और सिर्फ एक ऐसा सेंटर था जिसे कंपनी चलाती थी!"

गणेश ने चेन्नई में फ्रेंचाइजी को साथ छोड़ते देखा था। अगर फिर से

नए ब्रांड के बन जाने के बाद फ्रेंचाइजी साथ छोड़ दे तो क्या होगा? इसलिए उन्होंने तय कर लिया कि ज़्यादा से ज़्यादा सेंटर कंपनी खुद ही खोलेगी।

इसलिए पहली बार 2004 में वीटा ने बैंक से लोन लिया (और ये बताते हुए गणेश खुलकर हंसते हैं!) शुरू में चार करोड़, और बाद में छह करोड़ और। जिस बिल्डिंग में वीटा का हेड ऑफिस था, उसे गिरवी रखा गया।

जब कैपिटल आया, वीटा ने तेजी से विस्तार शुरू किया -- दिल्ली, कोलकाता, मुंबई और कई और मेट्रो शहरों में। जल्दी ही वीटा पर प्राइवेट इक्विटी निवेशकों की नजर पड़ी।

2007 में गणेश ने कंपनी की एक छोटी सी हिस्सेदारी सैफ पार्टनर्स नाम के एक प्राइवेट इक्विटी फर्म को बेच दी। क्या ये इतने सालों की मेहनत को भंजाने का तरीका था? नहीं, गणेश कहते हैं। सारा का सारा पैसा वापस कंपनी में लगा दिया गया, ताकि कंपनी को और बढ़ाया जा सके।

आज की तारीख़ में* वीटा के 250 केंद्र हैं जिनमें से 70 कंपनी चलाती है। सब कुछ योजना के मुताबिक ही चल रहा है।

"हमारे बिजनेस में प्रतियोगिता छोटे खिलाड़ियों से है, जो असंगठित क्षेत्र हैं। जहां तक इंग्लिश ट्रेनिंग का सवाल है, अभी तक ऐसा कोई नेशनल ब्रांड नहीं है।"

डिस्टेंस एजुकेशन--क्या वो भी अब कारगर नहीं?

"हम उसे रिलॉन्च करने की कोशिश कर रहे हैं। हमने एक ऐसा प्रोफेशनल कन्सलटेंट रखा है जिसने कुछ बदलाव सुझाए हैं। हम ये कोर्स होम शॉपिंग के जरिए बेचने जा रहे हैं।"

एक ई-लर्निंग मॉड्यूल भी प्लान किया जा रहा है।

पूरे भारत में फिलहाल दो लाख से ज़्यादा छात्र पूरे भारत में फैले वीटा सेंटर्स में पढ़ रहे हैं। एनआईआईटी के मुकाबले इसकी तुलना कैसे की जाती है?

"एनआईआईटी ज़्यादा फीस लेती है। हम एक मास ब्रांड हैं... सबको

* जनवरी 2010 के आंकड़े

इंग्लिश सीखने की जरूरत है! हमारा रेवेन्यू इन्हीं नंबर्स पर निर्भर करता है!"

गणेश का इरादा 500 वीटा सेंटर खोलने का है। सिंगापुर में 100 प्रतिशत सब्सिडियरी खोली गई है, जबकि श्रीलंका, थाईलैंड और इंडोनेशिया में मास्टर फ्रेंचाइजी खुले हैं। अगर तमिलनाडु में शुरू किया गया मॉडल आंध्र प्रदेश और कर्नाटक में चल सकता है, तो भारत का मॉडल पूरे एशिया में चल सकता है!

इसके अलावा वीटा कॉरपोरेट ट्रेनिंग भी दे रही है।

गणेश को आख़िर 28 सालों के बाद भी कौन-सी बात प्रेरित करती रही है?

"संतुष्टि... हम एक ऐसे बिजनेस में है जो कई युवाओं की ज़िंदगियों को बेहतर बना रहा है।"

सच है, लेकिन अलग तरह से। गणेश ने बिजनेस की क्षमता देखी, और 'सोशल सर्विस' का इरादा नहीं रखा। हालांकि शुरुआत फेल होने वाले छात्रों को पास करने के लिए तैयार करने से हुई। उन्होंने शिक्षा में सबसे निचले पायदान पर मौजूद छात्रों की मदद से काम शुरू किया।

गणेश राम की ज़िंदगी अच्छी गुजरी, और तीन दशकों की चुनौतियां देखी हैं उन्होंने।

ज्योतिषी ने शायद कहा होता कि ये सब नियति है, लेकिन फिर भी कड़ी मेहनत और इच्छाशक्ति तो है ही। और हिम्मत भी!

*

युवा उद्यमियों को सलाह

मैंने कई लोगों को बिजनेस शुरू करते देखा है जो सिर्फ नकल से शुरुआत करते हैं। वे दूसरों को सफल होते देखते हैं, और वही करना चाहते हैं। नहीं, आपको अपना कुछ नया सोचना चाहिए।

अस्सी के दशक में मैंने सारे क्लासेस बंद कर सिर्फ इंग्लिश पर ध्यान देने का फैसला किया। मुझे तब नहीं मालूम था कि भारत किसी दिन आईटी या बीपीओ का केंद्र बन जाएगा, और इंग्लिश सीखना इतना जरूरी हो जाएगा।

आपको कुछ नया करना होता है, अपने आइडिया पर यकीन करना होता है, और लगे रहना होता है।

मैं किसी चीज के पीछे कभी नहीं गया, लेकिन जैसे-जैसे मांग बनती रही, मैं खुद को और अपने बिजनेस मॉडल को बदलता रहा। मैं नई चीजें करता रहा।

और एक आख़री बात; बिजनेस आख़िर क्या है? बिजनेस कॉमनसेंस है!

सब कुछ दिमाग में है। अगर आज के युवाओं में 100 प्रतिशत लगन है, काम करने की प्रेरणा है और बेहतर करने की इच्छा है... उद्यम सफल होना ही है!

ख़ूबसूरती का सुनहरा रंग

सुनीता रामनाथकर
फेम केयर फार्मा

अपनी दूसरी बेटी के जन्म के चार महीने बाद ही इस गृहिणी ने 'फेम' फेयरनेस ब्लीच लॉन्च किया। अगले 27 सालों में घर से शुरू हुई इस स्किनकेयर कंपनी ने बड़ी मल्टीनेशनल कंपनियों के आगे अपना वजूद कायम रखा, और हाल ही में डाबर ने इस कंपनी को खरीद लिया।

आप इतनी मेहनत इसलिए करते हैं ताकि आपके पास ख़ूबसूरत घर, गाड़ियां, नौकर-चाकर और ज़िंदगी की तमाम सुविधाएं हों। लेकिन अगर आपके पास ये सारी चीजें पहले से ही हों तो फिर?

वैसे यदि आप ऐसी गृहिणी हैं जो थोड़ी-सी बेचैन रहती है और 'कुछ करने' को मचलती रहती हैं, तो आप नया बिजनेस शुरू करेंगी। यदि आप ख़ुशकिस्मत हैं और आपके साथ आपका एक ऐसा भाई है जो आपकी ही तरह पागल है तो 25 सालों बाद आपकी 100 करोड़ की कंपनी भी होगी।

फेम के पीछे की कहानी यही है--'मेड इन इंडिया, एंड फॉर इंडिया'--एक ऐसी कॉस्मेटिक्स कंपनी जो अपनी शर्तों पर और अपने दम पर खड़ी रही। लेकिन आख़िर ये हुआ कैसे? यही जानने के लिए मैं नरीमन पॉइंट में सुनीता रामनाथकर से उनके दफ्तर में मिलती हूं। जो पहला ख़्याल उन्हें देखते ही आता है, वो उनकी ज़िंदादिली को लेकर है। सुनीता की आंखों में ग़ज़ब की चमक है, और वे खुलकर हंसती हैं और फेम ब्लीच के पहले डेमो की बाद करते हुए ऐसे उत्साहित होती हैं जैसे कि ये कल की ही बात हो।

ज़िंदगी को लेकर सुनीता का उत्साह संक्रामक है। महिलाओं को क्या चाहिए, और क्या बिकता है, इस पर उनकी समझ बहुत जबर्दस्त है। उसके साथ उनके भाई सुनील पोफले की तार्किक और तकनीकी क्षमता को जोड़ दीजिए, जो आईआईटी से एयरोनॉटिकल इंजीनियर हैं, तो आपको समझ आ जाए कि फेम किस तरह बाजार में अपनी पहचान बना पाया है।

फेम एक ऐसी औरत की भी कहानी जिसने उस जमाने में अपने लिए करियर बनाया जब औरतों के पास कोई करियर नहीं हुआ करता था। एक ऐसी औरत की कहानी, जिसने छह महीने के भीतर एक बच्ची के साथ-साथ एक कंपनी को भी जन्म दिया, और दोनों को बड़ा करने का काम बख़ूबी किया।

इसलिए क्योंकि उन्होंने कभी नहीं कहा, "मैं हाउस वाइफ हूं।"

क्योंकि उन्होंने कभी नहीं कहा, "मैं फंस गई हूं।"

क्योंकि उन्होंने हमेशा कहा, "मैं सपने देख सकती हूं, और सपनों को साकार भी कर सकती हूं।"

ठीक वैसे ही जैसे कोई भी, कहीं भी, कभी भी जब तय कर ले, ये कह सकता है।

ख़ूबसूरती का सुनहरा रंग

सुनीता रामनाथकर
फेम केयर फार्मा

सुनीता साउथ बॉम्बे की लड़की हैं।

"मेरे पिता की नौकरी में हमेशा ट्रांसफर होता रहता था, इसलिए बचपन में हम कई जगहों पर रहे। लेकिन जहां तक मुझे याद है, शायद दूसरी क्लास से, मैं हमेशा से बॉम्बे में ही रही।"

सुनीता के पिता डॉक्टर थे--सरकारी डॉक्टर--और बाद में सेंट जॉर्जेस हॉस्पिटल के सुप्रीटेन्डेंट रहे। उनके परिवार में शिक्षा की बहुत अहमियत थी, और सुनीता को भी सबसे अच्छी शिक्षा मिली।

"मैंने कैथेड्रल में पढ़ाई की, और एल्फिन्स्टन कॉलेज से केमिस्ट्री में बीएससी किया। उन दिनों एल्फिन्स्टन कॉलेज बहुत मशहूर था।"

सुनीता ने मास कम्युनिकेशन्स की पढ़ाई की और पीफाईजर के पीआर डिपार्टमेंट में इंटर्नशिप करने के बाद वही किया जो सत्तर के दशक में तक़रीबन सभी लड़कियां करती थीं। उनकी शादी हो गई।

"31 दिसंबर 1976 को मेरी शादी हो गई, और एक तरह से देखें तो मेरा रिसेप्शन 1977 में हुआ," सुनीता हंसते हुए बताती हैं, "मैं सिर्फ 22 साल की थी--साढ़े इक्कीस साल की।"

परिवार संपन्न था। मरीन ड्राइव पर आलीशान, बड़ा फ्लैट था। नौकर, ड्राइवर, खानसामा--सब थे, और घर में कोई काम नहीं करना होता था। किसी भी लड़की के लिए ये एक सपने के पूरा होने जैसा होता, लेकिन सुनीता

के लिए नहीं था।

"मुझे लगने लगा कि मैं किसी काम की नहीं हूं क्योंकि लोग सब चीजों का ध्यान रख रहे थे। मैं बेचैन होने लगी। मुझे कुछ करना था।"

1979 में एक प्यारी सी बिटिया का जन्म हुआ। लेकिन इसके बाद भी 'कुछ करने' की बेचैनी ख़त्म नहीं हुई। नौकरी एक विकल्प हो सकता था, लेकिन सुनीता नौकरी नहीं करना चाहती थी। उनके दिमाग में ये एक धुंधला से ख़्याल था कि उन्हें भारतीय महिलाओं के लिए कुछ करना है। ये 'कुछ' क्रीम ब्लीच का आइडिया था।

"उस वक़्त बाजार में कोई क्रीम ब्लीच उपलब्ध नहीं थी। लोग लिक्विड हाइड्रोजन पेराऑक्साइड और लिक्विड अमोनिया के साथ ब्लीचिंग पाउडर का इस्तेमाल करते थे, और ये पूरा मिश्रण चेहरा तक जला सकता था।"

लेकिन फिर भी लोग इस्तेमाल करते ही थे, क्योंकि चेहरे पर बदसूरत लगने वाले अनचाहे बालों का कुछ तो करना था...

सुनीता ने इस बारे में सोचा कैसे?

"मैंने बस ये सोचा कि वो कौन सी चीज थी, जिसका मैं इस्तेमाल करना चाहती थी, और जो उपलब्ध नहीं थी।"

ब्लीच के अलावा उन्होंने किसी और प्रॉडक्ट के बारे में सोचा?

"दरअसल ब्लीच के अलावा किसी और चीज के बारे में मैंने नहीं सोचा।" वे हंसते हुए कहती हैं, "और मैं हाथ धोकर ब्लीच के पीछे पड़ गई।"

ये एक छोटा बिजनेस हो सकता था, जिसे एक हाउसवाइफ घर से थोड़ी सी पॉकेट मनी और काम करते रहने के थोड़े से सुकून के लिए चला सकती थी। लेकिन किस्मत को कुछ और ही मंजूर था।

"मेरा भाई उन्हीं दिनों आईआईटी पवई से ग्रैजुएट होने वाला था। वे एयरोनॉटिकल इंजीनियर था और उसे ब्लीच तो क्या, कॉस्मेटिक्स का जरा भी ज्ञान नहीं था। मैंने कहा, मेरे पास एक आइडिया है, एक बार देख तो लो।"

उस वक़्त सुनील एयर इंडिया के सीओडी डिपार्टमेंट के साथ काम कर रहे थे। छह महीने की नौकरी में ही उन्हें नौकरी से बोरियत होने लगी, और

सिर्फ एयर इंडिया से ही नहीं, पूरे एयरोनॉटिकल इंडस्ट्री से ही उनका मन कट गया।

"जब मैं ग्रेजुएट होने वाला था तो मुझे पता चला कि एयरक्राफ्ट इंडस्ट्री उतनी दिलचस्प नहीं है जितनी दिखाई देती है। मिसाल के तौर पर, बोइंग का अपना मेन्टेनेंस मैनुअल है। एक इंजीनियर के तौर पर मैं नॉन-इन्वेसिव टेस्टिंग किया करता था। जैसे-जैसे आपके अनुभव का विस्तार होता जाता है, सर्टिफाई करने की आपकी क्षमता बढ़ती चली जाती है, और ऐसे ही आप आगे बढ़ते हैं।"

ये काम बहुत चुनौतीपूर्ण या रचनात्मक नहीं है। आईआईटी के सीनियर भी हताश दिखने लगे थे।

"मुझे भी बोइंग की तरफ से ऑफर आया था, और वे चाहते थे कि मैं तुरंत विजिटर्स वीजा पर काम शुरू करूं, लेकिन मैंने मना कर दिया।"

सुनील भी 'कुछ करना' चाहते थे; कई सारे प्रोजेक्ट्स खोज रहे थे।

"उस वक़्त पावर्ड मेटलर्जी में मेरी दिलचस्पी जागी। भारत में ऑटोमोबाइल इंडस्ट्री उस वक़्त बहुत पीछे था, और मुझे लगा कि हमें अभी काफी कुछ करना है। इसलिए पावर्ड मेटलर्जी के क्षेत्र में मांग तेजी से बढ़ने की उम्मीद थी।"

एक आईआईटी ग्रेजुएट के लिए अपनी तकनीकी क्षमताएं क्रीम ब्लीच बनाने पर इस्तेमाल करना जरूर एक बेहतर विकल्प होता, लेकिन सुनील के जेहन में कोई पूर्वाग्रह नहीं था। जब सुनीता ने ब्लीच का आइडिया सुनील से बांटा, तो सुनील ने कहा, क्यों नहीं? कोशिश तो करते हैं!

मेटलर्जी प्रॉजेक्ट दूभर था, और उसमें निवेश की जरूरत थी। इसके अलावा उसकी सफलता सीधे ऑटो इंडस्ट्री से जुड़ी थी। ब्लीच प्रोजेक्ट उसकी तुलना में आसान था, जिसमें कम लागत लगती और जो सीधे तौर पर कंज़्यूमर से जुड़ा था। सबसे अहम बात थी कि ये उत्पाद वो जरूरत पूरी कर रहा था, जिसका कोई विकल्प बाजार में मौजूद नहीं था।

"ब्लीच का आइडिया एक तरह से मैंने उस पर थोप ही दिया था," सुनीता कहती हैं, लेकिन सुनील को लगता है कि वो एक सही फैसला था,

"मार्केटिंग के लिए बहुत सारी समझ चाहिए थी, और चाहिए था कॉमन सेंस। चेहरे के अनचाहे बाल शर्मिंदगी की वजह होते हैं, इसलिए कहा जाता है कि बाल चेहरे पर 'परछाई' की तरह होते हैं।"

जो 'सोच-समझकर' लिया गया था।

सुनील को कम-से-कम ऐसा ही लगता था, हालांकि एक आईआईटी इंजीनियर अगले दो साल तक क्रीम ब्लीच का फॉर्मूला तैयार कर रहा है, ये बात किसी और के समझ में नहीं आई–परिवार के भी नहीं।

"मेरे पिता को ये आइडिया बेतुका लगता था। वे कहते थे कि ऐसा कौन-सा मलहम है जो तुम बना रहे हो?"

लेकिन फिर भी वे साथ देते रहे–बिना सवाल पूछे, बिना बीच में दखल दिए।

"जब सुनील ने कहा कि वो कुछ अपना काम करना चाहता है तो मेरे पिता ने कभी नहीं कहा कि मत करो और जाओ नौकरी करो। या फिर ये कि तुम आईआईटी से पढ़कर आए हो, तुम्हें कम-से-कम इतना तो कमाना ही होगा।"

मुमकिन है कि वे खुद बहुत मसरूफ रहे हों, लेकिन बात भरोसे की है और भरोसा वे करते रहे। कहते रहे कि मैं तुम पर भरोसा करता हूं, इसलिए आगे बढ़ते रहो।

भाई और बहन को ये पता था कि वे आख़िर कर क्या रहे हैं। उस समय बाजार में *जोलेन* नाम की क्रीम मौजूद थी। उसे स्मगलिंग करके देश में लाया जाता था, और तब ४०० रुपए में वो क्रीम बिकती थी। इसका मतलब बाजार में इसी क्वालिटी की क्रीम लाई जाती तो उसको ख़रीददार तो मिल ही जाते।

लेकिन सवाल था कि ये किया कैसे जाए?

आईआईटी में पढ़ने की वजह से सुनील के पास केमिस्ट्री का बीएससी

लेवल का ज्ञान था। सुनीता खुद केमिस्ट्री ग्रैजुएट थी। लेकिन लैब में ऑर्गैनिक केमिस्ट्री करना एक बात है, कॉस्मेटिक बनाना और बात।

"हमारे पास फार्मासिस्ट्स थे, लेकिन कॉस्मेटॉलोजिस्ट नहीं थे," सुनील बताते हैं। और विदेश से कुछ भी लाकर उसकी नकल करना इतना आसान नहीं था।

कच्चा सामान एक समस्या थी। सप्लायर स्टैंडडाइज नहीं थे और कुछ भी आयात करना दुस्स्वप्न से कम नहीं था। इसलिए बहुत सारी गलतियों के साथ अपना रास्ता खुद ही निकालना था। और इस तरह प्रयोगशाला बना सुनीता की अपनी रसोई! अपनी रसोई की मिक्सी में दो साल तक दोस्तों और पड़ोसनों की मदद से प्रयोग करने के बाद जाकर सही फॉर्मूला मिला!

"मेरे पिता ने अंधेरी के एमआईडीसी में एक छोटी सी जगह खरीदकर रखी थी, और हमने मैन्युफैक्चरिंग वहीं से शुरू की। जब हमने शुरुआत की थी तो हम मजदूरों को हफ्ते में दो दिन बुलाते थे ताकि एक बैच बन सके, और फिर हम बाहर जाकर तैयार किया गया ब्लीच का वो बैच बेचते थे।"

रणनीति आसान थी--पहले डेमो देना था। उस वक्त ब्लीच को लेकर बहुत जानकारी लोगों में थी नहीं, इसलिए सबसे अच्छा तरीका था कि उन्हें सीधे दिखाया जाता कि आख़िर वे कौन-सी चीज तैयार कर रहे हैं।

और ये इस तरह कारगर रहा। पहले औरतों को इकट्ठा किया जाता, उनके हाथों पर थोड़ा सा ब्लीच लगता, और दो औरतों के चेहरे पर ब्लीच लगाकर नतीजे दिखाए जाते--कोई भी वे दो महिलाएं जो ये कहतीं कि उनकी त्वचा संवेदनशील है और उन्हें अपनी त्वचा को गोरा बनाना है।

फेम इन्स्टो-ब्लीच एक नया कॉन्सेप्ट था। लेकिन नतीजे नाटकीय रहे, इतने अच्छे कि ब्लीच सबको पसंद आया।

"पहले डेमोन्स्ट्रेशन से ही ब्लीच ने लोगों का ध्यान खींचा। लोगों ने ब्लीच के बिना वाली त्वचा, और ब्लीच लगी हुई त्वचा में तुरंत अंतर बता दिया। चेहरे के बाल छुप गए, त्वचा और गोरी, कोमल दिखने लगी।"

एक अच्छा प्रोडक्ट बन जाए तो आधी लड़ाई खुद ही जीत ली जाती है। दूसरा मुश्किल हिस्सा प्रोडक्ट को शेल्फ पर रखना होता है। इसके लिए

"फेम का पूरा फलसफा ही ऐसे प्रॉडक्ट्स तैयार करने पर आधारित था, जिनकी जरूरत महिलाओं को थीं, लेकिन वे उत्पाद उपलब्ध नहीं थे, या अगर थे भी तो प्रयोगशालाओं में उपलब्ध थे।"

भी सुनीता ने आसान से रणनीति अपनाई।

"मान लीजिए कि मैंने किसी एक इलाके में डेमो दिया, मैं प्रोडक्ट्स उसी इलाके की चार-पांच दुकानों में रख दिया करती थी। बल्कि मैं उन्हें उन आउलेट्स के नामों की फोटो कॉपी भी दे दिया करती थी जहां वो प्रोडक्ट उपलब्ध होता।"

इस तरह एक के बाद एक इलाकों में डेमो के बाद डेमो दिया जाता रहा। फेम ने ग्राहक बटोरने शुरू कर लिए, और शेल्फ पर जगह भी मिल गई। मुंबई में डिस्ट्रिब्यूशन नेटवर्क बनाने में एक साल का वक़्त लगा, लेकिन उस वक़्त का इस्तेमाल अधिक से अधिक ग्राहकों को उत्पाद के बारे में बताने में किया गया।

"हमने 'इंस्टो-ब्लीच' टर्म का इस्तेमाल किया ताकि प्रॉडक्ट के तुरंत कारगर होने के बारे में बताया जा सके। हमने बताया कि इसे मिक्स करने के बाद सिर्फ 15 मिनट के लिए रखना है, और फिर उसे धो देना है।"

यकीन देखकर ही होता है, और फिर पूरे देश में डेमो देकर इस काम के, ब्लीच के फायदे बताने वाले नियुक्त कर दिए गए।

"हमने प्रदर्शनियों में भी हिस्सा लिया--लिंविग इन स्टाइल, होम वेल, हाउस ब्यूटीफुल। जहां भी औरतें होतीं, हम वहीं होते!" सुनीता हंसकर बताती हैं।

कुछ करने का जोश था, जुनून था। सुबह से शाम तक डेमो देने का जज्बा था।

"कुछ ऐसे भी दिन होते थे जब हम अलग-अलग कॉलोनियों में, महिला मंडलों में, राउंड टेबल्स में--हर मुमकिन जगह पर होते थे। मैं लगातार लड़कियों को डेमो देने के लिए ट्रेनिंग भी दे रही थी।"

पहले डेमो से ही लोगों ने प्रोडक्ट लेना शुरू कर दिया, और उसकी

कीमत तब सिर्फ 19 रुपए रखी गई थी। उसके बाद आगे का रास्ता खुलता चला गया।

"12 जनवरी 1982 को पहला इनवॉयस 13,500 रुपए का तैयार किया गया," सुनील बताते हैं। "उसी दिन अंतुले ने सरकार से इस्तीफा दिया था, इसलिए मुझे वो तारीख याद है।"

पहले साल का टर्नओवर 1.1 लाख का रहा, अगले साल ये बढ़कर 11 लाख हो गया। जैसे-जैसे मांग बढ़ती गई, प्रोडक्शन भी बढ़ता गया। पहले हफ्ते में एक बार, फिर हफ्ते में दो, और फिर तीन बार। और उसके बाद ब्लीच के डिब्बे हर रोज निकाले जाने लगे।

सफलता के साथ नकल करने वाले लोग भी आते हैं। अचानक बाजार में इंस्टो-ब्लीच बनानेवालों का बाजार में तांता लग गया। तब फेम ने इंस्टो ब्लीच की बजाए फेयरनेस ब्लीच नाम का इस्तेमाल करना शुरू कर दिया। पैकेजिंग ट्यूब से जार में बदल गई, और कंपनी ने एडवर्टाइजिंग में निवेश शुरू कर दिया।

पैसे ज़्यादा नहीं थे--इसलिए जरूरी था कि विज्ञापन सहज लेकिन यादगार हो। सुनीता ने एक टैगलाइन दी--बस पंद्रह मिनट में गोरी-गोरी फेम से।

"मैं चेहरे के बाल के बारे में कुछ नहीं कह सकती थी, ये नहीं कह सकती थी कि आपको अपने चेहरे के बाल छुपाने के लिए इसका इस्तेमाल करना चाहिए।"

ये कुछ ऐसी बातें थीं जो सबको शर्मिंदा करतीं।

"ब्लीचिंग का एक ही साइड-इफेक्ट था, कि आप 2 से 3 शेड गोरे हो सकते हैं। मैंने इसी बात पर जोर दिया।"

इसके अलावा बात ये भी कि विज्ञापन 10 सेकंड के लिए ही चलता था।

"एक लड़की शीशे के सामने खड़ी है--सोनाली बेंद्रे--और कहती है कि फेम ब्लीच त्वचा को सुंदर बनाता है। जब तक वो घूम के देखती है, एड ख़त्म हो जाता है!"

खुशकिस्मती से ये अस्सी का दशक था, जब सिर्फ *छाया गीत, ये जो*

है ज़िंदगी और *हमलोग* जैसे कार्यक्रम आया करते थे, और उनकी व्यूवरशिप बहुत बड़ी हुआ करती थी। इसलिए हर एड को लोग देखा करते थे।

"उन दिनों ब्रांड्स बने क्योंकि लोग टीवी सर्फिंग नहीं किया करते थे। मेरे ख़्याल से मैं सबके दिमाग में गोरी-गोरी इसलिए डाल पाई और लोग अभी भी उस ऐड की बात करते हैं। लेकिन कभी-कभी लगता है कि काश हमारे पास विज्ञापनों के लिए और पैसे होते..."

फेम फेयरनेस ब्लीच ने अपनी पहचान छोड़ी--अब आगे क्या? इसे बाज़ार में ऐसा प्रोडक्ट बनना था जो मार्केट में अपने किस्म का पहला प्रोडक्ट होता। और जो अगला प्रोडक्ट उन्होंने चुना, वो था लिक्विड सोप का।

उन दिनों बाजार में कोई लिक्विड सोप उपलब्ध नहीं था। मेटल के डिब्बों में मिलने वाले होमोकॉल के अलावा, जिन्हें आप सिनेमाहॉल्स में देखा करते थे!"

इसलिए भारत का पहला लिक्विडवॉश--फेम सॉफ्ट एंड जेंटल सोप--1987 में लॉन्च किया गया। इसमें नारियल तेल के फॉर्म्युलेशन का इस्तेमाल किया गया था, और ये अपने किस्म का पहला सोप था। फेम ने 'रिफिल्स' भी बनाए।

15 मिनटों में गोरापन की तरह लिक्विड सोप की भी यूएसपी सरल थी--वन टच वन ड्रॉप सोप, यानी एक के हाथ एक बूंद साबुन।

"हम डेमो दिया करते कि मछली काटने के बाद कैसे आपके हाथों से बदबू आती है, और जब आप उन बदबूदार हाथों से साबुन को छूते हैं, तो उससे भी बदबू आने लगती है। लेकिन फेम के एक बूंद से सारी बदबू गायब!"

अब तक तो सब ठीक था--लेकिन एक और सवाल आया, अब आगे क्या? इस वक़्त फेम को एफडीए ने अप्रूव कर दिया था, और फेम शैंपू, साबुन, क्रीम--ये सब बना सकता था। लेकिन इससे कोई उद्देश्य हासिल नहीं हो रहा था, ऐसा सुनीता को लगता था।

"ये जरूरी नहीं था कि हम क्या बना सकते थे। जरूरी ये था कि महिलाओं को क्या चाहिए था। हमने अपने कान जमीन पर लगा रखे थे, क्योंकि हम वहीं डेमो देते थे--लोगों के बीच में। एक के बाद एक नए आइडिया

"घर पर सारी जरूरतें पूरी हो रही थीं, लेकिन मुझे लगता था कि मेरा हुनर जाया हो रहा था। मेरी अच्छी शिक्षा के बावजूद मैं अपना कुछ भी नहीं कर रही थी। तभी मैंने सुनील को पकड़ा, और कहा कि चलो कुछ शुरू करते हैं।"

आ रहे थे, और जो जरूरत बार-बार सामने आ रही थी, वो थी हेयर रिमूवल क्रीम की।"

उस वक़्त एन फ्रेंच मशहूर था, लेकिन उसकी महक अच्छी नहीं थी।

"सबकी शिकायत होती कि आप एक कमरे में हेयर रिमूवल क्रीम का इस्तेमाल कर रहे होते थे, और पूरे घर को पता चल जाता था। इसलिए हमने एक ऐसी ख़ास चीज तैयार की जिससे जितना हो सके, क्रीम से बदबू चली जाती।"

"एन फ्रेंच की तुलना में बाल दोबारा देर से बढ़ते थे। और खुशबू भी अच्छी आती थी। इसलिए जब हमने 1989 में क्रीम लॉन्च किया तो बिना एडवर्टाइजिंग के इसकी मांग बढ़ती गई।"

शुरुआती दौर में ही अपने तीन प्रॉडक्ट्स और डेटॉल के साथ कॉन्ट्रैक्ट होने के बाद जगह की जरूरत महसूस होने लगी। एमआईडीसी में फेम वैसे भी पांच गुना ज़्यादा जगह लेने लगा था। आख़िरकार 1993 में कंपनी ने अपना मैन्युफैक्चरिंग बेस नासिक में कर दिया और वहां 25,000 वर्ग फुट की जगह ले ली।

अब तो ख़ैर हिमाचल प्रदेश के बद्दी में 50,000 वर्ग फुट से ज़्यादा की जगह है, जो अपने लोकेशन के साथ-साथ इसलिए भी आकर्षक है क्योंकि सरकार से यहां एक्साइज छूट मिलता है।

ये तीनों फैक्ट्रियां दरअसल इस सफर में मील का पत्थर हैं। पहले दस साल बंबई में, अगले दस साल नासिक में, और फिर बद्दी में।

हर कदम पर चुनौतियां थीं, ऐसे धूल भरे रास्ते थे जिन्हें अपना बनाना था।

अब वर्किंग कैपिटल को ही ले लीजिए।

मेरे पिता ने हमारी फैक्टरी परिसर बनाने में मदद की, लेकिन कैपिटल रोल ओवर के लिए हम एसबीआई के पास गए। जब तक लिमिट कम थी, हमें पैसे मिलते रहे। लेकिन जैसे ही हमें और फंड्स की जरूरत पड़ी बैंक हमें परेशान करने लगा। तब हम मेरे पति के बैंक एनकेजीएबी(नॉर्थ केनरा गौर सारस्वत बैंक) चले गए।

परिवार ने एक दशक से भी लंबे समय तक इसी बैंक के साथ काम किया।

हमारा रिश्ता बहुत अच्छा था, इसलिए 1997 तक हमारा काम बहुत आराम से चलता रहा। फिर उसके बाद हम कॉरपोरेशन बैंक से जुड़ गए।

1994 में फेम ने पब्लिक इश्यू का रास्ता अख्तियार किया और इक्विटी का एक हिस्सा बेचकर छह करोड़ रुपए जमा किए। सुनील कहते हैं ये उनके ज़िंदगी की सबसे बड़ी गलती थी। क्यों?

क्योंकि हमें अपनी कमाई उन 34 फीसदी लोगों से बांटनी पड़ी, जिन्होने किसी तरह कोई योगदान नहीं दिया था... वो भी सिर्फ छह करोड़ रुपयों के लिए।

सच तो ये है कि कंपनी कि जो कंपनी तेज़ी से बढ़ रही होती है उसके पास कभी इस तरह कैपिटल नहीं होता। एक छोटी सी सैलरी लेने के अलावा बाकी का सारा पैसा बिज़नेस में लगा दिया जाता था। लैकिन ये पैसा कभी भी बहुत ज्यादा नहीं होता था।

लेकिन एक दिन फेम ने खेल के नियम बदल देने का फैसला किया।

ब्रेक थ्रू 2001-2002 में आया, जब हमने कैश और कैरी सिस्टम शुरू किया। हमें वर्किंग कैपिटल की जरूरत पड़नी बंद हो गई। हमने लिमिट्स लिए, लेकिन उसका इस्तेमाल नहीं किया।

कैश एंड कैरी सिंपल होता है--आप पहले पैसे लेते हैं उसके बाद स्टॉकिस्ट और प्रोडक्ट सप्लाई करते हैं।

कोई भी सामान उनको पहुंचाने से पहले हम उनके चेक और डिमांड ड्राफ्ट इकट्ठा कर लेते हैं। इसलिए किसी भी वक्त हमारा कलेक्शन हमारे सेल्स

> **हमें कभी नुकसान नहीं हुआ। लेकिन यहां तक पहुंचने में दस साल लगे—1982 से 1992। और उसके बाद कर्ज से मुक्त और चिंतामुक्त होने में दस साल और लगे।**

से ज्यादा होता है।

किसी भी कंपनी के लिए ये आदर्श स्थिति है, लेकिन ये लागू करना इतना भी आसान नहीं। क्रेडिट किसी भी बिजनेस के इको सिस्टम के लिए ऑक्सीजन की तरह होता है। कैश एंड कैरी का मतलब है आप लगातार हवा के लिए लंबी-लंबी सांसें भरने पर मजबूर हैं। तो रिटेलर इसके लिए तैयार कैसे हो गए? क्योंकि फेम एक ब्रांड नेम है, और इसकी पोजिशन को नज़रअंदाज़ नहीं किया जा सकता था।

तीन कैटगरिज़ में हम बहुत-बहुत आगे थे--कोई भी कॉस्मेटिक शेल्फ हमारे हेयर रिमूविंग क्रीम, लिक्विड सोप या ब्लीच के बिना पूरा नहीं होता था। इससे हमें अपनी शक्ति का अहसास हुआ और हम अपफ्रंट पैसे मांगने लगे।

फेम ने दरअसल ये प्रॉक्टर एंड गैम्बल से सीखा था, जिसने 2001 में कैश एंड कैरी शुरू किया था।

हां, लीवर ने ये काम बहुत पहले शुरू कर दिया था। लेकिन पी एंड जी के बाद छोटी कंपनियां भी ये करने लगी थीं।

शुरू में परेशानियां आईं। स्टॉकिस्टों ने फेम को चेतावनी भी दी कि फेम का मार्किट शेयर इससे कम हो जाएगा।

किसके पास इतने पैसे हैं कि आपके प्रॉडक्ट के लिए पहले से पैसे दे दे? कम ऑर्डर करेंगे, उन लोगों ने कहा।

ओके कंपनी ने कहा। रिटेलरों को उतने ही प्रॉडक्ट ऑर्डर करने दो जितने वो बेच सकें।

पहले महीने में हमें बहुत बड़ा झटका लगा--लोगों ने वही ऑर्डर किया जो वो बेच सकते थे। अपने शेल्फ भरने के लिए उन्होंने ऑर्डर नहीं किया। लेकिन दो-तीन हफ्तों के बाद हमने देखा कि ऑर्डर बढ़ रहे हैं।

लॉजिक आसान था। एक बार मैं आपके प्रॉडक्ट के लिए अपफ्रंट पैसे देकर उसे स्टॉक कर लूं जो हर हाल में मैं बेचूंगा ताकि मेरे पैसे वापस आ सकें।

लोगों ने हमारे प्रॉडक्ट्स को बाजार में पुश करना शुरू कर दिया और इस तरह हमारी सेल्स और ऊपर गई, सुनीता बताती हैं।

जो भी एक्स्ट्रा कैश आया, उस हर पैसे का इस्तेमाल विज्ञापन में और प्रॉडक्ट को और पुश करने के लिए किया। ये एक रिस्क हो सकता था, लेकिन इसका फायदा मिला।

इसी वक़्त 2001 में फेम का सेल्स 25 करोड़ के पार चला गया और अगले चार सालों में ये बढ़कर चौगुना हो गया यानि 100 करोड़* के पार। मल्टीनेशनल्स के विज्ञापन पर करोड़ों रुपए खर्च करने की ताकत रखने के बाद भी फेम ने अपनी जगह बनाए रखी है।

"अभी भी हम या तो अव्वल हैं, या अपने प्रॉडक्ट्स की श्रेणी में दूसरे या तीसरे नंबर पर आते हैं। ब्लीच में हम नंबर 1 हैं और हमारे पास 90 फीसदी मार्केट शेयर है। लिक्विड सोप में हम दूसरे नंबर पर हैं--पहले नंबर पर डेटॉल है, और दूसरे नंबर पर फेम, और तीसरे पर लाइफबॉय। हेयर रिमूवल क्रीम में हम तीसरे नंबर पर हैं। पहले नंबर पर एन फेंच, दूसरे पर वीट और तीसरे पर फेम है।"

क्या डेटॉल के साथ कॉन्ट्रैक्ट करके मैन्युफैक्चरिंग करते हुए उन्हें नंबर वन बनाने का कोई अफसोस है?

"बिल्कुल भी नहीं। हमें मालूम था कि वे हमसे आगे निकल ही जाएंगे। उनके पास हर पांच मिनट पर हर चैनल पर विज्ञापन देने के लिए पैसे थे।"

और मार्केट में वीट के आने के बाद भी यही हुआ।

"हर जगह में मल्टीनेशनल कंपनियां आ चुकी हैं। लेकिन इन तीन प्रॉड्क्ट्स के मामले में हम अपनी क्वालिटी और ख़ासियत की वजह से टॉप थ्री में बने हुए हैं।"

* फेम की सेल्स का 60 प्रतिशत अभी भी ब्लीच से आता है। 2008-2009 के कंपनी के सौ करोड़ के टर्नओवर में फार्मा प्रॉडक्ट्स के सेल्स के 21 के करोड़ भी शामिल हैं।

तो क्या फेम को मल्टीनेशनल कंपनियों से कभी ख़तरा महसूस नहीं हुआ?

"हर वक़्त," सुनीता हंसते हुए कहती हैं। "शुक्र है चीनी लोगों के बाल नहीं होते, वरना वहां भी उन्होंने हमें पछाड़ दिया होता।"

इसके अलावा एक और चीज है जो फेम के पक्ष में काम कर रही है।

"मल्टीनेशनल्स कभी अपने प्रॉडक्ट्स खुद नहीं बनाते। वे भारत में वही रेंज लेकर आते हैं जो बाहर बिकते हैं। और बाहर ब्लीच नहीं बिकता। इसलिए हेयर रिमूविंग क्रीम और लिक्विड सोप को ख़तरा है, लेकिन ब्लीच, जो कि हमारा अव्वल प्रॉडक्ट है, अभी भी सुरक्षित है।"

मुमकिन है कि गोरी त्वचा वाले अमेरिकी या यूरोपियन लोगों को ब्लीच की जरूरत नहीं पड़ती। या फिर मार्केट इतना ही छोटा है कि बड़ी कंपनियों को आकर्षित नहीं करता।

"ब्लीच का इस्तेमाल साल में एक बार होता है, या फिर साल में दो बार--वो भी ख़ास मौकों पर, जैसे शादियों में। ये साबुन या टूथपेस्ट की तरह रोज इस्तेमाल में आने वाला प्रॉडक्ट नहीं है।"

फेम ने फिर भी अपनी पहचान बनाने में बहुत मेहनत की है। हम अभी भी छोटी-छोटी जगहों पर डेमो देते हैं। बड़े शहरों या महानगरों में नहीं, लेकिन छोटे शहरों में, जहां अभी भी ग्राहकों को ब्लीच खरीदने के लिए राजी करना पड़ता है।"

ये रास्ता महंगा है, मुश्किल है--लेकिन ये जरूरी है कि मार्केट का विस्तार किया जाए।

हालांकि फेम ने 1989 के बाद से कोई नया प्रॉडक्ट लॉन्च नहीं किया है, लेकिन ब्लीच को बेहतर बनाने की लगातार कोशिश हुई है।

"हमने ऑक्सी तैयार किया, जो बहुत उम्दा ब्लीच है। ऑक्सी पहले दो सालों में ही ब्यूटी पार्लरों के जरिए मशहूर हो गया था, और उसके बाद इसे मार्केट में लॉन्च किया गया।"

एक नई रणनीति, लेकिन ऐसी जो कारगर रही, फेन ने विदेशों में भी ब्लीच का एक्सपोर्ट किया, जिसमें मिडिल ईस्ट, अन्य पूर्वी देश, अफ्रीका के

कुछ देश और यहां तक कि ट्रिनडाड जैसा एक छोटा-सा देश भी शामिल था।

"ऐसे बाजारों में हमें विज्ञापन देने की जरूरत नहीं है। ज्यादातर इन-स्टोर—शेल्फ स्ट्रिप्स या पैम्फलेट्स के जरिए ये काम हो जाता है। जोलेन के अलावा सैली हेन्सन का एक ब्लीच है जो बहुत हल्का है, लेकिन हमारे किस्म की त्वचा पर ये बिल्कुल काम नहीं करता।"

एक और प्रॉडक्ट जो फेम ने लॉन्च किया, और जो नहीं चला वो था बोटैनिका नाम का एंटी एजींग क्रीम।

"हां... हमारी एंटी एजिंग क्रीम बहुत अच्छी थी। गार्नियर से कई लिहाज में बेहतर। लेकिन हमने कभी गार्नियर की तरह एडवर्टाइज नहीं किया। आजकल अपनी हर बात चिल्लाकर कहनी होती है।"

सुनीता बताती हैं कि कई बार उनके पास ऐड होता था, लेकिन इतने पैसे नहीं होते थे कि उसको एयर किया जा सके।

"मुझे कई बार अगले सीजन तक इंतजार करना पड़ता था, ताकि हमारे पास पैसे आएं और हम ऐड टेलीकास्ट कर सकें। इसलिए हम ऐड बनाने का खर्च कम से कम रखते थे, छोटी-मोटी एजेंसियों के साथ काम करते थे या फिर बड़ी एजेंसियों के कॉपीराइटरों के साथ फ्रीलांस बेसिस पर काम करते थे।"

लेकिन क्या ये तरीका कारगर रहा? इस तरह कब तक फेम पहले, दूसरे या दूसरे स्थान पर बना रहता?

कई प्रोमोटर शायद हिम्मत हार जाते और 25 सालों की मेहनत, खून और पसीने के बदले पैसे ले लेते। लेकिन फेम ने कोशिश जारी रखी।

कई सालों तक एक ख़ूबसूरत लड़की की तरह अपने चाहने वालों के प्रस्तावों को ठुकराने के बाद फेम ने आख़िरकार नवंबर 2008 में डाबर का फेम को खरीदने* का ऑफर स्वीकार कर लिया।'

"हमें समझ में आने लगा था कि अगर हम इस कंपनी को 100 करोड़ से बढ़ाकर 500 करोड़ की कंपनी बनाना चाहते हैं तो जिस तरह के निवेश

* डाबर ने नवंबर 2008 में 203.7 करोड़ रुपए में फेम की 72.15 प्रतिशत हिस्सेदारी खरीद ली। बाकी की 20 प्रतिशत हिस्सेदारी 54 करोड़ रुपए के खुले ऑफर के साथ खरीद ली गई।

की हमें जरूरत है, वो हमारे पास नहीं था। न था, न होता।"

मूल योजना इक्विटी के 15 प्रतिशत विनिवेश की थी, ताकि और निवेश के लिए पूंजी लाई जा सके, लेकिन डाबर ने ऐसा ऑफर दिया जिसे फेम ठुकरा नहीं सका।

"डाबर च्यवनप्राश और हाजमोला बनाता है। वे स्किनकेयर में आना तो चाहते थे, लेकिन उनके पास गुलाबारी (गुलाब जल) को छोड़कर कोई और प्रॉडक्ट नहीं था। फेम वो नाम था जो उनको कारगर लगा था क्योंकि इससे उन्हें क्लास मिलता, अच्छी पैकेजिंग मिलती और शेल्फ पर जगह मिलती।"

डाबर पूंजी लेकर आया और फेम अब लिस्टेड कंपनी है। अतिशयोक्ति नहीं कि ये जोड़ी ऊपर से बनकर आई थी।

"वे हमारी सुविधाओं की नकल नहीं कर रहे... हमारे लोग अभी भी ख़ास है। उनके पास हमारे जैसे हुनर का भंडार नहीं है," सुनील कहते हैं।

छोटी कंपनी और स्टार्ट-अप होने के बावजूद पिछले कई सालों में फेम ने अपने पास बेहद हुनरमंद प्रोफेशनल्स रखे हैं।

"फार्मा स्पेस में कई लोग थे। कई ऐसे लोग जिन्होंने रिटारमेंट ले ली, या फिर कम तनख़्वाह पर काम कर रहे थे। वे काम ढूंढ़ रहे थे, और इसलिए बहुत बड़ा सैलरी पैकेज उन्हें नहीं चाहिए था। इसलिए हमारे पास प्रतिभाएं हैं जो मुनासिब तनख़्वाह पर हमारे साथ काम कर रही हैं और कंपनी को आगे ले जा रही हैं।"

इस तरह फेम बहुराष्ट्रीय कंपनियों के टक्कर के सिस्टम्स और प्रोडक्शन के तरीकों का इस्तेमाल कर पाया।

"हमारे पास फार्मा के लोग हैं जो कंपनी को कॉस्मेटिक्स कंपनी नहीं, फार्मा कंपनी समझते हैं। इसलिए हमारी मैन्युफैक्चरिंग उम्दा है। हमारी फैक्ट्री उत्कृष्ट है। हमारे प्रॉडक्ट्स का स्टैंडर्ड बहुत ऊंचा है। बाजार में मिलने वाले किसी एमएनसी प्रॉडक्ट या हमारे प्रॉडक्ट में आपको कोई अंतर नहीं दिखाई देगा।"

क्वालिटी कंट्रोल, बेहतरीन रिसर्च, और दुनिया के कुछ सबसे अच्छे स्किन टेस्टिंग उपकरण--फेम के पास ये सब कुछ है। जो कंपनी के पास नहीं था,

वो था एक उत्तराधिकार प्लान। परिवार में कोई भी इस बिजनेस को आगे ले जाने में दिलचस्पी नहीं रखता।

"मेरी दोनों बेटियां बड़ी हो गई हैं। एक की शादी हो गई है और वॉशिंग्टन में सेटल्ड है। दूसरी ने फाइनेंस और सिस्टम्स में एमबीए किया है और रिसर्च एनालिस्ट है। दोनों बहुत ही स्वतंत्र दिमाग वाली हैं।"

बिल्कुल मां की तरह।

लेकिन ये आसान नहीं रहा होगा--जब बेटियां छोटी थीं तो बिजनेस भी नया था। सुनीता ने इतनी सारी जिम्मेदारियां कैसे उठाईं?

"जब हमने ब्लीच के आइडिया पर काम करना शुरू ही किया था तो मेरी दूसरी बेटी होने वाली थी। मेरी बेटी तेजल सितंबर 1981 में पैदा हुई और फेम जनवरी 1982 में लॉन्च हुआ। तो सही मायने में मैंने दो बच्चों को एक ही वक़्त पर जन्म दिया।"

संयुक्त परिवार में रहने से बहुत फायदा मिला। इससे भी, कि ऑफिस नरीमन पॉइंट में था, घर के बहुत पास।

"मैं हर रोज दोपहर एक बजे से तीन बजे तक ब्रेक लेती थी--चाहे जो हो जाए। उसी वक़्त मेरे बच्चे स्कूल से आते थे, इसलिए मैं उन्हें खाना देती थी, सुलाती थी और वापस काम पर आ जाती थी। शाम को वे खेलने चले जाते थे। जब तक वो लौटते थे, मैं घर आ चुकी होती थी। तो दरअसल ये इतना भी मुश्किल नहीं था।"

प्रदर्शनियों के वक़्त बच्चे अक्सर साथ रहते। एक देवर थे जो बच्चों को बहुत मानते थे, और पिता समान थे। लेकिन अक्सर 'काम करने की क्या जरूरत है' का मुद्दा सामने आ ही जाता था।

"हमारे वक़्त में ससुराल से आपको काम करने की इजाज़त मिलना बड़ी बात थी। लेकिन मेरे पति अजय ने मेरा साथ दिया और आख़िर में यही मायने रखता है!"

अजय उस वक़्त प्रिंटिग बिजनेस में थे और बाद में उन्हें लिक्विड सोप की मैन्युफैक्टरिंग की जिम्मेदारी उठाने के लिए बुला लिया गया। सब कुछ परिवार में था, लेकिन सब वही कर रहे थे जिसमें वे सबसे सक्षम थे।

"सुनील ने मैन्युफैक्चरिंग, खरीद-बिक्री, लेबर, सेल्स टैक्स और टैक्स का मसला संभाल लिया और मैं डिस्टिब्यूशन, मार्केटिंग, सेल्स प्रोमोशन, एडवर्टाइजिंग, एक्सपोर्ट्स, मार्केटिंग और सेल्स देखती रही।"

27 सालों तक ये ख़ूब अच्छी तरह चला, लेकिन 30 जून 2009 को ये अध्याय ख़त्म हो गया और एक नया अध्याय शुरू हो गया।

सुनीता वो करेंगी जिनमें वे सर्वश्रेष्ठ हैं--नए ब्रांड बनाना।

"फ्लोरिडा की कंपनी मिशेल ग्रुप में फेम की 25 फीसदी हिस्सेदारी है। ये कंपनी अफ्रीकी-अमेरिकी लोगों के लिए ब्लीच बनाती है। डाबर को इसमें दिलचस्पी नहीं थी, इसलिए हमने हिस्सेदारी ख़रीद ली।"

सुनीता मिशेल के लिए दुबई, यूके और अफ्रीका में बाजार तैयार करेंगी। इस बीच उनके पति अगले कुछ सालों तक लिक्विड सोप की मैन्युफैक्चरिंग देखते रहेंगे।

सुनील उस बिजनेस की उस स्पेशियलिटी केमिकल यूनिट का काम संभालेंगे जिसमें डाबर को दिलचस्पी नहीं थी।

ये सफर बहुत लंबा रहा है। एक गृहिणी और एक आईआईटी ग्रैजुएट ने मिलकर एक ऐसी सड़क तैयार कर दी जिसकी मंजिल अपने आप तय होती गई।

"मुझे अंदाज़ा नहीं था कि ये बिजनेस मुझे इतना व्यस्त रखेगा। मुझे उम्मीद भी नहीं थी कि काम इतना बढ़ जाएगा। मैं तो एक छोटा सा बिजनेस चाहती थी जिससे मेरा जेबखर्च चल जाता। लेकिन हर रोज नए अनुभव होते, नई सीख मिलती और हम आगे बढ़ते चले गए।"

और कई बार यही सबसे अच्छा तरीका होता है। या शायद इकलौता तरीका होता है। जहां आपको पहुंचना होता है, रास्ते वहां तक चले ही जाते हैं।

*

युवा उद्यमियों को सलाह

अगर आप बिजनेस शुरू करना चाहते हैं तो मैं कहूंगी कि कुछ ऐसा शुरू कीजिए जो बाजार में उपलब्ध नहीं है, और जिसकी लोगों को जरूरत है। आप जाकर उस जरूरत को पहचानिए और उसको पूरा कीजिए। सबसे अच्छा तरीका यही है।

आप उस लाइन में खुद को अच्छी तरह शिक्षित कीजिए। उसके बाद कोई बड़ा क़दम उठाइए, उस जरूरत को पूरा कीजिए, अपने उपभोक्ताओं को खुश कीजिए। आप अपने प्रॉडक्ट की ख़ास पहचान बनाइए, सबसे अच्छा तरीका यही है।

मैं बेहद आम इंसान हूं, और अगर मैं ये काम कर सकती हूं तो कोई भी कर सकता है। कई बार ऐसा हुआ कि मेरे रास्ते में कई अड़चनें आईं--परिवार को लेकर या ससुराल को लेकर। लेकिन इस पीढ़ी का अपने परिवार या माता-पिता के साथ बेहतर तालमेल है, समाज में अब पुरुष और महिलाओं को बराबरी की जगह दी जाती है। उसका फायदा उठाएं। आप बड़े फलक को छू सकते हैं, नए रास्ते बना सकते हैं।

सुनील पोफले

अपना काम करने का सबसे बड़ा फायदा है कि इसमें हमेशा कुछ न कुछ नया हो रहा होता है। मैं एक नौकरी करते हुए खुद की कल्पना ही नहीं कर सकता, जहां कुछ भी नहीं बदलता। इस लिहाज से मैं खुद को खुशकिस्मत मानता हूं।

मैं ये भी कहना चाहूंगा कि मैंने खुद को खुशकिस्मत बनाया।

आपको भी यही करना चाहिए!

खाने का ख़ज़ाना

एम महादेवन
ओरिएंटल कुइजीन्स

महादेवन ने मद्रास यूनिवर्सिटी में प्रोफेसर की अच्छी-भली नौकरी को छोड़कर चाइनीज रेस्टुरेंट खोलने का फैसला किया। लेकिन रसोई में भी उन्हें कॉस्ट-अकाउंटिंग के ज्ञान से उतनी ही मदद मिली। आज एम महादेवन का साम्राज्य कई पाक-शैलियों और कई देशों में अपनी पहचान बना चुका है।

आपको लगता होगा कि रेस्टुरेंट बिजनेस का मतलब सिर्फ खाना या भोजन होता है। लेकिन एम महादेवन ये जानते हैं कि इसका मतलब लोगों से जुड़ना होता है।

हमारी मुलाकात चेन्नई के ली मेरिडियन होटल में हुई है। रविवार का दिन है, कॉफी शॉप खाली है। लेकिन इंटरव्यू के लिए ये कोई बहुत अच्छी जगह नहीं है।

मैं अपना हैंडीकैम कई बार ठीक करती हूं, लेकिन मेज बहुत छोटी है। जितनी भी कोशिश कर लूं, महादेवन व्यूफाइंडर में अपने सिर के बगैर दिखाई देते हैं।

एक युवा परिचारक हमारी परेशानी देखकर हमें बार की ओर आने का न्यौता देता है, जहां ज़्यादा शांति और कम शोरगुल है। हम इन न्यौते को आभारसहित स्वीकार कर लेते हैं।

विजिटिंग कार्ड्स का आदान-प्रदान होता है, और अचानक परिचारक की आंखों में चमक आ जाती है।

"ओह, आप जारा के मालिक हैं!" वह हैरान होकर कहता है।

"कभी फोन करना मुझे," महादेवन मुस्कुराकर कहते हैं।

जब भी आप चाहें, तब के लिए नौकरी की अनकहा प्रस्ताव अभी-अभी दिया गया है। जैसे-जैसे हम महादेवन की ज़िंदगी की कहानी में गोते लगाते हैं, वैसे-वैसे मैं सोचती हूं कि तीस साल पहले महादेवन भी ऐसे ही युवा रहे होंगे--अपने मेहमान की सहूलियत का ध्यान रखने के लिए थोड़ी-सी और कोशिश करते हुए!

और आर्थर हेली के उपन्यास से प्रेरित किसी सपने को पूरा करने के लिए कई कई मील और चलते हुए।

खाने का ख़ज़ाना

एम महादेवन
ओरिएंटल कुइजीन्स

एम महादेवन 'सुदूर दक्षिण' से आते हैं।

"मैं कोयम्बटूर जिले के एक छोटे से कस्बे उडुलमपेट में पला-बढ़ा। मेरे पिता केरल के पक्कड़ से थे, और डॉक्टर थे। बाद में वे तमिलनाडु आ गए।"

महादेवन के बड़े भाई-बहन डॉक्टर थे, इसलिए उनसे उम्मीद की जा रही थी कि वे भी परिवार के बाकी सदस्यों की तरह यही पेशा अपनाएंगे। लेकिन इनके जेहन में कुछ और ख़्याल थे। बीकॉम और एमकॉम करने के बाद महादेवन चेन्नई चले आए, और वहां यूनिवर्सिटी ऑफ मद्रास में असिस्टेंट प्रोफेसर की नौकरी कर ली।

उनकी ज़िंदगी में नया मोड़ तब आया जब उनके हाथ ऑर्थर हेली का उपन्यास 'होटल' लगा।

"मैं उस कहानी से बहुत प्रभावित हुआ, और खुद से कहा; मैं होलटियर बनना चाहता हूं!" ख़ास बात ये है कि ये ख़्याल जेहन से उतरा नहीं। महादेवन ने इसके बारे में कुछ करने का फैसला किया।

लेकिन बीसेक साल का एक युवा प्रोफेसर अपने सपने को कैसे ज़िंदा रख सका? महादेवन ने धीरे-धीरे शुरुआत की। सबसे पहले उन्होंने होटल सुदर्शन में मैनेजमेंट ट्रेनी के तौर पर नौकरी की अर्जी दी। होटल सुदर्शन को अभी-अभी एम्बेस्डर ग्रुप ने खरीदा था। दिन में महादेवन पढ़ाते, और रात में 'नाइट मैनेजर' की नौकरी करते।

"मुझे ये नौकरी अच्छी लगती थी। मुझे लोगों से मिलना अच्छा लगता था," महादेवन कहते हैं। महादेवन को मेजबानी और अतिथि-सत्कार कुदरती तौर पर आता था, और उन्हें इसमें मजा आता था। लेकिन उनके परिवार को ये रास नहीं आ रहा था।

"परिवार का सबसे छोटा सदस्य होने की वजह से मेरी मां मुझ पर बहुत स्नेह रखती थी। मैं बिना उनसे इजाज़त लिए कोई काम नहीं करता था। मेरे लिए उन्हें इसके लिए राजी करना बहुत मुश्किल था कि मैं होटल इंडस्ट्री में काम करना चाहता था, क्योंकि उन्हें लगता था कि पढ़ाना दुनिया का सबसे अच्छा और सम्मानजनक काम है।"

उन्होंने कहा, "तुम प्रोफेसर हो, और अब तुम होटल वाले बनना चाहते हो? तुम्हारा दिमाग तो नहीं ख़राब हो गया?"

उन दिनों होटलों--यहां तक कि पांच सितारा होटलों में काम करना अच्छा नहीं माना जाता था। इसके अलावा एक साथ दो नौकरियां करना आसान भी तो नहीं रहा होगा!

"आप दिन-रात काम करते थे?" मैं पूछती हूं।

"हां, दिन और रात।"

"थकान नहीं होती थी?"

"होती थी। लेकिन आज भी मैं 14 से 15 घंटे लगातार काम कर सकता हूं। अगर मुझे पांच-छह घंटे की नींद भी मिले तो मेरा काम चल जाता है।"

महादेवन की दिनचर्या कुछ ऐसी थी--सुबह नौ बजे से साढ़े चार बजे तक कॉलेज।

फिर जल्दी से स्नान।

फिर शाम छह बजे से आधी रात तक होटल का काम।

फिर, सुबह नौ बजे कॉलेज।

दोहरे काम के बावजूद, वे हर रात घर लौटकर अगली सुबह क्लासेस की तैयारी करते।

"मैं पोस्टग्रैजुएट अकाउंट्स और मैनेजमेंट पढ़ा रहा था। मैंने ये तय कर लिया था कि मैं अपने छात्रों के सामने अच्छे से अच्छा प्रेजेन्टेशन दूंगा।"

इसके अलावा, महादेवन को होटल की अपनी नौकरी कभी मुश्किल नहीं लगी। उन्हें मालूम था कि उन्हें बिजनेस में ट्रेनिंग मिल रही है। एक साल के बाद उन्हें नाइट मैनेजर के तौर पर प्रोमोट कर दिया गया, जिसमें उनका काम सुपरविजन और प्लानिंग का था।

"जिस काम को करने में आपको मजा आता है, उस काम में थकान नहीं होती। लेकिन जो काम आपको पसंद नहीं, वो जबर्दस्ती कराया जाए तो तनाव बढ़ता जाता है। मैं पीछे मुड़कर देखता हूं तो लगता है, सब बहुत आसान था!"

ये दौर तीन साल तक--1980 से 1983 तक--चला। तब महादेवन ने तय कर लिया कि वे नौकरी छोड़ देंगे और अपना काम शुरू करेंगे। क्यों? दुनिया को बदलने का इरादा, या कोई बड़ा ख़्वाब नहीं था। इरादा सीधा-सादा था--और पैसे कमाने का।

"मैं हर रोज लोगों को होटल में आते हुए देखता, और देखता कि वे कितने सारे पैसे खर्च कर रहे हैं।"

एक रात एक बिजनेसमैन ने शिवाश रीगल की एक बोतल और चिकन टिक्का पर दो हजार रुपए खर्च कर दिए। ये महादेवन की दोनों नौकरियों से होने वाली कमाई से कहीं ज़्यादा था।

"इसलिए, मैंने खुद से कहा, मैं उद्यमी बनना चाहता हूं।"

उनमें एक ललक थी, अपनी ज़िंदगी को बेहतर बनाने की ललक। और किसी से ये बात इतनी ईमानदारी से सुनकर खुशी मिलती है।

"लोग कहेंगे कि मैं फलां वजह से या उस वजह से उद्यमी बना। लेकिन मेरा लक्ष्य सीधा सा था--मैं ज़िंदगी में तरक्की करना चाहता था, और मैं जो कर रहा था, वो ज़िंदगी भर नहीं कर सकता था।"

बिजनेस में एक अच्छी-ख़ासी नौकरी से जरूर ज़्यादा ख़तरे होते हैं। लेकिन ये नहीं भूलना चाहिए कि ये नौकरियां किसी मुकम्मल मुकाम तक नहीं पहुंचाती। हर तीन साल पर एक इन्क्रीमेंट, हर दस साल पर एक प्रोमोशन। इतना महादेवन के लिए काफी नहीं था।

महादेवन ने एक बहुत सफल रेस्टुरेंट--इंडिया रेस्टुरेंट--के मालिक से संपर्क

"मैं हर महीने आठ सौ रुपए कमाता था, इसलिए हर रुपए की कीमत होती थी। लेकिन मैं देखता था कि लोग एक दिन में उतना खर्च कर देते हैं जितना मैं पूरे महीने में कमाता हूं। मैंने कहा, ये अजीब बात है। मेरे अंदर वहीं से कुछ करने की आग जगी..."

किया। ये होटल मेन रोड पर ताज के ठीक सामने था।

उन्होंने कहा, "मेरे पास बहुत पैसे नहीं हैं, लेकिन मैं आपका किचन तैयार कर सकता हूं। और मैं चाइनीज बना रहा हूं, जो आप नहीं कर रहे। मैं किराया नहीं दे सकता, लेकिन मैं आपको हर रोज पैसे दूंगा। मैं जो भी कमाऊंगा उसमें से अस्सी प्रतिशत मेरा होगा, और बीस प्रतिशत आपका।"

रेस्टुरेंट के मालिक ने सोचा, वैसे भी ये एक कोने में चाइनीज खोल रहा है, और हिंदुस्तानी खाने से मेरा फायदा 20-22 प्रतिशत होता है। तो इसका मतलब बिना कुछ किए मुझे 20 प्रतिशत मिल रहा है।"

वो तैयार हो गया।

किचन को तैयार करने में साठ हजार रुपए का खर्च आया। इतनी अच्छी जगह महादेवन को 'मुफ्त' में मिल गई।

एम्बेसेडर होटल में महादेवन के गुजारे हुए तीन साल बहुत काम आए। उन्होंने वहां जो भी सीखा था, इस नए काम को शुरू करने में सारा अनुभव लगा दिया।

"हमने दो चीजों पर ध्यान दिया--अच्छा खाना, और अच्छी कीमत। हम सूप नौ-दस रुपए में देते थे, और टेकअवे खाना सील्ड पैकेट्स में दिया करते थे, जिससे खाना गर्म रहे।"

इसके अलावा चाइना प्लेस में एक बहुत साफ-सुथरा, चमकता हुआ किचन था जो शीशे की खिड़की से दिखाई देता था। शेफ हैट्स और दास्ताने पहनते थे।

"मैंने ये कल्चर एक फाइव-स्टार होटल से सीखा, क्योंकि मैंने कहा, हम सबकी तरह घिसा-पिटा काम नहीं करेंगे। हम लोगों को बताते हैं कि दस

रुपए में हम सफाई, क्वालिटी और वैल्यू फॉर मनी दिया जा सकता है।"

हॉस्पिटैलिटी में महादेवन के पास किचन चलाने का कोई अनुभव नहीं था। लेकिन सब कुछ उन्होंने ध्यान से देख-देखकर सीखा था।

"मैं नाइट-मैनेजर था, लेकिन मेरा शौक़ था खाना। आज भी मैं खाना बना नहीं सकता, लेकिन मेरी जुबान बहुत तेज है। मैं फ्राइड राइस डिश देखकर शेफ को बता सकता हूं कि उसमें सोया सॉस बहुत ज़्यादा डाला हुआ है। शेफ को मालूम है कि मैं क्या कह रहा हूं, और वो इस बात की कद्र करता है।"

आख़िरकार, आपको अपना काम जानना होता है, और इसके लिए जरूरी नहीं कि वो काम आप अपने हाथों से करें। यही सिद्धांत महादेवन ने बहुत अच्छी तरह अपने बिजनेस पर लागू किया।

शुरू में उन्होंने अपनी कॉलेज की नौकरी रखी। इसलिए चाइना प्लेस सिर्फ डिनर के लिए खुलता था। 10-12 रुपए में चीजें बेचकर रेस्टुरेंट की हर रोज की कमाई पांच हजार रुपए, यानी महीने की कमाई डेढ़ लाख रुपए तक पहुंच गई।

इसमें से 20 प्रतिशत रेस्टुरेंट के मालिक को जाता था, लेकिन किराया और बिजली फ्री थी। महादेवन को सिर्फ खाने की क़ीमत, पैकिंग मटिरियल और चारों शेफ की तनख़्वाह देनी होती थी। लेकिन वे हर पैसे पर नजर रखते थे।

"मैं 'कॉस्ट मैन' था", वे बताते हैं। "आख़िरकार मैं कॉस्ट अकाउटेंसी जो पढ़ा रहा था!"

महादेवन मानते हैं कि रेस्टुरेंट बिजनेस की सफलता एक आसान से सिद्धांत पर टिकी है। मैं उनके ज्ञान का बेसब्री से इंतजार कर रही हूं।

"कमाई में से खर्च निकाल दिया तो बचा मुनाफा। (इनकम ख़र्च=मुनाफा)"

मैं पलकें झपकाती हूं।

"बस इतना सा?"

"हां... बस इतना सा। और ये समझने के लिए आपको किसी एमबीए की जरूरत नहीं है," महादेवन कहते हैं। "कुछ दिनों के लिए मैंने नेस्ले के

लिए एक एजेंसी भी चलाई--साइड बिजनेस के तौर पर। उसी दौरान नाडर परिवार से मेरी पहचान हुई। वे देश के सबसे तेज, सबसे मेहनती कम्युनिटिज में से एक हैं।"

महादेवन एक छोटी-सी दुकान के मालिक से मिला करते थे। वो आदमी हर चीज को रिकॉर्ड करता था, हर खर्च का हिसाब रखता था। पिछले साल क्या सप्लाई किया गया, किस रेट पर किया गया, और कितना डिस्काउंट दिया गया। और अगर गलती से आप एक पैसा भी ज़्यादा ले लेते थे तो ऊपरवाला ही आपकी रक्षा कर सकता था।

"मैंने सीखा कि संख्याओं का ये मंत्र बहुत जरूरी है, और ये सीख मेरी कंपनी के डीएनए में आज भी मौजूद है।"

चाइना प्लेस तरक्की करने लगा, टर्नओवर बढ़ने लगा। एक दिन मिस्टर रेड्डी नाम के एक कस्टमर आए और कहा, "मिस्टर महादेवन, थोड़ा सा आगे मैं एक बड़ा कॉम्पलेक्स बना रहा हूं। उसके बेसमेंट में जगह है। क्या आप वहां आकर काम करना चाहेंगे।"

बस यूं ही?

"दरअसल, वो मेरे काम से बहुत प्रभावित थे। जब भी वे आते, ये देखते कि मैं कस्टमर्स से बातें कर रहा हूं, सारे कामों में शरीक हूं। जिस जुनून और मेहनत के साथ वे अपना छोटा-सा बिजनेस चला रहे थे, वो संक्रामक था।"

रेड्डी ने कैपिटल का 70 प्रतिशत खुद लाने का प्रस्ताव दिया। महादेवन ने बाकी पैसे लगाए--कुछ लोन लिया, और कुछ बचत डाली। और, उन्होंने तय कर लिया कि चाइना प्लेस से आगे बढ़ने का वक्त आ गया है और उन्हें अपने नए वेंचर को पूरा वक्त देना होगा।

हिंदुस्तानी रेस्टुरेंट टिक-टैक के मालिक से महादेवन ने कहा, "रसोई आपकी है... आप मुझे वो पैसे वापस क्यों नहीं कर देते जो मैंने इसमें लगाए?"

वो आदमी तैयार हो गया और महादेवन ने अपनी नई जगह को तैयार करने में वो पैसे भी लगा दिए।

तभी उन्हें और एक बात सूझी। उनका चाइनीज रेस्टुरेन्ट बाकियों की

"अगर आपके फीडबैक में दम है, तो लोग आपकी बात सुनेंगे, आपको इज्जत देंगे, और आपको लीडर की तरह देखेंगे। इसलिए, आपको अपना काम आना चाहिए, बेशक आप उसे खुद अपने हाथ से करना जानें या नहीं।"

तरह लाल-हरा नहीं हो सकता था।

महादेवन ने परमेश्वर गोदरेज से इंटीरिटर डिजाइनिंग कराने का फैसला किया। मुश्किल ये थी कि उन तक पहुंचा कैसे जाए? वे मशहूर थीं, सेलीब्रिटी थी--कोई उनके दफ्तर में ऐसे ही थोड़े चले जाता?

लेकिन किस्मत देखिए कि चाइना प्लेस में महादेवन के एक कस्टमर एमएफ हुसैन थे।

"एमएफ हुसैन उन दिनों चेन्नई में रहा करते थे। मैं उनके पास गया और मेरी पहचान परमेश्वर गोदरेज से कराने की गुजारिश की। उन्होंने मेरी बात मान ली।"

परमेश्वर ने कहा, "मैं बहुत सफर नहीं करती। मैं सिर्फ दो बार आऊंगी, और मेरी फीस इतनी है।"

उन दिनों वो फीस बहुत बड़ी रकम हुआ करती थी, लेकिन महादेवन तैयार हो गए। "मैं जानता था कि मेरा खाना अच्छा है। मैं चाहता था कि अंदर की साज-सज्जा भी उतनी ही अच्छी हो।"

उन्होंने परमेश्वर से कुछ साफ-सुथरा और उत्कृष्ट तैयार करने की गुजारिश की, और उन्होंने सफ़ेद और नीले रंग की कलर स्कीम से इंटीरियर तैयार किया।

"मेरे ज़्यादातर रेस्टुरेंट्स में शीशे का किचन होता है। जैसे ही शेफ को पता चलता है कि कस्टमर उसे देख सकता है, वह सफाई पर ज़्यादा ध्यान देता है। मसलन, वो अपनी उंगली अपनी नाक में कभी नहीं डालेगा!"

"मुझे अभी भी वे गहरे नीले रंग के सोफे याद हैं--जो पहले ही दिन हिट हो गए थे," वे मुस्कुराते हुए बताते हैं।

रेस्टुरेंट का नाम था *द कास्केड*। ये एक फाइन-डायनिंग जगह थी, और ग्यारह लाख का निवेश हुआ था इसमें। उसमें से दस लाख रुपए अचल संपत्ति और साज-सज्जा में गए जबकि एक लाख रुपया वर्किंग कैपिटल बना। और इतना काफी था।

"हम क्रेडिट पर खरीदते हैं और कैश पर बेचते हैं। मेरे पास चाइना प्लेस के सप्लायर्स पहले से थे। उन्होंने मेरा नया रेस्टुरेंट देखा और कहा कि हम आपके साथ काम करना चाहते हैं, क्योंकि मैं उन्हें तुरंत पैसे दे देता था। मैं भरोसा बनाया करता था, और मेरे लिए ये बहुत जरूरी था।"

इसका मतलब फूड एक ऐसा बिजनेस है जिसमें आप दूसरों के पैसे पर काम शुरू कर सकते हैं। ये एक अच्छी बात है। लेकिन चुनौती है लाइसेसिंग की, और महादेवन को सभी परमिशन लेने में एक-डेढ़ साल का समय लग गया।

लेकिन कास्केड की शुरुआत उनकी ज़िंदगी का वो मोड़ थी जिसके बाद उन्होंने पीछे मुड़कर कभी नहीं देखा।

"साल था 1987, और मैंने चार लोगों के साथ शुरुआत की। आज 3000 से ज़्यादा लोग भारत और दूसरे देशों में मेरे लिए काम कर रहे हैं। मैं इसलिए ये कर सका क्योंकि मैंने अवसर देखे, और उनको गंवाया नहीं।"

जैसे?

"मैंने ऐसे कॉन्सेप्ट्स चुने जो बेचे जा सकते थे। कास्केड चाइनीज ही नहीं, चेन्नई का पहला पैन-एशियन रेस्टुरेंट था।"

लेकिन इससे भी ज़्यादा जरूरी बात ये थी कि महादेवन ने वैसे आइटम चुने जो बिकते। उसमें मलेशियन नूडल्स और चिकन करी था, जो हमेशा से पसंद किया जाता रहा। साथ में डिमसुम्स और स्पाइसी सूप थे, जो हिंदुस्तानियों को ख़ासतौर पर बहुत पसंद है।

कोशिश ये थी कि मेज पर नए किस्म का स्वाद लेकर आया जाए। "हम हिंदुस्तानियों को *कबाब* बहुत पसंद है। इसलिए मैंने मेन्यू में *याकितोरी*

रखा।"

जैसे ही कास्केड खुला, महादेवन ने यूनिवर्सिटी की नौकरी छोड़ दी। उन्होंने पढ़ाने का काम वैसे भी कम कर दिया था, लेकिन अब वक़्त आ चला था कि किसी एक काम पर ध्यान लगाने का फैसला लिया जाता। ये फैसला इतना मुश्किल नहीं था।

"कास्केड बहुत अच्छा चल रहा था। हम पहले ही महीने से मुनाफा कमा रहे थे। दूसरे महीने से जब मुनाफे बढ़ने लगे तो मेरे पार्टनर्स बहुत खुश हुए।"

रेस्टुरेंट मुश्किल बिजनेस है। लेकिन जब ये चल पड़ता है तो इसमें रिटर्न और संतुष्टि, दोनों तुरंत मिलती है। आप दो साल के भीतर अपना पूरा निवेश निकालने की उम्मीद रख सकते हैं!

"जिस वेरिएबल पर ध्यान देने की जरूरत है, वो है खाने की कीमत। पांच सितारा होटलों में कॉफी की क़ीमत 18 से 20 प्रतिशत होती है। लेकिन एक रेस्टुरेंट में आप इतनी महंगी चीजें नहीं बेच सकते। मैं अगर आपको एक बाउल नूडल सौ रुपए में बेच रहा हूं, मेरी लागत पैंतीस रुपए है। चिकन, नूडल्स, स्टॉक, ईंधन--सब इसमें लगते हैं।"

तय क़ीमतें वही हैं--किराए, लोगों की सैलरी। इसलिए महादेवन फिर से इस बात पर जोर डालते हैं कि आपको अपनी सामग्री--अपने इन्ग्रेडिएंट--पर ध्यान देना होगा। आपको लक्ष्मण रेखा के भीतर रहना होगा।

कास्केड की सफलता के बाद महादेवन एक और फाइन-डाइनिंग रेस्टुरेंट शुरू कर सकते थे। किसी और जगह पर। लेकिन उनके दिमाग में और बड़े

"मैं हमेशा अपने लड़कों को बोलता हूं, आप सबके चेहरे पर मुस्कुराहट होनी चाहिए। जैसे ही आप जैकेट पहन लेते हैं, आपकी निजी ज़िंदगी से आपका कोई वास्ता नहीं होता। आप इसे प्लास्टिक स्माइल कह सकते हैं, लेकिन आपको मुस्कुराना तो पड़ेगा। आपको लोगों का मुस्कुराकर अभिवादन करना होगा।"

आइडियाज थे। एक सतर्क दिमाग अपने एंटीना हमेशा ऊपर रखता है। क्योंकि प्रेरणा कहीं से भी मिल सकती है।

"उस समय कई ख़ास और एक्जॉटिक मसाले भारत में नहीं मिलते थे। जैसे, *किकोमॉन सोय सॉस*। या फिर *अजीनोमोटो*। उन दिनों में मैं खुद सिंगापुर जाकर ये चीजें लेकर आता था, और तभी मैंने सी-थ्रू बेकरी का आइडिया सोचा।"

महादेवन ने खुद से कहा, दिस इज गोइंग टू बी बिग इन इंडिया!

और इस तरह 1989 में *हॉट ब्रेड्स* शुरू हुआ।

इस बिजनेस मॉडल की ख़ासियत ये थी--आमतौर पर बेकरी किसी सेन्ट्रल किचन से संचालित होती थी, और फिर तैयार माल दुकानों में जाया करता था। *हॉट ब्रेड्स* में चीजें वहीं बनती थीं, और वहीं बिकती थीं। कस्टमर न सिर्फ देख सकते थे कि क्या और कैसे बन रहा है, बल्कि उसकी खुशबू भी ले सकते थे।

"हम फ्रांस से सबसे बेहतरीन मशीनें लेकर आए, और अपने शेफ को सिंगापुर ट्रेनिंग के लिए भेजा," महादेवन बताते हैं। इस प्रोजेक्ट की लागत 14 लाख रुपए थी। फिर पैसा कहां से आया?

महादेवन ने कास्केड के ऑपरेशन्स से तीन-चार लाख रुपए रिजर्व बचाकर रखे थे। इंटीरियर का काम अगले साल तक आने वाले रेवेन्यू की मदद से हो सकता था। लेकिन अभी भी आठ लाख रुपए कम पड़ रहे थे। तभी उन्होंने तमिलनाडु इंडस्ट्रियल इन्वेस्टमेंट कॉरपोरेशन के पास जाने की सोची।

"पांच लोगों का पैनल था जिसने मुझसे सवाल पूछे। उन्होंने मेरा ट्रैक रिकॉर्ड देखा--कि मैं प्रोफेसर था, और पढ़ा-लिखा था।"

लेकिन आज भी दक्षिण भारत में ये है कि लोग किसी को ब्रेड खाते देखते हैं तो पूछते हैं, "तुमको क्या हो गया? कहीं तुम्हारी तबीयत तो ख़राब नहीं हो गई? यहां लोग गर्म इडली और दोसे का नाश्ता करते हैं!"

तो पैनल में से एक सज्जन ने पूछा, "मिस्टर महादेवन, क्या आप अस्पतालों को ब्रेड बेचने जा रहे हैं?"

महादेवन ने कहा, "सर मैं मॉडर्न ब्रेड नहीं बनाने जा रहा। ये स्नैक्स

"अगर आप लोगों को वो देते हैं जिनकी उन्हें जरूरत है, तो वे बार-बार आपके पास लौटेंगे। मैंने कई बार लोगों को बैंड्रा से नरीमन पॉइंट जाते देखा है क्योंकि वे अपना पान एक ख़ास शख़्स से ही खरीदना चाहते हैं।"

की तरह होगा। जैसे पिज्जा और बर्गर होते हैं, वैसे ही मैं करी पफ्स और ब्लैक फॉरेस्ट केक्स बेचूंगा।"

लेकिन महादेवन को पहले ये आइडिया पैनल को बेचना पड़ा। और ये काम उन्होंने पूरी तरह पिक्टोरियल राइट-अप के जरिए दिया, जिसमें उन्होंने आहिस्ता-आहिस्ता बताया कि वे क्या करने जा रहे हैं। लजीज पेस्ट्रीज और पफ्स--खाने में बहुत अच्छे!

"वे आखिरकार मान गए कि ये कुछ हटकर है। चेन्नई में नई पीढ़ी खर्च करने के लिए तैयार थी, और उन्हें लगा कि आठ लाख बहुत बड़ी लागत नहीं है।"

इसके अलावा मशीनों की क़ीमत ठीक आठ लाख रुपए थी।

"क्या आप मशीनों को रेहन (हाइपोथेकेट) रखेंगे?" उन्होंने पूछा।

"बिल्कुल सर", महादेवन ने जवाब दिया।

अगला क़दम था इम्पोर्ट लाइसेंस लेने का। और इसमें डेढ़ महीने लग गए। याद रखिए कि ये 1988 का साल था, और आपको कॉमर्स मंत्रालय जाकर लाइसेंस लेना पड़ता था।

मंत्रालय ने सवाल खड़े कर दिए, "आप 800 वर्ग फुट में बेकरी कैसे लगा सकते हैं? ये इंडस्ट्री नहीं है। आप धोखा दे रहे हैं।"

महादेवन ने कहा, "प्लान यही है कि हम जहां चीजें बनाएंगे, वहीं से बेचेंगे। महादेवन ने फिर से एक बार जापान की एक बेकरी का वीडियो दिखाकर अपनी बात समझाई।"

जापानी अगर इतनी छोटी जगह में काम कर सकते थे तो हिंदुस्तानी क्यों नहीं?

"70 प्रतिशत रेस्टुरेंट्स पहले साल में ही बंद हो जाते हैं। अगर आप दूसरे साल, और फिर तीसरे साल तक टिक जाते हैं, तो फिर आपका काम चल पड़ता है। हम दुनिया में कहीं भी इसी उद्देश्य के साथ काम करते हैं।"

अपनी बात तीन बार रखने के बाद महादेवन अधिकारियों को राजी करने में सफल रहे। उन्हें फिक्र करने की जरूरत नहीं थी। *हॉट ब्रेड्स* चल पड़ा।

इस चेन ने कई नए कॉन्सेप्ट्स–जैसे 'करी बन्स' निकाले, जो चिकन फिलिंग के साथ एक किस्म का स्नैक था। मांग इतनी थी कि बेकरी को बढ़ाना पड़ा। छह महीने में ही *हॉट ब्रेड्स* के तीन आउलेट्स खुल गए। शुरू के दो साल बहुत अच्छे रहे।

"मैंने दिल्ली, कलकत्ता और बॉम्बे में *हॉट ब्रेड्स* खोला।"

"1991 तक *हॉट ब्रेड्स* के सात आउलेट्स थे, और यहां तक कि काठमांडू में भी एक दुकान खुल गई थी। इस वक्त तक बेकरी चेन सालाना दो करोड़ का बिजनेस कर रहा था।"

फिर धीरे-धीरे दुबई से मांग आने लगी, और महादेवन वहां मौके समझने के लिए गए। ये भी एक बड़ा अहम मोड़ था।

"मैंने विदेशों पर ज़्यादा ध्यान देना शुरू कर दिया और भारत को नजरअंदाज करने लगा। दुबई तेजी से बढ़ रहा था, वहां इतनी तरक्की थी, इतनी मांग थी।"

महादेवन ने दुबई में कई फूड वेन्चर्स शुरू किए, जो फ्रेंचाइज कम ओनरशिप मॉडल पर था। बिजनेस में उनका अपना निवेश 20 प्रतिशत तक ही सीमित था। वहां से वे पेरिस और अमेरिका गए।

फिर भारत के *हॉट ब्रेड्स* का क्या हो रहा था? वो ऑटो-पायलट मोड में था। बढ़ोत्तरी हो रही थी, लेकिन फ्रेंचाइजी के जरिए। *हॉट ब्रेड्स* बैंगलोर, कोचिन और हैदराबाद में खुल गया था...

"लेकिन फ्रेंचाइजिंग गलती थी... बहुत बड़ी गलती।"

"क्यों?" मैं पूछती हूं।

"क्योंकि लोग फ्रेंचाइजिंग की कद्र नहीं करते। जैसे ही उन्होंने बिजनेस सीख लिया, उन्होंने रॉयल्टी देना बंद कर दिया!"

और तो और, वे बेकरी के बेसिक टेम्पलेट की बजाए कुछ और इस्तेमाल करने लगे। मिसाल के तौर पर चंडीगढ़ के *हॉट ब्रेड्स* में डोसा बिकने लगा!

फ्रेंचाइजी ने कहा, "मिस्टर महादेवन, दोसा भी एक किस्म का ब्रेड है। साउथ इंडियन ब्रेड है।"

महादेवन ने कहा, "नहीं ऐसा नहीं है।" लेकिन उनके पास मॉनिटरिंग कंट्रोल नहीं था। भारत में कानून अभी भी फ्रेंचाइज मालिकों का साथ नहीं देता।

"अगर कोई बिना इजाजत के बगैर हॉट ब्रेड नाम का इस्तेमाल कर रहा है तो मुझे सिविल केस करना होगा। मुझे बड़े-बड़े वकील रखने होंगे और अदालत में मामला सालों तक घसीटा जा सकता है।"

मुश्किलें, मुश्किलें। फ्रेंचाइजिंग मुश्किल जरूर रही होगी, लेकिन महादेवन एक बात समझ गए थे--यदि आप अकेले हैं तो आपका तेजी से विकास नहीं हो सकता।

और इसलिए वे और पार्टनरों की तलाश में थे, जो उनके साथ काम करते।

1993 में महादेवन ने चेन्नई में कॉपर चिमनी खोली, जो ब्लू फूड्स के सुनील कपूर के साथ का एक जॉइंट वेंचर था।

"उन्होंने पचास प्रतिशत निवेश किया, इसलिए मैं अभी भी उन्हें चार प्रतिशत रॉयल्टी देता हूं।"

और मुझे लगता है कि कोई और होता तो शायद उसने अपना फाइन डाइन फूड ब्रांड खोल दिया होता। लेकिन जिंदगी रिश्तों का एक जाल है। अगर आप लालची हो जाते हैं तो मुमकिन है कि जिंदगी आपके नाम मुफलिसी लिख दे।

लेकिन ये भी सच है कि सभी पार्टनरशिप कारगर नहीं होती। साल 2000 में महादेवन ने हॉट ब्रेड्स की अपनी पचास फीसदी हिस्सेदारी शमित भरतिया को बेच दी (शमित हिंदुस्तान टाइम्स की मालकिन शोभना भरतिया के बेटे हैं)। एक नई कंपनी भरतिया एंड महादेवन (बी एंड एम) के नाम से बनाई गई। दोनों पार्टनरों ने डेढ़ करोड़ का वर्किंग कैपिटल लगाया।

मेरे लिए नंबर्स बहुत जरूरी हैं। मैं सोलह देशों से ऑपरेट करता हूं और मेरे ईमेल में सिर्फ सेल्स और कॉस्ट की बात होती है।

शमित अभी भारत लौटे ही थे और उन्हें मालूम चला कि दिल्ली में हॉट ब्रेड्स बहुत मशहूर है। उन्होंने डॉमिनोज की फ्रेंचाइजी ली थी, और वे फूड बिजनेस में कुछ बड़ा करना चाहते थे।

हालांकि जहां डॉमिनोज की ताकत बढ़ी है, वहीं हॉट ब्रेड्स दरअसल छोटा हुआ है। फिर कहां गड़बड़ हो गई?

कुछ छोटी बातें, और कुछ बड़ी चीजें--दोनों का असर हुआ। मैनेजमेंट खराब फ्रेंचाइजी बंद करने में नाकामयाब रही। फिर दिल्ली में कुछ ऐसे भी आउटलेट थे जो सही जगहों पर नहीं थे, खराब तरीके से मैनेज किए जा रहे थे और उन्हें एक साल के भीतर ही बंद करना पड़ा।

जॉइंट वेंचर की हालत में हॉट ब्रेड्स का दारोमदार कोई लेने को तैयार नहीं था। इसलिए 2009 में महादेवन ने बाकी की पचास प्रतिशत हिस्सेदारी खरीदने का फैसला कर लिया। लेकिन अभी भी आइडिया में दम है।

महादेवन के नेतृत्व में चलने वाले तेरह हॉट ब्रेड आउटलेट्स चेन्नई और पांडिचेरी में चल रहे थे और महीने के ग्यारह लाख रुपए की कमाई कर रहे थे। अब एक बार फिर करी बन का जादू देश में फैलाने की कोशिश हो रही है।

इस कहानी में अभी तक बहुत मसाला दिखा है, लेकिन महादेवन ने अभी तक अपनी जितनी कहानी सुनाई है वो पूरी रेसिपी का एक छोटा सा हिस्सा भर है।

कास्केड की सफलता के बावजूद महादेवन ने देखा कि मिड-सेगमेंट में चाइनीज रेस्टुरेंट खोलने की गुंजाइश अभी बाकी थी। और इसलिए उन्होंने *वॉन्स किचन* खोला, जिसके चेन्नई, दुबई और टोरॉन्टो में नौ आउटलेट्स हैं।

इन विदेशी लोकेशनों में लोकल पार्टनर के साथ या तो रॉयल्टी के आधार पर काम होता है या फिर प्रॉफिट शेयर के आधार पर।

महादेवन ने कोलकाता में साल 2000 में *बेन्जरॉन्ग* के नाम से एक फाइन डाइन थाई रेस्टुरेंट खोला। फिर *एन्ने केरलम* के नाम से केरल कुइजिन रेस्टुरेंट की बारी आई। फिर *कोकुम* के नाम से आंध्र और चेट्टिनाड आइटम्स मेन्यू में जोड़े गए। अब पुणे और चेन्नई में इसके तीन आउटलेट्स हैं।

2002 में एक नया बिजनेस मॉडल आया जब ओरिएंटल ने फूड कोर्ट्स में अपनी जगह बनानी शुरू कर दी। *प्लानेट यम्म* के नाम से चेन्नई रेलवे स्टेशन पर पहली शुरुआत हुई।

"प्लानेट यम्म चौदह सौ स्कॉयर फुट में फैला हुआ है और हम हर रोज पांच से छह लाख रुपए का सेल्स करते हैं। अभी तक पूरे देश का सबसे बड़ा पर स्कॉयर फुट टर्नओवर वाली जगह है ये," महादेवन गर्व से बताते हैं।

फूड कोर्ट में फूड से ज्यादा रियल एस्टेट का महत्व होता है। आप चालीस हजार स्कॉयर फुट ले लीजिए, उसे दस काउंटरों में बांट दीजिए। ओरिएंटल कॉपी शॉप, चाइनीज, साउथ इंडियन रखता है जबकि बाकी जगह मैकडॉनल्ड्स, केएफसी और पिज्जा हट के पास होती है।

"आप फाइन डायनिंग में ज़्यादा मुनाफा कमाते हैं। लेकिन अगर आप बिजनेस के आकार पर गौर करें तो ये फूड कोर्ट और कॉफी शॉप्स से आता है।"

उसका बढ़ाना आसान होता है, लागत आसानी से वापस आ जाती है। लेकिन महादेवन सारे पैसे एक ही जगह नहीं लगाना चाहते थे। "फाइन डाइनिंग का अपना रुतबा है," महादेवन कहते हैं।

इसी दौरान महादेवन एक और चेन की बात करते हैं जो 2006 में उन्होंने नूडल हाउस के नाम से शुरू किया। ये एक ख़ास और ट्रेंडी रेस्टुरेंट था जिसमें लो सीटिंग थी, और हॉन्गकॉन्ग की तरह वन बाउल मील्स मिलते थे। 2008 में उन्होंने *फ्रेंच लोफ* के नाम से एक कॉफी शॉप शुरू किया।

"ये *हॉट ब्रेड्स* की तरह ही है, लेकिन अपमार्केट है। यहां कीमतें 30

से 40 फीसदी ज़्यादा है।"

अब मेरे पास इतनी ज़्यादा जानकारियां इकट्ठा हो गई हैं, कि मैं खुद भी अचंभित हूं। महादेवन का फूड साम्राज्य इतना बड़ा है कि उसमें से किस लज्जतदार आइटम को निकाला जाए, और किसे रखा जाए, ये तय करना भी मुश्किल है।

"इतने अलग-अलग ब्रांड क्यों?" मैं पूछने से खुद को रोक नहीं पाई। ज़्यादातर लोग एक या दो चीजों पर ध्यान देते हैं, और उसे बढ़ने देते हैं। महादेवन कुछ और सोचते हैं। उन्हें अपनी कंपनी मोतियों की माला की तरह लगती है, और ये उन्होंने अजीम प्रेमजी को ध्यान से देखते हुए सीखा है।

"इसके अलावा पागलपन का भी एक तरीका होता है," वे समझाते हैं।

"हमारे तीन ही अंग हैं, वे कहते हैं, एक फूड कोर्ट्स का, जिनकी संख्या फिलहाल नौ है और दो जल्दी ही खुलने जा रहे हैं। मेरे पास एक प्रोफेशनल है जो इस बिजनेस की देखभाल करता है।"

"इसके अलावा चाइनीज और ओरिएंटल खाना है। केरल के कुइजिन को छोड़कर, क्योंकि मेरी मां केरल से है और मैं उस कुइजिन को लेकर जुनूनी हूं।"

इसके अलावा बेकरी के वर्टिकल्स हैं--कई ब्रांड्स, जो अलग-अलग किस्म के ग्राहकों के लिए है।

हाइ-एंड फ्रेंच लोफजर्मनी से आटे का आयात करता है, और मल्टी-ग्रेन ब्रेड वहां बिकता है, जिसमें ओमेगा-थ्री होता है। हर लोफ की क़ीमत 75 से 80 रुपए होती है। *हॉट ब्रेड्स* मिड रेंज है, जहां चीजें 12 से 20 रुपए में मिल जाती हैं। इसके अलावा सुपरमार्केट में *ब्रेड लाइट* के नाम से ब्रेड मिलती है, जो और सस्ती है।

सो, ये सभी सोच-समझ कर श्रेणियों में बांटा गया है। बावजूद इसके, फोकस *लक्ष्मण रेखा* पर नहीं है। जहां जरूरत पड़ती है, चाहे भावनात्मक या कोई और, महादेवन अपने जोन से बाहर निकलकर फैसले लेते हैं।

मिसाल के तौर पर चेन्नई का हाई-प्रोफाइल वेन्चर--*ज़ारा,* वो नाम जिसने चेन्नई में *नाइटलाइफ* की शुरुआत की। *ज़ारा* विकल्प नहीं, ज़रूरत थी।

"सरकार ने मेरे *कॉपर चिमनी* और *चाइना टाउन* रेस्टुरेंट्स के सामने एक पुल बना दिया। बिजनेस 80-82 प्रतिशत कम हो गया। मैंने बैठकर सोचा कि अगर बिजनेस वापस लाना है तो बिजनेस में बीयर लाना होगा।"

लेकिन कैसे? उस वक़्त चेन्नई में सिर्फ होटलों और पबों में ऐल्कोहॉल मिला करती थी। तभी रेस्टुरेंट के पीछे का प्लॉट बिकने लगा। महादेवन ने वो जमीन खरीद ली और वहां बीस कमरों और चालीस बिस्तरों वाला होटल बनवाया, और वहां 2002 में *ज़ारा* खुला। सेल्स आसमान छूने लगा।

महादेवन का फलसफा है कि कोशिश करते रहना चाहिए। कुछ ऐसा, कुछ नया करना चाहिए जो पहले कभी किसी ने न किया हो। आप बैठे-बैठे पैसे नहीं कमा सकते।

अब ओरिएंटल *मेपल लीफ* के नाम पर दुबई में एक चॉकलेट शॉप खोल रहा है।

"लेकिन चेन्नई में ट्रायल चल रहे थे। ये घरेलू जमीन है, इसलिए यहां होने वाली गलतियों का ख़ामियाजा बड़ा नहीं होगा।"

बात अपनी आंखें और अपने काम खुला रखने की भी है, और जहां से मुमकिन हो सके, सीखने की भी है।

"पिछले ही साल मैंने कैलिफोर्निया में एक बेकरी खरीदी," ये बताते हुए उनकी आंखों में चमक आ जाती है। वे सावरडो ब्रेड बनाने की कोशिश कर रहे हैं, जो बिना खमीर किए बनती है। मेरे लड़के अमेरिका में ये ब्रेड बनाना सीखेंगे और वापस आकर सबको यहां ट्रेनिंग देंगे।"

"बहुत अच्छी बात, लेकिन जरूर प्रोफेसर ने गलतियां भी की होंगी?"

"हां," वे स्वीकार करते हैं। लेकिन वे जानते हैं कि एक फॉर्मूला है, और आप अगर इसे थोड़ा-सा बदलें और थोड़ी-सी तब्दीली करें तो चीजें कारगर हो जाती हैं।

"सबसे पहले लोकेशन। दूसरा, प्रॉडक्ट मिक्स। तीसरा है, आपके प्रॉडक्ट को लोग कितना स्वीकार कर पाते हैं।"

आख़िर बात स्वाद की है।

"बिल्कुल। अगर मैं दुबई जाऊंगा तो वहां इंडियन पेस्ट्रीज नहीं बना

सकता। मैं वहां अरबी पेस्ट्रीज बनाऊंगा। अगर सैन फ्रांसिस्को में *हॉट ब्रेड्स* है तो वहां हम हिंदुस्तानियों के लिए बहुत सारा *वड़ा-पाव* बनाते हैं। वहां ये धड़ल्ले से बिकता है। हम खीरे और चटनी वाले सैंडविच भी बनाते हैं। अंग्रेजों को बहुत पसंद आता है।"

लेकिन आप अलग-अलग जुबानों के पसंद की चीज तैयार कैसे करते हैं? "आसान है--पहले मुफ्त ट्रायल दिए जाते हैं।"

इसलिए, अगर आप पेरिस में हैं, जहां महादेवन फ्रेंच लोगों के लिए दो हिंदुस्तानी रेस्टुरेंट चलाते हैं, तो मसाले का बहुत कम इस्तेमाल होता है। और ऐसी कई छोटी-छोटी बातों का ख़्याल रखा जाता है।

"वहां रसोई में दो एक्जॉस्ट पंखे लगे हुए हैं क्योंकि अगर किसी फ्रेंच के कोट पर खाने की गंध भी रह गई तो वो लौटकर नहीं आएगा। हमारा रेस्टुरेंट ऑफिस गोइंग इलाके में है जहां लोग दिन का खाना खाने आते हैं।"

लेकिन क्या कोई इतनी सारी चीजें वाकई एक साथ कर सकता है? जवाब हां और ना दोनों में है। *कास्केड* वो वेंचर था जिसे महादेवन को बंद करना पड़ा। दरअसल ज़िंदगी कुछ चुनाव करने का नाम है, और महादेवन ने एनआरआई बनने का फैसला किया।

"1994 से मैं नॉन-रेजिडेंट इंडियन हूं। भारत में और भारत से बाहर के मेरे ऑपरेशन्स बिल्कुल अलग-अलग हैं। मैं यहां जो कमाता हूं, बाहर नहीं लेकर जाता और बाहर का पैसा यहां लेकर नहीं आता।"

अंतरराष्ट्रीय ऑपरेशन्स दुबई से चलते हैं, क्योंकि वहां काम करना आसान है। लेकिन ज़िंदगी गोल-गोल पहिए की तरह घूमती है और अब भारत में बिजनेस ग्रोथ है। महादेवन फिर से इस देश में अपना काम बढ़ाने की तैयारी कर रहे हैं। लेकिन इस बार उनके पास पीपुल कैपिटल के नाम से एक चीयरलीडर और टास्कमास्टर है।

2007 में पीपुल ने ओरिएंटल कुइजिन्स की 20 मिलियन डॉलर में 50 फ़ीसदी हिस्सेदारी खरीद ली। लेकिन क्या महादेवन को इतने पैसों की जरूरत थी? आख़िर फूड बिजनेस 'कैश सेल' पर ही तो चलता है।

"अगर आपके रेस्टुरेन्टेस ग्राहकों को आकर्षित करते हैं तो आपको वर्किंग

कैपिटल की जरूरत नहीं है। लेकिन अगर आपको तेजी से आगे बढ़ना है तो हां, आपको पैसे की जरूरत है। मैं नहीं कह सकती कि महादेवन के जेहन में साम्राज्य बनाने की बात है या नहीं, लेकिन मिला-जुला भाव तो है।"

"कभी-कभी मैं बहुत परेशान हो जाता हूं और सोचता हूं... मैं बोर्ड में एक निवेशक को लेकर आया ही क्यों? क्योंकि अगर कोई पैसे लगाता है तो वो चाहता है कि कंपनी बढ़ती रहे, बढ़ती रहे, बढ़ती रहे..."

2008 में ओरिएंटल कुइजिन्स का टर्नओवर 20 करोड़ था। मार्च 2010 में 70 करोड़ हो गया, और अगले साल का ये लक्ष्य 100 करोड़ का था।

"इस तरह की तेज गति मेरे खून में नहीं है," महादेवन कहते हैं। इसलिए कई समझदार फाउंडर्स की तरह उन्होंने भी किनारा कर लिया है और अपना काम प्रोफेशनल्स को सौंप दिया है।

ओरिएंटल कुइजिन्स के नए सीईओ विश्वदीप कुइला हैं, जो 1989 बैच के आईआईएम अहमदाबाद ग्रैजुएट हैं। और वे 'इंचार्ज' भी हैं।

"मैं किनारे पर खड़ा हूं, और सिर्फ देख रहा हूं। जब सीईओ को मेरी जरूरत पड़ती है तब मैं आता हूं। क्योंकि इस लाइन में सिर्फ एक कैप्टन हो सकता है।"

लेकिन एक उद्यमी या ऑन्ट्रोप्रॉन्योर से एक प्रोफेशनल बनना अपने साथ कई तकलीफें भी लाता है। कंपनी का एक तिहाई वर्क फोर्स तेजी से ऊपर चढ़ा है। उन्हें नए बॉस, नई व्यवस्था के साथ तालमेल बिठाना है।

ये एक मुश्किल संतुलन है।

अब जब महादेवन कई मामलों में अलग हो चुके हैं, एक ऐसी जगह है जहां अब भी वे निजी तौर पर काम संभालते हैं, और वो है कॉस्टिंग। ई-मेल और एसएमएस के जरिए वे फूड सेल्स पर हर रोज नजर रखते हैं। अब, जब ऑपरेशन्स बढ़ गया है, ओरिएंटल सैप का इस्तेमाल भी कर रहा है।

"मेरी चिंता है कि खाने की कीमत 35-36 प्रतिशत होनी चाहिए। अगर ऐसा नहीं होगा तो आपको पता ही नहीं चलेगा कि आपका कैपिटल कहां गया।"

हालांकि इस ग्रोथ फेज में पहली बार ओरिएंटल में घाटा लगा है। और ये बात किसी अच्छे प्रोफेसर के लिए पचा पाना मुश्किल है। वे हंसते हुए कहते हैं, "मैं हर सुबह पूछता हूं, विश्वदीप ये बताओ कि तुम ओरिएंटल के दिन कब वापस लेकर आ रहे हो?"

और वे अपनी वो चिंता बांटते हैं जिसका सामना हर उस कंपनी को करना पड़ता है जो अपने पंख फैलाने को तैयार है।

"जैसे-जैसे हम बढ़ रहे हैं, हम लोगों को ऊंची तनख्वाह पर लेकर आ रहे हैं। सैलरी बिल 11 से 14 प्रतिशत हुआ करता था, अब 22 प्रतिशत है। और सेल्स पर अभी उसका फायदा नजर नहीं आ रहा है... अभी तक तो नहीं।"

निवेश और सबसे बेहतरीन हुनर के बावजूद महादेवन समझ गए हैं कि ग्रोथ इतना आसान नहीं है।

"हम जिस तेजी से बढ़े हैं, वहां गलतियां होना स्वाभाविक है। जब आप बड़े स्केल पर काम कर रहे होते हैं तो ये उसी तरह होता है जैसे किसी बड़े कैनवस पर पेंटिंग करना। स्वाभाविक है कि कहीं न कहीं कुछ न कुछ गिरेगा ही।"

निवेशकों के दबाव के अलावा महादेवन और पैसे कमाने या अपने ब्रांड्स को लाइमलाइट में लेकर आने के इच्छुक नहीं हैं।

"हर यूनिट जो मैं खोलता हूं, उससे 60 लोगों को रोजगार मिलता है। मैं किसी नेता की तरह बात नहीं कर रहा, लेकिन व्यक्तिगत तौर पर मुझे लगता है कि मैं इसी वजह से आगे बढ़ता गया हूं।"

आज ओरिएंटल कुइजिन्स के चलाए जा रहे रेस्टुरेंट्स में भारत में 2000 लोग और विदेशों में 1200 लोग काम कर रहे हैं। महादेवन और लोगों की तलाश करते रहते हैं।

"मैं जब भी खुशमिजाज लोगों से मिलता हूं, उन्हें काम पर रखना चाहता हूं।"

आज के दौर में कर्मचारियों को रखना मुश्किल है लेकिन महादेवन ने अपने तरीके ढूंढ़ लिए हैं।

"फाइन-डायनिंग रेस्टुरेंट्स की 10 प्रतिशत कमाई उन लोगों को जाती है जो ये रेस्टुरेंट चला रहे हैं। सेल्स का 10 प्रतिशत, मुनाफे का नहीं।"

कई और ऑपरेशनल बारीकियों की तरह ही रेस्टुरेंट के मैनेजर ही ये स्कीम चलाते हैं। महादेवन का दिन और कैसे गुजरता है? वे अभी भी इस बिजनेस से भावनात्मक रूप से जुड़े हैं, लेकिन अब उनका ज़्यादा समय समाज के लिए कुछ करने में गुजरता है।

ओरिएंटल चेन्नई के लोयोला कॉलेज में एनजीओ की तर्ज पर *विनर बेकरी* चलाता है। इमारत कॉरपोरेशन की है, बेकरी का बिजनेस है, लेकिन यहां से आने वाली कमाई म्युनिसिपल स्कूलों को जाती है। पिछले साल ये मुनाफा तीस लाख रुपए का था। इस पैसे से लड़कियों के लिए टॉयलेट्स बनवाए गए, गरीब और जरूरतमंद बच्चों को चश्मे दिए गए और मॉन्टेसरी की टीचरों को ट्रेनिंग दी गई।

क्या इसका मतलब ये है कि *विनर्स* सस्ता ब्रांड है? बिल्कुल नहीं। पार्क होटल के भी ऑर्डर यहीं आते हैं।

इसके अलावा एक बेकरी स्कूल है जहां गांव के युवाओं को ट्रेनिंग दी जाती है, ताकि उन्हें रोजगार दिया जा सके।

"दक्षिण भारत के अंदरूनी इलाकों में युवाओं को वाकई काम चाहिए। तो मैं उन्हें लेकर आता हूं, उन्हें रहने की जगह देता हूं और मासिक 1500 रुपए देता हूं, और उन्हें बेकरी और कंफेक्शनरी में काम करने की ट्रेनिंग भी देता हूं।"

अब तक 300 युवा यहां से निकल चुके हैं, और ओरिएंटल और बाकी जगहों पर काम कर रहे हैं।

महादेवन का अगला वेंचर बरिस्ता ट्रेनिंग सेंटर है। उन्होंने लोयोला कॉलेज के अंदर एक छोटा-सा कॉफी शॉप खोला है, और उसमें बाहर की मशीनें लगाई हैं। दो इटैलियन बरिस्ता लड़कों को कैपेचिनो, कैफे लाते, और फ्रेंच प्रेस कॉफी बनाने की ट्रेनिंग दे रहे हैं।

महादेवन की इस नई पहल को चेन्नई के सेंट्रल जेल में भी शुरू किया गया है। महादेवन ने डीजीपी (प्रिजन्स) को तैयार किया कि वे उन्हें थोड़ी

सी जगह दे दें। लेबर और बिजली फ्री है और ओरिएंटल थोड़ा-सा किराया देता है।

"मैं 22 लाख की अपनी इंपोर्टेड मशीन वहां लेकर आया। रोटरी क्लब हर महीने मुझे एक ट्रक आटा देगा। जेल में रहने वाले क़ैदी इस आटे की ब्रेड बनाएंगे, और हम अनाथालयों, सरकारी स्कूलों और *बनयान* जैसे एनजीओ के जरिए वो ब्रेड बेचेंगे।"

सब का सब बिल्कुल मुफ्त!

फिलहाल जेल की बेकरी दो शिफ्ट में चल रही है--और हर शिफ्ट में दस कर्मचारी हैं। 300 से ज़्यादा क़ैदियों ने इस काम के लिए अर्जी दी, इसलिए इस काम को बढ़ाने का पूरा मौका है।

जहां बात चैरिटी की हो, महादेवन किसी भी पार्टी, किसी भी संस्था के साथ काम करने को तैयार हो जाते हैं। लेकिन उनका सिद्धांत है कि 'मछली मत परोसिए। सिखाइए कि मछली पकड़ी कैसे जाती है।'

और एक सच्चे मछुआरे की तरह महादेवन अवसरों के सागर में यकीन करते हैं। वे अपने साथी उद्यमियों के लिए प्रकाश स्तंभ बनने को तैयार हैं, और उन्हें प्रतियोगी नहीं मानते।

"मैं कई भारतीय रेस्टुरेंट्स को विदेश लेकर गया हूं। जैसे, *अंजपेर* जो कि एक साउथ इंडियन ब्रांड है और चेट्टीनाड के लिए मशहूर है। इसके अलावा कालिकट में एक दंपत्ति रेस्टुरेंट चलाता है, जिन्हें मैंने दुबई में रेस्टुरेंट शुरू करने में मदद की। हर रोज उनके रेस्टुरेंट के सामने 45 मिनट की कतार लगती है।"

ये क्या बिजनेस डीलिंग हैं, या फिर इंवेस्टमेंट? जरूरी नहीं है। महादेवन बहुत लोगों से जुड़े हैं, और दूसरों की मदद के लिए अपने नेटवर्क का इस्तेमाल करते हुए उन्हें खुशी ही मिलती है।

विदेशों में रहने वाले कई भारतीय मुझ से कहते हैं, "मिस्टर महादेवन, क्या आप ऐसे किसी रेस्टुरेंट के बारे में जानते हैं जिस पर मैं पैसे लगा सकूं? महादेवन तब ऐसे लोगों को एक साथ जोड़ते हैं और इस तरह दो और दो बढ़कर पांच हो जाता है। जिन शहरों से उन्हें प्यार है, उन शहरों

के बेहतरीन लोकेशन्स के बारे में भी वे लोगों को बताते हैं।"

ये सब कर पाने के लिए एक बड़ा दिल चाहिए।

जैसे ही दुबई में कोई भारतीय रेस्टुरेंट आता है, उसका फायदा 30-40 लोगों को होता है। अगर उन्हें यहां 8,000 रुपए मिल रहे हैं तो वहां 18,000 मिलेंगे। महादेवन के लिए इतना रिटर्न बहुत है।

और इन तमाम बाजीगरी के बावजूद, इतनी सारी ज़िम्मेदारियों के बीच भी वे काम और परिवार का संतुलन बहुत अच्छी तरह बिठाते हैं। हर साल एक महीने के लिए वे अपने परिवार के साथ होते हैं और उस वक़्त कोई भी किसी भी इमरजेंसी की हालत में भी उन तक नहीं पहुंच सकता।

उनके बेटा या बेटी मुमकिन है कि उनके बिजनेस में न आए।

महादेवन अभी इस बारे में कुछ नहीं जानते, और इसकी उन्हें चिंता भी नहीं होती। उन्हें जैसी ज़िंदगी चाहिए थी, वे जी चुके हैं और वे अपने बच्चों को भी ये आजादी देना चाहेंगे।

"मैं घूमता-फिरता हूं, लोगों से मिलता हूं--वो चीज़ें करता हूं जो मुझे पसंद है। बताइए कि कितने लोगों को इस तरह की ज़िंदगी नसीब होती है?"

और आपमें एक आग काश कि बहुतों में हो, मैं मन ही मन दुआ करती हूं।

✳

युवा उद्यमियों को सलाह

कमाई से खर्च घटा दें तो बचेगा मुनाफा। ये एक सीधी सी लाइन है जो आप कभी न भूलें।

मैं हमेशा कहता हूं, 'अपना होमवर्क करें।' और मेरी नीति है कि दो बार नापें, एक बार काटें। अगर आप नापते नहीं हैं तो काटते चले जाते हैं, काटते चले जाते हैं।

इसलिए अगर मैं सस्ती टेप्पनयकी बना रहा हूं तो मुझे मालूम होना चाहिए कि सेक (चावल का वाइन) आयात करने में कितनी ड्यूटी लगेगी। आपको ये मालूम होना चाहिए कि आप क्या कर रहे हैं। अगर नहीं मालूम तो उससे हाथ मिलाइए जिसको पता हो।

होनी चाहिए। मैं हार नहीं मानता।

अगर आप फूड बिजनेस में आ रहे हैं तो याद रखिए कि सफाई और हाइजीन बहुत जरूरी है जिसके साथ कोई समझौता नहीं किया जा सकता। जब मैं 16 देशों में फैले अपने 116 रेस्टुरेंट्स और बेकरी में मौजूद अपने शेफ्स से बात करता हूं तो उनसे कहता हूं, ये मेरी संपत्ति नहीं है। मेरी संपत्ति मेरा बेटा और मेरी बेटी है, जो यहां बैठे हैं। अगर वे दोनों यहां खा सकते हैं जो मिसेज अंबानी भी यहां आकर खा सकती हैं।

दिन में खरीदिए और रात में बेचिए। ज्यादा सामान मत रखिए, और बासी खाना मत परोसिए। कस्टमर आपके पास वापस तब लौटकर आएगा जब उसे लगेगा कि उसका पेट भी भरा और पैसे भी सही खर्च हुए। आपको एक रिश्ता बनाना होता है।

और याद रखिए, कभी आराम से मत बैठिए। इस लाइन में अगर दस बार आपने कस्टमर को अच्छे कबाब खिलाए और ग्यारहवीं बार कबाब अच्छा नहीं था तो वे सिर्फ ग्यारहवीं बार को याद रखेंगे और पहले के दस बार भूल जाएंगे। ये इंसानी फितरत है। इसलिए कभी समझौता मत कीजिए।

स्वच्छता अभियान

हनमंत गायकवाड़
बीवीजी (भारत विकास ग्रुप)

इंजिनियरिंग की पढ़ाई करते हुए हनमंत ट्यूशन पढ़ाया करते थे, ताकि कॉलेज में अपना खर्च चला सकें। आज वे भारत विकास ग्रुप (बीवीजी) नाम की एक फैसिलिटी मैनेजमेंट संस्था चला रहे हैं, जिसका टर्नओवर 300 करोड़ रुपए है। बीवीजी के न सिर्फ कई कॉरपोरेट क्लायंट हैं, बल्कि ये फर्म राष्ट्रपति भवन की देखभाल भी करता है।

हनमंत गायकवाड़ एक बड़ी मेज के पीछे एक बड़े से ऑफिस में बैठे हैं, और उन पर स्वामी विवेकानंद अपनी तस्वीर के रास्ते कृपा दृष्टि बनाए हुए हैं। उनके सामने रखे एक कार्ड पर लिखा है, "मुझे वे लोग पसंद हैं जो काम पूरा करते हैं।"

मुझे हनमंत इसलिए पसंद हैं क्योंकि वे भी ठीक यही करते हैं।

लाखों-करोड़ों हिंदुस्तानियों की तरह ही हनमंत के पास भी बैंक बैलेंस नहीं था, कोई गॉडफादर नहीं था, और न उच्च वर्ग यानी अपर क्लास की कोई विशेष सुविधाएं मौजूद थीं उनके पास। लेकिन उन्होंने हर जगह अवसर देखा।

अपना खर्च चलाने के लिए कॉलेज के दिनों में बिजनेस के जिस बीज को उन्होंने रोपा था, आज वो एक बड़ी संस्था का रूप ले चुका है, जिसका सालाना टर्नओवर 300 करोड़ रुपए है।

बावजूद इसके, हनमंत बहुत विनम्र हैं। कई बार संकोची भी। जब वे अपने शुरुआती संघर्ष की कहानी सुना रहे होते हैं, तो कई बार नजरें मिलाने से भी कतराते हैं। लेकिन जैसे-जैसे कहानी आगे बढ़ती है, उनका आत्मविश्वास बढ़ता चला जाता है।

यूं लगता है कि जैसे भैंसों के एक तबेले से सीधे बीवीजी हाउस तक का ये सफर मैं अपनी आंखों के सामने गुजरते हुए देख रही हूं।

भारत विकास ग्रुप कमर्शियल सक्सेस है, लेकिन इससे भी बढ़कर कुछ और है यहां जो इस कंपनी को ख़ास बनाता है।

जैसे, काम और रोजगार की इज़्ज़त।

काम करने वालों की इज़्ज़त।

रिश्तों की इज़्ज़त।

क्योंकि जो पेड़ सबसे ताकतवर होता है, वो अपनी जड़ों से भी उतना ही ताक़तवर होता है।

स्वच्छता अभियान

हनमंत गायकवाड़
बीवीजी (भारत विकास ग्रुप)

हनमंत गायकवाड़ सतारा जिले के कोरेगांव में पैदा हुए।

"मेरा घर रहिमतपुर में है, कोरेगांव से करीब दस किलोमीटर दूर। मेरे पिता कोर्ट में क्लर्क थे, और हम किराए के एक छोटे से मकान में रहते थे।"

हनमंत पढ़ाई में बहुत तेज थे, ख़ासकर मैथ्स में।

"पहली क्लास से ही मुझे मैथ्स में प्राइज मिला करता था। चौथी क्लास में मुझे स्कॉलरशिप मिली, जो पंद्रह रुपए दरमाहा थी।"

जब वे छठी क्लास में थे तो उनका परिवार पुणे आ गया। वे दापोड़ी के नजदीक फुगेवाड़ी में एक कमरे के छोटे से मकान में रहते थे। उसी वक़्त हनमंत को अपने और उन लोगों के बीच का अंतर समझ में आया, जिनके पास पैसे हुआ करते थे।

"मैं सोचने लगता, 'उनके पास बहुत पैसा है, अमीर लोग हैं। हम गरीब हैं।"

घर की हालत तब और बिगड़ गई जब हनमंत के पिता लंबी बीमारी के शिकार हो गए। उन्हें हर साल दो से तीन महीने अस्पताल में रखना पड़ता था।

"मेरी मां ने अपने सारे गहने गिरवी रख दिए, ताकि उनके इलाज के लिए कुछ पैसे जमा किए जा सकें।"

उन्होंने एक म्युनिसिपल स्कूल में पढ़ाना शुरू कर दिया, और सिलाई का कुछ काम भी हाथ में ले लिया।

हनमंत तब मॉडर्न हाईस्कूल में पढ़ रहे थे। उन्हें स्कूल आने-जाने के लिए हर रोज एक रुपए की ज़रूरत होती थी। वो जुटाना भी मुश्किल होता था।

"जो औरतें मां से सिलाई करवाने आती थीं, मां उनको कहती थीं, हनमंत को स्कूल जाने के लिए एक रुपया चाहिए। इस तरह से हमारे दिन निकले।"

इन तमाम मुश्किलों के बावजूद हनमंत ने दसवीं में 88 प्रतिशत मार्क्स हासिल किए। जो इकलौता मार्गदर्शन मिला, वो उस स्कूल के हेडमास्टर से मिला, जिस स्कूल में उनकी मां पढ़ाया करती थीं।

"आपके बेटे को अच्छे मार्क्स मिले हैं। उसे डिप्लोमा में डाल दीजिए।"

डिप्लोमा में सभी अच्छे स्टूडेंट्स इलेक्ट्रॉनिक्स लेते हैं, और हनमंत ने भी यही किया। उन्होंने पुणे में गर्वनमेंट पॉलिटेक्निक में दाख़िला ले लिया।

"पहले साल मुझे 74 प्रतिशत अंक मिले। दूसरे साल में 72 प्रतिशत और तीसरे साल में फिर 74 प्रतिशत मिले। जब मैं सेकेंड ईयर में था, मेरे पिता की दिल का दौरा पड़ने से मौत हो गई।"

वो साल था 1990।

हनमंत ने अपना डिप्लोमा पूरा कर लिया और फिलिप्स में नौकरी शुरू कर दी। लेकिन वे वहां खुश नहीं थे।

"वे लोग मुझे कोई भी काम दे देते थे, और कहते थे, ये चेक कर लो वो चेक कर लो। मुझे जमा नहीं।"

फिर क्या हुआ?

"मेरे पिता मुझे आईएएस ऑफिसर के रूप में देखना चाहते थे। मैंने तय किया कि मैं भी कोशिश करूंगा। लेकिन इसके लिए डिग्री चाहिए थी। मेरे लिए ग्रैजुएशन करना जरूरी था।"

डिप्लोमा इंजीनियर के लिए बीटेक करना सबसे अच्छा विकल्प माना जाता है। लेकिन इंजीनियरिंग कॉलेज की फीस बहुत थी। उस समय परिवार की आय का इकलौता जरिया टीचर के रूप में मां की सैलरी थी जो 2300

रुपए महीना थी...

हनमंत की मां ने पुणे म्युनिसिपल को-ऑपरेटिव बैंक से लोन लिया और बेटे का दाख़िला विश्वकर्मा इंस्टीट्यूट ऑफ टेक्नॉलोजी (वीआईटी) में कराया।

"फिर मैंने भी कुछ कमाने का फैसला किया। खुद कमाना चालू किया।"

हनमंत और उनके दोस्त योगेश आत्रे ने डिप्लोमा क्लासेस लेना शुरू किया। पहले महीने उन्होंने 3200 रुपए कमाए जो दोनों ने आधे-आधे बांट लिए।

"फिर मैंने एक और सेट ऑफ क्लासेस लेना शुरू किया, जिससे पांच हजार की कमाई होने लगी। लेकिन बहुत झमेले चलते थे।"

टीचर तैयार थे, स्टूडेंट्स तैयार थे। लेकिन कोई जगह देने को तैयार नहीं था। फिर एक भले इंसान ने अपना गैरेज बिना किसी किराए के क्लास चलाने के लिए दे दिया।

इस बीच हनमंत ने पेंटिंग का काम भी शुरू कर दिया, और तुरंत समझ लिया कि ये अच्छा बिजनेस था।

आपको 4-5 पेंटरों की जरूरत होती है, और पैसा बिल्कुल नहीं, या थोड़ा बहुत चाहिए होता है। एक टू बीएचके में ऑयल-बॉन्ड पेंटिंग का बिल 7000-8000 का होता है जबकि चमक वाली पेंटिंग कराई जाए तो 15,000 तक का खर्च आ सकता है।

और प्रॉफिट मार्जिन 40 प्रतिशत तक होता है।

हनमंत ने अपने गांव से पेंटर लाने शुरू किए। चार लोगों की एक टीम 10 से 12 दिनों में काम ख़त्म कर लेती थी। सारे खर्चे के बाद 5000 तक का मुनाफा हो जाता था।

"ऐसे दो फ्लैट महीने में हो जाते थे। तो मैंने महीने के 10,000 रुपए कमाना शुरू कर दिया। उसके बाद मैंने अपनी मां से कभी पैसे नहीं मांगे," हनमंत बताते हैं।

इंजीनियरिंग के इस युवा स्टूडेंट ने तीसरे साल से अपनी फीस देनी शुरू कर दी थी। लेकिन उनकी जीवनचर्या वैसी की वैसी ही रही—सोझ-समझकर खर्च करने वाली।

"स्वामी रामदेव कहते हैं, 'कर्म ही धर्म है, कर्म ही पूजा है... आराम हराम है। जिस आदमी ने ये समझ लिया, वो आदमी बड़ा बन जाएगा'।"

"मेरे घर से कॉलेज की दूरी 21 किलोमीटर थी। मैं हर रोज 42 किलोमीटर साइकिल चलाकर आया-जाया करता था।"

इसी दौरान उनके पिता की ग्रैच्युटी के 80,000 रुपए भी आए। उनके परिवार ने संघवी में 2,000 स्क्वायर फुट का प्लॉट खरीदा, और अपने रिश्तेदारों की थोड़ी-बहुत मदद से पुणे में दो कमरों का एक छोटा-सा मकान भी बनवा लिया।

ज़िंदगी धीरे-धीरे बेहतरी का रास्ता अख़्तियार कर रही थी, लेकिन हनमंत ने अपने लिए मुश्किल लक्ष्य तय करना शुरू कर दिया। कॉलेज के आख़िरी साल में वे स्वामी विवेकानंद की रचनाओं की ओर आकर्षित हुए।

"मुझे लगा कि मुझे कुछ अलग करना है। मुझे क्या करना है, ये मालूम नहीं था। 1993 में मैंने भारत विकास प्रतिष्ठान के नाम से एक संस्थान शुरू किया।"

भारत विकास प्रतिष्ठान 10, 20, 50 रुपए जमाकर दो-तीन गरीब छात्रों को छोटा-सा वजीफा दिया करता था।

"हम ऐसे छात्रों का चुनाव करते थे, जो खुद अपना खर्च चला रहे थे और जिन्हें मेरी तरह अवसर नहीं मिल पाए थे..."

जब हनमंत इंजीनियरिंग के फाइनल ईयर में थे तो उनके सामने एक बड़ा मौका आया। और हनमंत उस अवसर का स्वागत करने के लिए पूरी तरह तैयार थे।

हनमंत ने सुना कि आने वाले नेशनल गेम्स के लिए बालेवाड़ी स्टेडियम में काम चल रहा था। हनमंत ने इस प्रोजेक्ट का काम संभाल रही लामा एजेंसी से संपर्क किया, जो इस प्रोजेक्ट के लैंडस्केपिंग और गार्डन कंसलटेंन्टेस थे। उन्हें रास्ते बनाने के लिए तीन लाख का काम किसी तरह मिल गया।

"मुझे सिविल इंजीनियरिंग का थोड़ा-बहुत ज्ञान था क्योंकि हमने अभी-अभी अपना घर बनवाया था। मैं एक सीमेंट वाले को जानता था, बालू के कुछ सप्लायरों को जानता था।"

हनमंत को इस बात का पूरा यकीन था कि वे ये काम संभाल सकते थे।

"मैं हमेशा अपनी कैलक्युलेशनन्स कर लेता हूं। पांच लोगों की टीम दिन में कितना काम करती है? कितना सीमेंट लगता है? कितना बालू लगता है? मैं ये सब समझ गया था।"

इस काम में सात दिन लगने थे, और पैसे पंद्रह दिनों में मिल जाने का वायदा था। प्रॉफिट मार्जिन सीधे 50 प्रतिशत का था, और ये सब कुछ सीधा और आसान लग रहा था। हनमंत ने कॉन्ट्रैक्ट ले लिया और उन्होंने सात दिनों के भीतर काम भी कर दिया।

और ये काम उन्होंने अपने वर्कर्स को 'मोटिवेट' यानी प्रोत्साहित करके किया।

1993 में महिला मजदूरों को पचास रुपए की दिहाड़ी मिला करती थी जबकि पुरुषों को सौ रुपए मिला करते थे।

हनमंत ने सोचा, "काम सात दिनों में ख़त्म हो रहा है और मुझे डेढ़ लाख रुपए का मुनाफा हो रहा है। तो उन्हें थोड़े से और पैसे क्यों न दिए जाएं? वे ख़ुश होकर काम करेंगे और उनका उत्साह बना रहेगा।"

उस वक्त जब जोड़ी को 150 रुपए मिलते थे, हनमंत ने 250 रुपए देना शुरू कर दिया। इसके साथ-साथ उन्हें सुबह में वड़ा-पाव और शाम को देशी शराब दिया करते थे।

अब तक तो सब कुछ ठीक था। मुसीबत तो काम खत्म होने के बाद शुरू हुई।

लातूर में भूकंप आ गया और गेम्स छह महीने के लिए टाल दिए गए। उसके बाद बारिश आ गई और जो रास्ते हनमंत ने बनवाए थे, उसमें बारिश का पानी भर गया।

"हमने कॉन्क्रीट डालने से पहले जमीन को बराबर नहीं किया था... इसलिए

जगह-जगह पर चार इंच पानी खड़ा हो गया।"

हनमंत को जो पैसे मिलने थे, उसे रोक दिया गया।

तनाव बढ़ने लगा।

घर पर रिश्तेदारों ने उस दिन को कोसना शुरू कर दिया जिस दिन इस मूर्ख लड़के ने इन सब झमेलों में पड़ने का फैसला किया था।

हनमंत बालेवाड़ी में सुबह सात बजे से बैठे रहते और देर रात लौटते। पूरा दिन इस मुश्किल के हल का रास्ता ढूंढ़ने की कोशिश करते। और आख़िर में उन्हें ये रास्ता मिल गया। वही मजदूर, जिनको उन्होंने 250 रुपए की दिहाड़ी दी थी, सामने आए और कहा, "आपने हमारे साथ बहुत अच्छा बर्ताव किया। आप मुसीबत में हैं--हम आपकी मदद करेंगे। आपका काम हो जाएगा।"

वे सामान खरीदकर लाए।

वे वक्त निकालकर काम करने आए।

जिस काम को सात दिनों में ख़त्म कर दिया गया था, उसकी रिपेयरिंग में दो महीने का समय लग गया।

लेकिन काम हो गया और पैसे आ गए।

"मैं फर्स्ट सेमेस्टर के एक्जाम्स नहीं दे पाया--कोई भी पेपर। मुझे सेकेंड सेमेस्टर में बहुत मेहनत करनी पड़ी। लेकिन मैंने काम पूरा कर दिया, और मुझे एक लाख रुपए का मुनाफा हुआ।"

इस अनुभव से उन्हें काफी कुछ सीखने को मिला।

1994 में हनमंत ने अपना बीटेक ख़त्म किया और उन्हें टेल्को--टाटा इंजीनियरिंग एंड लोकोमोटिव कंपनी, जिसे अब टाटा मोटर्स के नाम से जाना जाता है, में ग्रेजुएट ट्रेनी की नौकरी मिल गई।

'वहां भी बहुत मेहनत किया।'

सिर्फ हार्ड वर्क ही नहीं, स्मार्ट वर्क भी। उनसे जितनी अपेक्षाएं थीं, उससे भी ज्यादा।

एंसिलियरी डेवलपमेंट डिपार्टमेंट में अपने सहयोगी गणेश लिमये* की मदद

* गणेश लिमये बीवीजी इंडिया में डायरेक्टर (पर्चेज) हैं जबकि हेमंत के ट्यूशन क्लास के पार्टनर योगेश आत्रे वाइस प्रेसिडेंट (मार्केटिंग) हैं।

से हनमंत ने कबाड़ में सालों से पड़े पुराने केबलों को काम में लाने के तरीके ढूंढ़ निकाले। इससे कंपनी को दो करोड़ रुपए का फायदा हुआ।

इतना उत्साह... इतनी मेहनत... फिर किसी और के लिए काम क्यों करना? और हर महीने सात हजार रुपए की तनख़्वाह क्यों स्वीकार करना अगर आप कॉन्ट्रैक्टिंग का काम लेकर इससे कहीं और ज़्यादा पैसे कमा सकते हैं?

इसके पीछे सिर्फ एक ही वजह थी--समाज में इज़्ज़त।

टेल्को की नौकरी को बहुत सम्मान की बात माना जाता था। लोगों ने कहा कि अगर शादी हो जाए तो आपकी ज़िंदगी थोड़ी और आसान हो जाएगी।

बल्कि हनमंत के पास तो उनके गांव से लोग भी यही समझकर आते थे कि हनमंत कंपनी में कोई बहुत बड़े आदमी हैं, और उनके कहने से शायद नौकरी भी मिल जाए।

अब ग्रैजुएट ट्रेनी एमवन हुआ करता है, जो मैनेमजेंट कैडर के सबसे निचले पायदान पर होता है। उसके बाद सीनियर इंजीनियर से असिस्टेंट इंजीनियर से डिप्टी मैनेजर से मैनेजर, फिर सीनियर मैनेजर, डिविजनल मैनेजर, एजीएम, डीजीएम, जीएम, वीपी...

ऊपर तक पहुंचने का ये रास्ता बहुत लंबा है।

हनमंत अपने गांव से आए लोगों को टेल्को में नौकरी नहीं दिला सकते थे, लेकिन रोजगार तो दिला ही सकते थे।

"मेरा पेंटिंग का काम तो चल ही रहा था। मेरे पास चार लोगों की टीम थी जो महीने के दस-पंद्रह हजार रुपए कमा लिया करती थी।"

अगर उनके पास और काम होता तो वे ऐसी और टीमें तैयार कर सकते थे। हनमंत ने टेल्को में अपने मैनेजर से बात की।

उन्होंने कहा, "साब, मेरे गांव से सात-आठ लोग काम ढूंढ़ रहे हैं। अगर आप मुझे कोई काम दे दें तो मैं उनको काम पर लगा दूंगा।"

मैनेजर ने कहा, "चूंकि तुम यहां के कर्मचारी हो, इसलिए हम तुम्हें कोई कॉन्ट्रैक्ट का काम नहीं दे सकते। तुम्हें कोई ट्रस्ट या सोसाइटी बनानी होती

"मुझे लगा कि लेबर खुश रहेंगे तो और अच्छा काम करेंगे।"

जो समाज-सेवा के उद्देश्य से बनाया गया हो।"

हनमंत ने कहा, "हमने एक ट्रस्ट रजिस्टर किया है—भारत विकास प्रतिष्ठान।"

22 मई 1997 को भारत विकास ने हाउसकीपिंग का अपना पहला कॉन्ट्रैक्ट हासिल किया जिसके लिए आठ लोग काम कर रहे थे।

टीम का काम इंडिका प्लांट की सफाई करना था, जो उस वक्त बन ही रहा था। आठ लोगों में चार पेंट शॉप में लगे, दो सफारी में और दो को एच ब्लॉक में लगाया गया।

और उनके काम की देख-रेख करने का जिम्मा हनमंत को नहीं बल्कि उमेश माने को दिया गया, जिसने चार महीने पहले ही अपनी नौकरी से इस्तीफा देकर भारत विकास के साथ फुलटाइम काम करना शुरू कर दिया था।

"मेरे और उमेश के परिवार में तीन पीढ़ियों की रिश्तेदारी है। बीवीजी के टोटल सक्सेस में उमेश का बड़ा हाथ है।"

जनवरी 1997 में जब हनमंत ने उमेश को बताया कि टेल्को भारत विकास को हाउसकीपिंग का काम दे सकता है तो उसी दिन उमेश ने अपनी नौकरी छोड़ दी।

"मैंने रेजिगनेशन दे दिया बैंक में," उमेश ने कहा।

"लेकिन क्यों?" हनमंत परेशान हो गए। "काम मिलनेवाला है, मिला नहीं है अब तक।"

"बस... आपने बोल दिया, मैंने रेजिगनेशन दे दिया।"

हनमंत, और हनमंत के सपनों में यकीन करने वाले उमेश पहले इंसान थे।

दोनों के बीच काम को लेकर एक आसान-सा अरेन्जमेंट बन गया।

"मैं काम लेके आऊंगा। पैसे का मैं देखूंगा। काम उमेश संभालेगा। आज तक हम यही कर रहे हैं। मार्केटिंग मैं देखता हूं। फाइनेंस मैं अरेन्ज करता हूं। उमेश ऑपरेशन्स देखता है, और वाइस-चेयरमैन है।"

अपने पहले साल में ही भारत विकास का टर्नओवर आठ लाख रुपए का रहा। अगले साल वो टर्नओवर 56 लाख का रहा। हनमंत उस वक्त तक टाटा मोटर्स के साथ काम करते रहे।

बचपन से आदत है, मैं किसी के साथ कॉम्पिटिशन नहीं करता।
जितना मेहनत किया, उतना मुझे आना चाहिए। कंपनी के लिए,
मैं जितना मेहनत करता हूं, उतना आना चाहिए।

1999 में मेरी शादी हुई और उसके बाद मैंने नौकरी छोड़ने का फैसला कर लिया। मैंने पूरा ध्यान बीवीजी पर लगाने का फैसला किया।

सबसे पहले हनमंत ने कंपनी का नाम बदल दिया और उसे भारत विकास प्रतिष्ठान से बदलकर भारत विकास सर्विसेज कर दिया। तब, भारत विकास को एक बार फिर इंडिका प्लांट में अपना पहला मेकनाइज्ड क्लीनिंग कॉन्ट्रैक्ट मिला।

"हमने राइड ऑन स्वीपिंग मशीनें खरीदीं, और 60 लाख रुपए के बाकी औजार खरीदे। टाटा ने टाटा फाइनेंस के जरिए हमारे लिए लोन का इंतजाम कराया।"

हनमंत एक प्लांट से दूसरे प्लांट जाते, और मेकनाइज्ड क्लिनिंग के आइडिया की मार्केटिंग करते। और उन्हें जल्दी ही एक और चीज पता चल गई।

कंपनियों को पूरा सॉल्युशन चाहिए था--कम्पलीट सॉल्युशन। वे मशीन तब तक नहीं खरीदना चाहते थे जब तक उनके पास वैसे लोग न हों जो उन मशीनों को चला सकें। आख़िरकार उन्हें एक ही चीज़ चाहिए होती है —सफाई।

भारत विकास के पास जीई पावर, बैंगलोर से एक इन्क्वायरी आई। क्या वे लोग बैंगलोर आकर काम लेना चाहेंगे?

"करेंगे," कोई दिक्कत नहीं है, हनमंत ने जवाब दिया।

"हम दस लोग एक सुमो में सवार हो गए--मैं, उमेश, आठ मजदूर, और मशीन को हमने सुमो की छत पर बांध लिया।"

अच्छा काम करेंगे तो और काम मिलता है।
ये एक साइकिल है और आपको चलते जाना पड़ता है।

पार्टी पुणे से शुक्रवार को निकली, और शनिवार को बैंगलोर पहुंची। सोमवार को फैक्ट्री का उद्घाटन होना था। टीम ने पहुंचते ही काम शुरू कर दिया।

इस बीच हनमंत ठहरने के लिए कोई जगह ढूंढ़ने गए--कोई ऐसा कमरा, जहां रुका जा सके। शाम तक एक जगह किराए पर ली जा चुकी थी।

सोमवार तक पूरे प्लांट की अच्छी तरह सफाई की जा चुकी थी। मैनेजर उनके काम से इतना खुश हुआ कि उसने अपने एक दोस्त तक पुणे की इस छोटी-सी कंपनी की सिफारिश पहुंचा दी। भारत विकास को हिम्मत सिंह ग्रुप के एक 100 प्रतिशत एक्सपोर्ट-ओरिएंटेड यूनिट का कॉन्ट्रैक्ट मिल गया। जल्दी ही बैंगलोर में 7-8 क्लायंट्स हो गए।

इन्क्वायरी चेन्नई से, और फिर हैदराबाद से आने लगी।

"छत्रपति शिवाजी मेरे आदर्श थे, आज भी हैं। जब मुझे साउथ में काम मिलने लगा तो मुझे लगा कि मैं दक्षिण की सवारी करने लगा था।"

इस तरह धीरे-धीरे भारत विकास दक्षिण में अपने पांव फैलाने लगा।

हर नई जगह पर कंपनी ने एक स्टैंडर्ड फॉर्मूला अपनाया।

"हर शहर में हमारा एक विश्वासपात्र आदमी होता था--मेरा गांव का कोई लड़का--जो काम को सुपरवाइज करता था। हम 30 प्रतिशत मजदूर पुणे से भेजा करते थे, और 70 प्रतिशत लोकल लोग लिया करते थे।"

महाराष्ट्र से लड़कों को भेजने में खर्च ज़्यादा आता है क्योंकि उनके रहने का इंतजाम भी देखना होता है। लेकिन इससे बीवीजी में संतुलन बना रहता है, और क्वालिटी भी।

"पांच सौ, हजार रुपए एक लड़के का खर्च पड़ता है... लेकिन लॉन्ग टर्म में कोई स्ट्राइक नहीं, कोई यूनियन, कोई झमेला नहीं।"

लोकल लोग जब चाहें, बीवीजी के काम में अड़ंगा नहीं लगा सकते। ये इसलिए भी बहुत जरूरी है क्योंकि बीवीजी जिस तरह की सर्विस देता है, वहां दिन-रात मायने नहीं रखता।

"रेलवे स्टेशन, एयरपोर्ट... इन दो जगहों में कोई छुट्टी नहीं... कोई दीवाली-दशहरा नहीं। इस तरह के ऑपरेशन्स के लिए आपके पास लोगों के

साथ काम करने का एक प्रॉपर सिस्टम होना चाहिए। वो सिस्टम हमने डेवेलप किया है।"

और ये सारी एक्टिविटी भैंस के तबेले के एक अस्थायी ऑफिस से शुरू हुई, जिसका किराया था, महीने के दो सौ रुपए।

2003 में भारत विकास का सालाना टर्नओवर 4 करोड़ रुपए का हो गया, हालांकि प्रॉफिट मार्जिन बहुत ज्यादा नहीं था--टैक्स के बाद 10-12 प्रतिशत था। और तभी कंपनी को एक बड़ा ब्रेक मिला--नई दिल्ली में संसद की लाइब्रेरी को मेन्टेन करने का काम।

एक मिस्टर श्रीनिवासन थे जो वहां चीफ इंजीनियर थे। वे किसी बड़ी एजेंसी को ये काम देना चाहते थे, और उस काम को करने के लिए चालीस लाख रुपए के उपकरणों को खरीदने की जरूरत थी।

कोई एजेंसी ये ख़तरा मोल लेने को तैयार नहीं थी क्योंकि श्रीनिवासन सिर्फ छह महीने का कॉन्ट्रैक्ट देना चाहते थे।

"अगर आपने अच्छा काम किया तो हम कॉन्ट्रैक्ट आगे बढ़ाएंगे। नहीं तो मैं आप लोगों को बाहर कर दूंगा", श्रीनिवासन ने कहा।

भारत विकास ने आगे बढ़कर कहा, "हम करेंगे।"

"हमने ये काम लिया क्योंकि मुझे पूरा यकीन था कि हम ये काम कर पाएंगे।"

और उन्होंने किया भी। कॉन्ट्रैक्ट को छह महीने के लिए बढ़ा दिया गया।

2004 में बीवीजी ने एक और बड़ा काम हासिल किया--संसद की मेकनाइज्ड क्लीनिंग (यंत्रीकृत सफाई) का, जिसमें राज्यसभा और लोकसभा, दोनों की इमारतें शामिल थीं।

"हमने टेंडर हासिल कर लिया। और वहां सिक्युरिटी के लोगों ने कुछ बखेड़ा खड़ा कर दिया कि एक प्राइवेट पार्टी को लोकसभा और राज्यसभा

"दो रुपया खर्चा किया, तो तीन रुपया मांग के लेने का कस्टमर से।"

के चेंबरों में कैसे आने दिया जाए?"

एक महीने के लिए बीवीजी ने संसद भवन के उसी हिस्सों को मेन्टेन किया जो पब्लिक था। काम इतनी अच्छी तरह किया गया था कि सांसदों ने पूछना शुरू कर दिया कि इतनी ही सफाई चेंबरों के भीतर क्यों नहीं हो सकती?

माननीय स्पीकर ने पहल की। उन्होंने कहा, "मुझे पूरी बिल्डिंग के लिए वही कॉन्ट्रैक्टर चाहिए।"

और इस तरह बीवीजी को भारतीय लोकतंत्र के मंदिर में ससम्मान प्रवेश मिल गया।

उसके बाद बीवीजी को प्रधानमंत्री निवास देखने के लिए कहा गया।

प्रधानमंत्री निवास में दो सौ-तीन सौ मीटर का लाल पत्थरों का एक रास्ता है जिस पर प्रधानमंत्री हर सुबह सैर किया करते हैं। वो पूरा काला हो गया था।

बीवीजी से पूछा गया, "क्या आप इसे साफ कर सकते हैं?"

हमने कहा, "हां और उसे एकदम चकाचक कर दिया।"

हैरानी नहीं कि बीवीजी को जल्दी ही पूरी प्रधानमंत्री निवास की हाउसकीपिंग का काम मिल गया। और उसके बाद आया राष्ट्रपति भवन की देखभाल का काम।

उसके साथ-साथ प्राइवेट सेक्टर में भी काम तेजी से बढ़ रहा था।

टाटा मोटर्स ने पूछा, "क्या आप जमशेदपुर में काम करेंगे?"

हनमंत ने कहा, "करेंगे।"

"रूद्रपुर?"

"करेंगे।"

अपने पहले क्लायंट का भरोसा जीत लेने के नतीजे अब सामने आ रहे थे।

"टाटा मोटर्स की हमारी पहली बिलिंग 12,000 रुपए की थी। अब कई सर्विसेस के लिए सिर्फ पुणे में महीने के एक करोड़ की बिलिंग होती है।"

बजाज, महिंद्रा, अशोक लेयलैंड, ह्यूनदई, फॉक्सवैगन, फिएट--ये सभी अब

बीवीजी के क्लायंट हैं।

मेकनाइज्ड क्लीनिंग के अलावा बीवीजी हाउसकीपिंग, लैंडस्केपिंग और गार्डेनिंग के काम लेती है। बिजली से लेकर मरम्मत--कस्टमर को जिस भी चीज की जरूरत हो, बीवीजी वो मुहैया कराता है।

ओएनजीसी, आईटीसी, हिंदुस्तान लीवर, एक्सेंचर और यहां तक कि भारतीय रेलवे भी कुछ ऐसे बड़े नाम हैं जिनके साथ बीवीजी काम कर रही है। और बिजनेस लाने का तरीका बहुत आसान है--एक क्लाएंट को ख़ुश रखो, और कई और लेकर आओ।

"हमारे पास मार्केटिंग में कभी बहुत लोग नहीं रहे। हमारा फलसफा काम अच्छी तरह करने का है। जब काम अच्छा करोगे तो कस्टमर ख़ुद आपकी मार्केटिंग करेगा।"

और सरकारी एजेंसियों के साथ-साथ प्राइवेट सेक्टर के साथ काम करते हुए ये फॉर्मूला बीवीजी के भी बहुत काम आया है।

"अगर आप मेहनती हैं, काम के प्रति लगन रखते हैं, तो काम बहुत है। अब अंतर सिर्फ इतना है कि हमें अब बड़े कॉन्ट्रैक्ट्स मिल रहे हैं।"

"उस वक़्त जब बीवीजी के लिए दस-बीस हजार का कॉन्ट्रैक्ट बड़ी बात थी। अब हम एक क्लाएंट से कम-से-कम एक करोड़ का महीने का कॉन्ट्रैक्ट हासिल करते हैं।"

"हमें अभी-अभी महाराष्ट्र सरकार के साथ एक बड़ा कॉन्ट्रैक्ट मिला है जिसमें हमें राज्य के सभी सरकारी अस्पतालों की सफाई का काम मिला है। ये चार करोड़ रुपए महीने का काम है, यानी साल के 48 करोड़ रुपए। इसलिए, धीरे-धीरे चीजें अब आगे बढ़ने लगी हैं।"

बीवीजी का सालाना टर्नओवर 300 करोड़ रुपए का है।

"हमारी एक ब्रांच गुवाहाटी में है, चेन्नई में हमारी एक ब्रांच है और बड्डी में एक ब्रांच है। हमारे ब्रांच 12 राज्यों और 22 शहरों में है। कंपनी के बिजनेस का 60 प्रतिशत हिस्सा प्राइवेट सेक्टर से आता है, और बाकी का काम सरकारी एजेंसियों से मिलता है। कुल मिलाकर बीवीजी तीन सौ संस्थानों के साथ मिलकर काम कर रही है, जिसमें कुछ पूरी तरह नॉन कमर्शियल हैं।"

"हम बाबा रामदेव के आश्रम पतंजलि योगपीठ और श्री श्री रविशंकर के आश्रम के साथ काम कर चुके हैं। अपनी सामाजिक जिम्मेदारी का निर्वाह करते हुए हम महाराष्ट्र के छह मंदिरों की हर रोज की सफाई का काम भी करते हैं, वो भी बिल्कुल मुफ्त में।"

इसमें अलंडी, पंढरपुर और तुलजापुर के मंदिर शामिल हैं।

हनमंत की कहानी वाकई दिल को छू लेने वाली है, लेकिन मैं ये समझ नहीं पा रही कि वे इतना मुश्किल काम संभालते कैसे हैं? बीवीजी सैकड़ों जगहों पर काम की गुणवत्ता को कैसे देख पाती है?

इस सवाल का कुछ जवाब सही सिस्टम्स तैयार करने में है।

"हर स्टेज पर हम मॉनिटरिंग, क्वालिटी सिस्टम्स और कई चेक-लिस्ट्स मेन्टेन करते हैं। कोई भी काम शुरू करने से पहले हम पूरी तैयारी करते हैं।"

इस तरह बीवीजी ने फिएट और टाटा मोटर्स के लिए पूरे के पूरे प्लांटों को एक जगह से दूसरी जगह ले जाने का मुश्किल काम किया है। इसमें सिंगुर से नैनो प्लांट के कुछ हिस्सों को शिफ्ट करने का काम भी शामिल है।

"भारत विकास ग्रुप के पास 16,000 कर्मचारी हैं। हम सातवीं फेल, दसवीं फेल लोगों को काम पर रखते हैं और चार से पांच हजार महीने की सैलरी देते हैं। हम उन्हें ईएसआई, पीएफ और बोनस वगैरह भी देते हैं।"

ग्रैजुएटों को सुपरवाइजर के तौर पर रखा जाता है, और उन्हें 12-15,000 रुपए दिए जाते हैं। असिस्टेंट मैनेजर, मैनेजर, डीजीएम--भारत विकास के पास अब पूरा का पूरा प्रोफेशनल कैडर है। और एक प्रवासी भी है!

"पहले हम किसी को 50,000 रुपए तनख़्वाह देने से पहले सौ बार सोचते थे। अब हम दुबारा भी नहीं सोचते, अगर हमें कोई सही आदमी मिल जाता है तो।"

ह्यूमन रिसोर्सेस यानी लोग किसी भी कंपनी की सबसे बहुमूल्य अमानत होता है। लेकिन अपने लोगों की इंसानों के तौर पर हम कद्र कर पाते हैं या नहीं, इसका जवाब बहुत सारे सीईओ भी नहीं दे पाते।

लेकिन हनमंत गायकवाड़ के लिए इसका जवाब है 'हर कीमत पर वो करना, जो मैं कर सकता हूं।'

उनकी कोशिशों की वजह से केंद्र सरकार ने हाल ही में एक स्कीम को मंजूरी दी है जिसमें चिंचवाड़ में 13,000 लो-कॉस्ट हाउसिंग यूनिट्स तैयार किए जाएंगे। इनमें से 600 बीवीजी के कर्मचारियों को दिए जाएंगे।

"देश में पहली बार एक ऐसी स्कीम है जिसमें घर हमारे मजदूरों जैसे आम लोगों को दिए जा रहे हैं। उन्हें 500 स्क्वायर फुट का घर 300 स्क्वायर फुट की कीमत पर मिलेगा। इस घर के लिए उन्हें सिर्फ डेढ़ लाख रुपए देने होंगे। जबकि मार्केट में इस घर की कीमत 12-15 लाख रुपए है।"

"अब जिन 600 लोगों को 12-15 लाख का घर 1.5 लाख रुपए में मिल रहा है, वे हमेशा बीवीजी के लिए काम करने के प्रति उत्साहित रहेंगे। किसी मुश्किल वक़्त में वो कुछ भी करेंगे।"

"तो जितना भी लिमिटेड रिसोर्स मेरे पास है... जितने भी मैंने रिश्ते बनाए हैं... मैं उनमें से अपने साथ काम करने वाले मजदूरों को बेहतर से बेहतर देना चाहता हूं। और चीज़ें हो रही हैं।"

अभी कुछ दिन पहले तक किसी ने बीवीजी के बारे में नहीं सुना था, कोई ज़्यादा पूछता नहीं था। अब पत्रकारों को इंटरव्यू चाहिए। वे हनमंत से पूछते हैं, "आपने मैनेजमेंट की कौन-कौन सी किताबें पढ़ रखी हैं?"

हनमंत कहते हैं, "मैंने मैनेजमेंट नहीं पढ़ा है। मैनेजमेंट मेरे खून में है।"

उनके फंडे सिंपल हैं।

"अगर मैं दो रुपए खर्च करता हूं तो मुझे कस्टमर से तीन रुपए मिलने चाहिए।"

"जितनी अच्छी तरह कर सकते हैं, अपना काम उतनी अच्छी तरह करिए।"

"और फिर किस्मत तो एक चीज है ही।"

"मुझे इस बात की खुशी है कि मैंने भारत विकास--ये जो नाम 1991 में सोचा, वो सही रास्ते पर जा रहा है।"

इसलिए बैंक भी पैसे लगाने को तैयार हैं।

"मुझे याद है कि टेल्को में नौकरी लगने के बाद जब मैं अपनी मां

के लिए वॉशिंग मशीन और फ्रिज खरीदना चाहता था, तो बैंक मुझे तीस हजार रुपए का लोन देने को तैयार नहीं था।"

आज बीवीजी ने 130 करोड़ के लोन के लिए अप्लाई किया है, और कई सारे बैंक तैयार भी हैं।

"वे हमसे 50 प्रतिशत कोलैटरल भी नहीं मांग रहे--सिर्फ दस करोड़ मांग रहे हैं।"

लेकिन जब बीवीजी क़ा नाम किसी ने नहीं सुना था तो बहुत कम लोगों को हनमंत गायकवाड़ में भरोसा था, और सारा अंतर इसी भरोसे की वजह से आया है। ऐसे ही एक शख्स है एकनाथ ठाकुर--सारस्वत को-ऑपरेटिव बैंक के चेयरमैन।

"एकनाथ ठाकुर दूरदर्शी हैं। मुझे याद है कि उन्होंने मुझसे कहा था, मैं कोलैटरल में यकीन नहीं रखता... ये साहूकारी है। मैं बैंकिंग करता हूं।"

2002 में बीवीजी को उपकरण खरीदने के लिए एक करोड़ रुपए की जरूरत थी, और तब सारस्वत बैंक ने पैसे दिए थे--वो भी बिना किसी मार्जिन मनी या कोलैटरल के।

मैं लोन के बदले अपना घर भी गिरवी नहीं रख सकता था--मेरा घर अवैध कन्सट्रक्शन था। एकनाथ जी ने फिर भी पैसे रिलीज किए और मुझ पर भरोसा किया।

हनमंत बैंक ऑफ महाराष्ट्र के मिस्टर वाजे और आईडीबीआई के मिस्टर बोन्गिरवार को भी उतनी ही शिद्दत से याद करते हैं। दोनों ने शुरू के दिनों में उनकी बहुत मदद की।

बीवीजी का सपना अब एक हक़ीकत है। लेकिन ये अभी शुरुआत ही है।

"मैं अभी 36 साल का हूं, 37 वां चल रहा है... इसलिए अभी वक़्त है और लोग मेरे साथ हैं। यहां तक कि इन्वेस्टर भी सपोर्ट कर रहे हैं।"

ये समर्थन बेशकीमती मशविरों के तौर पर भी आया है।

"2005 में मैं अनीश झावेरी से मिला था जो तब एचएसबीसी सेक्युरिटिज के डायरेक्टर हुआ करते थे। उन्होंने मुझे वैल्युएशन और पीई मल्टिप्लायर का

मतलब समझाया था।"

अनीश ने सलाह दी, "कंपनी से कैश निकालकर टैक्स बचाने की कोशिश मत करो। टैक्स चुकाओ और देखो कि लोग कैसे तुममें निवेश करके तुम्हारे मुनाफे को और बढ़ाते हैं, तुम्हारी कंपनी को और आगे ले जाते हैं।"

और ठीक यही हुआ भी। अनीश ने हनमंत को कुछ निवेशकों* और राज मिश्रा (इंडिया कैपिटल) से मिलवाया, जिन्होंने बीवीजी को साढ़े छह करोड़ रुपए दिए। पिछले साल कोटक ने 30 करोड़ रुपए में कंपनी में एक छोटी-सी हिस्सेदारी खरीदी। हनमंत के बड़े इरादों पर यकीन किया जाए तो कंपनी और इक्विटी का जल्द ही विनिवेश कर सकती है।

"मेरा विजन अगले पांच सालों में 3000 करोड़ रुपए का टर्नओवर करना है। जैसा कि रामदेवजी कहते हैं--बड़ी सोच, बड़ी मेहनत, पक्का इरादा। अगर आपमें ये तीनों खूबियां हैं तो आप कुछ भी हासिल कर सकते हैं।"

हाउसकीपिंग बीवीजी के बिजनेस का एक बड़ा हिस्सा है--तकरीबन 60 प्रतिशत। लेकिन हनमंत कंपनी को और आगे ले जाना चाहते हैं और पावर, इलेक्ट्रिकल इंफ्रास्ट्रक्चर और वेस्ट मैनेजमेंट जैसे क्षेत्रों तक भी अपना काम बढ़ाना चाहते हैं।

"मैंने एक प्लांट शुरू किया है जहां मैं वेस्ट प्लास्टिक को ईंधन में बदलता हूं। इस कन्वर्जन का खर्च मात्र 12 से 15 रुपए है, जबकि मैं इसे 30 रुपए में बेचता हूं। इसलिए मुनाफा अच्छा है।"

हनमंत लगातार नए बिजनेस और नए अवसर खोज रहे हैं। इसका मतलब है--रविवार, छुट्टियों के दिन और दीवाली-दशहरा तक में भी काम करना।

"अब धीरे-धीरे मैं और उमेश छुट्टी ले पाते हैं... हफ्ते में एक दिन। लेकिन वो भी तय नहीं है। हनमंत की पत्नी और उनकी दो बेटियां--अदिता और आर्या उन्हें बहुत अच्छी तरह समझती हैं।"

"कुछ करके दिखाना है। मुझे विरासत में कुछ नहीं मिला। मैं टाटा या बिड़ला नहीं हूं।"

---

*   कृति दोशी और गगन चतुर्वेदी (एंटीक सेक्युरिटीज), गिरीश कुलकर्णी (टीडीए कैपिटल)

लेकिन टाटा और बिड़ला ऐसे ही बनते हैं, मैं खुद से कहती हूं।

बिजनेस गोल्स के अलावा भारत विकास सामाजिक जिम्मेदारियों को पूरा करने में भी लगा है। अगले साल हनमंत पचास करोड़ रुपए का एक ट्रस्ट बनाने जा रहे हैं, जिससे आने वाले सालाना 70-75 लाख रुपए का इस्तेमाल सातवीं क्लास से लेकर कॉलेज तक की पढ़ाई कर रहे 3000 छात्रों को वजीफे के रूप में दिया जाएगा।

"मैं ये काम अपने पैसे से करूंगा। फंड्स अपनी इक्विटी बेचकर लाऊंगा। मुमकिन है कि अगले साल हम आईपीओ भी लेकर आएं।"

अभी कई मील लंबा रास्ता तय करना है, कई सारे वायदे पूरे करने हैं।

✳

युवा उद्यमियों को सलाह

बेसिकली क्या है कि, एक बात तो है कि मेहनत, लगन, काम की क्वालिटी का कोई दूसरा विकल्प नहीं है।

अगर आप कहें कि आप घर से काम करेंगे और ग्यारह बजे सोकर उठेंगे तो नहीं... ये नहीं चलेगा।

कुछ करना है तो मरना पड़ता है।

लेकिन अगर आप अच्छा काम करते हैं, आपको और काम मिलेगा–मैं इस बात की गारंटी देता हूं।

कई सारे ऐसे बिजनेस हैं जिसमें बहुत क्षमताएं हैं।

जैसे पेंटिंग।

पुणे में चालीस लाख लोग रहते है, जिनमें मान लीजिए कि बीस लाख लोग अच्छी लोकैलिटी में रहते हैं। अगर पांच लोग एक घर में रहते हैं तो शहर में चार लाख घर तो हैं ही। हर घर को पांच साल में पेंटिंग की जरूरत होती है। इसका मतलब हर साल 80,000 घरों को पेंटिंग चाहिए। पेंटिंग के बिजनेस का इतना बड़ा स्कोप है, और याद रखिए कि घर का मालिक आपको एडवांस देगा और इसके साथ 40 प्रतिशत मार्जिन भी है।

धंधा करने के लिए बहुत पैसे की जरूरत नहीं है। सच्चे दिल से, ईमानदारी से काम करो और आप जो भी कर रहे हैं, उसमें आप सफल होंगे।

जुनून है तो सब हासिल

रंजीव रामचंदानी
तंत्रा टी-शर्ट्स

रंजीव रामचंदानी ने माइक्रोबायॉलोजी की पढ़ाई की, लेकिन ये उन्हें रास नहीं आई। उन्होंने एडवर्टाइजिंग में काम शुरू किया, लेकिन वो दुनिया भी उन्हें रास नहीं आई। आख़िर में वे तंत्रा नाम की कंपनी में अपने बॉस बन गए-- जहां वे ख़ास किस्म की इंडियन डिज़ाइनों वाली टी-शर्ट्स बनाते हैं। और उन्हें अपने काम से बेइंतहा मोहब्बत हो गई है!

रंजीव रामचंदानी के बारे में जिस पहली चीज पर मैंने गौर किया है वो ये है कि रंजीव रामचंदानी ने खुद तंत्रा की टी-शर्ट नहीं पहन रखी।

वे अपने कंधे उचका देते हैं--नो बिग डील।

रंजीव को अपने टी-शर्टों को एडवर्टाइज करने की कोई जरूरत नहीं है। आप जहां भी जाएंगे, आपको ये टी-शर्ट्स नजर आ जाएंगी। हर दूसरे शहर में 'ॐ' से लेकर ताजमहल तक, अपनी टी-शर्ट पर तंत्रा के डिज़ाइन पहने लोग आपको दिख जाएंगे।

तंत्रा ने टी-शर्ट को वो पहचान दी, जो करण जौहर की फिल्मों ने रोमांस को दी। जिसने इंडिया को बनाया देसी देसी कूल कूल।

इस जुनूनी ख़्वाब के पीछे एक आम-से ख़्वाबों वाला एक आम-सा लड़का था, जो यहां-वहां आड़ी-तिरछी रेखाएं बना लिया करता था।

लेकिन उसकी खोज जारी रही, वो कोशिश करता रहा और अपने क्रिएटिव संतोष के लिए कुछ न कुछ तलाश करता रहा।

इस तलाश ने उसे एडवर्टाइजिंग की दुनिया में ले जाकर पटक दिया, और फिर उससे दूर भी कर दिया। जहां एक आइडिये ने टी-शर्ट की शक्ल अख़्तियार कर ली।

तंत्रा के टी-शर्ट्स पर मेसेज लिखे होते हैं। रंजीव की ज़िंदगी का मेसेज है, आपको केक भी मिल सकता है, और उसका जायका भी।

क्रिएटिव बनिए और खूब सारे पैसे कमाइए।

क्रेजी बनिए और सक्सेसफुल बनिए।

सपने देखिए और फिर उसे पूरा कर दिखाइए।

खुश रहिए।

ज़िंदगी अच्छी है, और ये बात सब पर उतनी ही लागू होती है... चाहे आप जो करें, जैसे करें, जहां करें।

जुनून है तो सब हासिल

रंजीव रामचंदानी
तंत्रा टी-शर्ट्स

रंजीव मनचंदानी कोलाबा में पैदा हुए थे, जिसे मुंबई का 'स्पिरिचुएल हब' कहा जाता है।

"मैंने धोबी तालाब में सेंट जेवियर्स से पढ़ाई पूरी की -- आईसीएसई से नहीं, एसएससी से। मेरे पेरेन्ट्स सरकारी नौकरी में थे। मेरी परवरिश बहुत मिडल क्लास रही।"

रंजीव औसत छात्र थे। टॉप टेन में नहीं थे, बहुत मशहूर नहीं थे, बीच-बीच में थे कहीं।

"दसवीं के मेरे नतीजे बहुत ऐवरेज रहे--मेरे पास साउथ मुंबई के किसी कॉलेज में दाख़िला लेने का कोई जरिया नहीं था। खुशकिस्मती से मेरे माता-पिता ने अपने सिंधी कनेक्शन्स का इस्तेमाल करके मेरा दाख़िला जय हिंद कॉलेज में करा दिया।"

रंजीव अगले पांच साल किसी तरह खींचते रहे, और आख़िरकार माइक्रोबायॉलोजी में उन्हें डिग्री मिल गई। प्रोटोजोआ और बैक्टिरिया में उन्हें कोई मजा नहीं मिलता था, लेकिन कंपनी ऐसी थी कि पांच साल निकालने में कोई दिक्कत नहीं हुई।

"मेरे ख़्याल से कॉलेज ने मेरे दिमाग को खोल दिया। मेरे जो भी दोस्त थे, वे थोड़े अलग हटकर थे। यहां तक कि हम जो म्यूज़िक भी सुना करते थे, वो भी अलग हटकर था। हम फ़्रैंक ज़ाप्पा सुनते थे और *हिचहाइकर्स*

गाइड पढ़ा करते थे।"

उसी दौरान *मैड* मैगजीन से प्रेरणा लेकर रंजीव ने कार्टून बनाना शुरू कर दिया। एक दिन वे *मिड-डे* के ऑफिस में चले गए, और वहां अपने सैंपल्स दिखाए।

दो दिन बाद एडिटर अनिल धारकर ने उन्हें फोन किया और कहा, "यू आर ऑन!"

स्ट्रिप का नाम था 'ट्विस्ट एंड शाउट', और 'जोरन' के पेन-नेम के साथ ये स्ट्रिप संडे *मिड-डे* में आया करती थी।

एक के बाद एक चीज़ें होती चली गईं और जल्द ही रंजीव प्रमुख मैगज़ीन *बिजनेस इंडिया* के साथ एक और स्ट्रिप पर काम करने लगे। इस स्ट्रिप का नाम था, 'लाइक फादर अनलाइक सन'–जो एक बाप-बेटे का कार्टून था जो एक फैमिली बिजनेस चलाया करते थे।

अपनी इस क्रिएटिविटी के बावजूद रंजीव माइक्रोब्स की दुनिया से निकल नहीं पाए। बैचलर्स की पढ़ाई करने के बाद रंजीव ने सोफिया पॉलिटेक्निक में क्लीनिकल पैथोलॉजी का कोर्स शुरू कर दिया।

"बड़ा डर लगता था क्योंकि पूरे कैंपस में सिर्फ पांच लोग थे और एक ख़तरनाक हेडमिस्ट्रेस थी हमारी–एक पारसी लेडी, जो एडॉल्फ हिटलर और जोसेफ स्टालिन के बीच कुछ थी।"

रंजीव को कोर्स से नफरत थी, कमाई के लिए यूरीन, ब्लड और स्टूल की जांच करने से नफरत थी। फिर वे क्यों लगे रहे?

"बात ये है कि आप लूजर नहीं बनना चाहते हैं। मैंने माइक्रोबायोलॉजी पढ़ते हुए तीन साल निकाल दिए थे, और ये कोर्स करना लॉजिकल था।"

बात ये भी थी कि उन्हें मालूम नहीं था कि करना क्या है।

"कुछ लोगों को 18 साल की उम्र में ही पता चल जाता है कि वे क्या करना चाहते हैं। कुछ लोगों को 26 साल तक नहीं पता चलता। कई लोगों को तो पूरी ज़िंदगी नहीं पता चलता। हम अलग-अलग वक़्त पर अपने खोल से बाहर से निकलते हैं, या कई बार नहीं भी निकलते।"

रंजीव बड़ी मासूमियत और ईमानदारी से स्वीकार करते हैं कि वे भी

इन सबसे अनजान थे--उन्हें भी मालूम नहीं था कि करना क्या है। उन्हें एक ये वाक़ेया भी याद है जहां उन्होंने ब्रिटिश एयरवेज के उस ऐड के जवाब में नौकरी के लिए अप्लाई कर दिया था, जिसमें लिखा था--स्टूअर्डस रिक्वायर्ड।

"मुझे स्टूअर्डस का सही-सही मतलब भी नहीं पता था--मैंने तो अपनी एक पूरी रंगीन तस्वीर भी भेज दी थी। उन्होंने वापस जवाब दिया, 'आपके एप्लिकेशन का शुक्रिया। लेकिन हमें महिला उम्मीदवारों की जरूरत है।' बड़ा इम्बेरसिंग था वो।"

रंजीव ने ओबेरॉयज के साथ होटल मैनेजमेंट करने की कोशिश की। वे फाइनल इंटरव्यू के लिए दिल्ली गए, लेकिन कुछ हुआ नहीं।

इसलिए रंजीव ने अपना पैथोलॉजी का कोर्स पूरा किया और भाटिया हॉस्पिटल में लैबोरेट्री असिस्टेंट की नौकरी कर ली। वे वहां एक अंधेरे से बेसमेंट के कमरे में यूरिन सैंपल्स नापने का काम करते रहे।

"एक दिन मैंने खुद को लैब कोट पहने हुए आइने में देखा और पूछा, आख़िर मैं कर क्या रहा हूं? मुझे कुछ और करना चाहिए, कुछ ऐसा जिसे करने में मुझे मज़ा आता हो, जिससे मुझे प्रेरणा मिले। और यही सोचकर मैंने एडवर्टाइजिंग में हाथ-पांव मारने का फैसला किया।"

लेकिन 'एडवर्टाइजिंग' क्यों? क्योंकि वही एक दुनिया थी जहां क्रेजी, पागल, जुनूनी लोग मज़ेदार स्लोगन्स लिखा करते थे और तस्वीरें बनाया करते थे। वहां आर्टिस्ट्स, कार्टूनिस्ट्स, पोएट्स, एन्टरटेनर्स के लिए बहुत सारी जगह थी।

तो रंजीव ने नौकरी छोड़ दी और केसी कॉलेज में क्रिएटिव राइटिंग के एक पार्टटाइम कोर्स में दाख़िला ले लिया। वहां वे एक ऐसे इंसान से मिले जो नरीमन पॉइंट की एक एजेंसी में काम करता था।

उस शख्स ने कहा, "मैं तुम्हें नौकरी दे सकता हूं।"

रंजीव ने कहा, "ओके--मैं करूंगा।"

हालांकि काम क्लायंट सर्विसिंग का था, कॉपीराइटिंग का नहीं।

"मुझे हर महीने 1900 रुपए मिलते थे और मुझे हर रोज इस सफारी सूट पहनने वाले, पान चबाने वाले मारवाड़ी बॉस की टेबल से होकर गुजरना

"मेरे पेरेन्ट्स के बारे में सबसे अच्छी बात ये है—और मैं इसके लिए अभी भी उनका शुक्रिया अदा करता हूं—कि वे बिल्कुल दखलअंदाजी नहीं करते। वे बहुत रिलैक्स्ड हैं और खुद भी बहुत महत्वाकांक्षी नहीं हैं। दे जस्ट लेट मी बी।"

पड़ता था," वे हंसते हुए बताते हैं। "वो कोई क्रिएटिव हब नहीं था बल्कि सरकारी दफ्तर था कोई।"

एक तरफ ऐसा नौजवान था जो अपने ख़्यालों से दुनिया बदलना चाहता था और दूसरी तरफ क्लायंट सर्विसिंग का बहुत ही नॉन-क्रिएटिव काम था। अच्छा नहीं लगता था, लेकिन ज़िंदगी के अनुभवों का हिस्सा था वो भी।

एक साल के काम (और तनख्वाह में सौ रुपए की बढ़ोत्तरी के बाद) रंजीव ने तय किया कि अब प्रोफेशनल एड एजेंसियों के दरवाजे खटखटाने का वक़्त आ गया है। तो वे एक-दो एजेंसियों में गए और वहां कॉपी-टेस्ट दिया।

"दो एजेंसियों में मुझे एक साथ काम मिला। एक थी *करिश्मा एडवर्टाइजिंग,* यहीं नरीमन पॉइंट पर। और दूसरी थी वरली में *द एज*--जो इतनी दूर थी कि मुझे लगता था, दुनिया के दूसरे सिरे पर है।"

रंजीव ने फैसला लेने से पहले दोनों जगहों के बॉस से मिलना तय किया।

मुझे शीला सैय्यद बहुत पसंद आईं--वे मज़ेदार थीं, सहज थीं और कमाल का दिमाग था उनके पास। इसलिए मुझे बेस्ट की दो बसें भी बदलनी पड़तीं, उसके बावजूद मैंने *द एज* में काम करना स्वीकार किया।

रंजीव ने अपने कॉपी टेस्ट में इतना अच्छा किया था कि उन्हें गलती से सीनियर कॉपीराइटर के तौर पर ले लिया गया। इसके अलावा उनके एक कार्टून को बिजनेस इंडिया मैगजिन के कवर पेज पर जगह मिल गई, इसलिए वे एजेंसी के कूल डूड भी बन गए।

"मुझे महीने के 2500 रुपए मिलते थे, लेकिन ये अहम नहीं था। ख़ास बात ये थी कि मैं आख़िरकार एक रियल एजेंसी में काम कर रहा था।"

एक दिन उनकी बॉस शीला सैय्यद ने अपने साथ काम करने वालों के लिए एक बड़ी सी पार्टी दी। वहां उन्होंने अनाउंस किया कि वे *द एज* छोड़ रही हैं, और अपने पति मुनव्वर सैय्यद (तब एवरेस्ट एडवर्टाइजिंग के एमडी) के साथ *ट्राइटन* नाम की एक नई एजेंसी खोल रही हैं।

और इस तरह *द एज* के बहुत सारे लोगों के साथ रंजीव भी *ट्राइटन* में आ गए।

"मैंने 1991 से 1997 तक *ट्राइटन* में काम किया। ऑफिस फोर्ट में फिरोजशाह मेहता रोड पर था।"

ट्राइटन एक महफूज जगह थी--वैसी रॉकस्टार एसेंजी नहीं थी जिसे अवॉर्ड्स और वाहवाहियां मिल रही थीं। बिजनेस की जरूरतें बड़ी थीं। क्लायंट सर्विसिंग का काम ज़्यादा जरूरी थी। कई बार अच्छे आइडियाज़ को वक़्त से पहले ही ख़त्म कर दिया जाता था।

"हां, मुझे कान्स भेजा गया और सिंगापुर और पेरिस कॉन्फ्रेंस के लिए भी भेजा गया। वहां मेरा ख्याल रखा जाता था, मुझे गाड़ी मिली हुई थी। मैं काफी कम्फर्टेबल था।"

लेकिन रंजीव ने ट्रबलमेकर बनना बंद नहीं किया। वे हमेशा सवाल उठाया करते थे।

"मुझे याद है कि मुझे एजेंसी का ऑफिशियल ब्रोशर लिखने को कहा गया। मैंने मना कर दिया। मैंने कहा, आप मुझे जो लिखने को कह रहे हैं, मैं उस पर यकीन नहीं करता। ये सब बकवास है। इसकी वजह से बॉसेस के साथ मेरी मुश्किलें बढ़ गईं।"

सिस्टम का हिस्सा बनकर रंजीव को संतोष नहीं मिल रहा था। इसलिए वीकेंड एक्सपेरिमेंट के तौर पर क्रिएटिव किक के लिए उन्होंने कुछ और करना शुरू कर दिया।

"एक दोपहर हम चार दोस्त बार में ड्रिंक्स के लिए मिले, और बातचीत में दुनिया को जीत लेने के ख़्वाब बांटते रहे। हमने तय किया कि हम कुछ करेंगे, किसी और के नहीं बल्कि अपने ख़्वाबों को पूरा करने के लिए काम करेंगे।"

आइडिया था कि इंडिया का अपनी टी-शर्ट बनाया जाए और ये ख्याल रंजीव के साथ तब से था जबसे वे 1991 में यूके की यात्रा से लौटे थे। वहां उन्होंने स्कॉटलैंड की संस्कृति पर आधारित ख़ास तरह के टी-शर्ट्स देखे।

मैंने कहा, "ये अपने पोस्टर्स पहनने की तरह है--आप अपने टी-शर्ट का इस्तेमाल कुछ भी कहने के लिए कर सकते हैं।"

हमने देखा कि भारत में इस तरह का कुछ भी नहीं है। लेकिन इस आइडिया को मुकम्मल शक्ल देने में रंजीव को छह साल लग गए।

"हमने जो नाम चुना था वो था *तंत्रा*--छोटा-सा, लेकिन मजबूत, और जिससे भारत की खुशबू आती थी। इसमें एक किस्म का अंडरग्राउंड फील था।"

बिल्कुल प्रोजेक्ट की तरह।

काम करने का तरीका बिल्कुल सिंपल था। दोस्तों ने मिलकर कुछ डिजाइन्स तैयार किए, और ये देखा कि इसे कैसे प्रिंट किया जाए।

"एक सीनियर आर्ट पर्सन थे जिनका नाम था सनत। उन्होंने *खादी*, *कली* और *गोवा* नाम के तीन प्रिंट्स तैयार किए।"

लेकिन पेपर पर स्केच करना एक बात है, और उसे टी-शर्ट पर डालना दूसरी बात।

"जब हमने शुरू किया तो हमें फैब्रिक, या प्रिंटिंग के बारे में कुछ भी मालूम नहीं था। हमें पहले सप्लायर ने कहा कि ये कभी भी कारगर नहीं होगा। सिक्स-कलर, एट-कलर प्रिंटिंग तो मुमकिन ही नहीं है।"

मैंने कहा, "ठीक है, लेकिन आपको एक बार और कोशिश करनी होगी।"

"1991 में मैं *मैड* मैगजीन के हेडक्वाटर्स गया, न्यूयॉर्क। मैं बस यूं ही गया और कहा कि मुझे ये जगह देखनी है। मुझे एक शख्स ने वो जगह दिखाई। वहां मैंने विलियम गैन्स, एंजेलो टॉरेस और अल जफी के कुछ ओरिजिनल आर्ट वर्क देखे। गजब था वो--माइंडब्लोइंग!"

एडवर्टाइजिंग में लाल रंग का मतलब है, 18 तरह के अलग-अलग रंगों का होना।

"मुझे जब मेरे शेड का लाल नहीं मिलता था तो मैं सप्लायर पर नाराज हो जाता था।"

"डर के मारे वो कहता था, ले लीजिए, आप सब मुफ्त में ले लीजिए।"

रंजीव डॉन नाम की एक कंपनी में गए। वहां के मालिक से भी उनकी बहस हो गई। डॉन दरअसल *बनियान* बनाया करता था और उनके सैंपल्स भी ठीक वैसे ही दिखते थे।

"अगर आप एडवर्टाइजिंग से हैं तो लोगों के सामने अपना एटीट्यूड दिखा सकते हैं क्योंकि आप किसी और के लिए काम कर रहे हैं। सिस्टम आपकी रक्षा करता है। लेकिन आप अपने आप काम कर रहे हैं तो आपको सब कुछ खुद ही करना पड़ता है।"

आख़िर रंजीव ने पहले दो-तीन प्रिंट्स के करीब 500 पीस बनवा लिए और उन्हें अपने अनौपचारिक चैनलों के जरिए बेचने में भी कामयाब रहे। और ये टी-शर्ट बिजनेस वीकेंड के फितूर तक ही सीमित रहता, अगर अपनी एजेंसी में उन्हें दिक्कत न हुई होती।

"मैं अपने शनिवार और रविवार को बहुत तवज्जो दिया करता थे। लेकिन इसका मतलब ये कतई नहीं था कि दफ्तर से मुझे शनिवार को बुलाया जाता तो मैं काम नहीं करता। मुश्किल ये थी कि ये क्लाइंट-सर्विसिंग का बंदा मुझे आधे-अधूरे ब्रीफ दिया करता था, और मुझसे मंडे मॉर्निंग सुबह दस बजे एड देने की उम्मीद करता था।"

मैंने कहा, "ये मुमकिन नहीं है, तब तक तो बिल्कुल नहीं जब तक तुम लोग मुझे और जानकारी नहीं देते। और तब उस बंदे ने जाकर बॉस से मेरे एटीट्यूड की शिकायत कर दी।"

"एक सोमवार की सुबह बॉस का एक नोट मिला, अगर काम करने में दिलचस्पी नहीं है तो बता दो (लेट मी नो इफ यू आर इंट्रेस्टेड इन बिइंग हियर)।"

बस, रंजीव ने एक लंबी छुट्टी ले ली और फिर कभी लौटकर नहीं आए!

अगला स्टॉप था कुर्ला स्टेशन, जहां से उन्होंने तिरुपुर की ट्रेन ले ली जो भारत का टी-शर्ट कैपिटल हुआ करता था।

"मेरे कुछ कॉन्टैक्ट्स थे, इसलिए मैंने वहां जाने का फैसला किया और एक बड़ा ऑर्डर दे दिया।"

"उस समय बड़े ऑर्डर का मतलब था 4-5 तरह के प्रिंट्स के करीब 2000 पीस। कुल इन्वेस्टमेंट--एक लाख बीस हजार।"

अब तक तो सब ठीक था। लेकिन कोई इतने सारे पीस बेचे कैसे?

रंजीव को मालूम था कि कस्टमर पहले ही दिन से टी-शर्ट खरीदेंगे। लेकिन सवाल रिटेलरों के जेहन में थे, क्योंकि *तंत्रा* एक्सपेरिमेंटल ब्रांड था। इससे पहले किसी ने ऐसा कोई ब्रांड देखा नहीं था।

"एडवर्टाइजिंग में इसे 'डिसरप्शन' कहा जाता है। तंत्रा सिर्फ टी-शर्ट नहीं था, कम्युनिकेशन का एक नया तरीका भी था। यहां तक कि हमारे टैग्स भी कस्टमर से बात करते हैं।"

"हर नए और ख़ास प्रॉडक्ट को इवान्जेलिस्ट की जरूरत होती है, जो उस प्रॉडक्ट में यकीन करे। तंत्रा को भी मिस्टर हाथीरमानी नाम के एक सिंधी दुकानदार के रूप में वो शख़्स मिल गया जिसमें अच्छे प्रॉडक्ट्स को पहचानने और उस पर भरोसा करने का माद्दा था।"

"हमारे शुरुआती प्रिंट्स एकदम टूरिस्टी थे, इसलिए उनके दुकान की लोकेशन सही थी हमारे हिसाब से। उन्होंने हमारी टी-शर्ट्स के दस-बीस पीस रख लिए। सारे के सारे पीस रातोरात बिक गए।"

अगली सुबह उन्होंने हमें कॉल किया और कहा, "और पांच सौ पीस भेजो।"

तो ये क्या जादू था? लोकेशन एक वजह थी, लेकिन रंजीव को लगता है कि मिस्टर हाथीरमानी के पास सही दिल और सही सोच थी जो प्रॉडक्ट की फितरत के अनुरूप थी। जल्दी ही बाकी के स्टोर्स को भी लगने लगा कि माल बिक रहा है और ऑर्डर आने शुरू हो गए।

"शुरू में लोग कोलाबा से हमारे टी-शर्ट्स खरीदने आते थे। फिर बांद्रा और लोखंडवाला की दुकानों ने भी हमारा माल रखना शुरू कर दिया। तंत्रा

न सिर्फ टूरिस्ट्स के बीच, बल्कि लोकल लोगों में, ख़ासकर स्टूडेंट्स के बीच काफी पॉप्युलर हो गया।"

क्योंकि टी-शर्ट्स तिरुपुर से आ रहे थे--जहां बड़ी तादाद में माल बना रहा था, इसलिए काम को और बढ़ाने में बहुत मुश्किल नहीं हुई।

"तिरुपुर एक्पोर्ट-ओरिएंटेड जोन है। शुरू के सालों में वे लोकल खरीददारों को कुछ नहीं समझते थे। बल्कि उनका सिस्टम बहुत ही अजीब सा है--जब आप उनकी फैक्ट्री में जाएंगे तो वे आपको माला पहनाएंगे और आरती उतारेंगे। फिर वे आपसे पूछेंगे, आप कहां की कंपनी के लिए खरीद रहे हैं? अमेरिकन? जर्मन? फ्रेंच?"

"अगर आपका जवाब लोकल है, तो वे आपसे माला वापस छीन लेंगे।"

रंजीव ने तुरंत ट्रेड के ट्रिक्स सीख लिए--जैसे कि सही होटल में रुकना।

"तिरुपुर में एक ही फाइव-स्टार होटल है और होटल सप्लायर्स को गेस्ट-लिस्ट भेज देता है। इसलिए हमने उस होटल में रुकना शुरू किया और हमें अपने-आप सप्लायर्स के फोन आने लगे।"

"हां, ये जरूर था कि संख्या छोटी हुआ करती थी--एक महीने में 3000-4000 पीस। रंजीव का ख़्वाब था कि वे एक महीने में कम-से-कम दस हजार के ऑर्डर जरूर दें।"

"हमें मार्जिन के कॉन्सेप्ट के बारे में मालूम नहीं था। हम हर टी-शर्ट पर तीस से चालीस रुपए मुनाफा कमाना चाहते थे, और एक एड एजेंसी के क्रिएटिव डायरेक्टर के रूप में मैंने यही सीखा था।"

अंतर बस इतना ही था कि यहां रंजीव क्रिएटिव, क्लायंट सर्विसिंग और चीफ एक्जिक्यूशन ऑफिसर--सब खुद ही थे। और गार्मेंट बिजनेस के सारे गुर शुरू से खुद ही सीखने थे।

"मुझे याद है कि 1997 में हमने एक डिपार्टमेंट स्टोर से बात की और वहां एक लेडी इंचार्ज थी। उन्होंने हमसे पूछा कि टी-शर्ट छोटी क्यों लग रही थी। हम इतने नए थे कि हमने टी-शर्ट फैब्रिक को लैबोरेट्री में टेस्ट करने का सोचा तक नहीं।"

तब रंजीव ने एक लाल टी-शर्ट को रातभर के लिए बाल्टी में छोड़

दिया और पानी को ग्लास की बोतलों में भर लिया।

"हम फिर उस लेडी से मिल नहीं सके... उनके जूनियर ने हमें ग्लास की बोतलें ले जाते हुए देखा और शायद ये सोच लिया कि हम कुछ बेवकूफ लोगों की जमात हैं।

बाद में आख़िर उस स्टोर ने तंत्रा को स्टॉक करना शुरू कर लिया, लेकिन इस पूरी प्रक्रिया में तंत्रा को एक साल लगे। लेकिन ये एक लर्निंग एक्सपीरिएंस था और रंजीव ने एक दूसरे मॉर्डन रिटेल आउटलेट के साथ दूसरे अप्रोच की कोशिश की। वे इस अप्रोच को 'मैजिक लेटर' कहते हैं।

"हर साल मैं किसी इंसान तक पहुंचने के मकसद के साथ उस इंसान को कुछ चिट्ठियां भेजता हूं और उस चिट्ठी के कॉन्टेंट के साथ बहुत सारी पॉजिटिव स्पिरिचुअल एनर्जी भेजता हूं। 10 में से 9 बार ये युक्ति काम आती है।"

रिटेलर के नाम की इस चिट्ठी में वे दस कारण लिखे होते हैं जो समझाते हैं कि रिटेलर को तंत्रा के टी-शर्ट्स क्यों रखने चाहिए, और दसों कारण बहुत जबर्दस्त होते हैं।

"एक मार्केटिंग मैनेजर ने एक दिन हमें बुलाया और कहा, ओके--क्या आप आकर हमसे डिस्कस कर सकते हैं?"

"ये मार्केटिंग मैनेजर बहुत ही मुश्किल कस्टमर था, और उसके दोनों ओर बैठे डेप्युटिज के चेहरे पर भी बहुत गंभीर और गुस्से वाले भाव थे। मैं अभी भी सोचता हूं कि क्या ये कॉरपोरेट टाइप के लोग ऐसा सिर्फ इसलिए करते हैं ताकि हम जैसे छोटे उद्यमी को डराकर बाहर निकाल फेंका जा सके।"

उन लोगों ने रंजीव से मार्जिन्स और नंबर्स में बात करनी शुरू कर दी।

किसी और के लिए काम करते हुए आप किसी और के ख़्वाब के लिए काम कर रहे होते हैं और उस इंसान का ख़्वाब शायद सिर्फ पैसे कमाना होता है। इसलिए आपको हमेशा कोई न कोई कमी खल रही होती है।

"मुझे कुछ समझ नहीं आया। मैं मैथ्स में हमेशा से बहुत कमजोर था। आख़िर में मैं कुछ बहुत ही क्रेजी बार्गेन के लिए तैयार हो गया और जब बाद में हमने शॉपर्स-स्टॉप, ग्लोबस, पिरामिड--इन सबको अपने टी-शर्ट्स दिए तो सबको उसी थोड़े से मार्जिन पर स्टॉक देना पड़ा..."

लेकिन इस विजिबिलिटी का फायदा ब्रांड को जरूर हुआ।

और बिजनेस की तरह गार्मेन्ट्स में भी होलसेल का कॉन्सेप्ट है। लेकिन ये डायरेक्ट-टू-रिटेल मॉडल है जिसका शुरुआती सालों में तंत्रा को बहुत फायदा हुआ।

"हमने मुंबई में एक डिस्ट्रिब्यूटर अपॉइंट किया लेकिन ज़्यादातर दुकानदार सीधे हमसे ही स्टॉक लेना चाहते थे। और वो आलसी डिस्ट्रीब्यूटर हमारे लिए और बिजनेस भी नहीं लेकर आ रहा था।"

'हम' की बात चली ही है तो उन चार दोस्तों का क्या हुआ, जिन्होंने एक रात बार में रंजीव के साथ ये सपना देखा था? वो गैंग जिसने विजिटिंग कार्ड्स का पहला सेट तैयार किया?

"उन चारों में से एक ने ट्राइटन का कम्फर्ट नहीं छोड़ना चाहा। ट्राइटन ने उसे बड़ा इन्क्रीमेंट दिया और वो वही नौकरी करता रहा। सनत--वो आर्टिस्ट जिसने टी-शर्ट्स का पहला सेट बनाया, फ्रीलांस के तौर पर काम करना चाहता था। तीसरे बंदे ने मेरे साथ काम करना शुरू किया, लेकिन..."

वो पार्टनरशिप बहुत अच्छी नहीं रही। दोनों एक साल की भीतर अलग हो गए और उस शख़्स ने अपना नया टी-शर्ट ब्रांड शुरू कर दिया।

"मुझे शुरू में लगा कि ये अनएथिकल है क्योंकि वो उन्हीं स्टोर्स में जाएगा और वैसे ही प्रॉडक्ट बेचेगा जैसे तंत्रा के पास हैं। लेकिन यही ज़िंदगी है," रंजीव कंधे उचकाकर कहते हैं। लेकिन उससे तंत्रा के सेल्स पर कोई असर नहीं पड़ा।

रंजीव एक छोटे-से सपोर्ट स्टाफ के साथ काम करते रहे और बाद में

मुझे लगता है कि एमबीए से मेरा दिमाग बंध जाता, डिग्री की वजह से मुझे लगता, दैट्स नॉट पॉसिबल।

कोलाबा में स्ट्रैंड सिनेमा के पीछे एक छोटा-सा ऑफिस ले लिया।

"जय हिंद कॉलेज का एक स्टूडेंट था जो बस यूं ही मेरे पास आ गया और उसने कहा कि आपके साथ काम करना चाहता हूं। मैंने उसे तुरंत काम पर रख लिया। मेरे पास एक जूनियर अकाउंट्स की लड़की भी थी जिसने मेरी विदेश यात्रा के दौरान बहुत घपला किया। जाहिर है, मुझे उससे काम छोड़ने के लिए कहना पड़ा।"

2000-2001 तक सब कुछ बिखरा हुआ था।

"गोवा और दिल्ली से दुकानदार यूं ही चले आया करते और कहते कि हमें आपके टी-शर्ट्स चाहिए, और जब वे हमारे काम करने की छोटी-सी जगह देखते तो शॉक्ड रह जाते।"

इस वक्त तक तंत्रा महीने के दस हजार टी-शर्ट बेचने लगा था।

सब ठीक था, लेकिन बिजनेस की रूह--उसकी आत्मा--उसका क्रिएटिव हिस्सा कहां से आ रहा था? आख़िर कोई भी एक फनी लाइन लेकर टी-शर्ट पर प्रिंट कर सकता था। फिर तंत्रा में क्या ख़ास था? कुछ तो स्पेशल रहा होगा, कुछ अलग...

सबसे पहले तो टैलेंट की क्वालिटी। हेमंत मोरपारिया--मशहूर कार्टूनिस्ट--उन लोगों में से एक हैं जिनके डिजाइन्स तंत्रा के टी-शर्ट्स पर होते हैं। इसके अलावा कुछ आम लोग भी थे, जो तंत्रा ब्रांड टी-शर्ट के फैन्स थे।

"एयर इंडिया के एक पायलट ने हमें ई-मेल किया और पूछा कि क्या वे कुछ आइडियाज भेज सकते हैं? हमने उन आइडियाज में से एक--ऑटोरिक्शा--को टी-शर्ट में बदला, जो अभी भी बिक रहा है।"

"बल्कि आइडियाज सोचना मुश्किल नहीं है। सही आइडिया चुनना मुश्किल है--जिसकी वजह से टी-शर्ट्स ज़्यादा बिकेंगे और आपके मुनाफे को बढ़ाएंगे। सारा ट्रिक यहीं है। और इसके लिए आपको क्रिएटिव माइंड नहीं, ट्रेंड माइंड चाहिए होता है।"

"इट्स 100% गट फील, एक्चुअली।"

रंजीव ऑप्शन्स क्रिएट करने में यकीन नहीं रखते।

"मुझे याद है कि एड एजेंसी में एक अप्रोच हुआ करता था, कि आपके

हर इंसान खड़े होकर कहना चाहता है कि ये देखो, मैं यही हूं और दुनिया की बड़ी स्कीम में मेरी भी एक तय जगह है।

पास एक ऑल्टरनेटिव होता था और उस ऑल्टरनेटिव का भी एक ऑल्टरनेटिव होता था। मुझे ये बेईमानी लगती थी। आपको किसी एक चीज में यकीन करना होता है, और फिर उसी के साथ जाना होता है।"

अगर कॉन्सेप्ट में दम होता तो रंजीव डिजाइन के तौर पर पर, टाइपोग्राफी या इलस्ट्रेशन के रूप में उसमें और सुधार करते। लेकिन बस इतना ही।

"अगर कॉन्सेप्ट अच्छा है तो लोग इसे खरीदेंगे जरूर... अगर नहीं तो वे नहीं खरीदेंगे। और यही मुश्किल और कठोर सच है," रंजीव कहते हैं।

ये भी सच है कि तंत्रा में सेल्स ही सब कुछ नहीं है।

"हम उन प्रिंट्स को भी एन्जॉय करते हैं जो कम बिकते हैं क्योंकि आख़िरकार वे भी हमारी ही संतानें हैं।"

कई बार रंजीव कोलाबा के 'नारीसन्स' में खड़े होकर कस्टमर्स को देखते हैं। यहां पूरा का पूरा एक डिस्प्ले विंडो तंत्रा की डिजाइन्स को समर्पित है।

"मुझे बहुत खुशी मिलती है जब लोग हमारे जटिल डिजाइन्स को देखते हैं--99 प्रतिशत जनता उसे समझती भी नहीं। लेकिन अगर एक बंदा भी समझ जाता है और उसे खरीद लेता है तो हमारी मेहनत सफल हो जाती है।"

"पॉइंट ये है कि ब्रांड को 'डंब डाउन' नहीं करना है, उसे बहुत सरल नहीं बनाना, और उसको ब्रांड की फितरत के लिहाज से 'क्विरकी' रहने देना है।"

पिछले 12 सालों में तंत्रा ने 2000 से ज़्यादा डिजाइन्स दिए हैं। लेकिन हर बार सारे के सारे डिजाइन्स शेल्फ पर मौजूद नहीं होते। और तो और,

तंत्रा एक ईमानदार प्रॉडक्ट है। हम कभी सेल पर नहीं जाते क्योंकि हमारी टी-शर्ट की कीमतें पहले से ही हमने कम से कम रखी हैं, इतनी ही कम कि किसी तरह बिजनेस में बने रहें।

तंत्रा ने *बार्किंग डॉग* और *लाइन मारो* के नाम से सब-ब्रांड और पैरेलल ब्रांड भी शुरू किया है। टार्गेट लोकल मार्केट है, और फोकस में 'इंडिया' नहीं है, बल्कि मजेदार लाइनें हैं।

"अगर मैं किसी स्टोर को तंत्रा ब्रांड स्टॉक करने के लिए दूंगा तो अगली छोटी दुकान में बैठे शख़्स का क्या? उससे अच्छा है कि मैं अलग से अपना एक और ब्रांड बनाऊं और अपने सेल्स को दुगुना कर दूं। मुझे तो कभी-कभी ये भी लगता है कि हमें अपने ही फेक टी-शर्ट बनाकर उन्हें स्ट्रीट वेंडर्स के पास बेचने के लिए डाल देना चाहिए, लेकिन शायद ये कुछ ज़्यादा ही 'रैडिकल' हो जाएगा।"

तंत्रा टी-शर्ट्स इसलिए भी पसंद किया जाता रहा है क्योंकि टी-शर्ट की क्वालिटी बहुत अच्छी है। और ब्रांडों से इतर, तंत्रा टी-शर्ट्स जितनी धुलती हैं उतनी बेहतर होती जाती हैं। रंजीव के मुताबिक 'सीक्रेट' है जीएसम यानी हर स्क्वायर इंच में ज़्यादा धागे।

"तो आपने शुरू में ही तय कर लिया था कि क्वालिटी पर समझौता नहीं करेंगे और चिंदीचोरी नहीं करेंगे?" मैं पूछती हूं।

"नहीं, हम अज्ञानी थे--इग्नोरेंट!"

"वैसे इस 'इग्नोरेंस' का फायदा हुआ है और शुरुआती शक के बात लोगों ने कहना शुरू कर दिया, हमें नहीं मालूम था कि इस बंदे में दम है। देखो ये अब कितना अच्छा कर रहा है।"

इसी वक़्त--2001 के आस-पास रंजीव अपने ब्रदर-इन-लॉ विमल को बिजनेस में ले आए। विमल बिजनेस का मैन्युफैक्टरिंग और मार्केटिंग साइड देखने लगे। विमल अपनी नौकरी से तंग आ गए थे और उन्होंने खुशी-खुशी ये ऑफर स्वीकार कर लिया।

"विमल मुझसे देखने में बेहतर हैं, लंबे भी हैं," रंजीव मजाक के अंदाज में कहते हैं।

सच तो ये है कि 'धंधा' क्रिएटिव पर असर डाल रहा था। मॉल्स को हर हफ्ते मिलना होता था, जिसका मतलब था पूरे शहर में घूमते रहो। *वेस्टसाइड* और *प्रोवोग* ने तंत्रा से टी-शर्ट्स की इन-हाउस लाइन तैयार करने को कहा।

रंजीव को किसी और के पास जाकर आइडिया बेचने का ख़्याल पसंद नहीं आया।

"एडवर्टाइजिंग छोड़ने का पूरा मकसद ही था कि मैं सिर्फ और सिर्फ अपने कस्टमर को अपनी चीजें बेचना चाहता था। इसलिए मैंने और विमल ने काम बांट लिया। विमल क्रिएटिव साइड में नहीं आते और मैं ऑपरेशन्स में टांग नहीं अड़ाता।"

प्रोडक्शन विमल का काम है--एक मुश्किल काम क्योंकि एक ही फैक्ट्री में चार-पांच तरह के ऑर्डर पूरे किए जाते हैं। एक धागा बुनाई में जाता है, दूसरा डाई हो रहा होता है और तीसरा बैच काटा जा रहा होता है तो प्रिंटिंग कहीं और हो रही होती है।

हर बैच में आमतौर पर 30,000-40,000 पीस होते हैं, और ऑर्डर के आधार पर विमल तय करते हैं कि कितने रंग, कितने साइज और कितने स्टाइल होंगे।

तंत्रा के पास कोई प्रोडक्शन यूनिट नहीं है--और तंत्रा ने अपना काम दो-तीन अलग-अलग फैक्ट्रियों को आउटसोर्स कर रखा है। हालांकि तंत्रा का स्टाफ क्वालिटी पर ध्यान रखता है।

ज्यादा से ज्यादा फैब्रिक को प्री-टेस्ट किया जाता है और पैकिंग से पहले गार्मेंट के कई क्वालिटी कंट्रोल टेस्ट होते हैं।

तो साल में तंत्रा कितने टी-शर्ट्स बनाता है? मेरा अनुमान है कि एक लाख से ऊपर हर महीने। और इस लिहाज से कंपनी का टर्नओवर 25 करोड़ के आस-पास है।

इस तरह के बड़े ऑपरेशन्स के लिए तंत्रा में काम करने वाले लोगों की टीम बहुत छोटी कही जाएगी। नरीमन पॉइंट के छोटे से ऑफिस में कुल 25 लोग हैं, बाकी के 25 वेयरहाउस में और 20 लोग तिरुपुर में काम संभाल रहे हैं।

जबकि तंत्रा ने पूरे देश के रिटेल आउटलेट्स में अलग-अलग फॉर्मेट्स के जरिए अपनी जगह बना चुका है। बल्कि 30-40 प्रतिशत सेल्स मॉल्स से आता है--उस जगह से जहां रंजीव शुरू में जाने से कतराते रहे थे।

"मुझे लगा कि जैसे ही हम मॉल्स में जाएंगे, एक ब्रांड के तौर पर 'अंडरग्राउंड' नहीं रहेंगे। लेकिन मुझे ये भी समझ में आ गया कि मॉल्स में सेल्स बड़ा होता है और अगर मैं वहां तक नहीं पहुंचा तो कोई और ब्रांड वहां पहुंच जाएगा।"

उनके भीतर के सिंधी ने आख़िरकार जीत हासिल कर ही ली।

उसी दौरान तंत्रा ने ईबीओ यानी एक्सक्लुसिव ब्रांड आउटलेट खोले। दिल्ली, जयपुर, मुंबई, यहां तक कि गुवाहाटी, शिलॉन्ग और शिमला में करीब 20 ईबीओ हैं जो तंत्रा के डिस्ट्रीब्यूटर चलाते हैं।

"हमारे जैसे ब्रांड्स के लिए एक्सक्लुसिव आउटलेट्स जरूरी हैं। एक बार कस्टमर भीतर आ जाए तो उसे 'फुल-ऑन एक्सपीरिएंस' मिलता है। वो बिना कुछ खरीदे बाहर जा ही नहीं सकता!"

इसलिए तंत्रा के सेल्स का 25-30 प्रतिशत हिस्सा ईबीओ से आता है।

और तो और, तंत्रा ने राउंड नेक टी-शर्ट से आगे बढ़कर नए किस्म के टी-शर्ट्स के साथ भी प्रयोग किया है।

"हम बहुत सारा विंटर मर्केन्डाइज भी करते हैं--फ्लीस, पोलो नेक्स, प्लेन्स, लॉन्ग स्लीव्स... हम अब क्लबवेयर भी बनाते हैं। अब तो हम टी-शर्ट्स की सुपर मार्केट बनाना चाहते हैं, अगर कोई मुझे फाइनेंस करे तो..."

वैसे रंजीव इन्वेस्टर्स नहीं ढूंढ़ रहे। बल्कि तंत्रा अभी भी पार्टनरशिप फर्म के तौर पर चल रहा है। किसी को शायद यकीन न हो, लेकिन पिछले 12 सालों में तंत्रा ने किसी बैंक से एक रुपया भी कर्ज नहीं लिया।

"दरअसल हमारे लिए 100 टाइम्स स्केल अप करना आसान होता, लेकिन हम ये करना नहीं चाहते क्योंकि इससे तनाव और हाई ब्लड प्रेशर होगा।"

फिलहाल, रंजीव जो कर रहे हैं उसमें उन्हें मजा आ रहा है।

"इसमें इतना मजा है और आप पैसे भी बना रहे हैं--आपको और क्या चाहिए आख़िर? आपको अपना दाल-चावल कमाने लायक पैसे मिलने चाहिए और आप जो कर रहे हैं उसमें आपको मजा आना चाहिए। इसके अलावा छोटी-छोटी चीजें जो आपको चाहिए, वो हासिल करने के लिए पैसे आने चाहिए --जैसे डीवीडी पर एक फिल्म, जिसमें शायद अच्छा सराउंड साउंड सुनाई दे।"

और क्वालिटी ऑफ लाइफ, ज़िंदगी अपने तरीके से जीने की आजादी। जो रंजीव ने अपने लिए जरूर हासिल कर ली है।

"मेरा दिन फ्लेक्सिबल होता है--मैं कई बार दो या तीन बजे दोपहर में घर चला जाता हूं। जो दूसरी बात मुझे अपने काम के बारे में बेहद पसंद है, वो है कि मैं जैसे चाहूं काम पर आ सकता हूं। दिखावे की कोई जरूरत नहीं है, अगर आप शेव नहीं करना चाहें तो न करें।"

और कोई आपको रोकेगा नहीं, कोई सेंसिबल होने को नहीं कहेगा। बल्कि 1997 में रंजीव की जब शादी नहीं हुई थी तो उन्होंने अपना मैट्रिमोनियल ऐड तक अपने टी-शर्ट पर टैग करने का सोच लिया था!

"इट्स क्रेजी, इजन्ट इट? मतलब मैं जो चाहे, कर सकता हूं। बल्कि हम कोई रूल नहीं तोड़ रहे हैं, कम से कम उतना तो बिल्कुल नहीं जितना हमें तोड़ना चाहिए, क्योंकि हम एक कंपनी के तौर पर और बढ़ते जा रहे हैं, और हम थोड़े इंस्टीट्यूनलाइज होने लगे हैं..."

जो कि इतनी बुरी बात भी नहीं है।

"मुझे कुछ भी हो सकता है, किसी को भी हो सकता है। मैं एक सिस्टम इंस्टीट्यूट करने की कोशिश कर रहा हूं, एक डिजाइन सेल बनाने की कोशिश कर रहा हूं। हम लोगों का एक बैंक बनाएंगे जो ये समझते हों कि ब्रांड क्या है और हमें कौन-सा काम करने की जरूरत पड़ेगी।"

सबसे बड़ी चुनौती है कि तंत्रा को फ्रेश, कूल और रेलेवेंट रखा जाए --उन लोगों के जेहन में भी, जो लॉयलिस्ट हैं और अगले जेनरेशन के टी-शर्ट लवर्स के जेहन में भी।

लेकिन मुझे रंजीव का जवाब करीब-करीब सुनाई दे रहा है, "व्हॉट, मी वरी?"

नॉट अ चांस।

*

युवा उद्यमियों को सलाह

अपना काम अपनी मर्जी, अपने तरीके से करना सेक्स से बेहतर है।

मैं ये भी मानता हूं कि इस दुनिया में दो किस्म के लोग होते हैं--एक वो जो दूसरों के लिए काम करते हैं, और दूसरे वो जो अपना काम करना चाहते हैं। वे लोग, जो अपना काम खुद करना चाहते हैं, उनमें से कुछ तो भ्रम में होते हैं और कुछ वाकई प्रतिभाशाली होते हैं। सबसे पहले ये देख लीजिए कि आपमें कोई टैलेंट है या नहीं। अगर आपमें टैलेंट है तो कड़ी मेहनत करिए, हार मत मानिए, जो करना चाहते हैं उसको पूरा करके रहिए।

अगर पहले दो सालों में आपका सपना पूरा नहीं होता तो इसका मतलब है कि ये आपके लिए है ही नहीं।

लोग कहते हैं, अगर आप अपना बिजनेस शुरू करने जा रहे हैं तो समझ लीजिए कि आपकी शामत आने वाली है। आपको मालूम ही नहीं है कि आगे होने क्या वाला है...

मैं उनसे कहता हूं, यहां कुछ है ही नहीं--सब कुछ आसान और सरल है। आपके दरवाजे पर कोई हर रोज दस्तक देकर ये नहीं कहता कि चलो अब पैसे चुकाओ। मुझे लगता है संभावनाएं अंतहीन हैं, चाहे आप कोई भी बिजनेस कर रहे हों। आपको एक्सप्लोर करने की जरूरत है और हर फील्ड में क्रिएटिव होने की जरूरत है, आप उस तरह से चीजें कीजिए जैसे पहले कभी की नहीं गईं।

प्रोडक्ट आपको किसी ने किसी रूप में प्रभावित करे, ये जरूरी है। ये आपके भीतर कोई न कोई ऐसा बटन दबाए जो पहले नहीं हुआ हो...

आपका अपना काम करना आपको मन को शांति देता है। आप अपने डीएनए को फॉलो कर रहे होते हैं, अपनी लय में होते हैं, अपनी रफ्तार से ज़िंदगी जी रहे होते हैं। आप अपने इनर सेल्फ, अपनी भीतर की ताकत से जुड़े हुए होते हैं, अपनी आत्मा से जुड़े हुए होते हैं।

ज़िंदगी में हमारा मिशन सेल्स टार्गेट हासिल करना नहीं है। ज़िंदगी का मकसद खुश रहना है। दलाई लामा ने भी यही कहा है। बल्कि... हमारी अलग टी-शर्ट भी यही कहेगी।

कर्मा कंपनी

सुरेश कामथ
लेजर सॉफ्ट इन्फोसिस्टम्स

आईआईटी से एमटेक सुरेश कामथ एक ऐसा सॉफ्टवेयर फर्म चलाते हैं जिसमें इंजीनियरिंग की नौकरियां सिर्फ इंजीनियरों के लिए ही नहीं, सभी के लिए खुली हुई हैं। सुरेश कामथ इस बात पर यकीन करते हैं कि सामाजिक जिम्मेदारियों के साथ-साथ अच्छा बिजनेस भी किया जा सकता है, और उनकी कंपनी ये बात साबित करने पर आमादा है।

सुरेश कामथ मिलते ही पहली बात ये कहते हैं, "यहां आने के लिए और हमारे साथ वक़्त बिताने के लिए शुक्रिया।"

उनके शब्दों में एक किस्म की संवेदना है, और बहुत सारा भरोसा भी।

ठीक उनकी कंपनी की तरह।

लेजर सॉफ्ट सॉफ्टवेयर के बिजनेस में है लेकिन सॉफ्टवेयर कंपनी नहीं है। यहां ग्लास टावर्स नहीं हैं, कैफे कॉफी डे स्टाइल के कैंटीन नहीं हैं और न ओह-व्हाट-अ-कूल-आईकार्ड टांगे घूमने वाले कर्मचारी हैं।

बल्कि जब टैक्सी वाले ने वलसर्वकक्म की तरफ टैक्सी मोड़ी तो मुझे इस बात का पूरा यकीन हो गया था कि उसने गलत रास्ता ले लिया है।

ये कोई आईटी पार्क नहीं है, बल्कि एक निहायत ही मिडल क्लास रिहायशी इलाका है। अचानक हमें लेजर सॉफ्ट का बोर्ड नजर आता है जो पिस्ता रंग की एक साधारण-सी दिखने वाली इमारत पर टंगा है।

हेडऑफिस और आगे जाकर है, और बल्कि बेहद आम-सी इमारत में है। लेकिन जब सुरेश ये बताते हैं कि उन्होंने ये जगह क्यों चुनी, और क्यों उनकी कंपनी अगली इंफोसिस बनने में यकीन नहीं रखती तो ऐसे किसी इलाके में कंपनी के दफ्तर के होने के पीछे की वजहें समझ में आने लगती हैं।

सुरेश कामथ इस बात में यकीन करते हैं कि एकदम आम-से लोग बेहद ख़ास चीजें कर सकते हैं।

ये रास्ता क्वालिटी ऑफ लाइफ की कीमत पर नहीं तय किया जाता।

और सॉफ्टवेयर अफोर्डेबल होना चाहिए।

सुरेश गोलिएयथ के बीच डेविड हैं।

ऊंची कद-काठी वाली एक भीड़ के बीच अदना-से कद वाले शख़्स हैं।

लेकिन सुरेश की सोच बहुत ऊंची है।

सुरेश कामथ इस बात में यकीन करते हैं कि बिजनेस का एक सामाजिक लक्ष्य होता है, और कंपनी का आकार जितना जरूरी नहीं, उतना जरूरी आपके दिल का आकार है कि वहां कितनों को जगह मिल पाती है।

कर्मा कंपनी

सुरेश कामथ
लेजर सॉफ्ट इन्फोसिस्टम्स

सुरेश कामथ मैसूर के एक साधारण से परिवार में पैदा हुए। "मेरे पिता एक बिलिंग कंपनी के लिए काम करते थे। मेरी मां सिर्फ आठवीं पास थी। मैं उनकी पांच संतानों में सबसे बड़ा हूं।"

बचपन में सुरेश पर जिस शख़्सियत का सबसे गहरा प्रभाव पड़ा, वे थे स्वामी विवेकानंद।

"मैसूर में मेरे घर के बहुत करीब एक शिवानंद आश्रम था। वहां अक्सर चर्चाएं हुआ करती थीं, जिसमें लोग दर्शन के बारे में बात किया करते थे।"

सुरेश के मन में कई सवाल थे। किसी ने उन्हें स्वामी विवेकानंद की ज़िंदगी से जुड़ी कुछ किताबें दी और सुरेश को ये किताबें ख़ूब भाईं।

शुरू में उन्हें जरूर कुछ समझ नहीं आता था, लेकिन एक बात ने उन पर गहरा असर डाला। अधिकांश दार्शनिकों और चिंतकों ने एक ही बात पर जोर दिया है, लेकिन स्वामी विवेकानंद सबसे अलग थे। उन्होंने देश प्रेम, धर्म, आत्मिक चिंतन--सबको एक साथ मिलाकर अपने दर्शन का हिस्सा बनाया।

"ज्ञानलोक से बहुत प्रेरणा मिली। मुझे लगा कि मुझे भी अपने देश के लिए कुछ करना चाहिए।" उस समय सुरेश की उम्र बारह साल थी।

व्यावहारिक जीवन में इसका मतलब ये था कि सुरेश ने बहुत मेहनत शुरू कर दी। "मैं पढ़ाई में ख़ूब मेहनत करने लगा और अच्छा करने लगा।"

सुरेश डॉक्टर बनना चाहते थे ताकि समाज-सेवा कर सकें। लेकिन उस

वक्त बहुत कम मेडिकल कॉलेज थे और सब जगह आरक्षण हावी था। इसलिए उन्होंने मैसूर के नेशनल इंस्टीट्यूट ऑफ इंजीनियरिंग से बीटेक किया।

सुरेश ने पढ़ाई में बहुत अच्छा किया और उन्हें गोल्ड मेडल भी मिला। उन्होंने फिर आईआईटी मद्रास से एमटेक किया। 1982 में पढ़ाई पूरी करने के बाद सुरेश ने पटनी कंप्यूटर्स के साथ तीन महीने का एक प्रोजेक्ट किया, जहां उस वक्त नारायण मूर्ति भी काम कर रहे थे।

तीन महीने के बाद उन्हें पटनी कंप्यूटर्स के बॉम्बे ऑफिस के साथ-साथ चेन्नई के टीसीएस में भी नौकरी मिल गई। लेकिन उनके दिमाग में दो बातें साफ थीं।

"मैंने तय कर लिया था कि मैं किसी भी कीमत पर विदेश नहीं जाऊंगा। और मैं दक्षिण भारत में ही अपनी कंपनी भी शुरू करना चाहता था।"

सुरेश ने चेन्नई में टीसीएस का ऑफर स्वीकार कर लिया ताकि कुछ सीख सकें, और तीन-चार साल में अपना कुछ शुरू कर सकें। उन्हें तजुर्बा तो हासिल हुआ, लेकिन वे पैसे नहीं बचा सके।

"मुझे अपने पिता को पांच सौ रुपए भेजने होते थे। घर का किराया पांच सौ रुपए था, और महीने का खर्चा तीन सौ रुपए था। मैं हर महीने पांच-दस रुपए से ज़्यादा बचा ही नहीं पाता था। चार साल में सुरेश ने मात्र दो सौ रुपए बचाए। यही उनके स्टार्ट-अप का कैपिटल बना।"

1986 के हिसाब से भी कुछ नहीं। इससे ये बात साबित हो जाती है कि पैसे का होना--या न होना--बैठकर इंतजार करने, और कोई कदम न उठाने की वजह नहीं हो सकता।

उस वक़्त अधिकांश सॉफ्टवेयर कंपनियां सर्विसेज दे रही थीं। सुरेश ने उल्टा रास्ता अख़्तियार किया। "मैं ऐसी कंपनी बनाना चाहता था जो प्रॉडक्ट्स पर फोकस करे।"

"लोगों ने कहा, आप बेवकूफ हैं। चार से छह महीने में आपकी कंपनी बंद हो जाएगी।"

"मैंने कहा, मुझे खुद ही देखने दीजिए।"

"किसी ने मेरा भरोसा नहीं किया, उनके पिता के अलावा, जिन्होंने कहा,

तुम सफल रहोगे। जाओ, करो जो करना चाहते हो।"

सुरेश ने चुनौती स्वीकार की और 1 मई 1986 को अपनी कंपनी शुरू की। सबसे पहले उन्होंने एक हजार रुपए की तनख्वाह पर पांच लोग नौकरी पर रखे। सब उनके घर से काम करते थे।

"उस वक्त मैं इंजीनियर्स नहीं रख सकता था, इसलिए मैंने एनआईआईटी से कुछ बीएससी और बीकॉम ग्रैजुएट को नौकरी पर रखा।" वे प्रोग्रामिंग के बारे में कुछ नहीं जानते थे। सुरेश ने इन लोगों को ट्रेनिंग दी, लेकिन हां, शुरू के कुछ महीने बहुत मुश्किल रहे। लेकिन हैरत की बात ये थी कि क्लाएंट्स खोजना मुश्किल नहीं था।

सुरेश ने लोगों से मिलना, उनसे बात करना शुरू किया और शहर के सबसे बड़े बैंक–स्टेट बैंक ऑफ इंडिया के पास गए।

हेड ऑफिस में किसी ने कहा, "हमारे एक ब्रांच में कुछ दिक्कतें आ रही हैं। क्या आप उसे ठीक कर सकते हैं?"

सुरेश ने जवाब दिया, "हम कर देंगे। लेकिन हमारे पास कंप्यूटर नहीं है। क्या आप हमें रात में यहां काम करने की इजाजत दे सकते हैं?"

ब्रांच मैनेजर तैयार हो गया।

तो दिन में टीम बैंक में रुककर बैंक का काम-काज समझती थी, और रात में एसबीआई के कंप्यूटरों पर काम करती थी। एक ही महीने में टीम ने एक प्रॉडक्ट तैयार कर लिया, जिसने कमाल कर दिया।

उस वक्त एसबीआई का एक ऑपरेशन हुआ करता था, जिसे 'डीडी' कहते थे और जो बैंक में बहुत सारा बैकलॉग पैदा करता था। होता कुछ यूं था–एक ब्रांच मद्रास फर्टिलाइजर्स फैक्ट्री के अकाउंट संभाल रहा था। इस कंपनी को पूरे देश के किसानों से चेक के रूप में पेमेंट आते थे। स्टेट बैंक ये चेक खरीद लिया करता था और पैसा तुरंत मद्रास फर्टिलाइजर्स को रिलीज कर दिया करता था। अब बैंक के पास मुश्किल काम ये होता था कि देशभर की शाखाओं में ये चेक भेजकर पैसे इकट्ठे करना।

ये एक मैनुअल प्रोसेस था, जिसे सिर्फ चार या पांच लोग संभाल रहे थे। लेकिन काम का आकार बहुत बड़ा था, इसलिए चेक कई-कई दिनों तक

पड़े रहते थे।

"हमने पूरी प्रक्रिया को ओटोमेटेड बना दिया", अपनी पहली सफलता को याद करते हुए सुरेश का चेहरा खिल उठता है। दो हफ्ते में ही बैकलॉग क्लियर हो गया।

सबसे मजेदार बात ये थी कि टीम में किसी को बैंकिंग के बारे में कुछ भी नहीं मालूम था। लेकिन वे लोग सीखने को तैयार थे--किताबों से, दूसरों को देखकर, हर जगह और हर चीज से। और वे लोग ये बात साबित करने पर भी तुले हुए थे।

एसबीआई सुरेश की टीम के काम से बहुत खुश हुई और कंपनी के पास और काम आने लगा। बल्कि एसबीआई की सभी शाखाओं ने डीडी प्रॉडक्ट भी खरीदा।

"हमारी पहली सेल चार हजार रुपए की हुई, और उस महीने हमने मेहनत भी खूब की। बाद में हमने दूसरे ब्रांचों को भी वो सॉफ्टवेयर बेचा। उसके बाद बैंक हमारे पास और समस्याएं लेकर आने लगे। धीरे-धीरे हमने बैंकिंग के बाकी एरिया में भी काम करना शुरू किया।"

डीडीआरआर सिस्टम, जनरल लेजर, करंट अकाउंट्स, एक स्पोर्ट्स--लेजर सॉफ्ट ने ऑटोमोटिंग के कई ऑपरेशन्स शुरू कर दिए।

इस बीच सुरेश ने अपोलो हॉस्पिटल से भी संपर्क साधा। एक बार फिर टीम ने प्रोसेस का मुआयना किया, और हेल्थकेयर के बारे में समझने की कोशिश की। दस महीने में लेजर सॉफ्ट पूरे अस्पताल के मेडिकल रिकॉर्ड्स को कंप्यूटराइज करने में सफल रहा।

दो बड़े क्लायंटों ने एक नई कंपनी पर भरोसा कर लिया।

"आईटी इंडस्ट्री ने ये मान लिया है कि उन्हें बहुत तेजी से आगे बढ़ना है लेकिन मैं इस बात से सहमत नहीं हूं। अगर कंपनी बहुत तेजी से आगे बढ़ेगी तो कर्मचारियों पर तनाव बढ़ेगा और वे टूटने लगेंगे। मुझे नहीं लगता कि इसका किसी को कोई फायदा होता है।"

साल के आख़िर तक लेजर सॉफ्ट का टर्नओवर चौसठ हजार रुपए था। अगले पांच सालों तक कंपनी ने बैंकिंग पर अपना ध्यान केंद्रित किया और अपने लिए एक जगह बनाई।

"1991 तक हम बैकिंग के 52 एरिया में काम कर चुके थे। इसके अलावा हमें बड़े वॉल्यूम का काम करने की आदत पड़ गई क्योंकि हम देश के सबसे बड़े बैंक के साथ काम कर रहे थे।"

इस अनुभव के साथ लेजर सॉफ्ट ने इंडियन बैंक और कॉरपोरेशन बैंक से बातचीत शुरू की। कॉरपोरेशन बैंक में हमने कॉरपोरेट कस्टमर्स के लिए कैश मैनेजमेंट सिस्टम तैयार किया। हमने एक महीने में प्रॉडक्ट तैयार किया, दूसरे महीने में ये लाइव चला गया और पंद्रह दिन में उनके पूरे रिकॉर्ड्स का बैक-अप तैयार हो गया था।

बैंक के लिए ये प्रॉजेक्ट बहुत फायदेमंद साबित हुआ। बैंक ने सैंकड़ों करोड़ रुपए का मुनाफा कमाया। बैंक आज भी वही सॉफ्टवेयर इस्तेमाल कर रहा है।

एक प्रॉडक्ट के साथ ख़ास बात ये होती है कि आप अलग-अलग कस्टमर्स को एक ही प्रॉडक्ट बेच सकते हैं। हां, आप कस्टमाइज जरूर करते हैं।

"हर बैंक अलग होता है। उनके प्रोसेस अलग होते हैं, और अकाउंटिंग के उनके तरीके अलग होते हैं। इसलिए अगर आप उसे कस्टमाइज नहीं करेंगे तो ये आपके लिए एफिशिएंट नहीं होगा।"

कस्टमाइजेशन शुरू में बहुत होता था--पूरे काम का 30 से 40 प्रतिशत। अलग-अलग बैंकों के साथ काम करने के बाद लेजर सॉफ्ट ने अंतर पहचान लिए और सॉफ्टवेयर के भीतर ही ऐसे मापदंड तय कर दिए जो समस्याओं का समाधान ढूंढ़ लेते थे।

कंपनी का क्लायंटेल मनिपाल हॉस्पिटल और बॉम्बे हॉस्पिटल तक भी फैला, और हेल्थकेयर में काम बढ़ने लगा।

सभी कस्टमर्स एक ही रास्ते आए--वर्ड ऑफ माउथ। और 1991 में लेजर सॉफ्ट ने सबसे बड़ा कॉन्ट्रैक्ट हासिल कर लिया--एक पूरे ब्रांच को कंप्यूटराइज करने का।

"सॉफ्टवेयर इंडस्ट्री में आठ या नौ सालों के बाद आप प्रोग्रामिंग छोड़कर मैनेजर बन जाते हैं। ये गलत है। हम अभी भी प्रोग्राम लिख रहे होते हैं, हम अभी भी टेक्नॉलोजी पर काम कर रहे होते हैं। सीनियर्स का तजुर्बा बेहतर प्रॉडक्टस बनाने के काम आता है।"

स्टेट बैंक की चेन्नई में ब्रांच थी, जिसे ओवरसीज ब्रांच कहते थे। उन दिनों ये बैंक का वो सबसे बड़ा ब्रांच था जो सबसे ज़्यादा मुनाफा कमाया करता था। लेकिन कुछ मूल परेशानियां थीं।

बैंक से फाइनेंस के लिए एक्पोर्टर डॉक्युमेंट्स और बिल लेकर आया करते थे। स्टाफ हर रोज 25 बिल हैंडल करता था। उसके बाद वे लोग कस्टमर को वापस भेज देते थे ये कहते हुए कि अब कल आना। ऑटोमेशन के बाद बैंक एक दिन में 200 बिल हैंडल करने लगा।

हैरानी की बात नहीं कि मुनाफे रातोरात दुगुने हो गए।

लेजर सॉफ्ट के काम पर लोगों की नजरें जाने लगीं, देश के एक्सपोर्ट-इम्पोर्ट ब्रांच से एन्क्वायरी आने लगी। लेजर सॉफ्ट के लिए कॉन्ट्रैक्ट मील का पत्थर साबित हुआ। उस वक्त कंपनी में 40 लोग काम कर रहे थे और कंपनी का टर्नओवर तीस लाख के आस-पास था। ये एक बहुत बड़ा कदम था।

"दिल्ली, कलकत्ता, बॉम्बे, इंदौर, कोचिन, हम कई जगहों पर गए। मेरे ख़्याल से कुल 65 शहरों में।"

अगले तीन-चार सालों तक टीम के पास बहुत सारा काम रहा। इस बीच बाजार खुलने लगा। तत्कालीन वित्त मंत्री मनमोहन सिंह जो उदारवाद लेकर आए उसका असर बैंकों पर भी पड़ा।

हम कम कीमत पर सॉफ्टवेयर बेच रहे हैं। इसके बावजूद हम साल-दर-साल पैसा कमाते रहे हैं, अपने टैक्स चुकाते रहे हैं, पीएफ देते रहे हैं और अपने लोगों को अच्छी सैलरी देते रहे हैं। मेरे हिसाब से ये एक सही मॉडल है।

"एक्पोर्ट-इम्पोर्ट तेजी से बदला और उस दौरान कई सारे अवसर सामने आए। हमारे बिजनेस की साठ से 70 प्रतिशत आमदनी इन्हीं शाखाओं से आने लगी।"

लेजर सॉफ्ट की ख़ासियत ये थी कि उन्हें बैंकिंग सिर से पांव तक समझ में आती थी। इसलिए वे ऐसे सॉफ्टवेयर तैयार कर सके जो लंबे समय तक चलती। अच्छे सॉफ्टवेयर के लिए अच्छे डिजाइन का होना बहुत जरूरी है और लेजर सॉफ्ट ऐसे प्रॉडक्ट्स बना सका जिन्हें जरूरत पड़ने पर बदला जा सकता था। ये डिजाइन हर बदलाव के लिए तैयार रहते थे।

"हमने समझने में चार से पांच साल लगा दिए। बहुत सब्र के साथ देखा कि बैंक में आख़िर काम होता किस तरह है। इससे हमें सॉफ्टवेयर डिजाइन करने में बहुत मदद मिली।"

1998 तक आते-आते कंपनी में 200 लोग हो गए थे और टर्नओवर करोड़ के पार जा चुका था। इस हाल में बाकी सॉफ्टवेयर कंपनियों की तरह एक अलग रास्ता अख्तियार करना स्वाभाविक था, लेकिन लेजर सॉफ्ट ने ऐसा किया नहीं। सुरेश कामथ ने आकार, स्केल, ग्लोबल फुटप्रिंट--किसी चीज की फिक्र नहीं की। इस उद्यमी के लिए बिजनेस दुनिया का आख़री लक्ष्य नहीं है, उनके लिए और चीज़ें हासिल करना ज़्यादा बड़ा हैं।

मतलब? लेजर सॉफ्ट एक ऐसी कंपनी नहीं है जो सीएसआर एक्टविटिज में यकीन करती हो--बल्कि एक जिम्मेदार कॉरपोरेट है।

"हमने आज तक किसी को एक पैसा भी रिश्वत नहीं दिया," सुरेश फख्र से बताते हैं। "और यही वजह है कि हम यहां तक पहुंचे हैं।"

लेकिन इंफोसिस भी तो यही कहता है। इसमें कौन सी नई बात है?

अभी आगे की कहानी बाकी है। "लेजर सॉफ्ट टर्नओवर के लिहाज से बहुत बड़ी कंपनी हो सकती थी," सुरेश कहते हैं। "लेकिन हम इस बात में यकीन करते हैं कि सॉफ्टवेयर को अफोर्डेबल होना चाहिए," सुरेश कहते हैं। वे आगे बताते हैं, "इस दुनिया में हर चीज बढ़ा-चढ़ाकर बेची जाती है। मान लिया कि इस फोन की कीमत दो हजार रुपए है। इसे 50 प्रतिशत के मार्जिन पर बेचा जाता है।"

"आईटी में होता है कि अगर इस फोन की कीमत दो हजार रुपए है तो वे कहेंगे कि इसे आईबीएम ने बनाया है जो दुनिया की सबसे बड़ी कंपनी है, इसकी टेक्नॉलोजी कॉम्पलेक्स है वगैरह-वगैरह। अंत में जाकर इस फोन की कीमत दो करोड़ रुपए हो जाएगी।"

सुरेश लेजर सॉफ्ट का ही एक उदाहरण देते हैं। "हमने कॉरपोरेशन बैंक के सेंट्रल बैंकिंग सिस्टम को ऑटोमेटेड बनाया, जिससे पूरा बैंक और उसकी सभी शाखाएं जुड़ी हुई हैं। एटीएम तक। हमने ये काम बीस करोड़ रुपए में किया, जिसमें सॉफ्टवेयर की कीमत साढ़े तीन करोड़ रुपए थी और बाकी हार्डवेयर, नेटवर्किंग और बाकी के हार्डवेयर डिवाइस में लगे।"

"अगर आप एक बड़ी कंपनी के पास जाएंगे तो यही काम वो लोग 500 करोड़ में करेंगे। अंतर देखिए।"

लेजर सॉफ्ट को उसकी सही कीमत तो मिल जाती है, लेकिन ये मार्केट प्राइस के आस-पास तक नहीं है। इसलिए क्योंकि ये कंपनी मानती है कि मार्केट कस्टमर को बेवकूफ बना रहा है और ये समाज के हित में नहीं है।

"देखिए... मान लीजिए कि एक सीमेंट कंपनी सॉफ्टवेयर खरीदती है, और ये लागत उनके प्रॉडक्शन कॉस्ट में शामिल हो जाता है। अगर कंपनी ज़्यादा पैसे देकर सॉफ्टवेयर खरीदती है तो सीमेंट की कीमत भी बढ़ेगी। इसी तरह पेट्रोलियम की कीमत भी बढ़ेगी। इससे आम आदमी को फर्क पड़ेगा।"

"सीधे शब्दों में कहा जाए तो सॉफ्टवेयर आम आदमी के लिए इसलिए जरूरी हो जाता है क्योंकि कंपनियां मर्सिडिज बेंज की कीमत पर मारुति बेच रही हैं। मैंने पहली बार एक ऐसी बात सुनी है जिसमें वाकई दम है, और सच्चाई भी..."

इससे समझ में आ जाता है कि इतना कुछ होने के बाद भी लेजर सॉफ्ट इतनी छोटी कंपनी क्यों है। 1998 में दो करोड़ की कंपनी थी और अभी चालीस करोड़ की है, जबकि यहां काम करने वाले लोग 700 से ज़्यादा हैं। किसी और इंडस्ट्री में इसे एक बड़ी उपलब्धि माना जाता, लेकिन सॉफ्टवेयर इंडस्ट्री में अभी भी आप एक पिग्मी हैं।

लेकिन जब बात गोलिएथ से टक्कर का है तो सुरेश नाम के डेविड

पागल से कुछ ज़्यादा हैं।

"हम प्रॉडक्ट बनाते हैं और इंफोसिस, टीसीएस जैसी बड़ी कंपनियों से कंपीट करते हैं। हम छोटी कंपनी जरूर हैं, लेकिन हम उन्हें कड़ा मुकाबला दे रहे हैं।"

"लेकिन इंफोसिस की तरह कोई जानता नहीं है कि आप आख़िर हैं कौन," मैं कहती हूं।

"आप किसी भी बैंक में चले जाइए... सब मुझे जानते हैं।"

"आम लोग?"

"हां, आम लोग हमें नहीं जानते। हम अपने काम की कोई पब्लिसिटी नहीं करते।"

लेकिन सुरेश को इससे कोई फर्क नहीं पड़ता। उन्हें इस बात से फर्क पड़ता है कि वे कंपनी में हर तरह के लोगों के लिए, ख़ासकर विकलांगों के लिए, जगह बना पा रहे हैं या नहीं। लेजर सॉफ्ट के लिए ये एक बड़ा मिशन है।

शुरुआत कुछ इस तरह हुई। नब्बे के शुरुआती दशक में कंपनी बहुत छोटी थी, लेकिन अपने लिए जगह बना चुकी थी। सुरेश ने तय किया कि वे विकलांगों को नौकरी देना शुरू करेंगे। शुरुआत रिसेप्शन से हुई। बात फैलती गई और पार्थसारथी नाम का एक युवा आया, जिसे पोलियो था।

लेजर सॉफ्ट ऑफिस में आने के लिए उसे सीढ़ियां चढ़नी पड़ी। पार्थसारथी के लिए ये मुश्किल था, लेकिन फिर भी वो आ गए।

"मुझे बहुत तकलीफ हुई कि कोई मुझसे मिलने इस तरह सीढ़ियां चढ़ने की तकलीफ उठाकर आया है। मैंने कहा, आई एम सॉरी आपको सीढ़ियां चढ़नी पड़ी। मैं नीचे आ जाता।"

"उसने कहा, नहीं मैं सीढ़ियां चढ़ना चाहता था, क्योंकि मैं देखना चाहता था कि मैं हर रोज काम पर आ सकता हूं कि नहीं।"

मैंने पूछा, "क्या आप हर रोज सीढ़ियां चढ़ सकेंगे?"

उसने कहा, "हां।"

सुरेश ने उन्हें काम पर रख लिया। जो इंसान काम करने को इतना

उत्सुक था, वो जरूर सफल होता, और पार्थसारथी हुए।

पार्थसारथी ने बहुत अच्छा किया। उस वक्त वे किसी सरकारी कंप्यूटर इंस्टीट्यूट में ट्रेनिंग कर रहे थे। लेकिन वे प्रोग्रामर से सॉफ्टवेयर मैनेजर बने, और बाद में उन्होंने कई टीम का नेतृत्व किया।

"पार्थसारथी ने कई विदेशी बैंकों के साथ काम किया है, विदेश गए हैं कई बार। उनकी शादी हुई, उन्होंने अपनी गाड़ी खरीदी। अब उनके दो बच्चे हैं। सुरेश पार्थसारथी को हमसे मिलने के लिए बुला लेते हैं। उनसे मिलना एक भावनात्मक लम्हा है।"

लेजर सॉफ्ट के 700 में से 100 लोगों की कहानियां पार्थसारथी की तरह ही हैं। जब भी कोई वेकेंसी आती है, देशभर से लोग इंटरव्यू देने आते हैं। यहां तक कि दिल्ली और गुजरात से भी।

"हमने अलग-अलग कम्युनिटिज से लोग लिए हैं। एक तो वो लोग हैं जो पोलियो के शिकार हैं। फिर हमने वैसे लोगों को रखा शुरू किया जो बोल या सुन नहीं सकते।"

"कंपनी एक ट्रेनिंग प्रोग्राम रखती है जिसे 'लाइट' कहते हैं, जो ख़ासतौर पर शारीरिक रूप से कमजोर लोगों के लिए है। ट्रेनी को महीने के पांच हजार रुपए दिए जाते हैं, और उन्हें एक्सटेन्सिव क्लासरूम इंस्ट्रक्शन दिया जाता है। छह महीने या एक साल के बाद ये लोग एक एन्ट्रेनस टेस्ट लेते हैं। जो भी क्वालिफाई करते हैं, उन्हें काम पर रख लिया जाता है। ज़्यादातर लोग क्वालिफाई कर जाते हैं।"

"ये लोग इतनी मेहनत करते हैं। इनका कमिटमेंट लेवल बहुत ऊंचा होता है।"

लेजर सॉफ्ट में सिर्फ शारीरिक रूप से विकलांग लोगों को ही प्रोत्साहन नहीं दिया जाता बल्कि उन्हें भी रखा जाता है, जिन्हें आमतौर पर सॉफ्टवेयर इंडस्ट्री के लिहाज से स्मार्ट नहीं माना जाता। और ये चैरिटी की वजह से नहीं है।

"आजकल ज्यादातर सॉफ्टवेयर कंपनियां सिर्फ इंजीनियरों को काम दे रही हैं। ये सोच बिल्कुल गलत है।"

"आईटी कंपनियां ऐसी छवि बनाकर रखती हैं कि जैसे कुछ ऐसा कर रही हों जो रॉकेट साइंस है, या फिर बहुत ग्लैमरस है। ऐसा बिल्कुल नहीं है। प्रॉडक्ट्स बनाने के लिए हमें फैंसी कैंपस की जरूरत नहीं।"

सुरेश का तर्क सीधा-सा है--इंजीनियरिंग ग्रैजुएट रेडीमेट इंजीनियर नहीं होते हैं। उन्हें साल में छह महीने से एक साल तक की ट्रेनिंग की जरूरत पड़ती है। तो फिर आप नॉन-इंजीनियर्स को ट्रेनिंग क्यों नहीं दे सकते?

"हमारे पास ऐसे लोग हैं जो इंजीनियर नहीं हैं--जो सिर्फ दसवीं पास हैं, लेकिन जिन्होंने ज़िंदगी में बहुत अच्छा किया है। लेकिन कुछ ऐसे भी इंजीनियर्स हैं जो बहुत ब्राइट हैं। ये पूरी की पूरी जेनरेशन इतनी ब्राइट है--इनका आईक्यू लेवल इतना हाई है, चाहे वो इंजीनियर हों या नॉन-इंजीनियर।"

"लेजर सॉफ्ट में अगर एक ड्राइवर भी प्रोग्रामर बनने की ख़्वाहिश रखता है तो उसे प्रोत्साहित किया जाता है। कई लोग हैं जो ड्राइवर बनकर आए और अब प्रोग्रामर हैं। वे लोग बहुत गरीब परिवार से हैं। जब वे यहां आए थे तो अंग्रेज़ी तक नहीं बोल सकते थे। अब वे पूरी तरह बदल चुके हैं।"

ये यकीन करना जरा मुश्किल है।

"आप ये कह रहे हैं कि अगर लगन और चाहत है तो कोई भी प्रोग्रामर बन सकता है? आपको किसी इंजीनियरिंग कॉलेज जाने या कोर्स करने की जरूरत नहीं है?" मैं पूछती हूं।

"हां।"

"मतलब आपको इन प्रशिक्षित इंजीनयिरों और बिना किसी टेक्निकल बैकग्राउंड के आए लोगों में कोई अंतर नहीं लगता? सब अच्छा परफॉर्म कर सकते हैं, अगर उन्हें सही मार्गदर्शन मिले तो?"

"हां।"

"शैक्षणिक योग्यता कोई मापदंड नहीं होती। बात ये है कि एक इंसान आख़िर क्या कर सकता है, वे कहते हैं।"

काश सभी एम्पलॉयर ऐसा सोचते...

ऐसे में फायदा दोनों को होता है।

"ये इंजीनियर और एमसीए, बहुत तेज लड़के और लड़कियां, ये सब कंपनी का मकसद देखती हैं और कंपनी को सपोर्ट करती हैं। हम जो भी करते हैं, वो किसी एक आदमी की कोशिश का नतीजा नहीं है। ये कंपनी के प्रति इतनी एकनिष्ठता--इतना डेडिकेटिड रखते हैं कि कोई इन्हें बेहतर सैलरी भी देगा तो ये शायद छोड़कर नहीं जाएंगे।"

और इस मजबूत लॉयल्टी के पीछे कई और वजहें हैं। 1998 में लेजर सॉफ्ट एक नया ऑफिस ढूंढ रहा था और सभी सॉफ्टवेयर कंपनियों की तरह आईटी कॉरिडोर में ही शिफ्ट होने को तैयार था। लेकिन सुरेश ने तय किया कि कर्मचारियों के हितों को ध्यान में रखना चाहिए, ख़ासकर उन लोगों का जो शारीरिक रूप से किसी भी तरह थोड़े कमजोर या अक्षम थे।

"जब हम नुंगमबक्कम में थे तो लोग शहर के अलग-अलग कोने से वहां आया करते थे। इन लोगों के लिए वहां तक सफर करना इतना मुश्किल था। बसों में दिक्कत, आने-जाने में दिक्कत। इसलिए मैंने सोचा कि हम ऐसी जगह पर दफ्तर लेंगे जहां आस-पास रिहायशी इलाकों में लोग रह सकें।"

और इस तरह लेजर सॉफ्ट का दफ्तर वलसवरक्कम आ गया। जगह बहुत हाई-प्रोफाइल नहीं थी, लेकिन लोग बहुत खुश थे।

"1990 में एक घर का किराया एक हजार रुपए होता था। आज तीन हजार रुपए है--जो बहुत महंगा नहीं है। कंपनी ने कर्मचारियों के लिए बहुत सारे घर किराए पर लिए और उनके लिए दफ्तर के पास रहना और काम करना बहुत आसान कर दिया।"

"कोई आने-जाने में दो-तीन घंटे बर्बाद नहीं करता", सुरेश मुस्कुराते हुए बताते हैं। "वे जब भी घर जाना चाहें, जा सकते हैं। उन्हें अपने हिसाब से काम करने की आजादी है, और इससे हमें बहुत मदद मिली है, सिर्फ इसलिए क्योंकि ये लोग बिल्कुल बगल में रहते हैं।"

और फिर भी, मकसद ये है कि बहुत तेजी से न बढ़ा जाए ताकि इन छोटी-छोटी सुविधाओं और चीजों से हाथ धोना पड़े।

"मैं एक ऐसा माहौल बनाना चाहता था जहां लोग सीखें, ज़िंदगी में अच्छा करें, लेकिन तनाव में न रहें। उनकी ज़िंदगी की क्वालिटी अच्छी हो... वे स्वस्थ रहें। हम अच्छा काम करते हैं, और कोई तनाव बिल्कुल नहीं है। लोगों को अच्छा काम करने की आजादी है। आजादी का मतलब है नए तरीके से काम करना। लोग नए प्रयोग करते हैं, और बहुत अच्छा काम कर रहे हैं।"

और हां, उनमें से शायद ही कोई कंपनी छोड़कर जाना चाहता है। विश्वास बहुत है, और उसका सबूत ये है कि कंपनी के सबसे पहले पांच कर्मचारियों में से चार अभी भी कंपनी के साथ हैं।

ये एक ऐसी कंपनी है जो सालाना बीस फीसदी की दर से बढ़ रही है, बैंक का कोई कर्ज नहीं है, कोई बोझ या लाइबिलिटी नहीं है। यहां काम करने वाले लोग और कर्मचारी बहुत खुश हैं और बाहर से बिल्कुल कोई फंडिंग नहीं आ रही। यहां एक और कहानी भी छुपी है।

"हमने साल 2000 में आईएलएफएस से फंडिंग ली। लोगों ने मुझे इस बात का यकीन दिलाया कि हमें कैपिटल लेना चाहिए और आपको पब्लिक जाना चाहिए, और बढ़ना चाहिए।"

आईएलएफएस ने लेजर सॉफ्ट की कीमत तीस करोड़ लगाई (उस समय कंपनी का टर्नओवर पांच करोड़ रुपए था) और कंपनी में 16 प्रतिशत हिस्सेदारी खरीद ली। तीन साल में ही आईएलएफएस कंपनी बेचकर बाहर निकल जाना चाहती थी। आईटी इंडस्ट्री में कोई भी प्रोमोटर इस बात पर उछल पड़ता, और उसे कैश करने के लिए तैयार होता--लेकिन सुरेश ने ऐसा नहीं किया। वे टिके रहना चाहते थे और कंपनी को और आगे ले जाना चाहते थे। इसके अलावा नए खरीददार को सामाजिक जिम्मेदारी के उनके विजन और मिशन से कोई वास्ता नहीं था।

आईएलएफएस इतनी जल्दी में क्यों था? क्या लेजर सॉफ्ट तेजी से आगे नहीं बढ़ रहा था?

"हम आगे बढ़ रहे थे, लेकिन वे लोग इंवेस्टमेंट के जरिए पैसे बनाना चाहते थे। कंपनी को खरीदने के लिए कई लोग तैयार बैठे थे जिनमें *सीमन्स*

और *आ-फ्लेक्स* शामिल थे, जो न सिर्फ आईएलएफएस के हिस्से खरीदना चाहते थे बल्कि पूरी कंपनी खरीदना चाहते थे। वो अनुभव बहुत अच्छा नहीं रहा।"

"जब ये सब चल रहा था, हम ठीक से काम भी नहीं कर पा रहे थे, ध्यान भी नहीं दे पा रहे थे काम पर। वक्त बहुत बर्बाद हो रहा था और कर्मचारी बहुत परेशान थे। अगर कंपनी बिक जाती है तो हमारा क्या होगा?"

"इसलिए हमने तय कियाः हम कंपनी नहीं बेचेंगे।"

एक ही रास्ता था–आईएलएफएस के हिस्से वापस खरीद लिए जाए। 2006 में सुरेश ने ठीक यही किया। प्रोमोटर कैपिटल लगाकर, कर्मचारियों से सहयोग लेकर और बैंक से फंड लेकर लेजर सॉफ्ट ने हिस्से वापस खरीद लिए।

"हमने उसी कीमत पर शेयर खरीद लिए जो आई-फ्लेक्स ऑफर कर रहा था। सभी कर्मचारियों ने सहयोग किया–लोगों ने पांच हजार से एक लाख रुपए तक दिए–जो भी सेविंग्स उनके पास थी, सब दिए। मैं आज भी लोन चुकता कर रहा हूं जो कि साढ़े चार करोड़ रुपए के आस-पास है।"

ये सफर बहुत दिलचस्प रहा–अब आगे क्या?

"अभी से पांच सालों में हम 2500 लोगों की ताकत वाली कंपनी होंगे। और हमारी कीमत कम से कम 130 करोड़ रुपए होगी।"

"लेजर सॉफ्ट के 70 प्रतिशत ग्राहक भारत में हैं। बाकी यूरोप, मिडल-ईस्ट और अफ्रीका में हैं। हम अब यूएस में भी काम करना चाहते हैं, सुरेश कहते हैं।"

लेकिन एक छोटी कंपनी आईटी के इतने बड़े महारथियों से टक्कर कैसे लेगी? सुरेश को इस बात पर भरोसा है कि वे टेक्नॉलोजी के लिहाज से आगे हैं।

"हम भारत में इकलौती कंपनी हैं–शायद दुनिया में इकलौती कंपनी हैं–जिसने जावा में बैंकिंग सिस्टम डेवलप किया है। और हमने ऐसे सॉफ्टवेयर तैयार किए हैं कि उसको और आगे बढ़ाया जा सकता है। इसलिए कीमत में कटौती

के लिहाज से ये बहुत अच्छा और कारगर है बैंकिंग के लिए।"

"2008 के आख़िर में लेजर सॉफ्ट को 35 से 40 नए बैंकों का काम मिला। बल्कि ग्लोबल आर्थिक मंदी से कंपनी को फायदा हुआ है।"

"बैंकों में अचानक ये समझ आ गई है और वे कीमतें कम करना चाहते हैं। इससे हमारे सॉफ्टवेयर के प्रति उनका ध्यान खिंचता है, क्योंकि ये उनके बजट में एकदम फिट बैठते हैं।"

मार्केटिंग पहले से ज़्यादा जरूरी हो गई है। कंपनी के लिए ये एक कमजोर हिस्सा हुआ करता था क्योंकि कंपनी इस बात में यकीन करती थी कि आपका काम सीधे तौर पर आपकी मार्केटिंग करेगा। लेकिन मार्केटिंग को और मजबूत बनाने के लिए सुरेश ने स्टेट बैंक ऑफ इंडिया के पूर्व एमडी श्री वेंकटचलम को चेयरमैन को तौर पर रखा है।

"उनके पास जानकारी है, विजन है, और वे एक ऐसे शख्स हैं जिनकी मैं बहुत कद्र करता हूं। वे उसूलों वाले हैं और उनसे हम सबको बहुत प्रेरणा मिलती है। इसलिए मैंने उनसे गुजारिश की, सर आप आ जाइए और चेयरमैन बन जाइए, सिर्फ नाम के लिए ही नहीं, आपको हमारी पूरी स्ट्रैटेजी देखनी होगी, फाइनेंस देखना होगा, इन्वेस्टमेंट, मार्केटिंग--सब कुछ।"

"चेयरमैन के मार्गदर्शन में लेजर सॉफ्ट ने एक प्रोफेशनल मार्केटिंग टीम बनाई है। और अंतर दिखाई दे रहा है। लोग विदेश जाते हैं। बहुत से ऑर्डर लेकर आते हैं। हमारे पास मिडल ईस्ट से मशरक बैंक जैसे क्लायंट्स हैं।"

सुरेश को बैंकिग के और प्रोडक्ट्स में भी बहुत गुंजाइश दिखाई देती है, जिसमें ट्रेजरी, म्युचुअल फंड्स और विदेशी मुद्दे से जुड़ी चीजें शामिल हैं। हेल्थकेयर में भी और बहुत कुछ करने की गुंजाइश है, जो कि लेजर सॉफ्ट का दूसरा बड़ा मार्केट है। और मूल तौर पर लेजर सॉफ्ट का बड़ा काम अलग-अलग सेक्टरों को जोड़ना रहा है।

"भविष्य में सभी एन्टरप्राइज एक-दूसरे से बात कर रहे होंगे। हम रिटेल, डिस्ट्रिब्यूशन, बैंकिंग, हेल्थकेयर--सबके लिए सॉफ्टवेयर बना रहे हैं। लेकिन आख़िर में सब कुछ मोबाइल फोन से ही जुड़ता है। लेजर सॉफ्ट एक किस्म की क्रांति लाने में यकीन रखता है।"

"हमारा मकसद वो करना है जो पहले किसी ने नहीं किया। मिसाल के तौर पर लेजर सॉफ्ट बैंकों में बेकार पड़े डेस्कटॉप कंप्यूटरों के कंप्यूटिंग पावर को इस्तेमाल में लाने का काम कर रहा है। एक छोटे से आइडिया ने हार्डवेयर की जरूरत को कम कर दिया है।"

इन तकनीकी बारीकियों के अलावा ख़ास बात ये है कि सुरेश आज भी सुबह उठकर काम पर आने के लिए तैयार रहते हैं।

"ये तकनीक इतनी चुनौतीपूर्ण है कि हम सबको इस चुनौती की लत लग गई है... कई बार ऐसा होता है कि हम अठारह से बीस घंटे काम कर रहे होते हैं। लेकिन हम इसे बैलेंस भी करते हैं–ब्रेक लेते हैं, अपने परिवार के साथ वक़्त गुजारते हैं।"

सुरेश की दो बेटियां हैं और पत्नी उनका बहुत समर्थन करती हैं।

आख़िर में सब कुछ प्यार और भरोसे पर आकर टिकता है।

प्यार और भरोसा उन पर जिनके साथ आप काम करते हैं।

जिनके साथ आप रहते हैं।

जो आप करते हैं।

जो आप कहते हैं।

प्यार इंसानियत के लिए।

प्यार बिना किसी भेदभाव के।

"मैं इस बात में यकीन करता हूं कि आम लोग ही कुछ असाधारण करते हैं। अगर लोगों को लगता है कि वे असाधारण हैं तो वे साधारण सा ही कुछ करेंगे। काम का रवैया, काम करने के प्रति लगन इस बात को मानने से आती है कि हम महान नहीं हैं। क्योंकि सब कुछ टीमवर्क से जुड़ा होता है।"

क्या स्वामी विवेकानंद का ज्ञानयोग बिजनेस में भी उतर आया है?

"बिल्कुल।"

मैं जब लेजर सॉफ्ट के ऑफिस से निकलने की तैयारी कर रही हूं तभी एक युवा पोलियो से अंगूठा दिखाता हुआ, बेशक अपनी वैसाखियों के सहारे, लेकिन आत्मविश्वास से भरपूर मेरे बगल से गुजरता है।

मैं मन ही मन सोचती हूं, "व्हाट ए वंडरफुल वर्ल्ड!"

पोस्ट-स्क्रिप्ट–छह महीने बाद मैं सुरेश कामथ से मिली तो एक बड़ा और हैरतहंगज बदलाव आ चुका था। 15 अक्टूबर 2009 को रोलरिस ने लेजर सॉफ्ट इन्फोसिस्टमस को 52 करोड़ रुपए की एक डील में खरीद लिया।

फिलहाल लेजर सॉफ्ट का एक आजाद वजूद है।

मुमकिन है कि एक दिन गोलियथ डेविड पर विजय प्राप्त कर ले, लेकिन मुझे उम्मीद है कि जब तक ऐसा होगा तब तक सुरेश कामथ का जज्बा और उनके उसूल सॉफ्टवेयर के दिग्गजों की रगों में भी दौड़ने लगेंगे।

*

युवा उद्यमियों को सलाह

पिछले तेईस सालों में मैंने जो भी किया, उसका हर लम्हा एन्जॉय किया। मैं आज भी उसी एनर्जी के साथ काम करता हूं जिस एनर्जी के साथ मैंने शुरुआत की थी।

उस बिजनेस में काम शुरू कीजिए जिस पर आपको पूरा यकीन है और जो आप करना चाहते हैं। आपको कुछ अलग करना होगा, और लोग क्या कह रहे हैं, ये बिल्कुल मत सुनिए। लोग कहते हैं कि बिजनेस उसूलों पर नहीं चल सकता। आपको बेईमान होना पड़ेगा। ये गलत है--हम सब कुछ सही तरीके से कर सकते हैं और फिर भी सफल हो सकते हैं।

देश के लिए कुछ करने का जज्बा रखिए, देश के लोगों के लिए कुछ कीजिए। कई जरूरतमंद लोग हैं, करने के बहुत कुछ है। चुनौती लीजिए और करके दिखाइए। आपमें बहुत क्षमता है।

लोगों में खुशियां बांटिए। अंत में वही मायने रखता है। आपके पास चाहे जितना पैसा है, अगर सुकून नहीं है तो फिर पैसा किसी काम का नहीं है।

बिना किसी ताम-झाम के

रघु खन्ना
कैशयॉरड्राइव

रघु खन्ना की उम्र है कुल चौबीस साल, और उन्होंने कॉलेज से निकलते ही अपनी कंपनी शुरू कर दी थी। कैशयॉरड्राइव एक सिंपल से आइडिया पर आधारित है जिसको चलाने के लिए न कैपिटल की जरूरत थी न ऑफिस की, और न ही किसी फैंसी टेक्नॉलोजी की। उनकी कहानी से ये पता चलता है कि हम बेवजह तजुर्बे को इतनी तवज्जो देते हैं--नया काम शुरू करने का कोई सही वक़्त नहीं होता, सिवाय अभी, इसी लम्हे के।

रघु से मेरे मुलाकात जब एक ऑन्ट्रप्रॉन्यर सम्मिट में हुई तो पहला ख़्याल मेरे दिमाग में आया कि ये तो बहुत छोटा है।

मैंने अपने दिमाग में इंटरव्यू करने वाले लोगों की लिस्ट से रघु का नाम मन-ही-मन हटा भी दिया था।

लेकिन जब मैंने उन्हें बोलते हुए सुना तो मुझे समझ में आया कि रघु अगस्त 2008 से नहीं बल्कि पैदाइशी ऑन्ट्रप्रॉन्यर हैं।

स्कूल में, कॉलेज में, अपने करियर के चुनावों में--रघु ने हमेशा मुश्किलों का सामना किया और उन पर जीत हासिल की। बात आईआईटी में अपने पसंद का ब्रांच हासिल करने की हो या विदेश में जाकर इंटर्नशिप करने की, उन्होंने अपने दिमाग और बातें बनाने की अपनी क्षमता का इस्तेमाल किया।

ताकि वे अपने ख़्वाब जी सकें।

अपनी कंपनी शुरू करने के सोलह महीने के भीतर ही रघु ने एक सिंपल से दिखने वाले, कॉपी किए जा सकने वाले आइडिया को एक प्रोपाइटरी बिजनेस में तब्दील कर दिया है। "मुझे मेरी गाड़ी दे दीजिए और मैं देश के किसी भी कोने में आपका विज्ञापन पहुंचा सकता हूं," रघु कहते हैं।

कि हालात कैसे भी हों, वे कोई न कोई रास्ता निकाल सकते हैं।

क्योंकि मन ही मन वे ये बात जानते हैं कि अगर आपको अपना दिमाग लगाना है तो उसके साथ-साथ अपने जज्बे को भी मजबूत करना होगा।

आप कुछ भी कर सकेंगे, और रास्ता आपको जरूर मिलेगा।

बिना किसी ताम-झाम के

रघु खन्ना
कैशयॉरड्राइव

रघु खन्ना शिमला में पैदा हुए, पले-बढ़े और वहीं बिगड़े।

"मैंने शिमला के सेंट एडवर्ड्स स्कूल से अपनी पढ़ाई की। मेरे पिता हिमाचल यूनिवर्सिटी में पोलिटिकल साइंस के प्रोफेसर हैं और मेरी मां होममेकर है।"

रघु जब पांचवीं क्लास में थे तो उनके दिमाग में एक फितूर आया। वे दीवाली में कुछ दोस्तों के साथ मिलकर गमले बेचने लगे।

"मैंने एक बंदे को पकड़ा जो गमले बनाता था और मैंने उससे छोटे-छोटे लैंप्स बनाने को कहा। फिर हमलोग घर-घर जाकर गमलों के बने वो लैम्प्स बेचने लगे।"

सभी कस्टमर को एक बिल भी दिया गया था--छोटे से कागज के टुकड़े पर लिखा था, मटका हाउस, जिस पर रघु के हस्ताक्षर होते थे।

"हम एक रुपए में लैंप खरीदते थे और उन्हें डेढ़ रुपए में बेचते थे। जो पैसे हम कमाते थे, हम उसकी आइसक्रीम खा जाते थे या फिर क्रिकेट बॉल खरीद डालते थे।"

पूरी ज़िंदगी रघु बैंकबेंचर रहे और पढ़ाई से ज़्यादा उन्हें डांसिंग या बाकी की गतिविधियों में मजा आता था।

जब रघु छठी क्लास में आए तो दो नंबर से हिस्ट्री में फेल हो गए। उनकी हाउसमिस्ट्रेस उन्हें एक कोने में लेकर गईं और कहा, "मैं तुम्हें ग्रेस

मार्क्स दे सकती हूं, लेकिन तुम्हें इसकी आदत लग जाएगी। तुम पढ़ाई में और मेहनत क्यों नहीं करते?"

रघु ने ये सलाह दिल से लगा ली और उनकी इधर-उधर की बदमाशियां एकदम बंद हो गईं। असर ये हुआ कि आठवीं क्लास में रघु थर्ड आए थे।

"उस वक़्त मुझे पता चला कि मैं कुछ भी कर सकता हूं।"

दसवीं क्लास में बहुत अच्छा करने के बाद रघु चंडीगढ़ में अपनी नानी के साथ रहने लगे और वहां आईआईटी जेईई की तैयारी करने लगे। चंडीगढ़ में उनसे बेहतर स्टूडेंट थे, वहां प्रतियोगिता बहुत थी और टॉपर भरे हुए थे। रघु को फिज़िक्स के पहले ट्यूशन में ज़ीरो मार्क्स मिले, लेकिन रघु ने हिम्मत नहीं हारी और लगे रहे।

उन पर आईआईटी जाने की जिद सवार थी।

"लोग जेईई की परीक्षा में बैठते हैं, फिर वे सीईटी कर लेते हैं और फिर आखिर में एनआईआईटी में दाख़िला ले लेते हैं। लोग जिस बात से सबसे ज़्यादा डरते हैं वो है असफलता। मुझे पहले से मालूम था कि असफल होना किसे कहते हैं, और मुझे इससे ज़्यादा फर्क़ नहीं पड़ता था।"

रघु को 3689 रैंक हासिल हुआ। लेकिन उन्हें जो मिल सकता था, वो था आईआईटी गुवाहाटी में बैचलर ऑफ डिजाइन प्रोग्राम ।

"मेरी परेशानी ये है कि मैं ऊपर वाले से कभी ठीक-ठीक ये नहीं मांगता कि मुझे आख़िर चाहिए क्या। ऊपर वाले ने मुझे आईआईटी तो भेज दिया, लेकिन मुझे मेरी मर्जी का ब्रांच नहीं दिया।"

रघु ने आईआईटी गुवाहाटी में दाखिला लिया जरूर, लेकिन एक-दो क्लास करने के बाद उन्हें समझ में आ गया कि डिजाइन उनके बस की बात नहीं है। उन्होंने ब्रांच बदलने की कोशिश की, लेकिन उन्हें ये करने नहीं दिया गया।

"मैंने पहले सेमेस्टर में अपने सीनियर्स के साथ बहुत सारा वक़्त गुजारा। मैं उनसे हमेशा पूछता था कि जो मैं कर रहा हूं, उसमें मेरा मन नहीं लगता। मुझे आख़िर क्या करना चाहिए?"

उनमें से एक ने रघु को एक किताब दी--*हू मूव्ड माई चीज*।

उन्होंने सलाह दी कि ज़िंदगी यही है और इसे स्वीकार कर लेना चाहिए।

लेकिन रघु कर नहीं सके। जनवरी 2004 में उन्होंने अपना सामान बांधा और घर चले आए। आईआईटी जेईई के एन्ट्रेंस एक्जाम के लिए सिर्फ तीन महीने का वक्त बचा था और उन्होंने तैयारी की शुरुआत सिफर से करनी थी।

"डिजाइन कोर्स में मैथ्स, फिज़िक्स या केमिस्ट्री नहीं थी, इसलिए मैं काफी चीजें भूल गया था। ट्यूशन क्लासेस के सभी बैच भर चुके थे लेकिन मुझे फिजिक्स के एक प्रोफेसर मिले--बीएम शर्मा। मैं देर रात उनके पास अपने डाउट्स क्लियर करने जाया करता था।"

ये किसी जहन्नुम से होकर गुजरने से कम नहीं था। लेकिन उनके भीतर बैठी आवाज कहती रहती थी कि टेंशन मत लो, दिस टू शैल पास। ये भी गुजर जाएगा।

स्क्रीनिंग टेस्ट में रघु का रैंक 1040 था लेकिन मेन्स में ये फिसलकर 2559 पर चला गया। एआईईईई रैंक 1610 था, जिसका मतलब ये था कि उन्हें लोकल कॉलेज या किसी एनआईटी में दाख़िला लेना होता। लेकिन उन्हें आईआईटी की ज़िंदगी का स्वाद मिल चुका था, और वो किसी भी तरह कम में मानने को तैयार नहीं थे।

2500 के रैंक के साथ उन्हें आईआईटी दिल्ली में टेक्सटाइल इंजीनियरिंग मिलता या फिर आईआईटी रूड़की में आर्किटेक्चर या एमएससी जियॉलोजी। रघु ने तय किया कि सिविल इंजीनियरिंग उनका सबसे सही चुनाव होता, और वे आईआईटी गुवाहाटी पहुंच गए।

उनकी मां ने पूछा, "तुम श्योर हो कि वापस वहां एडजस्ट कर पाओगे?"

रघु ने जवाब दिया, "मुझे कुछ करना है। मुझे सबको गलत साबित करना है।"

आईआईटी गुवाहाटी के कैंपस में रघु को लेकर कन्फ्यूजन हुआ। कुछ लोगों ने सोचा कि रघु फेल कर गए हैं, तो कुछ ने सोचा कि वे प्रीपरेटरी कोर्स से आए थे।

लेकिन अच्छी ख़बर ये थी कि आईआईटी अब ब्रांच बदलने की सुविधा दे रहा था। रघु ने बहुत मेहनत की और 9.14 का सीजीपीए हासिल किया

जिसकी वजह से सिविल से उन्हें इलेक्ट्रॉनिक्स एंड कम्युनिकेशन में आने दिया गया।

"मैं बहुत खुश था। मैं गोवा में छुट्टियां मनाने गया और वहां बहुत मजे किए। लेकिन जब मैं वापस आईआईटी गुवाहाटी लौटा तो मुझे दो डिस्को यानी डिसिप्लिन कमिटी एक्शन का सामना करना पड़ा।"

एक तो डिजाइन के स्टूडेंट होने के दौरान किसी से हुई बहस की वजह से, और दूसरा एक वाइल्ड पार्टी में शामिल होने की वजह से, जिसमें डिप्टी डायरेक्टर ने गेटक्रैश कर लिया था।

प्रोफेसर कन्फ्यूज थे। रघु खन्ना के नाम की दो फाइलें थीं--एक सेकेंड ईयर स्टूडेंट रघु खन्ना की, और दूसरी थर्ड ईयर स्टूडेंट रघु खन्ना की।

"मुझे समझाना पड़ा कि दोनों रघु खन्ना एक ही है। मेरे तीन रोल नंबर थे और तीन अलग-अलग आईडी कार्ड्स थे--एक स्टूडेंट ऑफ डिजाइन का, एक सिविल का और एक इलेक्ट्रॉनिक्स--कम्युनिकेशन का। मैं किसी तरह उस मुसीबत से बाहर आया।"

इस बीच रघु ने देखा कि उनके दोस्त इंटर्नशिप के लिए विदेश जा रहे थे। उसने खुद से पूछा, "हम सेकेंड ईयर में क्यों नहीं जा सकते?"

इसलिए रघु ने अपने ही किसी सीनियर का सीवी लिया, उसे रिफॉर्मैट किया और इटली में एक प्रोफेसर को भेज दिया। सीवी के साथ-साथ रघु ने आईआईटी के बारे में एक बढ़िया-सा 'लार्जर दैन लाइफ' प्रेजेन्टेशन बनाया और अरुण सरीन (जो तब वोडाफोन के सीईओ थे) जैसे अल्युमनाई के बारे में लिखा।

"तो बेसिकली आपने तुक्का मारा?" मैं पूछती हूं।

"सच--ज़्यादा से ज़्यादा ये होता कि मुझे इंटर्नशिप नहीं मिलती। कोशिश करने में कोई नुकसान नहीं था न? मेरे पास आईआईटी बॉम्बे से इंटर्नशिप

"मैंने यूरोप में एक स्टूडेंट के तौर पर दो इंटर्नशिप पूरी कर ली थी, इसलिए विदेश जाने का कोई भूत मेरे सिर पर सवार नहीं था। मैं दुनिया घूम चुका था, और देख चुका था।"

का एक और ऑफर था।"

लेकिन हुआ यूं कि रोम यूनिवर्सिटी के प्रोफेसर दालेसियो ने तुरंत फोन किया। उन्होंने रघु के एयर टिकट और रहने का इंतजाम तो किया ही, साथ ही साढ़े तीन सौ यूरो का स्टाईपेंड भी तय कर दिया।

लेकिन एक छोटी-सी दिक्कत थी। रघु के सीवी में लिखा था कि वे जावा के साथ-साथ C++ भी जानते हैं। लेकिन रघु को दोनों में से कुछ भी नहीं आता था।

"अगर मुझे जरूरत पड़ेगी तो मैं कुछ न कुछ कर ही लूंगा," उन्होंने खुद से कहा। और उन्होंने ठीक यही किया भी।

"मैंने रजत गुप्ता को अपना रोल मॉडल बना लिया। उन्होंने आईटीसी छोड़ा, हार्वर्ड गए, फिर मैकिन्सी में शामिल हुए और देखिए, कहां पहुंच गए। मैंने सोचा, आईआईटी में पढ़ने वाले कुछ भी कर सकते हैं। हमारे पास दिमाग तो है न?"

सारे कोड्स इटैलियन में थे–लेकिन पीएचडी का एक स्टूडेंट उसका अंग्रेजी में अनुवाद कर देता था। रघु का काम था प्रोग्राम्स को डीबग (दोषमुक्त) करना, लेकिन उनका मुख्य काम था एक ऐसा सॉफ्टवेयर तैयार करना जो उन लोगों को कंप्यूटर इस्तेमाल करने में मदद करे जो किसी भी रूप में शारीरिक रूप से विकलांग थे। उनकी आंखों की पुतलियों के इशारे से कंप्यूटर का इस्तेमाल किया जा सके, इसके लिए वे कंप्यूटर तैयार कर रहे थे।

जुगाड़ का कॉन्सेप्ट न सिर्फ लैब में चला, बल्कि किचन में भी काम आया। जब प्रोफेसर दालेसियो भारतीय खाना, खाना चाहते थे, रघु ने उनके लिए *राजमा चावला* बनाया।

"मैंने उसमें चिकन मसाला का इस्तेमाल किया, क्योंकि मुझे एक इंडियन स्टोर में वही मिला। मुझे मालूम था कि प्रोफेसर ने कभी राजमा नहीं खाया होगा, इसलिए खाने में कोई भी मसाला हो, खाना इंडियन ही माना जाएगा।"

और इतना ही नहीं, रघु को अपने फंड्स मैनेज करना भी आ गया, और अपने थोड़े से स्टाईपेंड में काम चलाना भी।

"मैं सबसे सस्ते एयर टिकट्स का पता कर लेता था, और इस तरह

मैंने पूरा यूरोप घूमा," वे खुश होकर बताते हैं।

"कैसे?"

"मुझे सिर्फ सर्च करना होता था। मेरे समझ में ये आ गया था कि एक साथ चीजें खरीदो--बल्क में--तो वो सस्ती होती हैं।"

मिसाल के तौर पर सब्जियां। रघु को अपने अपार्टमेंट के आस-पास ऐसे कई लोग मिलते थे जिन्हें टमाटर चाहिए होते थे। रघु एक बार में थोक में सब्जी खरीद कर लाते और पैसे बचा-बचाकर अपने लिए एक आई-पॉड भी खरीद लिया।

इसके अलावा टक्स सूट लेकर वेनिस में दुनिया के सबसे पुराने कैसिनो में जाने का मौका भी हासिल कर लिया--वो भी बिना 250 रुपए का डिपॉजिट दिए। रघु ने बाउंसर को ही अपनी बातों के लपेटे में ले लिया था!

रघु आईआईटी गुवाहाटी लौट आए, लेकिन इटली में किए अपने प्रोजेक्ट के बारे में सोचते रहे। क्या उनके सॉफ्टवेयर का कोई और एप्लिकेशन हो सकता था?

"मैंने एक एक्सिडेंट की ख़बर पढ़ी, जिसमें ड्राईवर को नींद आ गई थी और उसने गाड़ी पर नियंत्रण खो दिया था। मैंने कहा, बस यही है जिसका हल मुझे निकालना है।"

अब उन्हें सिर्फ इतना करना था कि ब्लिंक रेट कैलकुलेट करने के लिए अपने प्रोग्राम की अवधि बढ़ानी थी, ताकि ये पता चल सके कि ड्राइवर को कहीं नींद तो नहीं आ रही है। रघु को ये भी समझ में आ गया कि बीएमडब्ल्यू और फॉक्सवैगन जैसी कंपनिया इस प्रोग्राम में बहुत दिलचस्पी दिखा रही थीं।

रघु ने ड्राउजी ड्राइवर डिटेक्शन सिस्टम पर काम करना शुरू किया। उन्होंने अपना बिजनेस प्लान आईआईटी गुवाहाटी के बिजनेस प्लान कॉम्पिटीशन में भेजा और अव्वल रहे। इससे रघु को फिलिप्स के सिम्पलिसिटी चैलेंज में शामिल होने की हिम्मत मिली।

रघु फाइनल्स के लिए मुंबई गए, जहां 19 और लोगों ने मिलियन डॉलर आइडिया के लिए पिच किया था। रघु की अचानक आलोक केजरीवाल से मुलाकात हुई, जो contests2win के फाउंडर थे।

"जब मैं ब्रांड मैनेजरों से मिलता हूं तो उनके दिमाग में कई किस्म के क्रेजी आइडियाज होते हैं। अगर मैं कहता हूं के सर ये नहीं हो सकता, तो वे जवाब देते हैं, मैं क्लायंट हूं और मैं कुछ भी डिमांड कर सकता हूं।"

रघु ने आलोक से पूछा, "आपको कंपनी शुरू करने का आइडिया कहां से आया?"

आलोक ने कहा, "मैं सोफे पर बैठा था। बस मुझे आइडिया आ गया।"

रघु को समझ में आ गया कि आइडिया क्या ज़बर्दस्त चीज़ होती है, और अगर सही तरीके से इस्तेमाल हो तो इससे बहुत सारे पैसे कमाए जा सकते हैं।

जैसे ही वे कैंपस में लौटे, कैंपस इंटरव्यू का दौर शुरू हो गया। कैंपस में श्लूमबर्गर नाम की मल्टीनेशनल कंपनी भी आई थी, और रघु को पहले राउंड में चुन लिया गया।

इंटरव्यू करने वाले ने पूछा, "अगर हम आपको इस कंपनी में नौकरी नहीं देंगे तो आप क्या करेंगे?"

फिलिप्स चैलेंज से तुरंत लौटे रघु ने तेवर दिखाते हुए कहा, "मैं अपना बिजनेस शुरू करूंगा।"

"तो फिर आप हमारे यहां नौकरी क्यों करना चाहते हैं?" अगला सवाल पूछा गया।

"ताकि मुझे अपने वेंचर के लिए पैसे मिल सके," रघु ने जवाब दिया।

जॉब इंटरव्यू में ऐसे जवाब नहीं दिए जाते। नौकरी हाथ से निकल गई। अब आगे?

रघु को आख़िरकार सैमसंग में नौकरी मिल गई, लेकिन इस बीच उन्होंने एमएस करने का फैसला किया जो वे अपने ब्रांच के साथ-साथ फाइनेंस में करना चाहते थे।

"हर एप्लीकेशन की क़ीमत सात से दस हजार रुपए थी, लेकिन मैंने

फिर भी रिस्क लिया और मुझे लंदन स्कूल ऑफ इकॉनोमिक्स के साथ-साथ जॉर्जिया टेक (मास्टर्स इन फाइनेंशियल इंजीनियरिंग) में एमएस में दाख़िला मिल गया। मुझे लगा कि अब फ्यूचर सेट है...”

फोर्थ ईयर के आख़िर में रघु को हेपिटाइटिस हो गया और वे ठीक होने के लिए घर लौट गए। शिमला से गुवाहाटी लौटते हुए एक ट्रक के पीछे रघु ने पंजाबी में कुछ लिखा हुआ देखा।

“मैंने सोचा कि ये एक अच्छा जिंगल बनेगा।”

और फिर एक आइडिया उनके दिमाग में आया।

एड एजेंसियां एडवर्टाइजिंग के लिए कारों और ट्रकों का इस्तेमाल क्यों नहीं करतीं?

कैंपस लौटकर ये आइडिया रघु ने अपने दोस्तों से डिस्कस किया, लेकिन ज़्यादातर दोस्त इसको लेकर पूरी तरह उत्साहित नहीं थे। गाड़ियों के मालिक अपनी गाड़ियों का इस्तेमाल एडवर्टाइजिंग के लिए क्यों होने देंगे? दो-एक दोस्तों ने सलाह दी, एक कंपनी खोल लो और *ऑर्कुट* पर एक कम्युनिटी बना लो।

रघु ने सोचा, क्यों नहीं?

‘ब्रांड ऑन व्हील्स’ कम्युनिटी में लोगों से सीधा सा सवाल ये पूछा गया, क्या आप अपनी गाड़ी पर एक स्टिकर लगाने के बदले पैसे कमाना चाहेंगे? अगर हां, तो यहां रजिस्टर कीजिए।

रघु को मालूम तक नहीं था कि स्टिकर कैसे होते। लेकिन उन्होंने परमिशन मार्केटिंग के बारे में पता किया और कुल मिलाकर चालीस लोगों ने कहा, ‘हम आपको परमिशन देते हैं।’

इस बीच रघु आईआईटी गुवाहाटी से सैमसंग की नौकरी हाथ में लिए निकल गए। लेकिन उनके जेहन में आगे पढ़ने जाने का ख़्याल था, और वे जॉर्जिया टेक जाना चाहते थे।

लेकिन एक-दो लोगों के साथ हुई अनौपचारिक बातचीत ने उनका इरादा बदल दिया। अमेरिका से पढ़कर लौटे एक दोस्त ने कहा, “तू बाहर जाएगा। मास्टर्स करेगा। तुझे यही लगेगा... कि इंडिया आकर बिजनेस शुरू करूं। तू अभी ही बिजनेस क्यों नहीं शुरू करता?”

बीच में दो-एक महीने बाकी थे, इसलिए रघु ने सोचा कि गाड़ी पर एडवर्टाइजिंग वाले आइडिया पर काम करते हैं। उन्होंने एक साधारण-सी वेबसाइट शुरू की और कुछ पब्लिसिटी करने का सोचा।

"मैंने एक प्रेस रिलीज बनाया जिसमें इस वेंचर को लेकर अपने प्लान्स की बात की। मैंने आईआईटी बैकग्राउंड में अपने कोर्स के बारे में भी बात की, और फिर खुद अलग-अलग अख़बारों के दफ्तर में गया।"

एक सुबह रघु को रवि पी तिवारी का फोन आया।

"मैं *हिंदुस्तान* से बोल रहा हूँ," फोन पर दूसरी ओर से आती आवाज ने कहा।

"हिंदुस्तान से तो मैं भी बोल रहा हूं," रघु ने मजाक किया, और फिर उन्हें समझ में आया कि फोन *हिंदुस्तान अख़बार* से था।

तिवारी जी ने मिर्च मसाला हेडलाइन के साथ इस ख़ास ब्रांड के बारे में ख़बर छाप दी, 'बिजनेस के धुरंधरों का नया आइडिया'।

इस आर्टिकल में चर्चा इस बात की भी थी कि गाड़ियों को उनके मालिकों से पैसे कैसे मिलते, और ख़बर के साथ-साथ रघु का फोन नंबर भी दे दिया गया।

"मैं सो ही रहा था उस सुबह, और मेरा फोन बजने लगा। लोग इस स्कीम के बारे में जानना चाहते थे, और पूछ रहे थे कि वे इससे पैसे कैसे कमा सकते हैं। कुछ छोटे एडवर्टाइजर्स, जैसे ज्वैलरी शॉप वाले, रियल एस्टेट एजेंट वगैरह एड की कीमतें भी पूछने के लिए फोन करने लगे।"

तीन दिनों के भीतर ही *ब्रांड ऑन व्हील्स* वेबसाइट पर 1500 रजिस्ट्रेशन हुए और 22 कंपनियों ने एडवर्टाइजिंग स्पेस के लिए पूछताछ की। तिवारी जी ने ये ख़बर भी छापी।

इस बीच चंडीगढ़ के इकॉनोमिक टाइम्स की रिपोर्टर ने रघु से संपर्क किया। उसने रघु की मुलाकात दक्षिण अफ्रीका के एक वेंचर कैपिटलिस्ट से कराई।

"दिस इज ग्रेट," मैंने सोचा। "मुझे लगा कि वे मुझे फंड करेंगे या शायद मेरा आइडिया खरीद लेंगे और मैं बाहर जाकर आराम से पढ़ाई कर सकूंगा।"

लेकिन एक ही मीटिंग में रघु को समझ में आ गया कि ऐसा कुछ भी नहीं होना था।

"वो बंदा बंटी-बबली बना रहा था। सिर्फ बातें, कोई काम नहीं और मुझे समझ में आ गया कि जो भी करना है, ख़ुद ही करना है क्योंकि कोई भी इस आइडिया को लेकर इतना जुनूनी नहीं होगा जितना मैं हूं।"

आख़िरकार रघु ने विदेश जाने का ख़्याल मन से निकाल दिया और बिजनेस पर पूरा ध्यान देने का फैसला किया।

"जो होता है, अच्छे के लिए ही होता है", रघु की मां ने कहा। जय माता दी करके खोल दे।

23 अगस्त 2008 को रघु ने प्राइवेट लिमिटेड कंपनी के तौर पर *ब्रांड ऑन व्हील्स* ऑफिशयली लॉन्च कर दिया। इस बीच उन्होंने अपने चार दोस्तों से पूछा कि क्या वे पार्टनर के तौर पर जॉइन करना चाहेंगे? मैंने उन्हें बताया कि इसमें रिस्क था। लेकिन वे सब अपने कैंपस जॉब में खुश थे और उन्होंने नो थैंक्स कह दिया।

रघु ने अपने बीस हजार रुपए लगाए और एक नई, प्रोफेशनल वेबसाइट तैयार करवा ली।

दो हफ्ते के बाद रघु से किसी ने पूछा, "क्या आप साउथ अफ्रीका वाले ब्रांड ऑन व्हील्स हैं?"

रघु ने तय किया कि ये कॉपीराइट का मसला हो सकता था, इसलिए उन्होंने इसका नाम *कैशयॉरड्राइव* रख दिया। इधर वे गाड़ी के मालिकों की इन्वेंट्री तैयार कर रहे थे, और उधर लुधियाना में उनका पहला क्लायंट--बॉन बेकरी--उन्हें हासिल हो गया।

"कई छोटी-छोटी दुकानों और बिजनेस वालों ने मुझसे संपर्क किया लेकिन मैं सिर्फ बड़े ब्रांड्स के साथ काम करना चाहता था। और फिर मुझे ये भी नहीं मालूम था कि एडवर्टाइजिंग सिस्टम काम कैसे करता है। इसलिए मैंने सोचा, मैं धीरे-धीरे कदम बढ़ाऊंगा।"

बॉन बेकरी में सारे फैसले वहां का मालिक ही लेता था। और शिमला में होर्डिंग्स पर प्रतिबंध है, इसलिए इस नए मीडियम को उसने एक मौका

देने का फैसला किया।

ऑर्डर तो मिल गया, लेकिन उसे एक्जिक्यूट करना ज़्यादा मुश्किल था। जब वो विनायल खरीदने गए तो पता चला कि उनकी कीमत छह रुपए से दो सौ रुपए के बीच थी। उसके अलावा कार के आकार का भी मसला था। और सबसे जरूरी बात--स्टिकर लगाने का काम कौन करता?

“मैंने गाड़ियों में सन-कंट्रोल फिल्म लगाने वालों से बात की, लेकिन उन्होंने इससे पहले ऐसा कभी कुछ किया नहीं था।”

और इसके अलावा पैसे वे बहुत मांग रहे थे। इसलिए रघु ने ध्यान से देखना शुरू किया कि वे अपना काम आख़िर करते कैसे हैं और खुद ही स्टिकर लगाने की कोशिश करने लगे। ये आइडिया पूरी तरह फ्लॉप हो गया।

“मुझे बिल्कुल भी अंदाजा नहीं था कि ये काम कितना मुश्किल है। एप्लिकेशन में इतने सारे बबल्स थे कि स्टिकर चिपकाने के बाद वे बहुत ख़राब लगते थे।”

और इस बीच रघु ने डोर हैंडल के बारे में तो सोचा ही नहीं था। ठीक वहीं पर क्लायंट का लोगो लगा था, और ठीक उसी जगह से उसे काटना पड़ा।

नए वेंचर में मुश्किलें बढ़ती जा रही थीं और इस बीच रघु के दिमाग में एक जबर्दस्त आइडिया आया। शिमला में एक सज्जन थे जिनके पास सभी अपनी गाड़ियां ले जाया करते थे ताकि उन पर फैंसी स्किटर चिपकाए जा सकें।

सुभाष शर्मा उर्फ पंडित जी इस काम के लिए सबसे सही इंसान थे। पिछले तीस सालों से वे गाड़ियों पर स्टिकर लगाने का काम कर रहे थे और पूरी ज़िंदगी उन्होंने इसी क्राफ्ट के नाम कर दी थी।

“अपने औजारों का इस्तेमाल करते हुए उन्होंने हमें एक सैंपल एप्लिकेशन दिखाया और हमें तब ये देखकर बड़ी तसल्ली हुई कि ये काम किया जा सकता है।”

दिन-रात काम करके बॉन बेकरी का काम पूरा हो गया और गाड़ियों को स्टिकर के साथ सड़क पर उतार दिया गया।

पहले चेक पर लिखी गई रकम रघु को अभी भी याद है--1,23,000 रुपए!

शिमला में अपने घर से काम करते हुए रघु के पास एक सेलफोन, एक लैपटॉप और इंटर्न के तौर पर काम कर रहे एक कज़िन के अलावा कोई और साथी नहीं था। रघु ने एक और प्रेस रिलीज निकाला। इस बार बिजनेस स्टैंडर्ड में छपी ख़बर ने कई और ब्रांड मैनेजरों का ध्यान रघु की ओर खींचा।

अक्टूबर 2008 में रघु को बड़े ब्रांड मिल गए।

रिलायंस म्यूचुयल फंड ने एक महीने के लिए 75 कारों की बुकिंग की। टाटा इंडिकॉम ने तीन महीने के लिए 125 कारों की बुकिंग की। दोनों कैंपेन उत्तर भारत के टियर-टू शहरों में थे--चंडीगढ़, शिमला, पटियाला और लुधियाना।

गाड़ियों के मालिक बड़ी तादाद में रजिस्ट्रेशन कराने लगे। कैशयॉरड्राइव हर गाड़ी पर दो से तीन हजार रुपए महीने के दे रहा था, जो गाड़ी के मालिकों को रास आ रहा था। लेकिन अभी भी बहुत सारे एडवर्टाइजर्स इसके लिए तैयार नहीं थे।

दिसंबर 2008 में रघु ने तय किया कि उन्हें अपना काम दिल्ली लाना होगा ताकि बिजनेस और आगे बढ़ सके। एड सेल्स में थोड़ा सा तजुर्बा रखने वाले एक लड़के की मदद से रघु ने अपने आइडिया के बारे में बात करना शुरू किया।

"मुझे सब कुछ खुद ही करना होता था। नए क्लायंटों से मिलना था, कैंपेन चलाने थे। लेकिन सबसे मुश्किल था अपॉइंटमेंट लेना।"

रघु ने ये सीखा कि जिन दो लोगों को जितना होता वे थे रिसेप्शनिस्ट और गार्ड। उन्होंने प्रोपोजल बनाने और भेजने का तरीका भी सीख लिया, और नए-नए तरीके सीखने लगे जिससे ब्रांड मैनेजरों को ध्यान खींचा जा सके।

"मुझे समझ में आ गया था कि जब तक मैं वैल्यू एडिशन नहीं दूंगा, जिसमें किसी को दिलचस्पी होगी।"

एडिडास के लिए रघु ने एल-शेप के क्रिएटिव बनाने की सलाह दी, जिसमें एक शख़्स फुटबॉल खेलता हुए दिखाई दे।

इस बीच *मेरू कैब्स* ने रघु से संपर्क किया--क्या वे उनके कैब्स पर एड्स बेच सकते थे? फिर ऑटोग्राफिक्स डिजाइन्स से फोन आया, जो एप्लिकेशन बिजनेस में थी और बैंगलोर की एक कंपनी थी।

जनवरी 2009 तक कैशयॉरड्राइव ने 12,000 से ज़्यादा कार मालिकों को रजिस्टर कर लिया था, और वेंचर कैपिटलिस्ट अब उसमें दिलचस्पी दिखाने लगे थे।

"वे लोग आते थे, कॉफी पीते थे और चले जाते थे। मुझे लगता था कि ये लोग मेरा वक्त बर्बाद कर रहे हैं। मुझे बिजनेस प्लान बनाने में अपनी एनर्जी लगानी चाहिए या और बिजनेस लेकर आने में?"

रघु ने तय किया कि वे इस स्टेज पर ऑपरेशन्स पर ध्यान लगाएंगे। अगर रेवेन्यू आ रहा था तो इन्वेस्टर को बाद में भी लाया जा सकता था।

"मैं एक मजबूत पोजिशन में होना चाहता था--अभी तो जो वे कह रहे थे वही करना पड़ेगा..."

रघु के लिए एक और बड़ा ब्रेक था मैकटैक के प्रेसिडेंट गाइडो अल्विनो के साथ विमल अंबानी* से मिलना। ये कंपनी पेप्सी और कोक ट्रकबैक के लिए विनायल शीट्स बनाती है। कैशयॉरड्राइव मैकटैक का लोकल पार्टनर बन गया और गाड़ियों की रैपिंग करने में लग गया।

बिजनेस के अलावा अंबानी रघु के लिए रोल-मॉडल भी बन गए।

अप्रैल 2009 तक कैशयॉरड्राइव ने 21 लाख रुपए तक का रेवेन्यू कमा लिया। अभी तक कंपनी वन-मैन आर्मी ही थी, जिसमें सिर्फ छह लोग काम कर रहे थे, जिसमें बैंगलोर और चेन्नई में दो एप्लिकेटर्स और दो पार्टटाइमर्स शामिल थे।

लेकिन मुश्किल ये हुई कि अचानक बिजनेस कम होने लगा और लोगों की सैलरी दिए जाने में परेशानी होने लगी।

"मैं ब्रांड मैनेजरों के नाम गूगल करता था और उनके दफ्तरों में फोन करता था। मुझे याद है कि मैंने एडिडास के मार्केटिंग मैनेजर को पिच तब किया था जब वे बिल्डिंग के बाहर सिगरेट ब्रेक ले रहे थे।"

---

* विमल अंबानी धीरूभाई अंबानी के भतीजे हैं। विमल ब्रांड इन्हीं के नाम पर है।

कैशयॉरड्राइव को वो कैंपेन मिल गया, और इसके साथ ही लेज चिप्स, पेप्सी पिज्जा हट, डोकोमो जैसे और ब्रांड आ गए।

"लोगों ने मुझे सलाह दी कि मैं सिर्फ बड़े ब्रांड्स को न देखूं क्योंकि वे फैसले लेने में वक़्त लेते हैं। लेकिन इससे हमें अच्छी दरें मिलतीं और लोगों को वक़्त पर पैसे दिए जा सकते थे, जबकि लोकल कंपनियां और स्टार्ट-अप बार्टर की बात करते थे।"

मेहनत रंग लाई और दिसंबर 2009 में कैशयॉरड्राइव ने 21 ब्रांडों का कैंपेन किया और 86 लाख का रेवेन्यू कमाया। रघु को मार्च 2010 तक एक करोड़ रुपए का रेवेन्यू कमाने की उम्मीद थी।

"प्रॉफिट मार्जिन अलग-अलग होता है क्योंकि हम गाड़ी के मालिकों को अलग-अलग राशि देते हैं। ऐप्लिकेशन और प्रिंटिंग कॉस्ट भी अलग-अलग होता है, लेकिन हम 20-30 प्रतिशत औसतन कमा लेते हैं।"

आसानी से मिलने वाले पैसे का सोचकर कई सारे और कॉपीकैट्स बाजार में आए--जैसे कैशयॉरराइड, कैश योअर व्हील्स वगैरह। लेकिन बात आइडिया की नहीं थी, बात थी उसके एक्जिक्यूशन की। उसमें एक ही इंसान का जुनून शामिल था--रघु खन्ना का।

"रघु अब अपनी कंपनी को और बढ़ाना चाहते हैं और 30, 40, 50 कार कैंपेन्स से आगे बढ़कर पूरे देश में एक हजार गाड़ियों का कैंपेन करना चाहते हैं। हम देश के कोने-कोने, यहां तक कि गांवों में जाकर कैंपेन चलाना चाहते हैं।"

"लोग पूछते हैं मुझसे कि आपके बिजनेस की स्केलेबिलिटी क्या है? मेरा जवाब होता है कि स्केल की कोई परिभाषा नहीं होती। ये आपकी क्षमता पर निर्भर करता है, या फिर आपकी बेचने की क्षमता पर।"

"मैंने कभी ट्रेन की टिकट नहीं खरीदी, लेकिन हर बार मुझे बर्थ मिली," रघु हंसते हुए कहते हैं।

सफलता का मतलब है सही बिजनेस चुनना, और सही तरीके से बिजनेस करना। अपने जुनून को अपने हुनर के साथ मिलाकर सफलता के नए आयाम छूना।

रघु युवा हैं, और उन्हें सफलता बहुत कम उम्र में हासिल हो गई। लेकिन क्या होगा अगर एक दिन वे इन सबसे बोर हो जाएंगे?

"मुझे पूरा भरोसा है कि इससे बड़े और बेहतर अवसर आएंगे," वे आंखों में एक चमक लिए कहते हैं।

रघु की ज़िंदगी का मकसद पूरी तरह जिंदादिल होना है--पंखों में परवाज और कदमों में उड़ान बचाए रखा है।

*

युवा उद्यमियों को सलाह

आजकल के ऑन्ट्रप्रॉन्योर्स शुरुआती स्टेज में ही फंडिंग के पीछे भागते नजर आते हैं। एक छोटा सा आइडिया आता नहीं है कि आप गूगल पर चले जाते हैं और वेन्चर कैपिटलिस्ट्स के बारे में पता करने लगते हैं, जो आपको एकाध मिलियन डॉलर दे देगा। एक दो साल लग कर काम करो, आप वैसे भी इतना कमा लेंगे, मैं तो ये कहता हूं। इंटरनेट की दुनिया में सबसे बड़ा फायदा है फ्री ऑफ कॉस्ट फैसिलिटी। कोई भी किसी से भी संपर्क स्थापित कर सकता है। लेकिन आपके पास लोगों को समझने का दिमाग होना चाहिए।

लोग कहते हैं कि काम का तजुर्बा होना जरूरी है--वर्क एक्सपिरिएंस। लेकिन ये सच नहीं है।

जब आपका आइडिया नया होता है तो आपके अलावा ये कोई नहीं जानता कि उस पर काम कैसे किया जाए। आप जैसे-जैसे आगे बढ़ते जाते हैं, सीखते जाते हैं और रास्ता बनता चला जाता है। इसलिए, शुरुआत जितनी जल्दी हो, उतना अच्छा है।

जुनून

कुछ उद्यमी किसी एक आइडिया या जुनून पर काम करते हुए अपने लिए रास्ते तैयार कर लेते हैं। एक ऐसा आइडिया, जो सबसे अलग है, अपने वक़्त से बहुत आगे है। ये वेंचर अपने सपने को हकीकत में बदलने की एक मिसाल है।

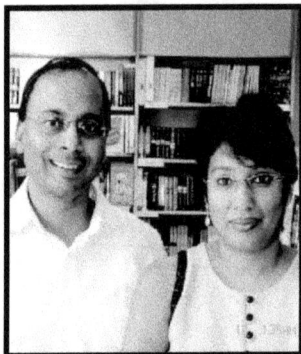

किताबी कीड़ा

आर श्रीराम
क्रॉसवर्ड

श्रीराम के मन में बिजनेस शुरू करने की कोई उत्कट इच्छा नहीं थी--वे सिर्फ किताबों की दुनिया में खो जाना चाहते थे। इस कॉलेज ड्रॉपआउट ने फिर भी देश का सबसे बड़ा बुक स्टोर चेन खोला, और रीडिंग की आदत को दूर-दूर तक फैलाने का बीड़ा उठाया।

आर श्रीराम उन सारे 'श्रीराम' से अलग हैं जिसने मैं अभी तक मिली हूं।
वे कॉलेज ड्रॉपआउट हैं, नास्तिक हैं, और शादी की परंपरा में यकीन नहीं करते।
जब वे अपने लिए नए रास्ते तलाश कर रहे थे तो 'लोग क्या कहेंगे' की चिंता उन्हें कभी नहीं हुई।
नहीं, उन्हें ठीक-ठीक बिल्कुल नहीं पता था कि वे करना क्या चाहते हैं। लेकिन वे अपने लिए रास्ते तलाश करते रहे और सवाल पूछते रहे।
अपनी ज़िंदगी के मकसद से जुड़े सवाल, जिसकी वजह से उनके जुनून को और मजबूती मिली।
उन्हें ये अहसास हुआ कि उन्हें किताबों से प्यार था।
उनके इस जुनून से एक एन्टरप्राइज पैदा हुआ। इस एन्टरप्राइज ने लोगों को वापस बुक स्टोर्स की ओर खींचा और नई पीढ़ी में रीडिंग कूल माना जाने लगा।
श्रीराम अपने सपने को पूरा करने के लिए आन्ट्रोप्रॉन्योर बने थे। इसलिए ताकि दूसरों की ज़िंदगी में बदलाव ला सकें, इसलिए ताकि दूसरों की ज़िंदगी को नए मायने दे सकें। ताकि सबके हाथों में किताबें आ सकें।
श्रीराम अपने सफर के बारे में बता रहे हैं और मैं लगातार उनके योगदान के लिए मन-ही-मन उनका शुक्रिया अदा कर रही हूं।

किताबी कीड़ा

आर श्रीराम
क्रॉसवर्ड

आर श्रीराम मद्रास में एक पारंपरिक पलक्कड़ ब्राह्मण परिवार में पैदा हुए।

"मैं चार बच्चों में सबसे बड़ा हूं। जब मैं तीन साल का था तो मेरी मां की मौत हो गई। मेरी बहन मुझसे एक साल छोटी थी। मेरे पिता ने तब दूसरी शादी कर ली।"

श्रीराम एक खुशमिजाज बच्चे थे, हालांकि अपने ख़्यालों में खोए रहते थे। अपने स्कूल की लाइब्रेरी क्लास की देन थी कि उन्हें ज़िंदगी में बहुत जल्दी किताबों से प्यार हो गया। उन्होंने तब सब कुछ पढ़ना शुरू कर दिया, और आमतौर पर सैकंड हैंड किताबें पढ़ते।

इसके अलावा श्रीराम बाहर खेलकूद भी खूब करते थे।

"मुझे अभी भी याद है कि मेरे दोस्त घर आते थे, मुझे नींद से जगा देते थे और हम फिर एक-दो घंटे खेला करते थे। फिर हम स्कूल जाते थे।"

श्रीराम ने ट्रैक और फील्ड में स्कूल और कॉलेज का प्रतिनिधित्व भी किया।

श्रीराम के पिता भारत हेवी इलेक्ट्रिकल्स में थे और बहुत अच्छा कर रहे थे। लेकिन वे जनरल मैनेजर के पद से आगे नहीं जा सके क्योंकि वे इंजीनियर नहीं थे। वे श्रीराम को इंजीनियर बनाना चाहते थे।

श्रीराम पढ़ाकू नहीं थे लेकिन पूरी ज़िंदगी क्लास के टॉप पांच बच्चों में रहे। लेकिन जब वे बारहवीं तक पहुंचे तो उन्होंने ख़ुद से पूछना शुरू कर

दिया, "क्या मैं सचमुच इंजीनियरिंग करना चाहता हूं?"

"मुझे लगता है कि किताबें पढ़ने से एक ये फायदा होता है कि आप अपने आपको ध्यान से देखने लगते हैं, बार-बार सोचते हैं और खुद से लगातार ये पूछते हैं कि आख़िर वो कौन-सी चीज है जिसे लेकर आप जुनूनी हैं?"

बचपन से इस तरह के सवाल श्रीराम को परेशान कर रहे थे। जब श्रीराम सातवीं क्लास में थे तभी वो सोचते थे, "मैं कौन हूं? मैं यहां क्या कर रहा हूं? मेरी ज़िंदगी का मकसद क्या है?"

"मेरी परिवरिश एक बहुत ही धार्मिक माहौल में हुई, लेकिन मैं हमेशा सवाल पूछता रहा।"

"मैं किसी भी चीज पर यकीन करने से पहले उसका अनुभव करना चाहता था... ये तय करना चाहता था कि इसे स्वीकार किया जाए या नहीं।"

और श्रीराम ये स्वीकार ही नहीं कर सके कि करियर की दुनिया मेडिकल या इंजीनियरिंग पर ख़त्म हो सकती है। उन्होंने पिता को खुश करने के लिए आईआईटी का एन्ट्रेन्स एक्जाम तो दिया, लेकिन उसमें मन लगा नहीं।

श्रीराम ने मैथेमैटिक्स ऑनर्स में लोयोला कॉलेज में दाख़िला ले लिया, और साथ ही विजुअल कम्युनिकेशन्स के डिप्लोमा कोर्स को भी जॉइन कर लिया। ये इवनिंग कोर्स था और श्रीराम को इसमें क्रिएटिव राइटिंग, कॉपीराइटिंग, फोटोग्राफी और आर्ट के बारे में भी जानकारी मिलती रही।

कोर्स के आख़िर में उन्हें ओगिल्वी, बेन्सन और माथर के साथ ट्रेनिंग करने का मौका मिला--एक ऐसी पोजिशन पर जहां पैसे तो नहीं मिल रहे थे, लेकिन अनुभव ख़ूब मिल रहा था।

"थर्ड ईयर कॉलेज में मेरा अटेन्डेंस एकदम गिर गया क्योंकि मैं काम भी कर रहा था। इसलिए मैंने आख़री सेमेस्टर में आकर कॉलेज से ड्रॉपआउट कर लिया। मैंने अपनी बीएससी पूरी नहीं की।"

एक डिग्री हासिल करने का इरादा अपनी अहमियत खो चुका था। जाहिर है, उनके परिवार को श्रीराम के इस फैसले से बहुत खुशी नहीं मिली।

"मेरे पिता ने कोशिश की कि मैं बैंक के एक्जाम लिखूं, और मेरा दाख़िला आईसीडब्ल्यूएआई में करा दिया गया। मेरे पिता ने कहा, अगर तुम्हें ये पसंद

नहीं आ रहा तो कुछ और ढूंढ़ो। उन्हें मेरी फिक्र थी, ये बात मैं समझता था। लेकिन मुझे वे विकल्प पसंद नहीं आ रहे थे जो मेरे लिए उपलब्ध थे।"

श्रीराम ने कई और चीजें करने की कोशिश की। लेकिन वो ख़ास चीज उन्हें अभी भी हासिल नहीं हुई जिसमें उनका मन लगता। उन्होंने जर्नलिज्म पढ़ने की कोशिश की, और फिर मार्केट रिसर्च की ओर भी ध्यान लगाया। हालांकि उन्होंने इसमें अपना करियर नहीं बनाया, लेकिन मार्केट रिसर्च के बहुमूल्य अनुभव रहा।

"मैं अपने ग्रुप में कभी भी सबसे ज़्यादा बातूनी नहीं रहा, एक ऐसा शख़्स जो बातचीत शुरू करे, या फिर नए लोगों से पहचान बनाए। आईएमआरबी में काम करते हुए मैंने लोगों से बात करना और उनका ध्यान अपनी ओर खींचना सीखा।"

"कई छोटी-छोटी चीजें, जैसे डोरबेल आराम से बजाना, किसी से कितनी दूरी बनाकर खड़े हुआ जाए और बातचीत का लहजा कैसा हो--मैं ये सारी चीजें सीख रहा था।"

"मैं जरूर ये कहना चाहूंगा कि इससे एक मजबूत नींव तैयार हुई और मैंने सीखा कि लोगों से, और बात में कस्टमर्स से कैसे डील किया जाता है।"

आईएमआरबी में पैसे बहुत नहीं मिलते थे, लेकिन इतने पैसे जरूर मिल जाते थे कि अपना छोटा-मोटा खर्चा चला सकें। ऐसे दो साल तक चलता रहा और फिर 1987 में श्रीराम ने अपोलो हॉस्पिटल के बैंक ऑफिस में नौकरी कर ली।

"मेरे कुछ दोस्त थे जो मेरे लिए हमेशा परेशान रहते थे। उन्हीं में से एक ने मेरे लिए नौकरी खोजी थी। मुझे उस काम में बिल्कुल मन नहीं लगता था और छह महीने के भीतर ही मैंने नौकरी छोड़ दी।"

श्रीराम ने अपोलो की ही एक सहयोगी कंपनी में नौकरी कर ली जो एक सॉफ्टवेयर फर्म था। वहां वे एक टेक्नीकल राइटर का काम करते थे, लेकिन दो महीने में ही उन्हें पता चल गया कि वे ये काम भी नहीं करना चाहते हैं।

"जो काम मैं कर रहा हूं उसके बारे में मुझे जुनूनी होना पड़ेगा और उसमें पूरी तरह इन्वॉल्व होना पड़ेगा। अगर मैं पूरी तरह अपने काम में दिलचस्पी नहीं लूंगा तो मैं उसमें अनुशासन के साथ अपनी ताकत और कोशिश नहीं लगाऊंगा।"

सुबह उठकर अगर आपको काम पर जाने का मन न करे तो जरूर कुछ गड़बड़ है।

जनवरी 1988 में उनकी ज़िंदगी का अहम मोड़ आया। श्रीराम ने एक बुकशॉप लैंडमार्क के बारे में सुना जो अभी-अभी मद्रास में खुला था। ये ठीक वैसी ही जगह थी जहां वे काम करना चाहते थे।

श्रीराम मैनेजर के पास गए और उनसे कहा, "मैं यहां काम करना चाहता हूं।"

किताबों और साहित्य में दस मिनट बात हुई और मैनेजर ने कहा, "यू आर हायर्ड। क्या आप कल से काम शुरू कर सकते हैं?"

उन्हें किसी तरह की कोई फॉर्मल ट्रेनिंग या ओरिएन्टेशन नहीं दिया गया। श्रीराम को बस स्टोर का एक हिस्सा मैनेज करने के लिए दे दिया गया। इस काम में कस्टमर्स से बातचीत करना, उन्हें जो चाहिए वो उपलब्ध कराना और किताबें खरीदने वाली टीम को ये इनपुट देना कि स्टोर में किस तरह की किताबें रखी जाएं, शामिल था।

लेकिन श्रीराम को पहले ही दिन समझ में आ गया कि स्टोर में किताबें ढूंढ़ना आसान काम नहीं था। उन्हें सबसे पहले किताबें ऑर्डर में रखनी होतीं।

"मैंने ब्रिटिश काउंसिल लाइब्रेरी में बहुत सारा वक़्त बिताया था, इसलिए उसके आधार पर मैंने एक सिंपल सिस्टम स्टोर में शुरू किया। चूंकि ये काम मैं खुद ही कर रहा था, इसलिए किताबें ढूंढ़ना आसान हो गया। मुझे किताबों से मोहब्बत थी ही, इसलिए मैं कस्टमर्स को किताबों के नाम भी सुझाया करता था।"

एक महीने के भीतर ही कस्टमर्स श्रीराम से बात करने के लिए लौटकर

आने लगे। श्रीराम किताबें निकालते, उन्हें कोट करते और उसमें से कविताएं पढ़कर सुनाते। श्रीराम के हिस्से के स्टोर का बिजनेस बहुत अच्छा होने लगा।

इस बीच श्रीराम स्टोर के मालिक हेमू को हमेशा परेशान करते रहते कि स्टोर में ये टाइटल नहीं है, हमें ये किताबें खरीदनी चाहिए। एक दिन हेमू ने कहा, “अच्छा शिकायतें बहुत हुईं। अब तुम किताबें खरीदना शुरू करो।”

बुक बिजनेस का बैकएंड समझना अपने आप में एक सीख थी। एक पुराने डिस्ट्रिब्यूटर के वेयरहाउस में एक दिन श्रीराम को ऐसी बेहतरीन किताबें मिलीं जो धूल खा रही थीं।

हेमू ने पूछा, “क्या ये किताबें बिकेंगी?”

श्रीराम ने कहा, “बिल्कुल।”

किताबें बिकीं और श्रीराम के हाथ एक और ख़जाना लग गया--कैटलॉग्स। अब वे सीधे पब्लिशर्स को अपने ऑर्डर दे सकते थे। कस्टमर्स की पसंद के हिसाब से श्रीराम ने वे टाइटल्स इकट्ठा करना शुरू कर दिया जो पाठकों के लिए प्रासंगिक और दिलचस्प थे।

छह महीने के अंत में श्रीराम की तनख़्वाह दुगुनी करके पंद्रह सौ रुपए कर दी गई। चेक हाथ में देते हुए मैनेजर ने कहा, “ध्यान रहे कि ये सफलता तुम्हारे सिर पर न चढ़ जाए।”

मैनजर को चिंता करने की जरूरत नहीं थी। श्रीराम को और चुनौतियां मिलने वाली थीं। वे कुछ और नया काम करने वाले थे।

“कस्टमर्स की ज़िंदगियों को इस तरह सीधे तौर पर प्रभावित करना मुझे अच्छा लगने लगा। जितनी मेहनत करता गया, मैं उतना अच्छा करता गया और उतनी ही खुशी मिलती गई।”

श्रीराम के ख़ास कस्टमर्स में से एक थे मार्कोस वेल्लापल्ली जो कोट्टायम में वकील थे। वे अपनी बेटी के लिए किताब ढूंढ़ रहे थे। श्रीराम ने सलाह दी कि वे *मिस्टर गॉड, दिस इज़ एना* खरीदें।

कुछ महीने बाद वे फिर आए और श्रीराम से कहा, “मैं तुम्हें शुक्रिया अदा करना चाहता था। उत्तरा को किताब बहुत पसंद आई।”

इस तरह कई सारे कस्टमर्स उनके दोस्त बनने लगे। अलग-अलग उम्र

के लोग, अलग-अलग पृष्ठभूमियों, अलग-अलग अनुभवों के लोग--जिन्हें किताबें जोड़कर रखे थीं।

इस तरह काम करते हुए एक साल गुजर गए और एक दिन एक कस्टमर--राम प्रसाद ने श्रीराम को अपने घर बुलाया। उनके पिता एक मशहूर फिल्म प्रोड्यूसर थे और वे हैदराबाद में एक स्टूडियो सेटअप करने जा रहे थे।

उन्होंने कहा, "पता है श्रीराम एक चीज जो मैं हैदराबाद में मिस करूंगा वो है लैंडमार्क। क्या आप मेरे साथ हैदराबाद आकर एक बुक स्टोर खोलने में मदद करेंगे?"

श्रीराम को तो यकीन ही नहीं हुआ!

"मेरे भीतर का एक हिस्सा बहुत उत्साहित हुआ और दूसरा हिस्सा बुरी तरह घबरा गया। मुझे लगा कि मैं आख़िर ऐसा कर कैसे पाऊंगा?"

बहुत सोचने के बाद श्रीराम को समझ में आया कि उनके पास थोड़ी सी जानकारी थी, लेकिन इतनी काफी नहीं थी। उन्हें और दो-एक लोगों से मदद लेनी होती जो बिजनेस के बारे में बेहतर समझते थे। ऐसे लोग जिनके पास ताक़त और हुनर के साथ-साथ साझा मूल्य भी होते।

ऐसी ही एक शख्स थी अनिता--एथिराज कॉलेज की लिटरेचर स्टूडेंट, जिसने श्रीराम के बाद स्टोर जॉइन किया था और चिल्ड्रेन्स सेक्शन देखती थी। दूसरे थे सुदर्शन रेड्डी, जो वेन्डर्स और अकाउंटिंग देखते थे।

दोनों तैयार हो गए और इस तरह एक नया एडवेंचर शुरू हो गया।

तीनों ने नवंबर 1989 में लैंडमार्क छोड़ दिया और हैदराबाद चले गए। तीनों में से कोई भी बिजनेस प्लान लिखना नहीं जानता था, न ही कैशफ्लो और वर्किंग कैपिटल की समझ थी।

"हमने कंपनी में कोई स्टेक नहीं मांगा--हमें इतना भी तजुर्बा नहीं था। लेकिन हमें जनरल मैनेजर बना दिया गया और कुछ बड़ा तैयार करने का अवसर दिया गया। हमारे लिए यही बहुत बड़ी बात थी।"

तन्ख्वाह अच्छी थी, और उससे ज़्यादा जरूरी बात ये थी कि श्रीराम रिटेल के बेसिक गुर सीख रहे थे।

शुरुआत स्टोर के लिए जगह ढूंढ़ने से हुई।

"मैं सपने देखता हूं। मैं ऐसे बहुत सारे काम करता हूं जो और लोगों को इलॉजिकल लगता है, लेकिन मेरे लिए मैं जो कर रहा होता हूं, उसमें हमेशा कोई न कोई लॉजिक होता है। मैं अपने भरोसे के दम पर जीता हूं।"

उन दिनों हैदराबाद में स्टोर का साइज पांच सौ स्क्वायर फुट हुआ करता था। हजार स्क्वायर फुट लक्जरी था। किसी भी स्टार्टअप के लिए किसी अपमार्केट लोकेशन में स्टोर किराए पर लेना नामुमकिन था।

"हमने पूरा हैदराबाद और सिकंदराबाद छान मारा, और तब मुझे समझ में आया कि आप चलते-चलते कितना कुछ सीख सकते हैं। आप सड़क पर, गलियों में, लोगों से बात करते हुए बहुत कुछ सीखते हैं।"

श्रीराम ने आख़िरकार सरदार पटेल रोड पर जगह देखी जो पंचगट्टा के पास थी, और उस वक़्त बड़ी तेजी से वहां काम चल रहा था। वॉल्डन वहां का पहला रिटेलर बना और बाद में वो जगह पॉपुलर हाईस्ट्रीट बनी, लेकिन जिस वक़्त स्टोर के लिए वहां जगह ली गई उस वक़्त ये एक बड़े ख़तरे से कम नहीं था

दूसरा बड़ा रिस्क लिया गया स्टोर के नाम के साथ--वॉल्डन, जो हेनरी डेविड थॉरो से प्रेरित था। लेकिन स्टोर इतना ख़ास, इतना अलग था कि नाम की वजह से होने वाला रिस्क बाद में बिल्कुल ख़त्म हो गया।

"वॉल्डन पहला ऐसा बुक स्टोर था जिसमें कई सारे नॉन-बुक आइटम्स, जैसे स्टेशनरी, म्युजिक, मूवीज और खिलौने भी मिलते थे। हम चाहते थे कि जगह सबके लिए फ्रेंडली हो और सिर्फ और सिर्फ हार्डकोर किताबी लोगों के लिए न हो।"

सालों बाद *ब्लू ओशन स्ट्रैटेजी* नाम की एक किताब आई जिसमें इसी स्ट्रैटजी की वकालत की गई।

"मुझे ये बात अब समझ में आती है कि इसके भी टर्म्स होते हैं। उस वक़्त हमारे लिए कस्टमर्स को अच्छा अनुभव देना और नॉन-कस्टमर्स को खुद

से जोड़ना ही मकसद था। जो हमारे नियमित ग्राहक होते, उनके लिए भी हमने बहुत अलग किस्म का अनुभव दिया।"

वॉल्डन जुलाई 1990 में खुला और हैदराबाद का एक मशहूर बुक स्टोर बन गया।

"हम तब युवा थे, हमारे जेहन में किस्म-किस्म के आइडियाज आते रहते थे। हम हफ्ते में सातों दिन काम करते रहते थे और हममें कमाल की एनर्जी थी।"

ये एनर्जी संक्रामक भी थी। लैंडमार्क के अनुभव का इस्तेमाल करते हुए श्रीराम और अनिता ने ग्राहकों के साथ बहुत अच्छे रिश्ते बनाए। उद्यमी, बुद्धिजीवी, नेता और ब्यूरैक्रैट्स अक्सर स्टोर में आते रहते थे।

"मैंने लोगों से बातचीत करते हुए बहुत कुछ सीखा--हालांकि ये बात मुझे तब समझ में नहीं आई थी।"

दूसरी चीज जो श्रीराम ने सीखी वो थी भीड़ से समझदारी हासिल करना। स्टोर में मौजूद सारी किताबें पढ़ना नामुमकिन था, लेकिन आप बहुत सारे लोगों से बात करके ये सीख सकते थे कि किसी टाइटल के बारे में उनकी राय क्या है और क्या वो टाइलट दूसरों को सुझाया जा सकता है या नहीं।

"मेरे दिमाग में एक सीआरएम सिस्टम था जो उन किताबों का रिकॉर्ड रखता था जिन्हें कस्टमर्स एन्जॉय करते थे। वे अगली बार जब लौटकर आते थे तो मैं उनसे पूछता था, क्या आपको किताब पसंद आई?"

ग्राहक खुश तो रिटेलर भी खुश, लेकिन उतना ही जरूरी वेंडर से मिलने वाला सहयोग भी है। डिस्ट्रिब्यूटरों का जीता हुआ भरोसा वॉल्डन को चलाने में श्रीराम के काम आया। उन्हें मालूम था कि श्रीराम जो खरीद रहे हैं, वो बेच ही देंगे।

वॉल्डन को नब्बे दिनों का क्रेडिट मिलता था जो किसी भी नए स्टोर को नहीं दिया जाता। इसका फायदा ये हुआ कि वर्किंग कैपिटल का खर्च बहुत हद तक कम हो गया।

वॉल्डन के शुरू होने के एक साल बाद श्रीराम सोचने लगे--अब आगे क्या। उन्हीं दिनों वे बुक स्टोर्स की एक चेन खोलने का ख़्वाब देखने लगे।

श्रीराम को समझ में आ गया कि उन्हें कोई भी काम शुरू करने में बहुत मजा आता था। एक बार स्टोर पूरी तरह स्थिर हो गया तो फिर काम मैनेजमेंट का ही होता है, जिसमें उन्हें बहुत मजा नहीं आता था। मुश्किल ये थी कि वॉल्डन के मालिकों को स्टोर की श्रृंखला खोलने में कोई दिलचस्पी नहीं थी--ये एक ऐसा काम था जो श्रीराम को अपने दम पर करना होता।

लेकिन एक और वॉल्डन शुरू करने में 18-20 लाख रुपए लग जाते। वो पैसे आख़िर कहां से आते?

"स्टेट बैंक ऑफ इंडिया का एक ट्रेनिंग सेंटर था जो वॉल्डन के सामने वाली सड़क पर था। वहां के कई सीनियर मैनेजर वॉल्डन के कस्टमर थे। श्रीराम ने उनसे लोन के बारे में बात की।"

उन्होंने कहा, "आपको कोलैटरल देना होगा, कुछ गिरवी रखा होगा।"

"मेरे पिता के पास एक प्रॉपर्टी थी जो उन्होंने पच्चीस सालों तक पैसे जमा करके खरीदी थी। मैं उनसे वो प्रॉपर्टी मांग ही नहीं सकता था।"

श्रीराम को एक और बात समझ में आई--सही सवाल पूछना कई बार सही जवाब मिलने से ज़्यादा जरूरी होता है।

"ये पूछने की बजाए, कि कौन-सा बैंक हमें फंड करेगा, मैंने पूछा, हमें फंड करने से सबसे ज़्यादा फायदा किसे होगा?"

जैसे ही श्रीराम ने ये सवाल पूछना शुरू किया, जवाब भी स्पष्टता से बाहर आने लगा। पब्लिशिंग बिजनेस में ही किसी को--या तो कोई प्रकाशक या फिर डिस्ट्रिब्यूटर--इन चेन ऑफ स्टोर्स से फायदा होना था।

"उन दिनों पब्लिशर्स और डिस्ट्रिब्यूटर्स का ग्रोथ सिंगल डिजिट में ही था और वे लोग पूरी तरह छोटी दुकानों पर निर्भर थे, जहां सेल्स के लिए छोटे शेल्फ के अलावा और कोई जगह नहीं थी।"

श्रीराम ने उन लोगों की एक लिस्ट बनाई जिन्हें उनके इस बिजनेस

"ऐसा नहीं है कि जब आप वो काम कर रहे होते हैं जो आपके दिल के बहुत करीब है तो रास्ता आसान हो जाएगा। मेहनत--बहुत मेहनत--फिर भी करनी होती है।"

आइडिया में रुचि होती। सबसे ऊपर था इंडिया बुक हाउस। वहां के लोकल मैनेजर श्रीराम के दोस्त थे जिन्होंने श्रीराम को बताया कि आईबीएच के मालिक मिस्टर मीरचंदानी एक महीने में हैदराबाद आ रहे थे।

अगले कुछ दिनों में श्रीराम ने मिस्टर मीरचंदानी के बारे में वो सारी बातें पता कर लीं जो वे कर सकते थे।

"मुझे एक बहुत ख़ास जानकारी मिली, और वो ये थी कि मिस्टर मीरचंदानी तीन मिनट से ज्यादा किसी बात पर ध्यान नहीं दे पाते थे। इसलिए मुझे पहले ही दो मिनट में उनका ध्यान खींचना था।"

मीरचंदानी वॉल्डन आए और उससे बहुत प्रभावित हुए। श्रीराम ने एलिवेटर में दो मिनट का पिच उन्हें पेश कर दिया।

श्रीराम ने कहा, "मेरे पास आपके लिए बुक स्टोर्स की एक चेन खोलने का प्रोपोजल है जो ठीक ऐसा ही होगा। सिर्फ यही एक तरीका है जिससे आपका सेल्स 20 से 25 प्रतिशत तक बढ़ पाएगा।"

मीरचंदानी सोच में पड़ गए। उन्होंने श्रीराम को मुंबई बुलाया और कुछ डिटेल्स दिए। श्रीराम ने अनिता से बात की, और अनिता ये जुआ खेलने के लिए तैयार हो गई।

श्रीराम ने अपने नए क्रेडिट कार्ड से मुंबई के लिए अपनी ज़िंदगी का पहला हवाई टिकट खरीदा। वे अपने छोटे से प्रेजेन्टेशन और बिजनेस प्लान के साथ दीपक मीरचंदानी को मनाने में कामयाब रहे।

उन्होंने कहा, "लेकिन मेरी एक ही शर्त है। हमारे पास ये एक प्रॉपर्टी है–अगर आप इसमें काम करने को तैयार हैं तो हम काम शुरू कर देते हैं।"

प्रॉपर्टी महालक्ष्मी टेंपल के पास एक बिल्डिंग के फर्स्ट फ्लोर पर थी। एक ऑफिस के लिए बहुत अच्छी, लेकिन रिटेल स्टोर के लिए नहीं। लेकिन श्रीराम ने एक और रिस्क लेने का फैसला कर लिया।

"हम करते हैं न", उन्होंने कहा।

मीरचंदानी परिवार के दिमाग में दो बातें स्पष्ट थीं–रिटेल बिजनेस में सबसे बड़ा इन्वेस्टमेंट जगह और इन्वेन्ट्री का ही होता है।

जीएल मीरचंदानी, जो उस परिवार के प्रमुख थे, बहुत शातिर बिजनेसमैन

ज़ीरो टू हीरो

"हमने हेड ऑफिस को सपोर्ट ऑफिस का नाम दिया क्योंकि हम ये मानते हैं कि हमारा काम स्टोर्स के बिजनेस को सपोर्ट करना है।"

थे। उन्होंने कहा, "प्रॉपर्टी तो हमारी है, और दूसरा इन्वेस्टमेंट स्टॉक है। हमारा वेयरहाउस किताबों से वैसे भी भरा पड़ा है। तो फिर हमारा क्या नुकसान है? चलो इन दोनों को हां कह देते हैं।"

श्रीराम तब 28 साल के थे और अनिता 25 की थी। जिस तरह की जिम्मेदारी उन्हें दी जा रही थी, उसके लिए दोनों बहुत छोटे थे। इस काम में ज़्यादातर वही लोग थे जिनके उम्र पचास या साठ के आस-पास की थी।

"तो बस, हम दो सॉफ्टस्पोकेन साउथ इंडियन्स पहुंच गए काम करने। हमारी उम्र कम जरूर थी लेकिन जुनून में कोई कमी नहीं थी। हमने ये भी कहा कि हमें सैलरी नहीं चाहिए। हम कंपनी में पार्टनर बनना चाहते हैं।"

हालांकि दोनों के पास इक्विटी नहीं थी, लेकिन दोनों के रेवेन्यू और प्रॉफिट्स में शेयर जरूर थे। और ऑपरेशन के लिहाज से श्रीराम और अनिता को ही फैसले लेने थे।

"देखिए, हमने क्रॉसवर्ड के आइडिया के बारे में सोचा और उन्हें इन्वेस्ट करने के लिए तैयार किया। इससे हमारे इन्गेजमेंट का टोन तैयार हो गया। हमें लगा कि हम ओनर्स हैं, एम्पलॉयी नहीं।"

"और जब आपके पास प्रोजेक्ट की ओनरशिप है तो आप परमिशन या अप्रूवल नहीं मांगते। आप सीधे जाकर वो काम करते हैं जो आपको सही लगता है।"

मीरचंदानी को पहला झटका तब लगा जब श्रीराम ने कहा कि वे न सिर्फ आईबीएच के गोदामों से किताबें लेंगे बल्कि और दूसरे डिस्ट्रिब्यूटरों से

"किसी को कुछ भी क्रिएट करना हो तो एनर्जी बहुत जरूरी है। और आपको सिर्फ रिचार्ज करने की ही जरूरत नहीं, आपके लिए ये भी जरूरी है कि आप दूसरों को एनर्जी दें।"

भी किताबें लेकर बेचेंगे। उन्हें मालूम था कि स्टोर के लिए कस्टमर सबसे अहम था, और सोर्स चाहे जो भी हो, उनके लिए सभी किस्म के टाइटल्स उपलब्ध कराना जरूरी था।

तर्क सही था इसलिए मीरचंदानी परिवार को ये बात समझ में आ गई।

"मीरचंदानी परिवार होलसेल बिजनेस की समझ रखता था, इसलिए रिटेल साइड के लिए उन्होंने हम पर भरोसा करने का फैसला किया।"

वॉल्डन में काम करते हुए श्रीराम और अनिता अक्सर ये बात किया करते थे कि अगर उन्हें मौका मिले तो कैसे वे चीजें अपने तरीके से करेंगे--अलग हटकर--और कैसे वे चीजें बेहतर बना पाएंगे।

"हम अपने कस्टमर्स को वर्ल्ड-क्लास एक्सपिरिएंस देना चाहते थे। हम उस वक़्त हिंदुस्तान से बाहर कहीं गए नहीं थे, इसलिए हमें मालूम भी नहीं था कि वर्ल्ड-क्लास स्टोर आख़िर होते कैसे हैं। हमारे जेहन में वर्ल्ड क्लास का ख़्याल उन किताबों को पढ़कर आया था जिनसे हम दोनों को प्यार था।"

"और बात सिर्फ किताबें बेचने की नहीं थी, बल्कि एक किस्म का अनुभव तैयार करने की थी। अगर स्पेस अच्छा होता तो न सिर्फ किताबी कीड़े, बल्कि वैसे लोग भी आते जिनमें जिज्ञासा कूट-कूटकर भरी थी। बच्चे, परिवार, लोग... किसी ऐसी जगह पर आते जहां उन्हें अपनी दिलचस्पी की कई चीजें मिलतीं।"

स्टोर के नामकरण के साथ ही इसकी शुरुआत हुई--क्रॉसवर्ड एक सिंपल नाम था, जिसे याद रखना आसान था, और ये नाम पांच साल के एक बच्चे को भी समझ में आता। फिर बात आई स्टोर के लेआउट की। स्टोर का बड़ा--बहुत बड़ा--होना बहुत जरूरी था। क्योंकि किताबों की रेंज उस वक़्त किसी भी स्टोर में मौजूद किताबों की रेंज से बहुत बड़ी रखने का इरादा था।

कस्टमर्स को न सिर्फ शेल्फ में रखी किताबों को देखने, परखने बल्कि वक़्त रहे तो उन्हें उलटने-पलटने और पढ़ने के लिए भी समय और जगह दी जानी जरूरी थी।

उस वक़्त किताबों पर कम-से-कम दस प्रतिशत डिस्काउंट दिया जाता था। लेकिन क्रॉसवर्ड में किताबें पूरी क़ीमत पर मिलतीं।

"जब हमने ये तय कर लिया कि किताबों पर कोई डिस्काउंट नहीं दिया जाएगा तो फिर हर लिहाज से हमें वैल्यू ऐड करना था ताकि लोग ये कहें कि डिस्काउंट मिले न मिले, कोई फर्क़ नहीं पड़ता। बस मुझे यहां आना अच्छा लगता है।"

श्रीराम और अनिता को यही एक्स फैक्टर तैयार करना था, और खुशकिस्मती से उनके पास छह हजार स्क्वायर फुट की जगह थी। अब देखना ये था कि ऐसा क्या तैयार किया जाए ताकि उन तंग सीढ़ियों से होकर लोग ऊपर आएं? सबसे पहला काम था एक आर्किटेक्ट की सलाह लेना।

"उन दिनों लोग रिटेल स्पेस के डिजाइन के लिए प्रोफेशनल्स की मदद नहीं लेते थे। लेकिन हमें मालूम था कि डिजाइन हमारे लिए बहुत अहम है। हमने छोटे-छोटे डिटेल पर बहुत सारा वक़्त दिया।"

"शेल्फ की ऊंचाई तक पर ध्यान दिया गया। खर्च के लिहाज से ऊंचे फिक्सचर सस्ते होते। लेकिन हमने तय किया कि क्रॉसवर्ड में कोई भी फिक्सचर पांच फुट से ऊंचा नहीं होगा।"

लेकिन पांच फुट क्यों?

"क्योंकि हमने देखा कि औसतन महिलाओं की ऊंचाई पांच फुट के आस-पास होती है। हम फिक्सचर इतनी ही ऊंचाई पर रखना चाहते थे कि स्टोर के आख़िर में खड़े होकर भी कोई पूरा स्टोर देख सके।"

फिर किताबों का सही क्लासिफिकेशन जरूरी था, ताकि कस्टमर्स सही किताब ढूंढ़ पाएं। बिजनेस मैनेजमेंट जैसे बड़े डिपार्टमेंट्स सब्जेक्ट्स के हिसाब से अलग किए गए। किताबें एल्फाबेट के हिसाब से रखी गईं, ताकि लोगों को अपने पसंद की किताबें खोजने में सहूलियत हो।

"लकड़ी के छोटे स्टूल और लाइब्रेरी चेयर्स की वजह से कस्टमर को लगने लगा कि यहां आराम से बैठकर किताबों का आनंद उठाया जा सकता है।"

"और अगर आपके सामने वाकई बड़ी वेराइटी की किताबें हैं तो आपको उन्हें देखने में ही आधे से एक घंटे तक का वक़्त लग सकता है। ऐसे में टॉयलेट का होना जरूरी हो गया।"

"क्रॉसवर्ड के सबसे उम्दा लोग वे थे जो अंदर आकर कहते थे कि आप जो कर रहे हैं, हमें बहुत पसंद है। क्या हम यहां काम कर सकते हैं?"

इस तरह की डिटेलिंग में पैसे भी लगे--स्टॉक्स को मिलाकर पचास लाख की लागत आई। प्रति फुट 800 रुपए के खर्च के हिसाब से इस स्टोर को तैयार करने में ढाई महीने लग गए।

"पहला क्रॉसवर्ड 15 अक्टूबर 1992 में खुला। लोगों ने कहा कि दो-तीन महीने में ही बंद हो जाएगा। लेकिन पहले ही छह महीने में स्टोर उम्मीद से कहीं बढ़कर निकला।"

"स्टोर का प्रोमोशन लोगों के जरिए ही हुआ लेकिन हमने कई और नए तरीके से स्टोर को प्रोमोट भी किया। वो भी बिना किसी एडवर्टाइजिंग बजट के।"

"इस तरह वीकेंड पर बच्चों के लिए फ्री रीडिंग की परंपरा की शुरुआत हुई। अनिता लैंडमार्क में अपने कस्टमर्स के लिए ये अनौपचारिक तौर पर करती थी लेकिन क्रॉसवर्ड में रीडिंग का कल्चर बन गया।"

"फिर हमने ये सोचा कि हमारे पास लेखक या लेखिका के तौर पर बेशकीमती रिसोर्स मौजूद था जिसका इस्तेमाल किया जा सकता था। हमने तय किया कि हम उन्हें स्टोर में लेकर आएंगे, यहां बुक लॉन्च करेंगे और रीडिंग करेंगे। इससे हमें बहुत सारा मीडिया कवरेज मिला।"

दूसरा इनोवेशन ये था कि इतवार को भी स्टोर खुला रखा गया, जबकि वॉर्डन रोड की सारी दुकानों के शटर उस दिन बंद हुआ करते थे। छह महीने के भीतर ही इतवार को सबसे ज़्यादा सेल्स रजिस्टर किया जाने लगा। बहुत जल्द क्रॉसवर्ड ऐसी जगह बन गया जहां लोग अपने परिवार के साथ आकर क्वालिटी वक़्त बिताना चाहते थे।

इस बात को ध्यान में रखते हुए 20 प्रतिशत जगह बच्चों की किताबों को दी गई। 30 प्रतिशत स्टॉक किताबों के अलावा सीडी, सीडी रोम, गिफ्ट

आइटम और ग्रीटिंग कार्ड्स का था।

"किताबों की तुलना में खिलौनों और स्टेशनरी पर हमें वाकई बहुत कम मार्जिन* मिलता था। लेकिन ये सारी चीजें रखकर हम परिवार की जरूरतों का ख़्याल रख सकते थे।"

"इनोवेशन एक बार की एक्टिविटी नहीं होती। ये लगातार बार-बार करना होता है। और इसके लिए एक ख़ास लम्हा जरूरी नहीं होता। कस्टमर से बातचीत करके, उनसे छोटे-मोटे मशविरे लेकर कई सारी चीजें सीखी जा सकती हैं।"

मिसाल के तौर पर, कई कस्टमर हाथ में ढेर सारी किताबें लेकर स्टोर में घूमते रहते थे।

फिर उनकी सुविधा के लिए बास्केट तैयार किया गया।

क्रॉसवर्ड देश का पहला स्टोर बना जिसकी अपनी ऑफिशियल बेस्टसेलर लिस्ट थी। लोगों को ये आइडिया पसंद आया और इसके साथ ही 'श्रीराम रेकमेन्ड्स' के नाम से एक रैक भी रखा जाने लगा जिसमें वे टाइटल्स होते जिनकी सीईओ निजी तौर पर तारीफ करते।

बल्कि टीम को कस्टमरों पर इतना भरोसा था कि सभी कैश मेमो पर एक लाइन लिखी हुई रहती--गुड्स एंड सर्विसेज वन्स सोल्ड विल भी एक्सचेंज्ड (बेची हुई चीज एक्सचेंज की जा सकती है)।

एक प्रतिशत से भी कम कस्टमर वापस आते। उनमें से 90 प्रतिशत वाकई में एक्सचेंज के लिए होते, जो गिफ्ट के तौर पर खरीदे गए थे।

इसके अलावा किताबें जैसे डिस्प्ले की गई थीं, वो भी ख़ास थीं। श्रीराम और अनिता ने सब तरह के अरेन्जमेंट्स देखे, और बाद में जाना कि इसे विजुअल मर्चेन्डाइजिंग कहते हैं।

लेकिन इतनी तकलीफ उठाने की जरूरत क्या थी?

"किसी किताब को लिखने में लेखक बहुत मेहनत करते हैं। लेखक कभी अपनी तरफ से सिर्फ औसत काम नहीं करता। वो अपना सौ फीसदी देता है। मुझे लगता है हम भी इसी बात से प्रेरित हुए, ताकि हम और बेहतर

---

* खिलौनों पर मार्जिन 18-20 प्रतिशत होता है जबकि किताबों पर 20-40 प्रतिशत

हो सकें, और मेहनत कर सकें।"

और इतनी मेहनत सिर्फ स्टोर में ही नहीं हो रही थी।

1992 में सभी स्टोर्स में मैनुअल कैश मेमो दिए जाते थे। श्रीराम और अनिता को इस बात का पूरा यकीन था कि उन्हें जल्दी ही सेल टर्मिनल्स की जरूरत पड़ेगी। उन्होंने एक छोटे फर्म को सेल्स और इन्वेन्टरी मैनेजमेंट सॉफ्टवेयर तैयार करने की जिम्मेदारी दे दी।

"व्हॉट्स द पॉइंट?" सीनियर मीरचंदानी ने शिकायत की।

"जीएल, कल आइए और हम आपको बताएंगे," अनिता ने कहा।

अगले दिन अनिता ने पांच अलग-अलग किस्मों की सेल्स रिपोर्ट पेश की जिसमें कैटरगरी, वॉल्युम, वैल्यू--सबका हिसाब था। जीएल मीरचंदानी को तुरंत बात समझ में आ गई।

"ये देखना कि हर रोज क्या बिक रहा है, हमारा सीक्रेट हथियार था। हम वे चीजें ऑर्डर कर पाने में कामयाब रहे जिनकी मांग हो रही थी।"

दो साल के भीतर ही क्रॉसवर्ड बॉम्बे में अपनी पहचान बना चुका था और प्रॉफिट भी कमा रहा था। श्रीराम और अनिता इस बात पर पूरी तरह यकीन करने लगे थे कि मीरचंदानी परिवार को अब दिल्ली में दूसरा स्टोर खोलना चाहिए।

5000-6000 फीट की जगह खोजना एक मुश्किल काम था। आख़िरकार उन्हें साउथ एक्सटेंशन के डिपार्टमेंट स्टोर के सेकेंड फ्लोर पर जगह मिल गई। स्टोर बहुत अच्छा चल रहा था लेकिन किताबों का बिजनेस अच्छा नहीं चल रहा था। आईबीएच आगे विस्तार नहीं चाहता था।

बैंक्स तब रिटेल को लोन नहीं दे रहे थे, लेकिन श्रीराम और अनिता ये मानते थे कि उन्हें एक ऐसा बुक शॉप खोलना था जिसका वजूद पूरे देश में हो।

"आप कह सकते हैं कि ये बिल्कुल बेवकूफाना आइडिया था, लेकिन ज़्यादातर सफल बिजनेस चुनौतियों या मंदी के दौरान ही तैयार होता है।"

उन्होंने फ्रेंचाइजिंग का विकल्प देखना शुरू किया। लेकिन क्या क्रॉसवर्ड ऐसा बिजनेस था जो इस मॉडल को जंचता? क्या सफल बुकशॉप बिजनेस

तैयार करने का कोई प्रोपाइटरी फॉर्मूला था?

वे इन सारी बातों पर विचार कर ही रहे थे कि बॉम्बे के स्टोर में एक युवा जोड़ा इनसे मिलने आया। गौरव शाह और सुप्रिया किताबों को लेकर जुनूनी थे। गौरव ने अमेरिका से एमएस किया था, और कैरियर्स को एयरकंडीशनर सप्लाई करते थे। लेकिन शाह अपने शहर अहमदाबाद में एक छोटा सा बुकशॉप खोलना चाहते थे।

उनकी कोई रिश्तेदार नेपियन सी रोड में रहती थीं, जिन्होंने उन्हें क्रॉसवर्ड देखने की सलाह दी। उन्हें स्टोर बहुत पसंद आया और वे इस स्टोर को बनाने वाले से मिलना चाहते थे।

इस तरह एक के बाद एक चीजें आगे बढ़ती रहीं और अक्टूबर 1995 में गौरव और सुप्रिया शाह ने क्रॉसवर्ड का फ्रेंचाइजी लिया और अहमदाबाद के मीठाकली में एक स्टोर खोला।

एक बड़ी जगह खोजना फिर से एक मुद्दा था। लेकिन नए-नए विकल्पों को देखते हुए श्रीराम ने आख़िर में एक बेसमेंट में स्टोर खोलने की सलाह दी। लेकिन क्या 'जब तक चाहो तब तक किताब पढ़ो' का तरीका यहां काम आता? शाह दंपत्ति को इस बात पर थोड़ा सा शक था।

उन्होंने क्रॉसवर्ड का डिजाइन, यहां तक कि कुर्सियां और मेज भी वहां वैसे के वैसे ही लगाईं। लेकिन साथ में एक कार्ड भी लगा दिया—पंद्रह मिनट से ज़्यादा किताबें मत देखिए।

लेकिन धीरे-धीरे कार्ड अपने आप हट गया। छह महीने के भीतर ही क्रॉसवर्ड अहमदाबाद का सबसे पसंदीदा स्टोर बन गया।

गौरव मुस्कुराते और कहते, "वो देखिए बच्चे वहां बैठकर पढ़ रहे हैं।"

शाह का भरोसा काम आया।

क्रॉसवर्ड की फ्रेंचाइजी पुणे और बड़ौदा में भी खुली। सभी स्टोर पेरेंट कंपनी को रॉयल्टी देते और इसके बदले में इंफ्रास्ट्रक्चर के साथ-साथ सॉफ्टवेयर सपोर्ट भी देते और अहम किताबें सोर्स करने में मदद भी करते।

1998 के आते-आते क्रॉसवर्ड के सात स्टोर खुल चुके थे और टर्नओवर 16 करोड़ हो गया था। लेकिन इतना काफी नहीं था...

"मुझे और स्टोर्स खोलने की जरूरत महसूस होने लगी। और मुझे एक और सच का पता चल गया था--बॉम्बे से दिल्ली होते हुए अहमदाबाद जाने में बहुत समझदारी नहीं थी। हम किसी एक शहर में गहरा असर नहीं छोड़ रहे थे, और बहुत फायदा भी नहीं देख रहे थे।"

श्रीराम को ये भी समझ में आया कि कंपनी को बेहतर टेक्नॉलोजी में निवेश करने की जरूरत थी। लेकिन ये काम आख़िर होता कैसे?

"मुझे इन सारी चीजों का पता नहीं था, इसलिए मैंने फिर से पढ़ना शुरू किया और कुछ ग्राहकों से बात भी की, जो मेरा सबसे कारगर तरीका है। उनमें से कुछ मर्चेंट बैंकर थे और उन्होंने मुझे कैपिटल हासिल करने की सलाह दी।"

श्रीराम ने आईबीएच को अपना हिस्सा बेचने के लिए तैयार किया और उसे लिखित दस्तावेज के तौर पर हासिल किया। फिर मर्चेंट बैंकर एसएसकेआई को इन्वेस्टर खोजने की जिम्मेदारी सौंपी गई। कुल 20 गंभीर इन्वेस्टर मिले। सारे ऑफर्स पर गौर फरमाने के बाद श्रीराम ने शॉपर्स स्टॉप और आईसीआईसीआई वेंचर को चुना।

"हमारे पास एक दो लोग आए जो और पैसे देने को तैयार थे। लेकिन हमारे लिए किसी ऐसे इंसान के साथ पार्टनर करना ज़्यादा जरूरी था जो रिटेल की ताकत पहचानता हो। इसके अलावा शॉपर्स स्टॉप के सीईओ बीएस नागेश के साथ एक किस्म का कम्फर्ट आ गया था।"

मार्च 2000 में डील साइन हुई और इसे 'स्लंप सेल' का नाम दिया गया। इसका मतलब ये था कि कंपनी का सारा कैश बैलेन्स--प्रॉफिट के एक करोड़ को मिलाकर--आईबीएच को जाता। इक्विटी का 100 फीसदी, रनिंग कन्सर्न और ब्रांड नेम पर खरीददार का हक़ होता।

श्रीराम और अनिता को एक छोटा इक्विटी स्टेक मिला।

आईबीएच खुश था--उनके मूल निवेश का पंद्रह गुणा ज़्यादा मिला था उन्हें। इसके साथ ही क्रॉसवर्ड ने उनके बॉम्बे स्टोर को पांच साल के लिए लीज पर ले लिया था और स्टॉक्स खरीद रहा था।

लेकिन स्टोर के लिए चीजें आसान नहीं रहीं। शॉपर्स स्टॉप ख़ुद एक

मुश्किल दौर से गुज़र रहा था। इसके अलावा आईसीआईसीआई वेंचर की वो टीम जो डील को देख रही थी, उसने अचानक कंपनी छोड़ दी। नई टीम ने मामला एक साल के लिए लटका दिया।

इस बीच आईसीआईसीआई की तरफ से जो पैसे क्रॉसवर्ड को आने थे उनमें देरी हो गई। तो शॉपर्स स्टॉप ने ये पैसे आईसीआईसीआई को दिए और उसका इन्टरेस्ट क्रॉसवर्ड को देना पड़ा।

"लेकिन इस बीच हमारा खर्चा बढ़ गया था क्योंकि अपने चेन के विस्तार के लिए हमने कॉरपोरेट टीम भी रख ली थी। हम बहुत मेहनत कर रहे थे, अपने सीमित वर्किंग कैपिटल का जितना हो सकता था, उतना इस्तेमाल कर रहे थे। बल्कि हमें बहुत हद तक अपनी स्ट्रैटजी भी बदलनी पड़ी।"

'शॉप इन शॉप' कॉन्सेप्ट के तहत शॉपर्स स्टॉप ने अपने स्टोर्स के भीतर ही स्पेस देना शुरू किया। यही कॉन्सेप्ट बाद में पेट्रोल पंपों और मल्टीप्लेक्सों ने भी इस्तेमाल किया। बेस्टसेलर्स को तवज्जो दी जाने लगी क्योंकि उससे कैशफ्लो को राहत मिलती थी।

श्रीराम ये बताते हुए बहुत ख़ुश नहीं लगते।

"मैं इस बात को लेकर बहुत ख़ुश नहीं हूं... लेकिन मेरे पास कोई चॉयस नहीं थी। बहुत सारी समस्याओं के बावजूद हमने पूरे देश में विस्तार किया, लेकिन..."

उत्साह ख़त्म होने लगा था। अनिता ने 2004 में कंपनी छोड़ दी, और श्रीराम ने 2006 में।

"मेरे लिए बहुत मुश्किल था ये फैसला। मुझे इस फैसले से समझौता करने में बहुत साल लगे। लेकिन ये भी सच है कि मैंने ज़िंदगी में सारे काम जुनून की वजह से किया है, और जो किया है, दिल लगाकर किया है। और अब जब मुझे मज़ा नहीं आ रहा था तो मेरे लिए मुश्किल फैसला लेकर आगे बढ़ने का वक़्त आ गया था।"

नए बुक स्टोर शुरू करने के कई ऑफर श्रीराम और अनिता के पास आए, लेकिन दोनों अब ये काम करने को तैयार नहीं थे।

"क्रॉसवर्ड जॉब या करियर नहीं था। एक मौका था कि कुछ अच्छा

और बड़ा तैयार किया जा सके... अपनी पसंद की चीजें की जा सके, एक सपना पूरा किया जा सके।"

श्रीराम अभी भी सालाना क्रॉसवर्ड बुक अवॉर्ड्स का हिस्सा हैं, लेकिन बोर्ड में कोई एक्जिक्युटिव पोजिशन नहीं रखते। लेकिन मुझे लगता है कि जज्बा अभी भी बना हुआ है...

"हम जिस मकसद से कोई काम कर रहे होते हैं, वही बड़ा अंतर पैदा करता है। हमारा मकसद किताबें बेचकर पैसे कमाना नहीं, रीडिंग की आदत, उसका एक कल्चर पैदा करना था।"

इसी वजह से क्रॉसवर्ड के सबसे उम्दा स्टाफ वे लोग थे जिन्होंने आकर बस इतना कहा था, "आई वन वॉट यू आर डूइंग, कैन आई वर्क हियर?" (आप जो कर रहे हैं, हमें बहुत अच्छा लगता है। क्या हम यहां काम कर सकते हैं?)

ये वही लोग थे जो किताबी कीड़े को आगे लेकर गए, तब भी जब श्रीराम को लगता रहा कि आगे का रास्ता जाने कहां जाएगा...

"मुझे ये समझ में आ गया था कि मैं कई सारी चीजों को लेकर जुनूनी हूं। मैं बिजनेस खड़ा करने में दिलचस्पी रखता था, उसे चलाने में नहीं। और मैं समाज को किसी न किसी तरह अपनी ओर से कुछ देना चाहता था, कोई अंतर पैदा करना चाहता था।"

श्रीराम अब अपना वक़्त कंसलटिंग असाइनमेंट करने में और नॉन-प्रॉफिट कामों के बीच गुजारते हैं। वे एक फर्म 'नेक्स्ट प्रैक्टिस रिटेल' के को-फाउंडर हैं और 'स्नेहा' और 'प्रथम बुक्स' के एडवाइजरी बोर्ड में हैं।*

इसके अलावा वे द इंडस ऑन्ट्रॉप्रॉन्योर्स (टाई), मुंबई चैप्टर, के प्रेसिडेंट हैं और बड़े-बड़े बी-स्कूलों में ज़िंदगी के, बिजनेस शुरू करने के फलसफे बांटा करते हैं।

और इसके अलावा अनिता और श्रीराम के बीच काव्या है जिसने अनिता

* प्रथम बुक्स बच्चों के लिए कम लागत पर उच्च गुणवत्ता वाली किताबें प्रकाशित करता हैं

(SNEHA) स्नेहा हैः सोसाइटी फॉर न्यूट्रीशन, एजुकेशन एंड हेल्थ एक्शन

और श्रीराम के लिए एक नई दुनिया खोल दी है।

"हमने काव्या को गोद लिया है। ये हमारी चॉयस थी क्योंकि हम शुरू से एक बच्चा गोद लेना चाहते थे। हमारी एक भतीजी भी है--राधिका--जो हमारे साथ ही रहती है।"

श्रीराम और अनिता शादी से पहले कई सालों तक साथ रहे और अभी कुछ साल पहले ही शादी की।

"हम शादी में यकीन नहीं करते। हमें नहीं लगता था कि इसकी जरूरत है। लेकिन जब आप बच्चा चाहते हैं... तो शादीशुदा जोड़े के तौर पर बच्चे को पालना, उसे बड़ा करना ज़्यादा आसान होता है।"

बात विद्रोह की नहीं है, बात यकीन की है--अपने विचारों पर, अपने ख़्यालों पर यकीन की।

"मैं जिस बात पर यकीन करता हूं उस पर यकीन करता हूं और मुझे लगता है कि जब तक आपकी सोच किसी और का नुकसान नहीं कर रही तो आपको ठीक उसी तरह की ज़िंदगी जीनी चाहिए जैसी आप चाहते हैं।"

अपनी शर्तों पर जीना, और अपने सपनों को पूरा करना--जीना इसी का नाम है।

*

युवा उद्यमियों को सलाह

मेरे पास बहुत सारी सलाह है, लेकिन मुझे नहीं लगता कि किसी के लिए जरूरी है कि वो मेरी बात सुने। मुझे लगता है कि आपको सिर्फ अपने दिल की आवाज सुननी चाहिए। दूसरे क्या कह रहे हैं, ये सुनना चाहिए लेकिन आख़िरकार करना वही चाहिए जो आपके लिए सही है और आपके लिए कारगर है।

स्टारबक्स के चेयरमैन ने एक बार कहा था, "सफल होने के लिए दूसरों की समझदारी से ज़्यादा समझ होनी चाहिए। दूसरे जिसे सुरक्षित समझते हों उससे ज़्यादा ख़तरे उठाने की हिम्मत होनी चाहिए। दूसरे जितना प्रैक्टिकल समझते हैं उससे ज़्यादा सपने देखने की हिम्मत होनी चाहिए और दूसरे जितना मुमकिन समझते हैं उससे ज़्यादा अपेक्षाएं रखनी चाहिए।"

आप जो कर रहे हैं, उस पर पूरा तरह ध्यान दें। हो सकता है कि दूसरे लोग आपसे आकर कहें कि आप जरूरत से ज़्यादा केयर करते हैं लेकिन मुझे लगता है कि ज़िंदगी में जिसने भी कुछ हासिल किया है, एक ये चीज उस शख़्स में जरूर होती है।

दूसरे जिस हद तक सेफ मानते हैं उससे ज़्यादा रिस्क लेने की हिम्मत होनी चाहिए आपमें। लोग आपसे अक्सर कहेंगे, गेट रियल।

मैं अरविंद आई हॉस्पिटल के डॉक्टर वेंकटस्वामी के शब्दों को दुहराना चाहूंगा। वे कहते हैं, "इंटेलिजेंस और काबिलियत ही सब कुछ नहीं होती। कुछ खूबसूरत करने से जुड़ी ख़ुशी भी बेहद जरूरी है।"

मैं उम्मीद करता हूं कि लोगों को कुछ खूबसूरत करने की ख़ुशी मिलेगी क्योंकि तब आपकी ज़िंदगी वाकई ख़ुशगवार होगी। मेरा मतलब है भीतर से सही मायने में ख़ुशगवार, और मैं भी यही करने की कोशिश कर रहा हूं।

मुझे ये मालूम है कि अपने काम के जरिए मैंने बहुत सारी ज़िंदगियों को प्रभावित किया है। आख़िर में बात पैसे की या शोहरत की नहीं है। आप अपने काम से किस तरह बदलाव ला पा रहे हैं, ज़्यादा जरूरी ये है।

विक्टर फ्रैंक के शब्दों में, "इंसान की खोज सिर्फ और सिर्फ अपनी ज़िंदगी का मकसद ढूंढ़ पाने तक सीमित होती है। आप वो मायने, वो मकसद ढूंढ़ लीजिए और सारी चीजें अपने आप रास्ते पर आ जाएंगी।"

वोट फॉर चेंज

सौरभ व्यास और गौरव राठौर
पॉलिटिकल एज

हॉस्टल की दोस्ती और पॉलिटिक्स के लिए प्यार ने इस अलग किस्म की कंपनी को जन्म दिया। दो आदर्शवादी युवा अब नेताओं को रिसर्च और कंसलटिंग सर्विस मुहैया करा रहे हैं।

आईआईटी के इन दो ग्रैजुएटों को अगर अपना बिजनेस ही शुरू करना था तो वो आईटी, बीपीओ, ग्रीन टेक्नॉलोजी में कुछ हो सकता था। ये वो आइडिया थे, जिन पर एयरकंडीशन्ड दफ्तरों में बैठकर काम किया जा सकता था।

अगर आप देश के बिजलीरहित गांवों में अपना वक़्त गुजारने पर आमादा हैं तो पक्की बात है कि आप अलग किस्म के जुनूनी हैं। पागल हैं।

पॉलिटिक्स--राजनीति के पीछे पागल।

सौरभ व्यास और गौरव राठौर ने 'रियल इंडिया'--असली भारत की धूल-भरी सड़कों और कच्ची पगडंडियों पर चलने का फैसला किया। उन्होंने कैंपस की अपनी नौकरी छोड़ी और पॉलिटिकल रिसर्च में चले गए। नेताओं के लिए रिसर्च।

गुड़गांव के एक ओपन-एयर कॉफी शॉप में मैं इन दोनों से मिलने आई हूं। एक की बेतरतीब सी दाढ़ी है जो मुझे लगता है, उम्र का झूठा गुमां देने के लिए बढ़ाई गई है। क्लायंट के प्रोफाइल को देखते हुए ये आइडिया बुरा नहीं है।

कभी ऐसा भी हुआ था कि गांधी टोपी पहने एक नेता ने कहा था, मैं उस वक़्त से पॉलिटिक्स में हूं जब तुम पैदा भी नहीं हुए थे।

यानी कि तुम हमको क्या सिखाओगे बच्चों। शायद बहुत कुछ, तभी तो ढाई सौ से ज़्यादा नेता आज इनके क्लायंट्स हैं।

गौरव और सौरभ की कहानी साबित करती है कि उम्र, अनुभव मायने नहीं रखते। आपको जो करना है, आप वो सीख ही जाते हैं। और फिर आपको धीरे-धीरे उसी काम में नए प्रयोग करने में मजा आने लगता है।

इसलिए आपकी रास्ते की अड़चनों से शिकायत नहीं होती। तब भी जब गांव के रास्ते में ऐसा एक मोड़ आता है, जहां के बाद कोई सड़क नहीं होती।

ये वो सड़क है, जो आप अपने लिए तैयार करते हैं।

वोट फॉर चेंज

सौरभ व्यास और गौरव राठौर
पॉलिटिकल एज

सौरभ व्यास छोटे शहर से हैं।

"मैं उदयपुर से हूं। मेरी ज़्यादातर स्कूलिंग जयपुर में हुई। मैंने जयपुर के सेंट जेवियर्स से पढ़ाई की। मेरे पिता एक बैंकर हैं, और राजस्थान स्टेट को-ऑपरेटिव बैंक के जनरल मैनेजर हैं।"

गौरव राठौर भी एक छोटे से शहर से हैं।

"मैं कानपुर से हूं, हालांकि पूरी ज़िंदगी मैं यूपी के अलग-अलग हिस्सों में रहा क्योंकि मेरे पिता एक इलेक्ट्रिकल इंजीनियर हैं--वे राज्य बिजली विभाग के साथ काम करते हैं।"

छोटे शहरों के उन बाकी लड़कों की तरह, जिनका पढ़ाई में थोड़ा-बहुत भी मन लगता है, सौरभ भी आईआईटी में पढ़ना चाहते थे।

"1998 में जयपुर में दो ही ऑप्शनन्स थे--आप या तो इंजीनियर बनते, या फिर डॉक्टर बनते। जब ग्यारहवीं में दाख़िला होता था तब हम सोचते थे कि अब आगे करना क्या है। मैं मैथ्स में अच्छा था, इसलिए मैंने इंजीनियरिंग करने का फैसला किया। और जब आप इंजीनियरिंग करना चाहते हैं तो आईआईटी से बेहतर जगह क्या होगी..."

सौरभ ने कोटा के करियर पॉइंट में एडमिशन ले लिया और 1576 रैंक हासिल किया।

आईआईटी का ख़्वाब देखने वाले सभी बच्चों की तरह सौरभ भी कंप्यूटर

साइंस करना चाहते थे, लेकिन एयरोस्पेस इंजीनियरिंग में दाख़िला मिला, जो पांच साल का डुएल डिग्री कोर्स था।

"मेरे ख्याल से बाद में ब्रांच से कोई फर्क भी नहीं पड़ता। फर्क उन पांच सालों से पड़ता है जो आप वहां गुजारते हैं--अनुभव हासिल करते हुए, जानकारियां हासिल करते हुए। सिर्फ टेक्स्ट बुक से ही नहीं बल्कि अपने आस-पास की कई और चीजों से भी।"

गौरव उन्हीं में से एक थे, जो सौरभ को आईआईटी में मिले।

"हम पहले दिन मिले थे। हम एक ही हॉस्टल के एक ही विंग में थे... और देखते ही देखते दोनों में गहरी दोस्ती हो गई।"

"मेरी कहानी सौरभ से थोड़ी अलग है क्योंकि मैं आईआईटी में आने का प्लान कर नहीं रहा था। मैंने बारहवीं के बाद कोई इंजीनियरिंग एन्ट्रनेस एक्जाम नहीं दिया था। मैं डीयू जाना चाहता था। लेकिन मैं यूपी बोर्ड में था, और मेरे रिजल्ड देर से आए।"

एडमिशन फॉर्म भरने की तारीख़ निकल गई और डीयू में पढ़ने का सपना टूट गया।

उनके पिता ने पूछा, "इस एक साल में तुम क्या करोगे?"

गौरव ने कहा, "ठीक है। मैं एन्ट्रन्स एक्जाम दूंगा। और मैंने कोचिंग क्लास में एडमिशन ले लिया।"

किस्मत को यही मंजूर था, और गौरव को रैंक भी अच्छा मिला--1437। और एक बार जब आपका दाख़िला हो जाता है तो ये कहना बहुत मुश्किल होता है कि नहीं, मैं ये करना ही नहीं चाहता। इसलिए गौरव ने आईआईटी बॉम्बे जॉइन कर लिया और उन्हें मेटलर्जिकल एंड मैटिरियल साइंस ब्रांच मिला। उन पर भी क्लास से ज़्यादा बाहर सीखी हुई चीजों का असर पड़ा।

"हम जिस साल आईआईटी बॉम्बे में आए थे वो साल था 1999, डॉटकॉम बूम का साल। हमारे कई सीनियर्स ऐसे थे जो अपने हॉस्टल रूमों से करोड़ों की कंपनियां चलाते थे। ज़िंदगी को लेकर सब बहुत उत्साहित थे।"

अगले दो सालों में इंटरनेट बूम के हवाई किले ढहने लगे और उसके साथ ही जॉब मार्केट धाराशायी हो गया।

"2001, 2002 और 2003 में प्लेसमेंट की स्थिति बहुत ख़राब हो गई और इसका ख़ामियाजा हमें भुगतना पड़ा," सौरभ बताते हैं।

गौरव एचएलएल या आईटीसी के साथ काम करना चाहते थे, लेकिन उन्हें डेलॉयट एंड टशे के साथ नौकरी मिली तो वहीं काम करना शुरू कर दिया।

ऑफिस हीरानंदानी में था, आईआईटी के बहुत पास, जहां सौरभ अभी फाइनल ईयर की पढ़ाई कर रहे थे। तो गौरव कैंपस में ही रहा करते थे।

"हीरानंदानी में एक पिज्जा हट है, जहां रात के दो बजे कुछ साइकिल वाले आकर कॉफी बेचा करते हैं। हम वहीं बैठकर सुबह तक क्रिकेट, इकॉनोमी और ज़िंदगी पर बातचीत किया करते..."

लेकिन हर बातचीत पॉलिटिक्स पर जाकर ख़त्म हो जाती है। क्योंकि ग्रुप पॉलिटिक्स को लेकर बहुत जुनूनी था, इसलिए वहां एक आधे-अधूरे से बिजनेस आइडिया ने शक्ल लेना शुरू कर दिया।

"हम जानते थे कि हम न पॉलिटिक्स जॉइन कर सकते हैं, न पॉलिटिकल पार्टी बना सकते हैं। लेकिन हमें लगा कि हम इसी फील्ड में कुछ करना चाहते हैं।"

गौरव बताते हैं, "नब्बे के दशक में कई फील्ड्स ऐसे थे जो अव्यवस्थित थे, और उन्हें स्ट्रक्चर्ड किया जाने लगा। लेकिन पॉलिटिक्स के बारे में कोई नहीं सोचता। पॉलिटिक्स के बारे में सब कहते हैं, चलने दो चल रहा है। तो एक पार्टी या किसी उम्मीदवार या किसी पॉलिटिकल कैंपेन को स्ट्रक्चर करने की कोशिश क्यों न की जाए?"

मौके की पहचान 2004 में ही कर ली गई थी, लेकिन एक्शन तब नहीं लिया गया।

"उस वक़्त हम जानते थे कि हम करेंगे इस चीज को, लेकिन कॉलेज से निकलने के तुरंत बाद नहीं। हमारे लिए समझदारी इसी में थी कि हम कम से कम एक साल काम करते ताकि कुछ बचत हो जाती।"

इसलिए सौरभ ने ग्रेजुएशन के ठीक बाद एक स्टार्टअप फ्रैक्टल एनैलिटिक्स के साथ काम करना शुरू कर दिया।

"हमारे सीनियर्स थे जिन्होंने कई सफल वेंचर्स शुरू किए। सीनियर ही हमें जानकारी दे दिया करते थे कि मार्केट में क्या चल रहा है, इंडस्ट्री में क्या काम हो रहा है–इस तरह की चीजें। इस तरह की जानकारियां शायद दूसरे कॉलेजों में मिसिंग होती है।"

"मैं हमेशा से स्टैटिस्टिकल मॉडलिंग करना चाहता था–मेरे लिए कोई और चॉयस भी नहीं था। तो एक तरह से एक सपना पूरा हुआ था।"

फ्रैक्टल एनैलिटिक्स एक फाइनैंशियल एनालिटिक्स फर्म था, जिसे आईआईएम अहमदाबाद के पांच ग्रैजुएट्स ने मिलकर शुरू किया था। सौरभ उस कंपनी के 48वें एम्पलाई थे और कहते हैं कि उनका अनुभव बहुत ही अच्छा रहा।

"फ्रैक्टल भी डॉटकॉम की तरह शुरू हुआ था, लेकिन बाद में फाइनेंशियल एनालिटिक्स में चला गया। मैंने इन लोगों से बहुत कुछ सीखा। जिस तरह ये लोग हमसे पेश आते थे, कंपनी का जो विजन था, जिस तरह वे प्रॉब्लम्स को हैंडल करते थे।"

इस बीच गौरव डेलॉयट से तंग आ गए और श्लमबर्जर में काम शुरू कर दिया। कंपनी ने गौरव की पोस्टिंग सूडान में कर दी, लेकिन उसका फायदा ये हुआ कि ऑयल कंपनी होने की वजह से श्लमबर्जर में पैसे बहुत मिलते हैं।

"मैंने सिर्फ पांच या छह महीने ही काम किए, लेकिन काफी पैसे बचा लिए, गौरव हंसते हुए कहते हैं। पैसा काम आने वाला था, कुछ ही दिनों में..."

कई बार नौकरी किसी भावी उद्यमी को उसकी राह से भटका देती है। लेकिन यहां गौरव के लिए सब सही जा रहा था।

"गौरव ने डेलॉयट में सीआरएम प्रैक्टिस पर काम किया था, और इससे कस्टमर्स से बात करने और उन्हें इंटीग्रेट करने का अनुभव हासिल हो गया था–और ये कस्टमर्स थे वोटर्स। मैंने एनैलिटिक्स में काम किया और सीखा कि डेटा कैसे इकट्ठा किया जाता है, और स्टैटिस्टिकल मॉडलिंग के बारे में

सारी जानकारी हासिल की थी।"

गौरव ने कहा, "सब ऑटोमैटिकली होता चला गया। जैसे कि आपको पता हो कि जो होना होगा, वो होगा ही। नहीं तो आप बस उसके बारे में सोचते रह जाएंगे।"

"हम हिमाचल छुट्टियों के लिए गए और वहीं पर तय कर लिया कि चलो शुरू करते हैं। बस चुटकी में इतना बड़ा फैसला ले लिया गया," सौरभ कहते हैं।

सब वापस आए, अपना-अपना काम समेटना शुरू कर दिया, और नौकरी का सिलसिला ख़त्म हुआ। ऑन्ट्रोप्रोन्योर की ज़िंदगी शुरू हो गई।

परिवार की कोई चिंता नहीं थी? इतनी कम उम्र में अच्छी-खासी नौकरियां छोड़कर ये लड़के पता नहीं क्या करने जा रहे थे.. पॉलिटिक्स से जुड़ा हुआ कुछ?

लेकिन दोनों के परिवारों ने बहुत सपोर्ट किया। उन्हें ठीक-ठीक समझ में आया नहीं कि 'बच्चे लोग' करने क्या जा रहे थे, लेकिन फिर भी किसी ने कोई सवाल नहीं पूछा।

"खुशकिस्मती से, हम पॉलिटिक्स नहीं जॉइन करने जा रहे थे, लेकिन हां, कुछ कमेंट्स यहां-वहां से आए।"

"और हमारे सिर पर कोई फाइनेंशियल बोझ भी नहीं था," सौरभ आगे कहते हैं। "जैसे कि, मां-बाप की जिम्मेदारी, छोटे भाई-बहनों को पढ़ाना या उनकी शादी या पिताजी का ऑपरेशन वगैरह।"

और इस तरह, एक साल के वर्क-एक्सपिरिएंस के साथ ये दो लड़के पॉलिटिक्स की दुनिया में बदलाव लाने के लिए निकल पड़े। उन्हें नेतागिरी नहीं करनी थी, लेकिन सीआरएम सपोर्ट के साथ नेताओं की आंखें और कान बनना था।

एक बिजनेस आइडिया जो सबसे अलग था--लेकिन शुरुआत कहां से होती?

"जब हमने शुरुआत की तो हमने देखना शुरू किया कि अमेरिका में काम कैसे होता है, और हम उनसे कुछ चीजें सीख सकते हैं या नहीं--ख़ासतौर

पर टेक्नीकल साइड में। लेकिन यहां जमीनी स्थिति एकदम अलग होती है।"

"अमेरिका में बहुत सारा सेकेंडरी डेटा उपलब्ध होता है। भारत में कोई डेटा उपलब्ध नहीं होता--आपको आगे जाकर बस वो डेटा जमा करना होता है। इसका मतलब ये है कि आपको बड़ी से बड़ी टीम बनानी होती है, फील्ड वर्क करना होता है। बहुत झंझट हैं यहां।"

"और सबसे जरूरी बात है--भारत के नेताओं को अमेरिकी पॉलिटिशियन्स से अलग सर्विस चाहिए। वहां ब्रांड-बिल्डिंग ज़्यादा जरूरी है, यहां नेता ये जानना चाहते हैं कि मेरे गांव में क्या चल रहा है। बेसिक ग्रासरूट्स से जुड़ी बातें।"

गांव-गांव जाकर डेटा इकट्ठा करने का सोचकर उन्हें घबराहट नहीं हुई? आख़िर उनके पास इस तरह का काम करने का कोई अनुभव भी तो नहीं था!

"हमें मालूम था कि हम एक मुश्किल काम करने जा रहे हैं। पॉलिटिक्स ग्रासरूट्स से ही हो सकती है, और आपको फील्ड में जाना ही पड़ेगा। ये काम आसान नहीं है, लेकिन हमारा जुनून था कि हम हर कदम पर आगे बढ़ते चले गए।"

काम मई 2005 में शुरू हुआ, हालांकि कंपनी जून में रजिस्टर हुई थी। सौरभ और गौरव के अलावा दो और पार्टनर्स थे।

उनमें से एक थे मनन चौहान, जो यूनिवर्सिटी ऑफ शिकागो से पब्लिक पॉलिसी में मास्टर्स कर रहे थे। चौथे पार्टनर आईआईटी के ही एक और बैचमैट थे।

"हमने गुड़गांव में अपने घर से ही काम करना शुरू कर दिया--जो एक थ्री बीएचके था और एक बड़ा सा हॉल था उसमें। हमारे पास जो भी सेविंग्स थी, हमने सब लगा दी। पहले साल हम सिर्फ और सिर्फ पिच करते रहे।"

"आमतौर पर लोगों को ये लगता है 99 प्रतिशत नेता फ्रॉड होते हैं, और वे कुछ जानते ही नहीं। लेकिन हम कहते हैं कि 40 प्रतिशत नेता वाकई अच्छे हैं। वे कुछ काम करना चाहते हैं, लेकिन उनके सामने बंदिशें हैं।"

एक साल में 15-20 लाख रुपए लग गए। क्या इतने पैसे चारों ने मिलकर वाकई में जमा कर लिए थे?

"जब मैं सूडान में श्लूमबर्जर में काम कर रहा था तो पैसे जमा किए थे। हम वाकई ऐसे ही फंड्स जेनरेट कर रहे थे," गौरव बताते हैं।

इस तरह के ऑपरेशन में आमतौर पर फंड्स सैलरी देने में जाते हैं। एक छोटी-सी टेक्नीकल टीम और एक टीम जो फील्ड में डेटा इकट्ठा कर रही होती है।

"कुल मिलाकर 10-12 लोग थे। तीन टेक्नीकल टीम में थे, और 7-8 लोग थे जो कोर रिसर्च टीम में थे। हमने धीरे-धीरे संख्या बढ़ानी शुरू की और क्लायंट्स से प्रोजेक्ट्स मिलने लगे।"

लेकिन ऐसी ख़ास सर्विस के लिए क्लायंट्स मिले कैसे?

"किसी नेता से मिलना, जो चार लड़कों की बात सुने, बहुत मुश्किल था। हमने शुरू में युवा नेताओं से मिलना शुरू किया, और उन्हें प्रेजेन्टेशन्स देने शुरू किए।"

एक ऐसे ही युवा नेता थे मिलिंद देवड़ा, साउथ बॉम्बे से सांसद, जो अमेरिका से पढ़कर लौटे थे।

"तो आपको कितने फोन कॉल्स करने पड़े उनसे मिलने के लिए? "मैं पूछती हूं।

"मिलिंद के लिए? एक। सिर्फ एक।"

सचमुच?

"मिलिंद अच्छे इंसान हैं, और जाहिर है, उन्हें हमने बताया ही नहीं कि वे पहले नेता हैं जिन्हें हम पिच कर रहे हैं। वे अभी भी ये बात नहीं जानते!"

लेकिन आपने उनसे कहा क्या?

"कुल मिलाकर लब्बोलुआब ये था कि हम वोटर और नेता के बीच के अंतर को पाटना चाहते हैं और इसके लिए जानकारियां इकट्ठी कर उन्हें सॉफ्टवेयर में बदलेंगे। हमने उन्हें एक सॉफ्टवेयर दिया जो उनके चुनाव क्षेत्र के हर बूथ तक की जानकारी देता था।"

इस सॉफ्टवेयर का इस्तेमाल करके आप वोटरों का कई पैमानों पर विश्लेषण

कर सकते हैं--चाहे ये जाति के आधार पर हो, या विकास के आधार पर, या भूगोल के आधार पर--और पिछले चुनावों में प्रदर्शन से उसकी तुलना की जा सकती है। इसके लिए पहले डेटा जमा करना होता है, उसका विश्लेषण करना होता है, और तब जाकर अगले तीन सालों के लिए रोड मैप तैयार होता है।

"मिलिंद एक के बाद एक सवाल दागते रहे। अच्छा तो आप ये करने वाले हैं? फिर आगे क्या? और उसके बाद? उसके बाद? फिर उसके बाद?" सौरभ बताते हैं।

प्रेजेन्टेशन दो मिनट चला।

"उन्होंने लैपटॉप की ओर देखा तक नहीं। बस हमसे ये कहा, लैपटॉप यहीं छोड़ दो, और बताओ जो बताना है।"

"'सेल' कैसे करना है, ये टीम के लिए एक बड़ा तजुर्बा था। और ये भी, कि अपने पैरों पर खड़े कैसे होना है।"

मिलिंद फर्म के क्लायंट हो गए, और अभी भी हैं। पहले उन्होंने एक छोटा प्रोजेक्ट दिया, इस हिंट के साथ कि अगर काम अच्छा हुआ तो आगे और काम मिल सकता है।

"मिलिंद ने हमें कुछ डेटा दिया और हमसे सॉफ्टवेयर का इस्तेमाल करके उसका विश्लेषण करने को कहा।"

मिलिंद उनके सामने सख्ती से पेश जरूर आए, लेकिन वे कॉन्सेप्ट में दिलचस्पी रखते थे। देश के बाकी इलाकों, ख़ासकर उत्तर भारत के नेताओं को समझाना बहुत मुश्किल था। बल्कि उनसे मिलना अपने आपमें एक चुनौती थी।

"हम सिर्फ कोल्ड कॉल्स कर सकते थे। तो हम टेलीफोन डायरेक्टरी से सांसदों और विधायकों के नंबर निकालते थे और उन्हें फोन करते थे। हमें उन्हें समझाना पड़ता था कि एक बार मिलिए तो सही।"

एक बार वो मीटिंग हो जाती थी तो लोग कॉन्सेप्ट को समझना शुरू कर देते थे। लेकिन टीम की विश्वसनीयता को लेकर उन्हें शक होते थे।

"हमें कई बार झूठ बोलना पड़ता था", सौरभ हंसते हुए बताते हैं। "लेकिन

ये रणनीति काम आई और कंपनी को उत्तर प्रदेश और नेपाल से लगे इलाकों में कुछ छोटे-छोटे प्रोजेक्ट मिले।"

"यूपी में हमें एकदम शुरू से काम में लगना पड़ा -- जैसे सर्वे के लिए सवालों की लिस्ट तैयार करना, डेटा इकट्ठा करना, टीम को ट्रेनिंग देना। शुरू में कई दिक्कतें और अड़चनें भी आईं।"

"मुझे एक जगह अभी भी याद है। निगहसान नाम की एक छोटी सी जगह है, जो हमारे एक प्रोजेक्ट में से था। हमारे लिए अच्छी टीम रखना और सही तरीके से प्रोजेक्ट करना भी जरूरी थी। वहां कोई होटल नहीं था, हमने किसी के घर में एक-दो कमरे ले रखे थे। बिजली सुबह छह-साढ़े बजे आती थी..."

लेकिन अपने अंदर की आग के सहारे रास्ता दिखता रहा...

"मैं अपने होमटाउन से कुछ लोगों को लेकर गया था। वहां से हमने कुछ लोकल लड़के लिए। उन्हें ट्रेनिंग दी। बताया कि कैसे क्या करना है।"

खुद काम करते, और दूसरों को सिखाते। प्रोसेस साइंटिफिक था, लेकिन तरीका कॉमन सेंस से ही आता था।

"हमने सैंपलिंग का इस्तेमाल किया क्योंकि डेटा ऐसे इकट्ठा करना था जिससे गुणात्मक (क्वालिटेटिव) और परिमाणात्मक (क्वान्टिटेटिव) दोनों काम हो सके।"

अब एक नेता को पता होता है कि उसने कैसा किया है, लेकिन जो वो जानना चाहता है वो ये कि वो अगले चुनावों में कैसा करेगा। मुद्दे क्या है, जातिगत समीकरण कैसे हैं, स्थानीय राजनीतिक समीकरण कैसे हैं।

"और यकीन मानिए, ज़्यादातर लोग कहते थे कि हमने अपने लड़कों से पता करा लिया है। लेकिन अगर उन्हीं के लड़के डेटा इकट्ठा करते तो वे उन्हें ईमानदारी से जवाब नहीं देते। हमारा डेटा पूरी तरह निष्पक्ष होता है।"

जिसमें 'चमचों' की बात भी शामिल होती है। गौरव इस बारे में एक मिसाल देते हैं।

"मान लीजिए मैं मिस्टर ए के लिए काम कर रहा हूं जो कांग्रेस के

"जब हमने काम शुरू किया था तो हम अपने लोगों को गांवों में ले जाते थे और उन्हें दिखाते थे कि सर्वे कैसे किया जाता है। हम एक्सपर्ट्स नहीं थे, इसलिए हमने अलग-अलग चीजें करने की कोशिश की। बल्कि हमने वे लोग नहीं लिए जो पहले से रिसर्चर थे।"

हैं। मिस्टर बी को भी टिकट चाहिए। अगर मिस्टर ए को टिकट मिलता है तो मिस्टर बी उसे नुकसान पहुंचाने की पूरी कोशिश करेगा। पार्टी इस बारे में कुछ कर ही नहीं सकती।"

पोलिटिकलएज उन क्षेत्रों के बारे में बताएगा जहां मिस्टर बी सबसे ज़्यादा नुकसान पहुंचा सकते हैं, इसलिए मिस्टर ए अपनी तैयारी उसी हिसाब से करेंगे।

एक और जो ख़ास सलाह पॉलिटिकलएज नेताओं को देता है, वो ये है कि अपने मतदाताओं को खुश रखिए और वोट पाने के अवसरों को बढ़ाने की कोशिश कीजिए।

"नेता बहुत सारा पैसा खर्च करते हैं, और चुनाव क्षेत्र को मैनेज करने में बहुत मेहनत करते हैं। लेकिन उन्हें कभी कोई फीडबैक नहीं मिलता कि लोगों के लिए करना क्या है, जो उन्हें सही मायने में रिटर्न देगा।"

मान लीजिए एक विधायक या सांसद पचास हैंडपंप आवंटित करता है। बहुत अच्छी बात, लेकिन उन्हें लगवाना कहां है?

एक विधानसभा चुनावक्षेत्र में 200 पोलिंग बूथ होते हैं। होता ये है कि विधायक के करीबी लोग ऐसी सुविधाओं को अपने तक ही घेरे रखते हैं, और अपने घर के आस-पास वो हैंडपंप लगवा लेते हैं।

और 'इनके घर के बगल में लगा दो' के स्टाईल से होने वाला काम विधायक की छवि को नुकसान ही पहुंचाता है!

"वोटर आपसे कुछ कहता है। आप वो कर देते हैं। हो सकता है, जाति की वजह से या विचारधारा की वजह से वो आपको वोट नहीं देगा

लेकिन वो आपसे पूरी तरह दूर नहीं भागेगा। वो आपकी शिकायत तो नहीं करेगा कम-से-कम!" सौरभ कहते हैं।

और इस तरह लोकप्रिय लेकिन प्रभावशाली नेता की छवि धीरे-धीरे तैयार की जाती है।

यह तो बढ़िया है, लेकिन क्या क्लायंट्स को तैयार करने के लिए उन्हें मुफ्त में सर्विस देनी पड़ी?

'वक़्त के साथ-साथ प्राइसिंग स्ट्रैटजी तैयार हुई। लेकिन कुछ भी कभी भी फ्री नहीं रहा। कभी भी नहीं।'

हालांकि आप समझ सकते हैं कि नेताओं को बिल थमाना आसान नहीं रहा होगा। अपने पैसे निकलवाना भी एक बड़ा मसला रहा होगा।

"हां, कुछ बुरे तजुर्बे भी हुए। क्लायंट्स ने पैसे नहीं दिए, ख़ासकर तब जब उनके बारे में हमने कोई नेगेटिव बात बताई। लेकिन हमने हमेशा इन सारी चुनौतियों से बाहर निकलने का कोई न कोई रास्ता ढूंढ़ लिया।"

ज़िंदगी के कुरुक्षेत्र में बड़ी सीखें मिलती हैं, आईआईटी में नहीं।

"चुनौतियां धीरे-धीरे कम हुई हैं", सौरभ बताते हैं।

इसके अलावा टीम भी ये तय करने लगी है कि किसके साथ काम करना है, किसके साथ नहीं!

बिजनेस धीरे-धीरे बढ़ा है, लेकिन बढ़ा है। पहले साल में 8 या 10 क्लायंट थे। 2006-07 में ये संख्या तिगुनी हो गई। बिजनेस यूपी, उत्तरांचल और पंजाब से आया। तबसे किसी ने मुड़कर नहीं देखा। अभी तक कुल 225 क्लायंट रहे हैं।

"पिछले कुछ साल अच्छे रहे", सौरभ मुस्कुराते हुए बताते हैं, चुनाव हुए। लोकसभा चुनाव भी हुए।

"एक विधायक के लिए भी ये मुश्किल है कि वो तीस दिनों के चुनाव प्रचार में 200 गांव घूम ले। हम उन्हें बताते हैं कि किस इलाके पर ज़्यादा ध्यान देना है। हम उनके आउटपुट को ज़्यादा से ज़्यादा बढ़ाने की कोशिश करते हैं।"

"हां लेकिन लोकसभा चुनाव में क्लायंट कम होते हैं, काम ज़्यादा होता है। हर लोकसभा सीट में 5-8 विधानसभा चुनाव क्षेत्र होते हैं, जो उस राज्य पर निर्भर करता है!"

एक विधानसभा सीट के प्रोजेक्ट में कम से कम पांच हजार लोगों से बात करनी होती है। उसमें डेढ़ महीने लगते हैं।

सैद्धांतिक तौर पर पोलिटिकलएज एक चुनाव क्षेत्र में एक ही क्लायंट का काम लेता है। जैसा कि ब्रांड के नाम से जाहिर है, मकसद है बाकी प्रतिद्वंद्वियों की तुलना में अपने उम्मीदवार को एज--बढ़त देना।

इस सुपर-स्पेशलाइज्ड सर्विस का मार्केट आख़िर है कितना बड़ा?

"अगर हम 543 लोकसभा सीटों की बात करें और विधानसभा सीटों को भी मिला लें तो 4000-5000 क्लायंट्स तो हैं ही।"

और उन तक पहुंचने का कोई प्रभावी जरिया है भी नहीं--सिवाय एक की जुबान से दूसरे तक--वर्ड टू माउथ। तो अभी तक कंपनी का टर्नओवर* कितना रहा है?

इस सवाल पर दोनों एक दूसरे को देखते हैं, और फिर मुझे।

"दिलचस्प सवाल है।"

"ठीक है, एक्जैक्ट फिगर मत दीजिए। रेंज तो बताईए", मैं पूछती हूं।

थोड़ा मुश्किल है। माइकल जैक्सन के गाने की तरह मसला 'ब्लैक' और 'व्हाईट' का है।

"क्या आप अपने लिए सैलरी जुटा पाते हैं?" मैं पूछती हूं।

"हां।"

"क्या उतना ही जितना आपको बाहर मिल रहा होता?"

"नहीं, नहीं।"

"लेकिन हम टिके हुए हैं", सौरभ कहते हैं। "बात ये है कि हमको जो चीज आगे बढ़ने की प्रेरणा देती है वो ये है कि हमारे पास क्लायंट लौट-लौटकर वापस आ रहे हैं। हर साल नए क्लायंट जुड़ रहे हैं। पांच साल में हमें और

* कंपनी की सालाना आय '5 करोड़ रुपये के अंदर' है।

बड़ा होने की उम्मीद है।"

लेकिन अधिकतम क्लायंट बेस तो 5000 से ऊपर तो जा ही नहीं सकता...

"हां, और हम उसमें भी 25 प्रतिशत से ज़्यादा कन्वर्जन की उम्मीद भी नहीं करते। तो 1200 क्लायंट्स और चूंकि चुनाव पांच साल में एक बार होते हैं, इसलिए 200 क्लांयट साल के।"

लेकिन कई और भी चुनाव तो हैं जिन्हें निशाना बनाया जा सकता है--यहां तक कि नगर निकायों के चुनाव भी। और मकसद ये है कि उम्मीदवारों की जीत की वजहें और चुनावों के आख़िरी दो-तीन हफ्तों में 'वॉर रूम' सर्विस भी मुहैया कराई जाए।

"अभी हम डेटा बैंक बना रहे हैं, जो हमारा एक्सपर्टिज है। हम क्षेत्रों, इलाकों, समुदायों वगैरह के बारे में जानकारियां इकट्ठी कर रहे हैं। वक़्त आने पर ये सब काम आएगा।"

अपने चुने हुए समंदर में आपको सिर्फ सीपियां ही नहीं मिलेंगी, मोती भी मिलेंगे...

पोलिटिकलएज ने सोशल सेक्टर के लिए भी एक डिविजन शुरू करने का फैसला किया है। तर्क वही है--एनजीओ को भी स्वतंत्र और निष्पक्ष फीडबैक की जरूरत है ताकि उन्हें पता चल सके कि उनके कार्यक्रमों का असर पड़ रहा है या नहीं।

"अभी तक हमने ऐसे 18 प्रोजेक्ट किए हैं, लेकिन पैसे नहीं कमाए हैं। हम अभी भी इसे एक्सप्लोर कर रहे हैं।"

पोलिटिकलएज में अब 100 के आस-पास लोग काम कर रहे हैं--जिनमें 80 प्रतिशत फील्ड स्टाफ है। सब के सब फ्रेश ग्रैजुएट हैं। इनमें से किसी के पास मार्केट रिसर्च से जुड़ा अनुभव नहीं है।

"हम फील्ड स्टाफ को अपने तरीके से ट्रेनिंग देना चाहते हैं। हम उनसे उस तरह की रिसर्च नहीं कराना चाहते जो भारत में हो रहा है", सौरभ कहते हैं।

गौरव आगे कहते हैं, "हम सभी बड़ी एजेंसियों के लोगों से मिल चुके हैं--सर्वे करने वाले, सुपरवाइजर... मुझे लगता है सब के सब अपने तरीके

से नतीजों में हेर-फेर करते हैं।"

बात ये है कि एचएलएल का कोई सीनियर शख़्स यूपी के गांवों के बारे में एजेंसी की राय मान सकता है, तब भी जब जानकारियां पूरी तरह से न दी गई हों। लेकिन एक विधायक पहले से ही लोगों और अपने क्षेत्र से जुड़ी सारी जानकारियां रखता है। रिसर्च बहुत 'धांसू' होनी चाहिए, ताकि वो राय मान सके।

तो आख़िर ये लोग इतनी एक्युरेसी यानी शुद्धता मैनेज कैसे करते हैं? सवालों की सूची के साथ ही क्रॉस-चेक भी किया जाता है। लेकिन मसला लोगों पर भरोसा करने और पर्सनल बॉन्डिंग से भी जुड़ा हुआ है।

शुरू में फाउंडिंग टीम फील्ड में रात-दिन रहा करती थी, लेकिन अब थ्री-टियर सिस्टम है--सर्वेयर, टीम लीड, प्रोजेक्ट मैनेजर। प्रोजेक्ट मैनेजर्स सौरभ और गौरव को रिपोर्ट करते हैं।

"जिस टीम की हम बात कर रहे हैं, वो हमारे पेरोल पर है। जिस तरह से वे काम कर रहे हैं, ये सब कमिटमेंट और मेहनत की बात है। ये आसान नहीं हैं। जो भी अच्छी तरह से काम करता है वो टीम लीडर बनता है, और उसके बाद प्रोजेक्ट मैनेजर।"

भीतर उठापटक है, लेकिन नियंत्रण में। या फिर शायद ऐसे ही टीम इसे देखना चाहती है।

"किसी भी समय हमारी टीम में अगर 50 फीसदी भी अच्छे लोग होते हैं तो एक बंदा एक और बंदे को अपने साथ रखकर काम सिखा सकता है, और टीम को बढ़ाकर दुगुने आकार में कर सकता है", सौरभ डिफरेंशियल इक्वेशन समझाते हुए कहते हैं।

नेताओं के हार-जीत का अनुमान तो हर रोज होता है, अपने बारे में क्या कर रहे हैं?

"जहां तक पैसे का सवाल है, हम पांच सालों में पांच गुना बढ़ना चाहते हैं।"

गौरव आगे कहते हैं, "हम कई पॉलिटिकल पार्टीज के थिंक टैक्स से जुड़ने जा रहे हैं। नए नेतृत्व को हमेशा हमारे इनपुट की जरूरत होगी।"

दोनों के जेहन में जिस बात को लेकर स्पष्टता है, वो ये है कि दोनों को अपना लक्ष्य, अपना फोकस नहीं छोड़ना है, और उन्हें सिर्फ पॉलिटिकल क्लायंट्स के साथ काम करना है। उनका यही लक्ष्य -- बल्कि कुछ लोगों के हिसाब से उनकी ये जिद फाउंडिंग पार्टनर्स में विभाजक की वजह बन गई।

"ओरिजिनल कंपनी इन्फो एज थी, लेकिन 2008 में हम अंदरूनी वजहों से अलग हो गए। अब पेरेंट कंपनी एनडाइमेन्शन्स कहलाती है जबकि ब्रांड का नाम पोलिटिकलएज है।"

हालांकि ज़िंदगी अच्छी चल रही है, लेकिन काम में मसरूफियत तो है ही।

"बेटाइम का काम और अचानक से आ जाने वाला ट्रैवल का कार्यक्रम --इन सब चीजों से स्ट्रेस तो बढ़ता ही है। लेकिन चूंकि मैं सिंगल हूं, इसलिए इस फ्रंट पर अभी तक दिक्कत नहीं हुई", गौरव हंसते हुए कहते हैं। सौरभ ने अपने बचपन की दोस्त पंखुड़ी से शादी कर ली है।

तो क्या पोलिटिकलएज वाकई कोई अंतर ला पाया है? सौरभ और गौरव को लगता है कि अंतर तो आया ही है। 'गांधी टोपी' पहननेवालों को लगता है कि राजनीति का खेल ओल्ड स्कूल हो गया है--पुराने जमाने की बात। नतीजा ये हुआ है कि अब 'खाऊ पीऊ' टाईप के नेता लोग भी विकास की बातें करने लगे हैं।

"हमारा इरादा है कि जहां भी नेता दस के स्केल पर हो, उस 10 में दस की तरफ जाना चाहिए। अगर वो 2 पर है तो उसे हम 2.5 पर जरूर लेकर जाना चाहेंगे।"

मुमकिन है कि एक दिन दोनों पॉलिटिक्स ज्वाइन भी कर लें, ऐसा मुझे लगता है। जो भी दोनों करेंगे, दोनों के पास एज तो होगा।

क्योंकि करेंगे कुछ ऐसा जो इनके दिल के बेहद करीब है।

और सारा अंतर उसी से आएगा।

✳

युवा उद्यमियों को सलाह

सौरभ व्यास

मुझे लगता है बात ज़्यादातर गट फीलिंग की होती है। मैं ये करना चाहता हूं और मुझे ये अभी के अभी करना चाहिए। बेसिक फंडा यही है। एक साल बाद ही क्यों -- इसका ठीक-ठीक जवाब मेरे पास भी नहीं है। हम दो साल भी इंतजार कर सकते थे। लेकिन बात फैसले की थी, कि चलो ये कर डालते हैं बस।

गौरव राठौर

अगर आप कुछ नया कर रहे हैं, सबसे पहले उसमें आपको यकीन करना होगा। नहीं तो आप कर नहीं पाएंगे क्योंकि आप उससे जुड़कर रह नहीं सकेंगे।

किसी भी कंपनी के लिए पहला साल या पहले के दो साल मुश्किल होते हैं। मुमकिन है कि आपके पास एक ब्रिलिएंट आईडिया हो, लेकिन आपको एक या दो सालों तक उसके लिए खूब काम करना होगा। तब जाकर शायद पैसे मिलें, या कोई प्रभाव दिखाई दे। अगर आप आईडिया में यकीन नहीं करते तो दो साल बहुत लंबा वक़्त है।

किंग ऑफ पॉप

सत्यजीत सिंह
शक्ति सुधा इंडस्ट्रीज

सत्यजीत सिंह अपनी ज़िंदगी में बहुत अच्छा कर रहे थे। कन्ज़्युमर ड्यूरेबल बेचते थे, और काम अच्छा चल रहा था। लेकिन फिर भी एक दिन उन्होंने बिजनेस बंद कर दिया और मखाने का कमर्शियल बिजनेस करने का फैसला किया। इसके साथ ही उन्हें अपनी ज़िंदगी का मिशन मिल गया, और इसका फायदा हजारों छोटे किसानों को हुआ।

मखाना छोटे थर्मोलकॉल के टुकड़ों की तरह लगता है।
छूने पर वैसा ही लगता भी है।
इस प्रॉडक्ट में न कोई गंध है, न स्वाद और आपके डिनर प्लेट में मखाना हो, इसके पीछे कोई पुख़्ता वजह भी नहीं।
फिर आप इससे पचास करोड़ का बिजनेस कैसे कर लेते हैं?
लेकिन सत्यजीत सिंह ने ठीक यही किया है। और वो भी बिहार के ऐसी इंडस्ट्रियल जमीनों पर जहां कचरा फेंका जा हा था।
सत्यजीत मखाना को फिर से पॉपुलर कर रहे हैं, और उत्तर भारत के छोटे-छोटे किसानों को अपने तालाबों में मखाना उगाने के लिए प्रेरित भी कर रहे हैं। उन्होंने ट्रेड को संगठित किया है, किसानों का नेटवर्क तैयार किया है और नई तकनीक से उन्हें रूबरू कराया है, और ये सब शुरू हुआ एक हवाई सफर में हुई औचक बातचीत से।
उस एक बातचीत ने उन्हें बीपीएल के डिस्ट्रिब्यूशन के अपने पक्के बिजनेस को बंद करके धूलभरे रास्तों से होते हुए मखाना उपजाने वाली जमीन पर जाने के लिए प्रेरित किया।
मैं सत्यजीत के पटना ऑफिस में बैठी हूं, और ऑफिस चारों ओर मखाने से घिरा हुआ है।
मखाना पोस्टर, मखाना पॉलिपैक्स, मखाना स्नैक फूड।
मेरा ध्यान उन मशीनों की ओर है जो सोलह किस्म के मखाने अलग करने का काम कर रहे हैं।
मैं मखाना 'पॉप' मुंह में डालती हूं--स्वाद वाकई कमाल का है।
और मैं सोचती हूं, कुछ चीजें हमें बोरिंग लगती हैं। और कुछ लोग उन्हीं चीजों में अपने जुनून और अपने उत्साह का तड़का लगाकर उसे स्वादिष्ट बना देते हैं।
ऐसा कोई एक प्रोजेक्ट जो किसी के लिए दुनिया का सबसे दिलचस्प काम बन जाता है, और ऐसा वो शख़्स बहुत खुशकिस्मत होता है जिसे अपने पसंद के काम की पहचान हो गई हो।

किंग ऑफ पॉप

सत्यजीत सिंह
शक्ति सुधा इंडस्ट्रीज

सत्यजीत सिंह जमुई में पैदा हुए, लेकिन दसवीं के बाद पटना चले गए।

"मैंने हिस्ट्री में एमए किया, और यूनिवर्सिटी टॉपर रहा। उस वक़्त आईएएस ज्वाइन करने का क्रेज था, सो मैं भी उस परीक्षा में बैठा।"

सत्यजीत ने दो बार मेन्स क्लियर किया, लेकिन इंटरव्यू में उनका नहीं हुआ। फिर अगला बेस्ट ऑप्शन क्या था? उन्होंने बिजनेस करने का फैसला किया।

एक एडवोकेट और सरकारी वकील के बेटे का ऐसा फैसला असामान्य ही कहा जाता। परिवार के पास जमीन और संपत्ति थी, लेकिन सत्यजीत अपने परिवार से पहले ऐसे शख़्स थे जो बाहर जाकर बिजनेस कर रहे थे।

"मैंने बिहार के लिए बीपीएल की एक एजेंसी ले ली और तुरंत समझ गया कि मार्केटिंग किसे कहते हैं, सेल्स और डिस्ट्रिब्यूशन क्या है।"

2002 तक बिजनेस अच्छे से चलने लगा था, एजेंसी का सालाना टर्नओवर 9 करोड़ रुपए था। ज़िंदगी अच्छी बसर हो रही थी, लेकिन तभी एक अजीब सा वाकेया हुआ।

सत्यजीत दिल्ली से पटना आ रहे थे। उनके बगल में बैठे शख्स का नाम था डॉ. जनार्दन।

डॉ. जनार्दन इंडियन काउंसिल फॉर एग्रीकल्चर रिसर्च के साथ काम कर रहे थे। बल्कि वे मखाना के लिए नेशनल रिसर्च सेंटर के डायरेक्टर थे। मखाना

उत्तर भारत के तालाबों में होने वाला एक ख़ास किस्म का फल है।

डॉ. जनार्दन ने कहा, "मैं पिछले साल से कोई ऐसा शख़्स ढूंढ़ रहा हूं जो मखाने के क्षेत्र में कुछ करेगा।"

सत्यजीत और जानना चाहते थे।

उन्होंने पूछा, "ये मखाना क्या है? आप मुझे इसके बारे में और बता सकते हैं?"

अगले तीन महीने सत्यजीत मधुबनी और दरभंगा के गांवों में घूमते रहे और ख़ुद ही देखा कि मखाना की खेती कैसे होती है।

"मैंने देखा कि किसान मखाना उगाने में कितनी मेहनत करते हैं, और उन्हें बदले में कितने कम पैसे मिलते हैं। पूरा का पूरा बाजार दलालों से भरा पड़ा था।"

सत्यजीत ने डॉ. जनार्दन से पूछा, "आप चाहते हैं कि कोई इंडस्ट्री लगाए, या फिर आप सोशल सर्विस करना चाहते हैं?"

जाहिर है, आप सीधे जाकर प्लांट और मशीनरी नहीं लगा सकते, और सीधे रॉ मैटिरियल की प्रोसेसिंग शुरू नहीं कर सकते। ऐसे किसी प्रोजेक्ट को कमर्शियल तौर पर सफल बनाने के लिए कई सारे काम करने होते हैं!

लेकिन आईडिया सत्यजीत को पसंद आया।

"रातोंरात मैंने एक बड़ा फैसला ले लिया। मैंने अपना डिस्ट्रिब्यूशन बिजनेस बंद कर दिया और मखाना प्रोजेक्ट पर काम करना शुरू कर दिया।"

बना बनाया सेटअप था। आमदनी अच्छी थी। दस से छह का रूटीन था। फिर सब छोड़कर एक अनजान काम शुरू करने की क्या जरूरत थी? क्योंकि मखाना किसानों को देखकर अंदर कुछ हुआ था, जिसका गहरा असर सत्यजीत के जेहन पर पड़ा।

सत्यजीत ने गांव-गांव भटकते हुए अगले दो साल गुजारे, और मार्केट की फील लेते रहे, खेती का सप्लाई चेन समझते रहे।

"मैं देशभर की मंडियों में घूमा, ये जानने के लिए कि इसका बिजनेस कैसा है। मैंने उन गांवों में भी बहुत सारा वक़्त गुजारा जहां मखाना पैदा किया जाता है।"

मखाना--या फॉक्सनट--तालाबों में उगाया जाता है। असल में ये एक फल है, जो अनार की तरह होता है। जब ये फल पक जाता है तो फल बाहर निकल आता है और इसके बीज तालाब के तलछट पर फैल जाते हैं।

ये काले बीज जमा कर लिए जाते हैं, उन्हें भूना जाता है और फिर इन्हें तोड़कर बाहर निकाला जाता है। आख़िर में जो उत्पाद मिलता है, वो सफेद रंग के स्पॉन्ज की शक्ल में होता है। इस काम में मेहनत बहुत लगती है, और अक्सर महिलाएं ही ये काम करती हैं।

"ये एक बहुत मुश्किल प्रोसेस है। जिसने इसे पुराने जमाने में ईजाद किया, वो मास्टरमाइंड होगा", सत्यजीत कहते हैं।

दूसरे राज्यों में सत्यजीत सीधे मंडी जाकर सारा का सारा उत्पाद वहीं से खरीद सकते थे। और फिर एक प्रोसेसिंग प्लांट लगा सकते थे।

लेकिन बिहार में मंडी सिस्टम है ही नहीं।* सत्यजीत को तुरंत समझ में आ गया था कि उन्हें सप्लाई चेन की पहली कड़ी--किसानों--से शुरुआत करनी होगी।

"मैंने तय कर लिया कि मैं पंचायतों में जाऊंगा और उनकी मदद से उन किसानों की पहचान करूंगा जो मखाना उगा रहे थे।"

कोशिश ये थी कि किसानों की ट्रेनिंग की जाए, और उनका एक नेटवर्क तैयार किया जाए ताकि उनकी आजीविका को बेहतर बनाया जा सके। आप किसानों से रिश्ता कायम करते हैं, आप सप्लाई चेन तैयार करते हैं। काम हो गया, नहीं?

लेकिन बैंक ऐसा नहीं मानता था।

"2004 में बिहार में इन्वेस्टमेंट का कोई माहौल ही नहीं था। कोई इंडस्ट्री नहीं थी, सरकार से कोई मदद नहीं मिलती थी। राज्य में पहले किसी ने कभी मखाना प्रोजेक्ट किया ही नहीं था। इसलिए सवाल हमेशा यही उठता था कि भाई तुम करोगे कैसे?"

यही एक सवाल है जो एक उद्यमी को उसका सर्वश्रेष्ठ देने के लिए

---

*   बिहार सरकार ने निजी सेक्टर के लिए बिना किसी विकल्प का प्रावधान दिए 2006 में एपीएमसी एक्ट का उन्मूलन कर दिया था

उकसाता है।

प्रोजेक्ट से जुड़े सभी पैमानों पर विचार कर लेने के बाद सत्यजीत का दिमाग और दिल, दोनों कहते रहे कि कुछ बड़ा करना है। इतना बड़ा कि अगले पांच सालों में ये 70 करोड़ का प्रोजेक्ट हो जाए।

और फिर सत्यजीत ने इसमें अपने डेढ़ करोड़ रुपए लगा दिए ताकि प्रोजेक्ट शुरू किया जा सके। उन्होंने एक छोटा-सा रिसर्च-डेवलपमेंट यूनिट शुरू कर दिया।

"अगले दो सालों तक हम सिर्फ प्रोडक्ट टेस्ट करते रहे, उसे सीएफटीआरआई मैसूर भेजा और पूरे देश में ट्रायल मार्केटिंग की।"

2005 का साल था, और इसी ट्रायल फेज में जी टीवी ने 'बिजनेस बाजीगर' नाम का एक शो लॉन्च किया, जिसमें देशभर के उद्यमियों को प्लेटफॉर्म के साथ वेंचर कैपिटल भी मिलता।

सत्यजीत ने अप्लाई कर दिया। उनका प्रोजेक्ट स्वीकार कर लिया गया, और वे टॉप टेन फाइनलिस्ट्स में से एक थे।

सत्यजीत बताते हैं, "मैंने अपने पैसे लगाए और डेढ़ साल तक आर एंड डी करता रहा। मैं ये समझना चाहता था कि वेंचर कैपिटल क्या है और इससे मेरे प्रोजेक्ट को कैसे फायदा होगा?"

उन्होंने कहा, "हम सिर्फ टॉप थ्री फाइनलिस्टों की मदद करेंगे और तब आपका प्रोजेक्ट हमारा प्रोजेक्ट बन जाएगा। आप सीईओ की तरह काम करेंगे।"

"जैसे ही उन्होंने ये कहा, मैंने वापसी का टिकट कटा लिया। मैंने उनसे कहा, आपके पास एक ही ऑप्शन है: प्लीज मुझे बाहर निकाल दीजिए!"

बल्कि सत्यजीत को घर लौटने की जल्दी इसलिए भी थी क्योंकि आख़िरकार स्टेट इंडस्ट्रियल डेवलपमेंट कॉरपोरेशन इस प्रोजेक्ट के लिए जमीन आवंटित कर रहा था। मुश्किल ये थी कि इस जमीन पर असामाजिक लोगों का अनाधिकृत कब्जा था।

"सप्लाई चेन को मैनेज करना—किसान की फसल को फैक्टरी तक लेकर आना—ये सबसे बड़ी चुनौती थी।"

"उस वक्त बिहार में राष्ट्रपति शासन था। मैंने चीफ सेक्रेटरी जी एस कांग से बात की। उन्होंने जिला प्रशासन से कहा कि जमीन पर से अनधिकृत कब्जा हटाया जाए और इस तरह वो प्लॉट हमें मिला!"

तब सत्यजीत ने अपने प्रेजेंटेशन के साथ बैंकों से बातचीत शुरू कर दी, और आख़िर में बैंक ऑफ इंडिया से मदद मिली।

तब तक बिहार में नीतिश कुमार की सरकार आ गए थी और इन्वेस्टमेंट का माहौल बनने लगा था। सरकार ने एस. विजयराघवन को इंडस्ट्रियल डेवलपमेंट कमिश्नर बनाया।

"मिस्टर विजयराघवन बहुत पॉजिटिव दिमाग वाले शख्स हैं... इस प्रोजेक्ट को आगे बढ़ाने में उनका बहुत बड़ा हाथ है।"

लॉजिक सीधा-सा थाः बिहार को इंडस्ट्रियल डेवलपमेंट की जरूरत है। लेकिन आपको अपने राज्य में सफलता की मिसालें चाहिएं, जिससे आप बाहर से इन्वेस्टमेंट लेकर आ सकें।

सत्यजीत का प्रोजेक्ट वो पहला प्रोजेक्ट बना, जिसे स्टेट इन्वेस्टमेंट प्रोमोशन बोर्ड ने अप्रूव किया था।

आर एंड डी हो गई, जमीन आवंटित हो गई, फैक्टरी का काम शुरू हो गया, फाइनेंस और यहां तक कि सरकार की मदद भी मिलने लगी। लेकिन सबसे पहला काम था–मखाना प्रोक्योर करना, कच्चा माल लाना।

"प्रॉब्लम रिसोर्स मैपिंग के साथ शुरू हुई। हम सरकारी आंकड़ों पर यकीन नहीं कर सकते थे।"

राज्य कृषि विभाग किसी एक इलाके में 200 हेक्टेयर का मखाना उत्पादन दिखाता था, जबकि जमीनी हकीकत 35 से 40 हेक्टेयर से ज़्यादा नहीं थी। आपके पास गांवों में जाकर ऊपर का रास्ता खुद ही तय करने के अलावा और कोई चारा नहीं था।

"सबसे पहले हमने पंचायत से संपर्क किया और उनसे उनके गांवों के मखाना किसानों की पहचान करने को कहा।"

ये किसान रजिस्टर्ड हैं, उनके पास फोटो आईडी कार्ड हैं और बैंक अकाउंट भी है। उसमें कई तरह का डॉक्युमेंटेशन, ट्रांसपोर्टेशन जैसी जटिल चीजें भी

"दो काम साईड बाई साईड होगा नहीं, इसलिए मैंने डिस्ट्रिब्यूशन लाईन बंद कर दी और मखाने प्रोजेक्ट में फुलटाईम लग गया।"

शामिल हैं।

"गांवों में ज़्यादातर इंटरनेट नहीं चलता, इसलिए बैंक में सिर्फ दिन के दो घंटे काम होता है", सत्यजीत बताते हैं।

तो फिर इतनी परेशानी उठानी ही क्यों थी?

पहली वजहः बैंक कैश ट्रांजैक्शन के आधार पर वर्किंग कैपिटल नहीं देते।

दूसरी और उतनी ही अहम वजहः छोटे किसानों को सशक्त करना होगा। अस्सी फीसदी से ज़्यादा किसान अंगूठाछाप हैं।

"मैंने वर्गीज कुरियन और उनकी श्वेत क्रांति के बारे में पढ़ा था। उन्होंने एक मकसद के लिए अपनी पूरी ज़िंदगी दे दी... मखाना में हमें वो मौका दिखा, एक ऐसा मौका जो लोगों की ज़िंदगियां बदल देता।"

और वो भी कैसे...।

2004 में किसान दलालों को चालीस रुपए किलो की दर से मखाना बेच रहे थे, लेकिन कोई गारंटी नहीं थी कि उन्हें पैसे हाथ में दिए जाते कि नहीं।

अब शक्ति सुधा की तय की दरों के हिसाब से किसानों को 130 रुपए प्रति किलो मिलते हैं, और जैसे ही किसान का माल तौला जाता है, उसे पैसे दे दिए जाते हैं।

"हमारे पास 7000 रजिस्टर्ड किसान हैं, तो हम 35,000-40,000 लोगों की जिंदगियों को सीधे तौर पर बेहतर बनाने का माद्दा रखते हैं", सत्यजीत

"मैंने वर्गीज कुरियन और उनकी श्वेत क्रांति के बारे में पढ़ा था। उन्होंने एक मकसद के लिए अपनी पूरी ज़िंदगी दे दी... मखाना में हमें वो मौका दिखा, एक ऐसा मौका जो लोगों की जिंदगियां बदल देता।"

कहते हैं। और उन किसानों को भी फायदा मिलता है, जिन्होंने अपना मखाना दलालों को ही बेचने का फैसला किया है। कम-से-कम कीमत तो तय हो गई है।

लेकिन शक्ति सुधा ने कीमत तय कैसे की? ये प्रोडक्शन की कीमत पर निर्भर होता है।

मान लीजिए कि सूखा पड़ गया, या बाढ़ आ गई। सत्यजीत इन सब बातों को भी ध्यान में रखते हैं और प्रति किलो 15 रुपए ज़्यादा देते हैं।

"कन्जयूमर ये कीमत आसानी से झेल सकता है, लेकिन किसान के लिए यही पंद्रह रुपए बहुत मायने रखते हैं", सत्यजीत कहते हैं।

और ये भी सही है कि दुनिया का नब्बे प्रतिशत मखाना प्रोडक्शन उत्तर बिहार में होता है!

एक और रणनीति है हर महीने प्रोक्योरमेंट कीमत को पांच रुपए बढ़ा देना। सितंबर के महीने के 125 रुपए से अप्रैल के महीने तक जब सीजन ख़त्म होता है, तब तक जाते-जाते ये कीमत 170 रुपए हो जाती है।

"हमने किसानों को प्रोत्साहित करने के लिए ये फैसला लिया, ताकि प्रोडक्शन होता रहे।"

अब तक तो सब ठीक था, लेकिन काफी नहीं था। सत्यजीत को ये समझ में आ गया कि किसान अपनी फसल बेचने के लिए गांवों से बाहर जाने के लिए तैयार नहीं हैं। इसलिए शक्ति सुधा को 250 से 500 किसानों के लिए लोकल कलेक्शन सेंटर्स खोलने होंगे।

हर सेंटर के पास एक प्लेटफॉर्म की सुविधा दी गई, जहां एक कॉमन चूल्हा होता। इसके साथ ही पंचायत में एक कॉमन गोदाम होता।

हर सेंटर की देखरेख शक्ति सुधा के चार कर्मचारी करते हैं, और इन्हें मखाना मित्र कहा जाता है। काम बंटे हुए हैं। एक आदमी अगर ट्रेनिंग और प्रोक्योरमेंट का काम करता है तो दूसरा कंप्यूटर के काम संभालता और अकाउंटिग करता है, पटना माल भिजवाने की जिम्मेदारी उठाता है।

इसके साथ एक इनचार्ज तो है ही।

"मैं भी अक्सर सेंटरों पर जाता हूं। बल्कि मेरा 70 प्रतिशत से ज़्यादा

वक्त अभी भी सप्लाई-चेन मैनेजमेंट में जाता है।"

आज शक्ति सुधा के 17 सेंटर हैं और अगले एक साल में सेंटरों को और बढ़ाया जाना है। हर सेंटर को बनाने में दस से बारह लाख की लगात आती है, और ये एक इन्वेस्टमेंट है जिसमें बैंक अभी भी पैसे लगाने के लिए तैयार नहीं हैं।

सत्यजीत ने इस मुश्किल का हल पब्लिक-प्राइवेट पार्टनरशिप में ढूंढ़ लिया है।

"हमारी सबसे बड़ी चिंता है किसानों को पहचानने और उनको रजिस्टर करने की कीमतें कैसे कम की जाएं। हम वर्ल्ड बैंक और आरबीएच के साथ सात ब्लॉकों में मिलकर काम कर रहे हैं।"

सत्यजीत ये भी चाहते हैं कि कृषि मंत्रालय उन्हें एग्रीकल्चरल टेक्नॉलोजी मैनेजमेंट एजेंसी के जरिए आर्थिक मदद भी दे।

"एटीएमए हर साल चालीस करोड़ रुपए खर्च करती है, लेकिन बिहार में अभी तक 100 फार्मर इन्टरेस्ट ग्रुप भी नहीं बना पाई है। मैंने कहा, हमें पायलट के लिए पांच ब्लॉक दे दीजिए। मैं हर ब्लॉक में 100 फार्मर इन्ट्रेस्ट ग्रुप बना दूंगा।"

और ये खाली दावे नहीं है।

"जितने लोग बाहर से आते हैं--वर्ल्ड बैंक, एडीबी--सब के सब शक्ति सुधा का मॉडल देखने आते हैं कि हमने कैसे कॉन्ट्रडिक्शन्स को नेगोशिएट करके डेवलप किया प्रैक्टिकल तौर पर।"

सत्यजीत अपने अनुभव बांटने में जरा भी गुरेज नहीं रखते और उन सब लोगों से अपना ज्ञान बांटते हैं, जो उनसे जानकारियां हासिल करना चाहता है।

"मैं मखाना प्रोड्यसिंग इलाके से नहीं हूं और न ही बिजनेस कम्युनिटी से हूं। मेरा दूर-दूर तक मखाने से कोई रिश्ता नहीं है लेकिन फिर भी मैं फील्ड में आया।"

और अपना रास्ता बनाया।

सत्तर करोड़ के प्रोजेक्ट का खाका तैयार करते हुए सत्यजीत के पास

"अगर बिहार में चाणक्य और चंद्रगुप्त की जोड़ी होती है तो मैं कहता हूं कि डॉ. जनार्दन मेरे लिए चाणक्य हैं। उन्होंने ही इस प्रोजेक्ट के लिए मुझे मोटिवेट किया।"

बैंक की शर्त के हिसाब से वो 25 प्रतिशत नहीं थे, जो उन्हें देने थे। लेकिन उन्होंने एक वर्किंग सॉल्यूशन ढूंढ़ लिया।

उन्होंने कहा, "मैं मार्केटिंग फेज में फंडिंग लूंगा। जेस्टेशन पीरियड में उसकी जरूरत नहीं है। तो प्रोजेक्ट पहले दिन से ही रेवन्यू जेनरेट करेगा और मैं 25 प्रतिशत का इंतजाम कर लूंगा।"

मिसाल के तौर पर शक्ति सुधा ने पहले साल में बैंक से छह करोड़ रुपए लिए और आठ करोड़ रुपए का रेवन्यू जेनरेट किया। सरपल्स* से प्रोमोटरों का कॉन्ट्रिब्यूशन निकल आया और इस तरह ये चक्र साल दर साल चलता रहा।

2007-08 में शक्ति सुधा का टर्नओवर 22 करोड़ था और अगले साल ये बढ़कर 50 करोड़ हो गया।

"मुझे पूरी उम्मीद है कि इस साल हम 100 करोड़ का आंकड़ा पार कर जाएंगे, लेकिन सब प्रोक्योरमेंट पर निर्भर है। मैं जितना चाहे मखाना बेच सकता हूं--इसमें कोई प्रॉब्लम ही नहीं है!"

सीजन में आप शक्ति सुधा फैक्ट्री में दस टन से ज़्यादा मखाना नहीं देखेंगे। हर रोज उत्पाद आता है, हर रोज उसकी प्रोसेसिंग होती है, और हर रोज वो बेच दिया जाता है।

सत्यजीत की पहली लड़ाई सप्लाई चेन थी और दूसरी थी मंडी। हाई क्वालिटी स्टैंडर्ड, बढ़िया पैकेजिंग जल्द ही शक्ति सुधा की पहचान बन गया।

"देश का अधिकांश मखाना बोरों या जूट के बैगों में मिलता है। हम इकलौती ऐसी कंपनी है जो पॉली पैकिंग में और अलग अलग साइज के

* आमतौर पर पूरे के पूरे सरप्लस को फिर से इन्वेस्ट कर दिया जाता है, इसलिए लाभ बहुत कम होता है। 2008-09 में 50 करोड़ के टर्नओवर पर मुनाफा 1.5 करोड़ का था।

पैकेट्स में मखाना बेचते हैं।"

हाल ही में वैष्णो देवी श्राइन बोर्ड से 1400 टन मखाने का ऑर्डर हासिल कर लेना एक बड़ी विजय थी। पिछले तीन सालों से बोर्ड सप्लायर ढूंढ़ रहा था, लेकिन कोई मिल ही नहीं रहा था।

होलसेल मार्केट पर जीत हासिल कर लेना बहुत सारे लोगों के लिए ही बहुत है, लेकिन सत्यजीत अगले बड़े अवसर की तलाश में थे--कमॉडिटी को एक ब्रांड बनाने की, एंड कन्जयुमर तक पहुंचने की।

इसके लिए जरूरी था कि शक्ति सुधा के नाम से सीधे मखाना ग्राहकों को बेचा जाए। और सादा मखाना नहीं, बल्कि कई सारे प्रॉडक्ट्स।

"जब हम सीएफटीआरआई मैसूर में मखाना का अध्ययन कर रहे थे तो हमने पाया कि उसमें प्रोटीन और माइक्रोन्यूट्रिएंट्स बहुत हाई है। इस फल के कई फायदे हैं, और हमारे पूर्वजों ने जब इसे पूजन सामग्री में शामिल किया तो वे निश्चित तौर पर इसके फायदों से वाकिफ थे।"

शहरी ग्राहकों के लिए जब सेहत एक बड़ा मुद्दा होने लगा है, तो ये एक ऐसा मार्केट था जिसमें मखाना को आराम से उतारा जा सकता था। मुंबई के इंडियन इंस्टीट्यूट ऑफ पैकेजिंग और नोएडा के फ्लेक्स इंडस्ट्रीज की मदद से शक्ति सुधा ने स्नैक फूड पैकेजिंग का तरीका सीख लिया।

कई सारे प्रयोगों के बाद टेस्ट यानी स्वाद का डिपार्टमेंट आया। शक्ति सुधा ने कई रेडी टू ईट प्रॉडक्ट्स तैयार किए हैं। इनमें मखाना पॉप एक है, तो खीर और आटा मिक्स दूसरे प्रॉडक्ट्स हैं।

"पांच किलो आटा में हमारे मिक्स का 500 ग्राम डाल दीजिए और आपके पास प्रोटीन का एक बड़ा सोर्स तैयार हो जाएगा। मैं ये हर रोज खाता हूं!"

शक्ति सुधा उत्तर और पश्चिम भारत के सौ शहरों को टार्गेट कर रहा है। यहां सत्यजीत का बीपीएल का अनुभव बहुत काम आया।

"मैं जानता हूं कि मुझे अपने सेल्समैन को कैसे ट्रैक करना है, डिस्ट्रिब्यूशन को कैसे बेहतर बनाना है, एडवांस पेमेंट कैसे लेना है... और रिपोर्टिंग फॉर्मेट में क्या करना है।"

"मुझे मालूम था कि इस प्रोजेक्ट में शुरू के दो सालों में मुझे कुछ भी नहीं मिलेगा, लेकिन वक़्त के साथ-साथ सब कुछ यहीं से हासिल होगा। ये प्रोजेक्ट मुझे वो इज्जत दिलाएगा जो आईएएस में होने से मिलती।"

वे ये भी जानते हैं कि नए मार्केट में कैसे घुसना है, किस अख़बार में विज्ञापन देना है, टीवी पर कैसा विज्ञापन आना चाहिए। शक्ति सुधा के कैंपेन से ये बात साफ जाहिर हो जाती है। ओबेरॉय मल्टीमीडिया ने इसे तैयार किया है, लेकिन आईडिया सत्यजीत का है।

"हम कह रहे हैं कि मखाना--नैचुरल, हेलदी और टेस्टी है। सारे देश की मम्मियां इसी को रेकमेंड कर रही हैं। हमें किसी सेलिब्रिटी की जरूरत नहीं है।"

टैगलाइन है, 'मखाना... अपना देश, अपना खाना'।

"इसलिए क्योंकि मखाना हमारी संस्कृति और हमारे कल्चर से जुड़ा हुआ है। इसलिए हमने ये स्लोगन दिया है कि मखाना हमारा नेशनल प्रोडक्ट है।"

साढ़े पांच करोड़ के बजट के साथ शक्ति सुधा ट्रेड प्रोमोशन्स का काम भी शुरू करेगी। यहां सत्यजीत का आइडिया सिंपल सा है, शक्ति सुधा मखाने के हर पैकेट के साथ खीर और स्नैकफूड मुफ्त दिया जाएगा।

बावजूद इसके, कहीं न कहीं प्रतिरोध है।

"शहरों के रिटेलर पर्सेन्टेज मार्जिन पर काम करना चाहते हैं, जबकि हम प्रति केजी मार्जिन पर काम करते हैं," सत्यजीत समझाते हैं।

बल्कि, शक्ति सुधा दलालों की भूमिका ख़त्म कर देता है, जिससे किसानों और ग्राहकों, दोनों को अच्छी क़ीमत मिलती है। बड़े रिटेलर कंपनी से माल लेने

"हमारी टैगलाइन है, 'मखाना... अपना देश, अपना खाना'। सारे देश की मम्मियां इसे ही रेकमेंड कर रही हैं। हमें किसी सेलिब्रिटी की जरूरत नहीं है।"

को तैयार हैं, लेकिन अभी तक इसके बारे में कुछ किया नहीं जा सका है।

"रिलायंस रिटेल ने हमसे सौ टन मांगे थे, लेकिन वे नब्बे दिनों का क्रेडिट चाहते थे। हमने मना कर दिया।"

चूंकि शक्ति सुधा किसानों को हाथ के हाथ पैसे देता है, इसलिए कंपनी सिर्फ कैश के आधार पर काम करती है, चाहे खरीदार कोई भी है।

विजन में स्पष्टता और दृढ़ निश्चय ही शक्ति सुधा को यहां तक लेकर आया है। लेकिन आगे का लंबा रास्ता अभी बाकी है।

"मेरा मकसद है छोटे किसानों के साथ काम करना", सत्यजीत कहते हैं। "उनकी ज़िंदगी बेहतर होगी तो मेरा भी बाजार बढ़ेगा।"

इसका मतलब ये भी है कि उन्हें सरकार से ग्यारह महीनों की बजाए सात सालों के लिए तालाबों को लीज पर लेने की मांग करनी होगी। या फिर किसानों के लिए उन स्कीमों को मुहैया कराना होगा जिनके बारे में उन्हें जानकारी तक नहीं होती।

जल्द ही शक्ति सुधा किसानों को तालाब में हर्बल प्लांट लगाने की ट्रेनिंग देगा, ताकि ऑफ सीजन में वे काम कर सकें।

और एक बड़ा बदलाव तब आएगा जब कंपनी मखाना पॉप बनाने के लिए मशीन का इस्तेमाल शुरू कर देगी। मशीनें हाथ से काम करने से कहीं ज़्यादा कारगर होती हैं। हाथ से जहां दस बीजों में से तीन या चार मखाना निकलता है वहीं मशीन से 90 प्रतिशत प्रतिशत मखाना निकाला जा सकता है।

लेकिन फिर उन दस-बारह हजार किसानों का क्या होगा? क्या उनकी आजीविका ख़तरे में नहीं पड़ जाएगी? सत्यजीत के दिमाग में उनके लिए प्लान तैयार है।

"उत्तर भारत में चौर जमीनें होती हैं, जो जमीन पानी में दो-तीन फुट नीचे होती हैं और उनका कोई इस्तेमाल नहीं करता। पूरे राज्य में ऐसे 15-17,000 हेक्टेयर हैं और हम सरकार से ये जमीनें उन किसानों को लीज पर देने को कह रहे हैं जिनके पास जमीन नहीं है।"

इस तरह और मखाना उगाया जा सकेगा। कच्चे बीज शक्ति सुधा खरीद

लेगा और उनका मखाना तैयार करेगा।

जो बेस्वाद दिखता है, सत्यजीत सिंह के लिए उनकी ज़िंदगी का जायका वहीं से आता है।

"मैं हमेशा से कोई ऐसी चीज खोज रहा था जिसमें मैं अपनी ज़िंदगी लगा सकूं। एक ऐसा काम है जिसमें मैं अपनी ज़िंदगी के पच्चीस-तीस बरस डाल सकता हूं।"

अब सोचकर लगता है कि ये फैसला सही था।

बिहार के गांवों में सत्यजीत को लोग बहुत प्यार करते हैं, उन्हें बहुत सम्मान देते हैं, और उनके लिए यही बहुत मायने रखता है। मुख्यमंत्री नीतीश कुमार ने खुद 2006 में शक्ति सुधा फैक्ट्री का उद्घाटन किया और इसे बिहार स्टेट इंडस्ट्रियल बोर्ड की पहली सक्सेस स्टोरी का नाम दिया गया।

सत्यजीत बिहार के सीआईआई के चेयरमैन भी रहे हैं, जिसका मतलब ये है कि वे राज्य में मौजूद निवेश के अवसरों को बाहर के इन्वेस्टर्स के सामने अवसर के तौर पर पेश करते हैं। लेकिन उन्हें वक़्त कहां मिलता है?

"टाईम निकालना पड़ता है।"

लेकिन वक़्त हमेशा कम पड़ जाता है। लेकिन उनकी पत्नी और दो बच्चों को ऐसा कभी नहीं लगता।

"मैं अपनी पत्नी का बहुत आभारी हूं। अब तक और ख़ासकर शुरू के दो सालों में उसने मुझे बहुत सहयोग दिया। जब पैसे आने बंद हो गए और सेविंग्स ख़त्म होने लगी--यहां तक कि उसके एफडी भी टूटने लगे--तो परिवार में थोड़ी चिंता तो होती है..."

लेकिन वे डटी रहीं, न उनसे कभी कुछ पूछा।

"शक्ति मां दुर्गा का नाम है जबकि सुधा मेरी पत्नी का नाम है--इसलिए मैंने शक्ति सुधा नाम सोचा।"

हम सबमें शक्ति का एक क़तरा होता है, हमारे आस-पास होता है। हम सबमें सत्यजीत बनने की ताक़त होती है।

हम सब अपने नामुमकिन ख़्वाबों को सच बना सकते हैं।

*

युवा उद्यमियों को सलाह

मेरे पास एक छोटी सी सलाह है--ज़िंदगी में कोई शॉर्टकट नहीं होता, इसलिए डिटेल में जाईए और देखिए। किसी भी बड़ी उपलब्धि के लिए आपको धैर्य और लगन की जरूरत पड़ेगी।

अगर आप ये समझ रहे हैं कि आपको क्या करना है, और उसे डिटेल में प्लान करें तो आप जरूर सफल होंगे।

लेकिन इन दिनों मैं देखता हूं कि बहुत सारे लोग डिटेल भी नहीं जानना चाहते। वे माइक्रो लेवल पर काम नहीं करना चाहते। सब शॉर्टकट चाहते हैं।

अगर आप शॉर्टकट लेंगे तो कोई बड़ा ख़्वाब या बड़े लक्ष्य हासिल नहीं कर पाएंगे। जब आप कुछ नया शुरू कर रहे होते हैं तो शुरू में प्रतिरोध तो होगा ही। हमारे मामले में भी दलाल नहीं चाहते थे कि हम गांवों में जाएं और किसानों को ट्रेनिंग दें। लेकिन हमने इन प्रतिरोधों पर जीत हासिल की और उन्हें अपना पार्टनर बनाया। अगर आप बिहार के समाज को नजदीक से देखें तो पाएंगे कि यहां कोई भी कुछ नया करने की कोशिश करता है तो सबसे पहले लोग उस पर हंसते हैं।

लेकिन अगर आप लगे रहेंगे तो आलोचकों की जुबानें अपने आप बंद हो जाएंगी। जब वे ये देखते हैं कि आप अपनी बात पर कायम हैं, अपना काम किए जा रहे है, और आप सफल हो रहे हैं तो लोग आपके साथ आकर खड़े हो जाएंगे और आपकी सक्सेस में अपने योगदान की चर्चा करना चाहेंगे।

इसलिए अपने प्रोजेक्ट पर ध्यान केंद्रित कीजिए, अपने मिशन पर ध्यान दीजिए--इस पर नहीं कि लोग क्या कह रहे हैं।

अपना रास्ता बनाईए और लोग खुद पीछे-पीछे आएंगे।

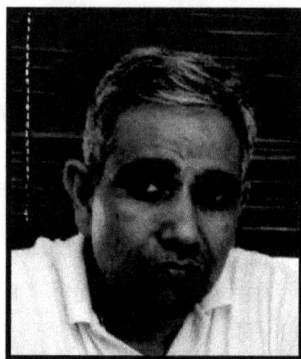

शहर की भीड़-भाड़ से दूर

सुनील भू
फ्लैंडर्स डेयरी

शहर का एक लड़का, जो बचपन से जानता था कि उसे एक दिन खेतों में ही काम करना है। कॉलेज के ठीक बाद शहर का यही लड़का, सुनील बेल्जियम चला गया और वहां 'चीज' बनाना सीखा। पिछले दो दशकों से फ्लैंडर्स डेयरी यही कर रहा है।

"ये जगह दूध की तरह महकती है!" ये मेरी पहली प्रतिक्रिया है।

"लेकिन चीज की फैक्ट्री आख़िर और किस तरह महकेगी", ये सोचकर मैं ख़ुद के सिर पर ही चपत लगाती हूं।

सुनील भू मेरे लिए डिजाइनर कॉफी का एक कप तैयार कर रहे हैं, और मैं उनका फार्म, उनकी फैक्ट्री और उनकी ज़िंदगी की मन ही मन तारीफ किए जा रही हूं।

हर लिहाज से सुनील एक आम इंसान हैं।

जो चीज उन्हें ख़ास बनाती है, वो ये बात है कि वे शुरू से जानते थे कि उन्हें ज़िंदगी में आख़िर करना क्या है।

सुनील को मालूम था कि उन्हें जानवर अच्छे लगते हैं--खेतों में काम करना, दूध निकालना और उसका चीज बनाना अच्छा लगता है। तो क्या हुआ अगर ये काम एक आम मिडल क्लास परिवार का लड़का नहीं करना चाहेगा?

अगर आपको मालूम है कि आप क्या करना चाहते हैं, तो आपको कोई भी रोक नहीं सकता।

सुनील हर रोज सुबह उठते हैं, और ये सोचकर ख़ुश होते हैं कि आज फिर से उन्हें नए चीज बॉल बनाने हैं।

अपने हाथों से काम करना उन्हें अच्छा लगता है, कुछ नया करना उन्हें अच्छा लगता है।

और मुझे लगता है कि ज़िंदगी भी दूध दुहने की तरह ही है। आप या तो उस दूध से लज्जतदार चीज बना सकते हैं, या फिर उसे खट्टा होने के लिए छोड़ सकते हैं। तय आपको करना है कि आख़िर आपको करना क्या है।

शहर की भीड़-भाड़ से दूर

सुनील भू
फ्लैंडर्स डेयरी

सुनील भू पक्का दिल्ली वाला हैं, जिनकी जड़ें उत्तर प्रदेश में हैं।

"मेरे पिता अपने वक़्त के हिसाब से कुछ अलग हटकर कर रहे थे। वे इंडियन एयरलाइन्स के पहले पायलटों में से एक थे।"

सुनील साउथ एक्सटेंशन में बड़े हुए और सेंट कोलंबस स्कूल से उन्होंने पढ़ाई की, जहां पढ़ाई तो बहुत अच्छी थी लेकिन सुनील बहुत अच्छे स्टूडेंट नहीं थे।

"अगर मैं पास भी हो जाता था तो मेरी मां बहुत ख़ुश हो जाती थी। मैं किसी तरह पास हो जाया करता था।"

बारहवीं के बाद सुनील पूसा गए और वहां इंस्टीट्यूट ऑफ होटल मैनेजमेंट से पढ़ाई की। किसी ने कोई ख़ास लाइन पकड़ने के लिए कहा नहीं, लेकिन उनकी बहनें होटल मैनेजमेंट कर चुकी थीं, इसलिए सुनील ने भी वही कर लिया।

"मैं बस उनके पदचिन्हों पर चल पड़ा।"

इसके अलावा उनकी मां ने एक रेस्टोरेंट शुरू किया था, जो रिटायरमेंट के बाद उनके पिता मैनेज कर रहे थे।

"रेस्टोरेंट का नाम था 'कमलिका' और उन दिनों काफी चल भी रहा था। आईआईटी के ठीक सामने था। मैं वहीं स्कूल के बाद मां की थोड़ी सी मदद कर देता था। मैंने वहां कुछ अच्छे दोस्त बनाए," सुनील बताते हैं।

ज़िंदगी की गाड़ी बढ़ रही थी, लेकिन तेज रफ्तार चलने की कोई जल्दी

नहीं थी।

"बस मैं ये जानता था कि मैं किसी के लिए भी काम नहीं करना चाहता था। मैं ये बात बहुत पहले से जानता था।"

बल्कि सुनील ने अपने कोर्स के दौरान इंटर्नशिप भी नहीं की, जो कोर्स का अहम हिस्सा हुआ करता था, इसलिए उनके पास ग्रैजुएशन सर्टिफिकेट भी नहीं था! लेकिन इसका उन्हें कभी कोई पछतावा नहीं हुआ।

"मैं वहीं करना चाहता था जिसमें मेरा मन लगे।"

जो वे करना चाहते थे, वो था जानवरों के साथ फार्म पर रहना और दूध दुहना।

"हमारे कोर्स में एक किताब थी, *फार फ्रॉम द मैडिंग क्राउड्स*, थॉमस हार्डी की। पूरी की पूरी किताब ऐसी ही ज़िंदगी पर थी। उस किताब ने मेरे जेहन पर बहुत गहरा असर किया।"

उसी दौरान चीज बनाने का ख़्याल उनके दिमाग में आ गया।

1985 में चीज बहुत कम लोग बनाया करते थे। भारत में तो कोई इसके बारे में जानता तक नहीं था। लेकिन उसका सुनील पर कोई असर नहीं पड़ा।

"मेरा एक दोस्त था बेल्जियम में, तो मैंने उससे पूछा कि किसी फार्म के बारे में पता कर दे, जहां मैं काम कर सकूं। पैसे के लिए नहीं, तजुर्बे के लिए।"

दोस्त ने ऐसा एक फार्म ढूंढ़ लिया और सुनील बेल्जियम जा पहुंचे, हालांकि उनके जेहन में ये बात साफ थी नहीं कि उन्हें करना क्या है। लेकिन बात कुछ जमी नहीं।

सुनील ने पास के ही एक फार्म में अपनी किस्मत आजमाई।

"आप आकर खरपतवार निकाल सकते हैं?" फार्म के मालिक ने पूछा।

"बिल्कुल", 21 साल के सुनील ने जवाब दिया।

और इस तरह वेस्ट फ्लैंडर्स के एक छोटे से शहर में सुनील ने काम करना शुरू कर दिया। उस ज़िंदगी से हजारों दूर, जो उन्होंने अब तक देखी-सुनी थी।

"और आपके माता-पिता को आपके इस फैसले से कोई परेशानी नहीं हुई?" मैं पूछती हूं।

"नहीं... मतलब हो सकता है उन्हें समझ में नहीं आया हो कि मैं कर क्या रहा हूं, हो सकता है उन्हें पसंद न भी आया हो, लेकिन किसी ने मुझे कभी रोका नहीं।"

बल्कि सुनील की बहन ने उनके लिए सस्ते टिकट खरीदे। एक साल का वीजा भी मिल गया उन्हें, माइक्रोबायोटिक फूड के बारे में पढ़ाई करने के लिए।

चीजें एक के बाद एक बस होती चली गईं।

"किस्मत ऐसी कि जिस किसान के साथ मैं काम कर रहा था, मार्क, वो उस वक़्त चीज बनाने का काम शुरू कर रहा था। मैं उसके साथ हॉलैंड और फ्रांस गया, चीज बनाने की तकनीक सीखने के लिए।"

चीज बनाना सही मायने में फैमिली बिजनेस होता है, एक ऐसा सीक्रेट जो एक पीढ़ी दूसरी पीढ़ी को सौंपती चली जाती है। लेकिन मार्क का यूरोपियन होना सुनील के काम आया और सुनील ने जो देखा, सब सीखते चले गए।

"हम फार्म में आते और अलग-अलग तरीके देखते। ये हमारे लिए बहुत अच्छा लर्निंग एक्सपिरिएंस था।"

ज़िंदगी सही वक़्त पर सही जगह होने का मसला भी है — सही जगह, सही लोगों के साथ, सही वक़्त पर।

सही केमिस्ट्री के साथ।

"कम्युनिकेशन एक बड़ी चुनौती थी", सुनील बताते हैं। "लेकिन मार्क को भाषाओं में दिलचस्पी थी। उसने इंग्लिश सीखने की कोशिश की और मैं भी फ्लेमिश सीख गया!"

फ्लैंडर्स में दो साल रहने के बाद सुनील भारत लौट गए।

"मैं उन लोगों में से नहीं हूं, जो विदेश में बसने की ख्वाहिश रखते हैं। आप अपने देश में अपने बॉस होते हैं, आप किसी और देश में हमेशा नंबर टू ही होते हैं। इसलिए मैं वापस आ गया।"

तो फिर लौटकर क्या किया? चीज बनाना ही शुरू किया, लेकिन उस

"मैं हमेशा से फार्म में काम करना चाहता था, जानवरों के साथ रहना चाहता था। और किस्मत देखिए कि मैं चीज से कनेक्ट हो गया, जो उस वक़्त हमारे देश में मिलता तक नहीं था।"

समय ये बिजनेस नहीं था। सिर्फ परिवार के सामने ये साबित करना था कि दो सालों में बेल्जियम में रहकर उन्होंने कुछ सीखा है।

"मेरी मां के पास जमीन का एक छोटा-सा टुकड़ा था, ये फार्म, और एक गाय थी, जो उन्होंने मुझे दे दिया।"

इसे कहते हैं 'वर्किंग कैपिटल'!

शुरू में गाय सुनील के साउथ एक्स के घर के पीछे आंगन में रखी जाती थी।

"मुझे यकीन नहीं हो रहा।"

"हां, मेरे दोस्त भी हंसा करते थे।"

लोग कहते थे, "और लोग अपने कुत्तों को घुमाने ले जाते हैं, तुम अपनी गाय को घुमाने ले जा रहे हो!"

सुनील कहते थे, "तो क्या हुआ?"

सुनील उस गाय को दुहते थे और चीज का एक टुकड़ा हर रोज बनाते थे।

"चीज को प्रेस करने का एक ख़ास तरीका होता है -- मैं उसे बिस्तर के नीचे दबाकर प्रेस किया करता था।"

लेकिन सुनील ने महसूस किया कि भारत का मौसम यूरोप से बहुत अलग था। बेल्जियम में चीज बनाना दिल्ली से कहीं आसान था।

भारत का दूध अलग है, यहां का मौसम अलग है, जुबान का स्वाद अलग है।

ट्रायल एंड एरर -- पतीले में प्रयोग चलते रहे।

"मैं और सीखने के लिए कई बार बेल्जियम गया, छोटे-छोटे ट्रिप पर। लेकिन इस बीच मैं अपने पिता की रेस्टोरेंट चलाने में मदद करने लगा। चीज

हॉबी ज़्यादा थी, काम कम।"

ऐसे ही आठ सालों तक चलता रहा। लेकिन हॉबी के तौर पर ही सही, सुनील का हुनर लोग पहचानने लगे।

'स्टेक हाउस' नाम के एक फूड स्टोर के मालिक को एक बार सुनील के एक दोस्त ने उनका बनाया चीज खिलाया।

स्टोर के मालिक ने खाते ही कहा, "अगर तुम ऐसे सौ टुकड़े बना सकते हो तो मेरे लिए बनाकर लाओ।"

इस तरह घर में बने फ्लैंडर्स चीज की शुरूआत हुई, और उस पर सुनील की पहली गाय की तस्वीर लोगो में छपी।

धीरे-धीरे सुनील और चीज बनाने लगे।

एक टुकड़े के लिए उन्हें नब्बे रुपए मिल जाया करते थे, लेकिन इसमें हाथ का काम बहुत ज़्यादा था।

चीज हाथ से ही बनाया जाता था।

जाहिर है, एक गाय चीज के दो ही टुकड़े लायक दूध दे सकती थी। धीरे-धीरे सुनील ने अपना वर्क फोर्स बढ़ाना शुरू कर दिया।

उन्होंने और गायें खरीद लीं।

"ज़्यादा गायें खरीदने का मतलब था, यहां फार्म पर शिफ्ट होना। मैंने अपने साथ काम करने के लिए भी किसी को रख लिया। धीरे-धीरे काम और बढ़ने लगा।"

और चीज बनाने का सुनील का जुनून भी बढ़ता चला गया।

और वे अपनी टेकनीक में चाहे कितने भी परफेक्ट हो गए हों, सीखने के लिए हमेशा कुछ न कुछ रखता है। चाहे वो दुनिया का कोई कोना ही क्यों न हो।

1989 में वे इटली के एक छोटे से पिज्जेरिया में खा रहे थे।

उन्होंने पिज्जेरिया के मालिक से पूछा, "ये चीज कहां से आया?"

इटैलियन ने जवाब दिया, "पास की एक डेयरी से।"

अगले ही दिन सुनील ने जाकर डेयरी देखने का फैसला किया। वो एक बड़ी सी फैक्ट्री थी, बेल्जियम से बिल्कुल अलग।

"मैंने रिसेप्शन पर बैठी हुई लेडी से कहा कि मैं भारत से आया हूं और चीज बनाता हूं। उसने मुझे इंतजार करने को कहा।"

बॉस फैक्टरी में नहीं थे, इस बीच सुनील और उनके दोस्त को शानदार लंच कराया गया।

"मैं सोच रहा था कि ये शायद हमसे कोलैबोरेशन की उम्मीद कर रहे हैं, इसलिए हमें इतना खिला-पिला रहे हैं। लेकिन नहीं, ऐसा कुछ भी नहीं था। ये उनकी मेहमाननवाजी का तरीका था।"

फैक्टरी का मालिक एक छोटे कद का इटैलियन था, जिसने बहुत ध्यान से सुनील की कहानी सुनी।

फिर उन्होंने कहा, "मैंने ठीक ऐसे ही शुरू किया था जैसे तुमने किया है। तुम जब चाहो, मेरी फैक्टरी में आकर मेरे साथ काम कर सकते हो, और जो चाहे सीख सकते हो।"

सुनील ने तीन महीने उस फैक्टरी में काम सीखते हुए गुजारे और सीखा कि मोज्जारेला चीज कमर्शियल तरीके से कैसे बनाया जाता है। इटैलियन तरीके से।

"इटैलियन चीज हमारे देश के कन्डीशन्स के हिसाब से सबसे अच्छे हैं, और यहां के लोगों की जुबान को अच्छे लगते हैं। इसलिए मैंने कुछ छोटी मशीनें खरीदीं और मोज्जारेला चीज का प्रोडक्शन शुरू कर दिया।"

1988 में सुनील के पिता गुजर गए। परिवार में कोई भी रेस्टोरेंट चलाने के लिए तैयार नहीं था, तो रेस्टोरेंट बंद हो गया। सुनील को अपनी पसंद का काम करने का पूरा मौका मिल गया।

लेकिन 1994 में जाकर चीज मेकिंग उस मुकाम पर पहुंचा जब उसे उद्योग यानी एन्टरप्राइज का नाम दिया जा सके। अब सुनील 500 से 600 लीटर दूध हर रोज हैंडल कर रहे थे, और 70 से 80 चीज के टुकड़े तैयार हो जाते थे। फार्म में बीस गायें थीं और उस साल टर्नओवर पच्चीस लाख

"मैं अभी भी मैनुअल लेबर कर रहा हूं। मुझे ये काम इतना पसंद है कि मैं अभी भी अपने बूट्स पहन लेता हूं और सुबह से दोपहर तक काम करता रहता हूं। मैं कभी थकता ही नहीं!"

पहुंच गया।

इसी मुकाम पर पहुंचकर सुनील को लगा कि वे बिजनेसमैन बन सकते हैं।

"हां, ये बिजनेस बना जरूर था लेकिन मैं इसे लेकर अभी भी बहुत जुनूनी हूं। ये एक ऐसा बिजनेस है जिससे मुझे प्यार है।"

तो अपने काम की कौन-सी बात उन्हें सबसे अच्छी लगती है?

"मुझे ये अच्छा लगता है कि आपने जो काम चुन लिया, उसमें सबसे अच्छा करने की आजादी है। आप जितना चाहे, उतना ऊंचा पहुंच सकते हैं। कहीं कोई बंदिश नहीं है।"

लेकिन चीज का हर टुकड़ा जो आप बनाते हैं, क्या वो एक जैसा नहीं होता? और जिस तरह आप बनाते हैं, वो तो बिल्कुल नहीं बदलता।

"हां, लेकिन आप अपने सिस्टम्स को और बेहतर बना सकते हैं।"

जैसे?

"जैसे दूध जमा करने का तरीका। इस देश में आप कई तरीके से मिल्क कलेक्शन के काम को बेहतर बना सकते हैं। भारत मिल्क प्रोडक्शन में भले नंबर एक है, लेकिन प्रति व्यक्ति दूध उत्पादन के लिहाज से बहुत नीचे हैं।"

आप गायों को चारा कैसे देते हैं, उन्हें दूहते कैसे हैं और दूध को साफ-सुथरे माहौल में रखते कैसे हैं, ये कुछ ऐसे मुद्दे हैं जिन पर सुनील लगातार काम कर रहे हैं।

हालांकि फ्लैनेडर्स की कहानी एक इंसान के जानवर प्रेम से शुरू हुई थी, लेकिन ये कहानी अब दोबारा लिखी जा रही है।

"मेरी अपनी गायें हुआ करती थीं, लेकिन एक वक़्त ऐसा आया जब मुझे लगा कि मैं जानवरों पर 75 प्रतिशत वक्त खर्च कर रहा हूं और सिर्फ बाकी के 25 फीसदी वक़्त में चीज बना रहा हूं। जबकि होना इसका उलटा चाहिए था।"

इसलिए तीन साल पहले सुनील ने अपनी गायें एक किसान को दे दीं, और अब सिर्फ सप्लायरों से दूध खरीद लेते हैं।

अपनी सीमाओं को पहचानिए, वो करिए जो आपको सबसे ज़्यादा पसंद है, जो आप सबसे अच्छी तरह कर सकते हैं।

सुनील कहते हैं, "मैंने बहुत शुरू में ही पहचान लिया था कि मुझे सब कुछ अपने हाथ से करने की कोशिश नहीं करनी चाहिए। इसलिए मैं मार्केटिंग में नहीं घुसा। मैंने एक डिस्ट्रिब्यूटर रखा।"

अब सुनील सिर्फ बेहतरीन चीज बनाने पर अपना ध्यान केंद्रित करते हैं। आज फ्लैंडर्स हर रोज 500 से 600 किलो चीज बनाता है।

सुनील अपने फार्म में सात बजे आ जाते हैं। उसके बाद दोपहर बारह बजे तक लगातार काम चलता है। साढ़े बारह बजे तक दिन का चीज बनाने का काम ख़त्म हो जाता है। चार बजे तक पैकिंग हो जाती है और चीज बाहर चला जाता है।

"मेरी टीम छोटी सी है--आठ लोगों की। मेरा भांजा गौरव भी है। ये लोग शुरू से मेरे साथ हैं और चीज बनाने को लेकर उतने ही जुनूनी हैं जितना मैं हूं।"

सहज लोग, बहुत पढ़े-लिखे नहीं, उन्हें शुरू से ट्रेनिंग दी गई। ठीक वैसे ही लोग जिनकी सभी उद्यमियों को जरूरत होती है।

चीज बनाने के काम में छोटी-छोटी बातों पर ध्यान दिया जाता है। फिजिक्स, केमिस्ट्री जैसी चीजों पर भी जिन पर सुनील ने स्कूल में रहते हुए कभी ध्यान नहीं दिया था।

"मशीनें खराब होती हैं, आपको उन्हें ठीक करना पड़ता है। ये तो फिजिक्स का हिस्सा हुआ न?"

सीखो, काम करते हुए सीखो।

"किसान दिन में दो बार आते हैं। हम उनसे दूध ले लेते हैं। फिर हर सैंपल लैब में चैक होता है। ये हुई केमिस्ट्री।"

फैट का पर्सेंट, प्रोटीन, कैल्शियम कॉन्टेंट--सब जब ठीक होता है तो दूध को कोल्ड स्टोरेज में रखा जाता है। अगली सुबह वैट्स तक इसे पाइपों के जरिए पहुंचाया जाता है, पैश्चराइज किया जाता है और फिर चीज के हिसाब से इसकी प्रोसेसिंग होती है।

अगर विस्तार में न जाएं तो जैसे दही बनाते हैं, वैसे ही ये बनता है। उसे निकाला जाता है और फिर एक शेप में इसे मोल्ड किया जाता है। हर

बैच की क्वालिटी चैक की जाती है।

“हमारा 80 फीसदी बिजनेस रेस्टोरेंट्स और होटलों से आता है। अब हमारे ब्रांड की पहचान बन गई है,” सुनील गर्व से बताते हैं।

फ्लैंडर्स का रेवेन्यू पांच करोड़ तक पहुंच गया है, लेकिन सुनील कहते हैं कि टर्नओवर बहुत जरूरी नहीं है।

“बिजनेस अपने दम पर चल रहा है। हमने कोई लोन नहीं लिया और हम जो कर रहे हैं उसमें हर रोज बेहतर हो रहे हैं। ग्रोथ फैक्टर तो है ही।”

तो क्या कोई बड़ा बिजनेस प्लान नहीं है? फ्लैंडर्स को देश का सबसे बड़ा चीज ब्रांड बनाने की ख़्वाहिश नहीं है?

“कोई प्लान नहीं है। जो चल रहा है, वैसे ही चलने देना चाहिए। अपने आप आगे बढ़ेगा।”

तो अगर कोई वेंचर कैपिटलिस्ट आपसे आकर कहे कि ये लीजिए बीस मिलियन डॉलर और देश के छह हिस्सों में फ्लैंडर्स की फैक्टरी खोल दीजिए, तो आप क्या कहेंगे?

सुनील बिना किसी झिझक के कहते हैं, “मुझे नहीं लगता कि मैं ये करना भी चाहता हूं।”

ग्रोथ हो रही है, लेकिन छोटा और व्यवस्थित तरीका ही सुनील को पसंद है।

“फार्म पर काम करना अच्छा तो है, लेकिन उसके अपने कई नुकसान हैं। इसलिए मैं यूनिट को इंडस्ट्रियल एरिया में शिफ्ट कर रहा हूं।”

बात ये भी है कि सुनील जिस तरह से काम करते हैं, वो वैसा ही रहेगा जैसा अभी है। हैंड्स-ऑन, जहां सुनील पूरी तरह से लगकर खुद काम की देख-रेख करेंगे।

“हम बाकी सभी इंडस्ट्री की तरह 25-30 प्रतिशत प्रॉफिट मार्जिन पर काम करते हैं, लेकिन याद रखिए कि इसमें मेहनत बहुत है--शारीरिक मेहनत।”

काम के अपने फायदे हैं, लेकिन काम ही सबसे बड़ा फायदा होना चाहिए।

और काम के परे ज़िंदगी भी होती है, लाइफस्टाइल--जीने का एक तरीका होता है।

“मैं दोपहर में घर चला जाता हूं, शाम को स्विमिंग के लिए जाता हूं।

मेरी दो साल की बेटी है जिसके साथ बहुत सारा वक़्त गुजारता हूं।"

सुनील की ज़िंदगी में शादी और बिटिया देर से आए, तब, जब उन्हें लगा कि वे इसके लिए तैयार हैं। और 38 साल की उम्र में सुनील को लगा कि वे तैयार हैं। उनकी पत्नी दीपाली फ्लैंडर्स का ऑफिस और मार्केटिंग संभालती हैं। दीपाली भी चीज को लेकर उतनी ही उत्साहित रहती हैं, जितने सुनील हैं।

एक वो लड़का, जो पढ़ने में अच्छा नहीं था, उसकी ज़िंदगी अच्छी ही साबित हुई।

लेकिन उसने अपने दिल की सुनी, अपने मन का किया।

"मैं वो कर सका हूं जो करना चाहता था। और ज़िंदगी में ये एक बात बहुत अहमियत रखती है।"

क्योंकि रेवेन्यू सिर्फ एक आंकड़ा है, सपने अनंत होते हैं।

∗

युवा उद्यमियों को सलाह

अगर आपको मौका मिले वो करने का, जो आप करना चाहते हैं--आप बस कर डालिए। अपनी विरासत खुद तैयार कीजिए।

एकनिष्ठ होकर काम कीजिए। इधर-उधर मत देखिए, और बहुत दूर का सोचकर परेशान होने की भी जरूरत नहीं है। एक-एक कदम उठाइए।

मैं पढ़ाई में बहुत अच्छा नहीं था--और ये बात मुझे बहुत पहले ही समझ में आ गई थी कि मुझे अकैडमिक्स में बहुत बड़े लक्ष्य नहीं रखने चाहिए क्योंकि मेरी भी अपनी सीमाएं हैं।

आप अपनी सीमाओं से वाकिफ रहें, और देखिए कि आप क्या वाकई में बहुत अच्छा कर सकते हैं। मैं पढ़ाई में टॉप नहीं कर सकता था, लेकिन मैं चीज बनाने में तो टॉप कर रहा हूं।

आप जो भी कर रहे हैं, उसमें टॉप बने रहिए। आपको किसी और के बनाए रास्ते पर चलने की जरूरत नहीं है।

और आख़िर में सबसे जरूरी बात, शुरू से ही पैसे गिनने का ख़्वाब मत देखिए। जुनूनी बने रहिए, और मन लगाकर काम कीजिए। पैसे अपने आप आ जाएंगे।

वंडर कार

चेतन मैनी
रेवा इलेक्ट्रिक कार कंपनी

जबसे उन्हें याद है, तबसे चेतन मैनी इलेक्ट्रॉनिक्स को लेकर पागल थे--और गाड़ियों को लेकर भी। ये वो जुनून था जिसकी वजह से चेतन ने एक इलेक्ट्रिक कार बनाने की ठानी। आज रेवा सिर्फ ऐसी गाड़ियां ही नहीं बना रही, बल्कि जनरल मोटर्स जैसी बड़ी कंपनियों को अपनी टेक्नॉलोजी लाइसेंस भी कर रही है।

पहली बार मैंने जब रेवा कार देखी थी, तो मैंने सोचा था कि क्यूट सी है ये कार। लेकिन सवाल ये था कि क्या मैं ये कार कभी खरीदूंगी?

चेतन मैनी इस सवाल से अच्छी तरह वाकिफ हैं। कागज पर तो इलेक्ट्रिक (या बैट्री से चलने वाली) कार बहुत अच्छी लगती है। फिर हम क्यों अभी भी डीजल और पेट्रोल की गाड़ियों पर टिके हुए हैं।

ये समझ लेना इतना भी आसान नहीं। ये मसला जटिल है। ऑयल लॉबी है, ऑटो लॉबी है, और एक वो लॉबी है जो चीजों को उसी तरीके से करना चाहती है जैसे वो पहले से होते रहे हैं। दुनिया में बहुत कम लोग हैं जो नई तकनीक में यकीन रखते हैं। ऐसे लोगों को चुनौती देने के लिए चेतन जैसे लोग आ जाते हैं।

13 साल की उम्र में चेतन गो-कार्टिंग कर रहे थे।

20 साल की उम्र में सोलर से चलने वाली कार बना रहे थे।

24 साल की उम्र में चेतन इलेक्ट्रिक कार प्रोजेक्ट पर काम कर रहे थे।

31 साल की उम्र में उन्होंने वो कार लॉन्च कर दी।

और अभी भी वे गाड़ियों पर काम कर रहे हैं, उन्हें बेहतर से बेहतर बनाने की कोशिश कर रहे हैं।

एक ऐसे दिन का ख़्वाब देख रहे हैं जब मैं और आप प्रदूषण फैलाने वाली गाड़ियों को छोड़ इलेक्ट्रिक गाड़ियां इस्तेमाल करने लगेंगे।

बैंगलोर के ठीक बाहर बॉमसंद्रा नाम के इंडस्ट्रियल एरिया में उनकी छोटी-सी फैक्ट्री में बैठकर मैं नेक्स्ट जेनरेशन रेवा गाड़ियों को देखकर हैरान हो रही हूं।

मुझे अभी भी नहीं मालूम कि मैं इन गाड़ियों से इतनी प्रभावित हुई हूं या नहीं कि ऐसी एक गाड़ी कभी खरीद लूं, लेकिन चेतन मैनी के जज्बे ने मुझे पूरी तरह प्रभावित किया है।

वंडर कार

चेतन मैनी
रेवा इलेक्ट्रिक कार कंपनी

चेतन मैनी बैंगलोर में पैदा हुए और हर किस्म के इलेक्ट्रॉनिक्स को लेकर बचपन से पागल थे।

"मुझे याद है कि मैंने अपना पहला रेडियो फोर्थ स्टैंडर्ड में बनाया। सिक्स्थ स्टैंडर्ड में मैं रिमोट-कंट्रोल हवाई जहाज बना रहा था।"

खुशकिस्मती से चेतन के पिता ने उनका हुनर पहचान लिया और उन्हें हर तरह से प्रोत्साहित किया।

"डैड के कुछ दोस्त थे जो कुछ एरियाज में एक्सपर्ट्स थे। डैड उन्हें शाम को घर बुलाते और उनसे गुजारिश करते कि वे मेरे नए प्रोजेक्ट में मेरी मदद करें।"

चेतन का अपना एक हॉबी रूम भी था--एक कन्वर्टेड छत जिसमें चेतन अपना पूरा दिन गुजारा करते थे। मिलिंग मशीनों के साथ काम करते थे, किसी न किसी प्रोजेक्ट पर लगे होते थे।

"हम तीन भाई थे। मेरा हॉबी रूम हम तीनों भाइयों के सोने वाले कमरे से भी बड़ा था", चेतन बताते हैं।

एक बार चेतन ने पूरे के पूरे तीन महीने एक गो-कार्ट बनाने में गुजारे। उन्होंने एक पुराना इंजन लिया, कचरे के ढेर से सामान निकाला और पंद्रह सौ रुपए के छोटे से बजट में एक गो-कार्ट बना डाला।

उस वक्त पंद्रह सौ रुपए बहुत मायने रखते थे। मेरे जेहन में ख़्याल

ये आता है कि उस लिहाज से चेतन रईस मां-बाप की संतान रहे होंगे।

"हम ठीक-ठाक वेल-ऑफ थे। लेकिन मॉम-डैड ने कभी दिखावा नहीं किया। अगर मैं लंच के लिए पांच रुपए मांगता था तो मॉम मुझे ठीक पांच रुपए देती थी।"

पैसे पेड़ पर नहीं उगते। उस पौधे को बड़ा करने में बहुत मेहनत लगती है। चेतन के पिता ये बात जानते थे। चेतन के पिता सुदर्शन मणि एक इंजीनियर थे, जिन्होंने अच्छी-खासी नौकरी छोड़कर अपनी इंजीनियरिंग कंपनी शुरू की, वो भी 1973 में।

तीन बच्चों के पिता के लिए ये एक बोल्ड कदम रहा होगा।

"कम उम्र में ही मैंने देख लिया कि वे अपने काम में बहुत फख्र महसूस करते थे। वे हमेशा कुछ ऐसा करना चाहते थे जो सबसे अलग हो।"

और चेतन में भी पिता का यह स्वभाव आया।

बिशप कॉटन में अपने क्लास के बाकी बच्चों की तरह चेतन ने भी आईआईटी जेईई की तैयारी शुरू कर दी। लेकिन उन्हें जल्द ही महसूस हो गया कि आईआईटी उनके लिए उपयुक्त जगह नहीं थी।

"मुझे कुछ हैंड्स-ऑन करना था, ऑटोमोबाइल में कुछ नया," चेतन बताते हैं।

उनके पिता ने कहा, "तुम यूएस की यूनिवर्सिटी के लिए क्यों नहीं अप्लाई करते?"

यूनिवर्सिटी ऑफ मिशिगन चेतन की पहली पसंद थी, क्योंकि डेट्रॉयट के पास थी, और डेट्रॉयट ऑटो हब हुआ करता था। खुशकिस्मती से उन्हें दाख़िला मिल भी गया।

"मैंने मेकैनिकल इंजीनियरिंग की पढ़ाई की लेकिन मेरा आधे से ज़्यादा वक्त कोर्स के बाहर के प्रोजेक्ट्स करने में जाता था। मेरे पहले साल में ही मैंने एक सुपरमाइलेज कार पर काम किया, जो एक लीटर में 400 किलोमीटर चलती थी।"

दूसरे साल में चेतन सोलर कार को लेकर बहुत उत्साहित हो गए और एक इंटर-यूनिवर्सिटी कॉम्पटिशन के लिए कार पर काम शुरू कर दिया। जिन

"मेरा भाई वो जहाज उड़ाया करता था, जिन्हें मैं महीनों की मेहनत के बाद बनाता था। भाई उन जहाजों को क्रैश कर देता था और मैं फिर महीनों की मेहनत के बाद उन्हें दुबारा बनाया करता था।"

35 टीमों को कॉम्पटिशन के लिए चुना गया था उनमें से यूनिवर्सिटी ऑफ मिशिगन की टीम भी एक थी।

ये पूरी तरह हैंड्स-ऑन प्रोजेक्ट था--बॉडी पैनल से लेकर मशीन पार्ट्स बनाने तक।

"मैं जनरल मोटर्स के साथ इन्टर्न कर रहा था। मैं सुबह सात बजे से शाम के चार बजे तक जीएम के ऑफिस में होता था, फिर दो घंटे ड्राईव करके मिशिगन इंटरनेशनल स्पीडवे जाता था, जहां हम कार टैस्ट कर रहे थे, और फिर ट्रैक पर चार-पांच घंटे बिताता था!"

कार को बनाने में, उसे टैस्ट करने की महीनों की मेहनत तब साकार हुई, जब यूनिवर्सिटी ऑफ मिशिगन की टीम को पहला स्थान मिला।

रेस के आख़िर में दूसरी टीम के एक सदस्य ने कहा, "हमने सिर्फ चालीस हजार डॉलर्स खर्च किए और तुमने एक मिलियन डॉलर। जाहिर है, तुम लोग जीतोगे।"

चेतन ने जवाब दिया, "हां लेकिन हमने इतनी मेहनत की, अपना दिमाग लगाया तब जाकर एक मिलियन डॉलर जमा हुए। तुम लोग भी लगाते तो तुम लोग भी जीत जाते।"

टीमवर्क पर चेतन के लिए ये एक बड़ा और अहम सबक था। बी-स्कूल के साथियों की मदद से स्पॉन्सरशिप लाना, मौसम और सोलर पैटर्न को समझना --सभी जिम्मेदारियां टीम ने उठाईं। यूनिवर्सिटी ऑफ मिशिगन ने कई हाथों, कई दिमागों और कई दिलों को जोड़ा और तब जाकर ये काम मुमकिन हो सका।

अगला पड़ाव था--ऑस्ट्रेलिया में होने वाली वर्ल्ड सोलर चैंपियनशिप। टीम को डार्विन से एडीलेड तक और फिर वापस रेस करना था--कुल मिलाकर

3200 किलोमीटर, और वो भी माज़्दा और हॉन्डा जैसी टीमों के साथ।

"पहले दिन हम हॉन्डा से आगे निकल गए*, और सबलोग हैरान रह गए। इक्कीस साल के लड़के इतनी बड़ी कंपनी की टीम को कैसे हरा सकते हैं?"

चेतन के लिए ये भी एक सबक था।

"कुछ भी नामुकिन नहीं है, मुझे उस दिन समझ में आया।"

कॉलेज में चेतन ने अपना आख़री साल फॉर्मूला रेस कार बनाने में बिताया।

"मेरे लिए यही प्रोजेक्ट्स मेरी पढ़ाई थे। मुझे क्लास में मजा आता था और ग्रेड्स भी अच्छे आते थे। लेकिन एग्जाम के ठीक एक रात पहले मैं अक्सर कुछ और पढ़ रहा होता था, कुछ ऐसा जिसमें मेरी दिलचस्पी हो। और जिसका सिलेबस से कोई वास्ता भी न हो।"

इसी दौरान चेतन को इलेक्ट्रिक कारों के बारे में जानकारी हासिल करने में मजा आने लगा।

"हम चार दोस्त थे और चारों एक-दूसरे को बहुत अच्छी तरह समझते थे। हम महीने में एक बार मिलते थे और कारों पर अपने-अपने बिजनेस प्लान एक-दूसरे से शेयर करते थे।"

इन चार दोस्तों में से एक था डेव बेल, जिसके पिता डॉ. लॉन बेल कैलटेक से पीएचडी कर चुके थे। डॉ. बेल ने टेकनार नाम की एक कंपनी शुरू की थी, जो उन्होंने टीआरडब्ल्यू को बेच दी थी और अब वे कुछ नया शुरू करना चाहते थे।

डॉ. बेल ने जब चेतन के इलेक्ट्रिक कारों के बारे में सुना तो उनसे पूछा, "जो तुम बता रहे हो, वो है बड़ी मजेदार चीज। तुम मेरे साथ काम क्यों नहीं करते?"

इस तरह 1991 में चेतन ने डॉ. बेल के स्टार्टअप के साथ काम करना शुरू कर दिया।

"पहले साल कंपनी में हम सिर्फ सात लोग थे। हमने एक इलेक्ट्रिक

* मिशिगन यूनिवर्सिटी को उस रेस में तीसरा स्थान मिला।

कार का प्लेटफॉर्म बनाया और कई तरह की टेक्नॉलोजी पर काम किया।"

सीखने को काफी कुछ मिला, लेकिन चेतन को लगने लगा कि उन्हें आगे और पढ़ाई करनी चाहिए। इसलिए उन्होंने डेढ़ साल स्टैनफोर्ड से मास्टर्स डिग्री लेने में लगाए। इस प्रोग्राम में मेकैनिकल और इलेक्ट्रिकल इंजीनियरिंग की इंटीग्रेटेड पढ़ाई करने के अलावा चेतन एक हाइब्रिड-इलेक्ट्रिक कार बनाने में लग गए।

स्टैनफोर्ड से निकलने के बाद वे वापस लॉन बेल के साथ काम करने लगे। कंपनी तब भी बिजली से चलने वाली गाड़ियों पर काम कर रही थी, लेकिन और भी हाई-एंड ऑटोमोटिव टेक्नॉलोजी पर काम चालू था।

करने को बहुत कुछ था, लेकिन चेतन अब घर लौट जाना चाहते थे।

"मैं साल में एक बार हिंदुस्तान आ जाया करता था और मुझे अक्सर लगता था कि यहां चीजें काफी बदलने लगी हैं। इकॉनोमी उदारवादी हो रही थी, देश में प्रदूषण बढ़ रहा था। पहले स्कूल हम साइकिल से जाया करते थे, लेकिन अब साइकिल लेकर स्कूल जाने के बारे में सोचना भी नामुमकिन हो गया था!"

भारत में जरूर बिजली से चलने वाली गाड़ियों का बाजार होता। बाहर की अधिकांश कंपनियां अमेरिका और यूरोप के लिए हाई एंड गाड़ियां बनाने में लगी थीं, लेकिन चेतन को पूरा यकीन था कि भविष्य कहीं और है।

भविष्य भारत, चीन और दक्षिण एशियाई देशों में है।

"डॉ. बेल ने बाजार का मुआयना करने के लिए मुझे अमेरिका और यूरोप में घूमने का मौका दिया, जिससे मैं ये समझ सका कि कहां क्या काम कर रहा है और क्या नहीं।"

चेतन ने महसूस किया कि टेक्नॉलोजी का जिस तरह से विकास हो रहा था, उससे कीमतें और बढ़ रही थीं।

"मैंने अपनी सोलर कारों के बारे में सोचा। उस वक़्त हमें मालूम तक नहीं था कि वे चलती कैसे हैं, इसलिए हम अलग-अलग आईडिया और प्रोसेस के साथ प्रयोग कर रहे थे।"

जो खोजी होता है, वो अपने लिए नए रास्ते खोज ही लेता है। उसको

किसी नक्शे की जरूरत नहीं पड़ती। और चेतन और उनकी टीम ने ठीक यही करने का फैसला किया--ऐसी एक कार बनाने का फैसला किया जो सस्ती भी हो और बेहतर भी।

"मिसाल के तौर पर आप कार बना लेते हैं और उसके पहिए लगा देते हैं। हम इस काम को उल्टे तरीके से क्यों नहीं कर सकते कि पहले चौसिस बना लें? इस तरह की ब्रेनस्टॉर्मिंग हम कर रहे थे, और तब प्रोजेक्ट धीरे-धीरे अपनी शक्ल लेने लगा।"

दिसंबर 1994 में चेतन के पिता सुदर्शन मैनी अमेरिका आए। वे डॉ. बेल से मिले, उनका आईडिया पसंद आया और सुदर्शन ने उनसे भारत के बाजार के लिए ज्वाइंट वेन्चर में गाड़ियां बनाने का प्रस्ताव रखा।

एक पार्टी में सुदर्शन मैनी उस वक्त भारत में अमेरिका के राजदूत फ्रैंक विस्नर से मिले, और इस प्रोजेक्ट के बारे में उन्हें बताया।

"क्या प्रोजेक्ट का कोई नाम है?" फ्रैंक ने पूछा।

"नहीं, अभी तक तो नहीं", सुदर्शन ने जवाब दिया।

"तो फिर आप इसका नाम रेवा क्यों नहीं रख देते?" राजदूत ने पूछा जो अभी-अभी रेवा मैनी यानी चेतन की मां से मिले थे।

संस्कृत में 'रेवा' का मतलब एक नई शुरूआत होता है, और ये प्रोजेक्ट ठीक यही था--एक नई शुरूआत।

इस बीच चेतन के पिता का मैनी ग्रुप पहले से ही बिजली से चलने वाली कुछ गाड़ियां, जैसे फैक्ट्रियों के लिए ट्रॉलियां, फोर्क-लिफ्ट और गॉल्फ कार्ट बना रहा था। इसके अलावा जनरल मोटर्स जैसी कंपनियों के लिए ऑटो पार्ट्स भी बना रहा था।

तो फिर रेवा कार बनाने के बारे में ऐसी भी क्या ख़ास बात थी?

दरअसल हजारों ऐसी कंपनियां हैं जो ऑटो पार्ट्स बनाती हैं, लेकिन गाड़ियां

"हमें बहुत सारी आजादी दी गई थी। मुझे ऐसा एक मौका भी याद नहीं है जब मेरे पेरेन्ट्स ने हमसे पढ़ने के लिए कहा हो। वे हम पर बहुत भरोसा करते थे।"

बेचने वाली कंपनियां बहुत कम हैं। मतलब ये समझ लीजिए कि हीरो के पीछे नाचनेवाला एक्सट्रा शाहरुख खान बनने का ख़्वाब देखने लगा है...

जाहिर है, ये सब कुछ रातोंरात नहीं हुआ।

चेतन अमेरिका से रेवा की टीम के साथ इस प्रोजेक्ट पर काम करते रहे।

"मैं साल में चार बार भारत आता था और भारत से कई सारे इंजीनियर अमेरिका आया करते थे। हमने एक एमओयू साईन किया था, लेकिन 1999 तक औपचारिक समझौता नहीं हुआ।"

पांच साल तक दोनों कंपनियां ऐसे ही काम करती रहीं ताकि तकनीक बिल्कुल सही हो जाए। एक बार तकनीकी तौर पर सब निपट गया, तो बिजनेस तो मिल ही जाना था।

"बल्कि दोनों पार्टियों ने अपनी-अपनी तरफ से पैसे लगा रखे थे। मैं इस वक्त अपने परिवार का प्रतिनिधि नहीं था। मैं अमेरिगॉन के लिए यानी डॉ. बेल के लिए काम कर रहा था, मुझे सैलरी मिल रही थी लेकिन मैं जिस टीम को लीड कर रहा था उसमें ज़्यादातर लोग मुझसे उम्र में बड़े थे।"

उस वक्त चेतन की उम्र थी चौबीस साल। उनके पास तब कई और कंपनियों से दोगुनी से ज़्यादा तनख्वाह पर नौकरी का ऑफर था, लेकिन चेतन ने सबको मना कर दिया।

"अगर मैं किसी और कंपनी में काम कर रहा होता तो इसी अनुभव को हासिल करने में मुझे पंद्रह साल से ज़्यादा का वक्त लगता", चेतन बताते हैं।

तो फिर टीम इन पांच सालों तक आख़िर कर क्या रही थी?

"हमने शुरू में प्रोटोटाईप बना लिए थे–फिर हम उन्हें भारत की सड़कों पर टेस्ट कर रहे थे, और ये भी देख रहे थे कि प्रॉडक्ट की कीमत बहुत ज़्यादा न हो।"

पहले प्रोटोटाईप को बनाने में एक साल लगा। 1996 में पहली कार भारत भेजी गई, और अगले साल इसे टैस्ट कर लिया गया। बल्कि 1997 में रेवा को एआरएआई (ऑटोमोटिव रिसर्च असोसिएशन ऑफ इंडिया) का

सर्टिफिकेशन मिल गया था।

स्टेट ऑफ कैलिफोर्निया ने ये घोषणा की थी कि 1998 तक दो फीसदी गाड़ियां बिजली से चलने वाली हो जाएंगी। इसलिए कई सारी कंपनियां इलेक्ट्रिक कारों और तकनीकों में निवेश कर रही थीं।

फिर 1997 में रेग्युलेशन खत्म हो गया। और इस तरह बिजली की कारों में दिलचस्पी भी खत्म हो गई।

"शायद ये ऑयल और गैस कंपनियों की लॉबी की वजह से हुआ। वजह जो भी रही हो, हमारी मेहनत पर पानी फिर गया था।"

मैनी ग्रुप और अमेरिगॉन ने तब तक रेवा में बहुत सारी मेहनत और पैसा लगा दिया था। अब सबकुछ बेकार लग रहा था। लेकिन चेतन इतनी जल्दी हार मानने को तैयार नहीं थे।

"मैं भारत लौटा, परिवार के साथ बैठा और उन्हें मेरा जुनून दिखाई दिया..."

मेरे परिवार ने पूछा, "लेकिन तुम इसे सफल कैसे बनाओगे?"

चेतन ने कहा, "मेरे पास प्लान है--हम ये सुविधाएं दे सकते हैं, और इसमें इतने पैसे लगेंगे।"

परिवार ने चेतन के इस पागलपन को सपोर्ट करने का फैसला किया और जमीन, बिजनेस से आनेवाला सरप्लस पैसा--सब चेतन को दे दिया गया।

चेतन डॉ. बेल के पास वापस गए और उनसे कहा, "मेरे पास मेरे परिवार का दिया हुआ पैसा है। मुझे भारत लौट जाने दीजिए और मैं वहां जाकर गाड़ियां बनाता हूं!"

अप्रैल 1999 में चेतन भारत लौट गए।

"ये एक बड़ा कदम था क्योंकि मैं अभी तक तकनीक के बारे में सोचता आ रहा था। अब मुझे रेवा को बिजनेस की तरह देखना था।"

ये नजरिया बहुत कम लोग ही रख सकते थे।

"उस वक्त तेल की कीमत बीस डॉलर प्रति बैरल थी और वीसी फंडिंग के लिए ये एक अच्छा प्रस्ताव नहीं था। इसलिए मैं आईसीआईसीआई और टीडीबी जैसे संस्थानों के पास गया और प्रोजेक्ट के लिए पंद्रह करोड़ रुपए

> "मुझे लगता है कि बिजली से चलने वाली गाड़ियों का भविष्य है।
> लेकिन ये बात बहुत कम लोग ही फिलहाल समझ पाएंगे। उन्हें
> पांच साल बाद मेरी बात समझ में आएगी।"

का कर्ज लिया।"

चेतन से बैंकर अक्सर पूछा करते थे, "दूसरे देशों में ये काम और कौन कर रहा है? क्या वे सफल रहे हैं?

जवाब मिलता कि ऐसी कोई मिसाल नहीं है, लेकिन इसका मतलब ये नहीं है कि मैं कर नहीं सकता!

पांच सालों के रिसर्च और डेवलपमेंट में रेवा प्रोजेक्ट ने एनर्जी मैनेजमेंट में दस पेटेंट हासिल कर लिए थे, नए तरीके से ऑटो पार्ट्स बनाने का तरीका सीख लिया था और गाड़ी को और कम कीमत पर बेचने के रास्ते ढूंढ़ निकाले थे।

"अपनी पहली गाड़ी के लिए भी मैंने स्टील इंडिया से मंगवाया था क्योंकि हम जानते थे कि हमने एक बार मैन्युफैक्चरिंग शुरू कर दी तो हम यही इस्तेमाल कर रहे होंगे।"

एक अहम मुद्दा था--चार्जर, जो बिजली से चलने वाली कारों की सबसे बड़ी जरूरत होता है।

"हमने दस अलग-अलग मैन्युफैक्चरर से चार्जर हासिल किए, लेकिन एक महीने में ही सब नाकाम हो गए। भारत में कटने वाली बिजली का बोझ वे झेल ही नहीं पाए!"

रेवा को 'मिलिट्री स्पेसिफिकेशन' के साथ चार्जर बनाना पड़ा, ऐसा चार्जर जो खराब अर्थिंग और बार-बार बिजली के कटने के बावजूद खराब न हो।

इसके अलावा गाड़ी को बनाते हुए उसे डेंट-प्रूफ रखा गया, जंग न लगे इसका ध्यान रखा गया और आसान ड्राईव के लिए ऑटोमैटिक गियर शिफ्ट रखा गया।

ये सब करने के लिए चेतन को पहले एक टीम तैयार करनी पड़ी।

कहना आसान था, लेकिन करना बहुत मुश्किल।

"मैंने बॉम्बे, दिल्ली, पुणे में दो हफ्तों में चार सौ से ज़्यादा लोगों का इंटरव्यू लिया," चेतन बताते हैं।

आख़िर वे टीम से क्या चाहते थे?

"मैं आर एंड डी चाहता था, मैं वेंडर डेवलपमेंट चाहता था। मैं मार्केटिंग चाहता था। यूं समझ लीजिए कि मैं पूरा का पूरा ऑर्गनाइजेशन चाहता था," वे जवाब देते हैं।

आर एंड डी थोड़ा मुश्किल था क्योंकि किसी ने अभी तक इलेक्ट्रिक गाड़ियों पर काम नहीं किया था। बल्कि 1999 में आर एंड डी अनुभव के साथ किसी भी इंजीनियर को ढूंढ़ना मुश्किल काम था।

इसलिए चेतन ने वो किया जो उन्हें सबसे सही लगा--कुछ जुनूनी युवाओं की टीम तैयार की, और उन्हें काम सिखाया।

"मैं ये कह सकता हूं कि शुरू के दो साल तो सिर्फ और सिर्फ आर एंड डी में गए। मैं उन लड़कों के साथ दिन-रात रह रहा था, उनके साथ काम कर रहा था।"

हर रात चेतन घर लौटते और उनकी पत्नी कहती, "लो ये गई एक और शर्ट।"

शर्ट में ल्युब्रकेंट और मिट्टी लगी होती।

"मैं हर सप्लायर से बात करता था, उनसे अपना विजन बांटता था। उन्हें समझाना बहुत जरूरी था क्योंकि वे ही लोग आप में निवेश करते!"

अच्छी बात ये थी कि ये काम किसी ने किया ही नहीं था इसलिए किसी को मालूम ही नहीं था कि ये कितना मुश्किल काम है। और चेतन ने कभी इसे मुश्किल लगने ही नहीं दिया।

"अगर आप ये कहें कि हम शुरू से गाड़ी बना रहे हैं, एकदम स्क्रैच से, तो फिर ये काम सबको मुश्किल लगेगा। लेकिन अगर आप उसे छोटे-छोटे स्टेप्स में बांट दें तो फिर काम बहुत आसान लगेगा।"

टीम के लिए एक बार में एक छोटा कदम, और टीम की हिम्मत में जाने कितना गुना इजाफा।

चेतन अपनी टीम को वो काम पंद्रह दिनों में करने के लिए प्रोत्साहित करते, जिस काम को करने में एक महीने का समय लग सकता था।

"जब मैं उनसे पूछता था कि ये काम करने में एक महीने का समय क्यों चाहिए, तो किसी के पास कोई जवाब नहीं होता था। वो लोग वही काम फिर अठारह दिन में कर देते थे, जबकि एक रेग्युलर कंपनी को वो काम करने में तीन महीने तक लग सकते थे।"

दो सालों में रेवा ने चालीस गाड़ियां बनाईं। इन गाड़ियों को दस लाख किलोमीटर चलाया गया और तब जाकर 2001 में चेतन को लगा कि ये गाड़ियां लॉन्च के लिए तैयार हैं। लेकिन फिर एक झटका लगा।

"लॉन्च के एक महीने पहले बिजली से चलने वाली गाड़ियों पर टैक्स दोगुना कर दिया गया... और तो और, दूसरी गाड़ियों पर टैक्स कम कर दिया गया।"

बिजली से चलने वाली गाड़ियों पर जो एक लाख पांच हजार रुपए की सब्सिडी दी जा रही थी, उसे भी हटा लिया गया। ये बदकिस्मती थी या कोई बड़ी साजिश का हिस्सा था?

कई बार हमला ही सबसे बड़ा बचाव होता है और चेतन को जिस बात पर सबसे ज़्यादा भरोसा था उसके लिए वे दूसरों का समर्थन भी जुटा रहे थे।

"मैंने आईआईटी को शामिल किया। आईआईएससी को शामिल किया और कुछ कंपनियों, सप्लायरों को शामिल किया। हम 35 लोगों ने मिलकर इलेक्ट्रिक वेहिकल असोसिएशन ऑफ इंडिया बनाया, और बिजली से चलने वाली गाड़ियों पर जागरुकता फैलाना शुरू किया।"

लेकिन किसी को ये सोचने की फुर्सत नहीं थी कि अभी से दस साल बाद बिजली से चलने वाली गाड़ियों से देश को क्या फायदा होगा। असोसिएशन ठप्प पड़ गया लेकिन रेवा अपने वादे पर कायम रही और जुलाई 2001 में

"मैं हर सप्लायर से बात करता था, उनसे अपना विजन बांटता था। उन्हें समझाना बहुत जरूरी था क्योंकि वे ही लोग आपमें निवेश करते।"

भारत की इस पहली इलेक्ट्रिक कार को लॉन्च कर दिया गया।

कंपनी ने पहले साल में कुछ डेढ़ सौ गाड़ियां बेचीं और सारी की सारी गाड़ियां बंगलोर में बिकीं। इन गाड़ियों को खरीद कौन रहा था?

"हमारे कुछ ऐसे कस्टमर थे जो सत्तर साल के थे, और हमारा सबसे छोटा कस्टमर उन्नीस साल का था। कुछ आर्मी ऑफिसर थे, कुछ डॉक्टर थे, कुछ आईटी से जुड़े लोग थे, और बहुत सारी महिलाएं थीं। बल्कि हमारी आधे से ज़्यादा कस्टमर महिलाएं हैं।"

रेवा ने एडवर्टाइजिंग पर एक भी रुपया नहीं खर्च किया और सिर्फ पीआर के दम पर काम चलाया। अगर आपका प्रॉडक्ट दिलचस्प है तो आपको अपने बारे में शोर मचाने की जरूरत नहीं है। दूसरे लोग आपके लिए ये काम कर देते हैं।

धीरे-धीरे लोगों का भरोसा बनने लगा, और इस बिल्कुल नए किस्म के प्रॉडक्ट को लोग पसंद करने लगे।

"लोग जब दूसरी गाड़ियों के शोरूम में आते हैं, तो वे गाड़ी के रंग और कीमत पर नेगोशिएट कर रहे होते हैं। रेवा बेचते हुए हमें लोगों को पहले कॉन्सेप्ट बेचना होता था।"

कुछ और चिंताएं भी थीं। मैनी ग्रुप कौन था, और अगर कल को ये ग्रुप बंद हो जाता तो? चेतन ने इन सवालों का सामने से जवाब दिया।

"उन दिनों सभी ऑटोमोबाइल कंपनियां एक साल की वॉरंटी देती थीं। हम तीन साल की वॉरंटी देते थे।"

रेवा बंगलोर में ही अपना बाजार बनाने में लगी रही और इससे फायदा भी हुआ। अगर किसी तरह की तकनीकी खराबी आती थी तो उसे तुरंत ठीक कर दिया जाता था। महीने में एक बार चेतन अपने कस्टमर्स को चाय पर बुलाते थे, उनसे फीडबैक और सुझाव लेते थे।

"कस्टमरों के कहने पर हमने रेवा में कई सारे नए फीचर डाले।"

"क्या आप ये मानेंगे कि पहला साल सबसे मुश्किल था?" मैं पूछती हूं।

"मुझे लगता है हर स्टेज पर अलग-अलग किस्म की चुनौती थी।"

पहले पांच सालों में तकनीक पर काम करना जरूरी था। फिर पैसों का इंतजाम करना था। फिर टीम जुटानी थी। बल्कि हर दिन एक नई चुनौती थी...

"जब मैं रेवा के सर्टिफिकेट के लिए गया तो उन्होंने कहा कि इलेक्ट्रिक कारों को सर्टिफाई करने का कोई कानून नहीं है, इसलिए हम ये कर ही नहीं सकते। मैंने एआरएआई के साथ छह महीने गुजारे, और तब जाकर सरकार ने बिजली से चलने वाली कारों के लिए कानून बनाए।"

लेकिन लॉन्च के बाद चीजें आगे बढ़ने लगीं। कोर तकनीक काम करना था, पैसा उतना बड़ा मुद्दा नहीं था और अचानक विदेशों से भी मांग आने लगी थी।

'लीडर्स क्वेस्ट' नाम का एक आंत्रेप्रेन्योरशिप ग्रुप हर साल दुनिया भर में होने वाले नए बदलावों का जायजा लेता है। 2002 में ये ग्रुप इन्फोसिस आया, और भारत की कुछ और कंपनियों में भी गया।

"मैं यंग उद्यमी ऑर्गनाइजेशन का हिस्सा था और उसके जरिए वे लोग भारत आकर रेवा भी देखना चाहते थे।"

उन्होंने न सिर्फ देखा, बल्कि उन्हें आईडिया पसंद भी आया। तीन लोगों ने चेतन से कहा कि वे इस गाड़ी को लंदन में देखना चाहते हैं।

तीन महीने बाद वे कंक्रीट प्रस्ताव के साथ लौटे, और ये प्रस्ताव अपने आपमें कमाल था।

"हम दूसरा मॉडल ट्राई करते हैं, और सबकुछ ऑनलाइन करते हैं, यूके में गाड़ियों की मार्केटिंग के लिए नए तरीके अपनाते हैं", उन्होंने कहा।

रेवा ने दिसंबर 2002 में यूके 16 गाड़ियां भेजीं। ब्रिटिश कंडीशन्स में उन गाड़ियों को एक साल तक टैस्ट किया गया।

"हमें मालूम ही नहीं था कि वहां के जाड़ों में होगा क्या। हमें बैट्रियों के लिए स्पेशल हीटिंग टेक्नॉलोजी लगानी पड़ी। यूरोप में कई और तरह के रेग्युलेटरी मुद्दे भी थे।"

जनवरी 2004 में रेवा इलेक्ट्रिक कार बिकने लगी। टाइमिंग बिल्कुल सही थी क्योंकि लंदनवासियों को अब शहर में अपनी गाड़ियां लाने के लिए पांच

"मैंने अपनी टीम को खुद काम करके सिखाया। अगर गाड़ी में मुझे कोई समस्या दिखाई देती थी तो मैं सीधे गाड़ी के नीचे खुद घुस जाता था और उसे ठीक करने लगता था। टीम ने वही किया जो मुझे उन्होंने करते देखा।"

पाउंड का कन्जेशन चार्ज देना पड़ता था।

रेवा इकलौती गाड़ी है जिस पर कोई कन्जेशन चार्ज नहीं लगता। बल्कि रेवा चलाने वालों के लिए पार्किंग फ्री है और कई इलाकों में तो चार्जिंग भी फ्री है। इसकी वजह से अचानक लोग इस गाड़ी की बात करने लगे!

"हमने कार को सोलह जगहों पर टैस्ट ड्राईव करने के बाद लॉन्च किया। हमने एन्वारन्मेंट साइंस के स्टूडेंट हायर किए जो ग्रीन टेक्नॉलोजी को लेकर बहुत उत्साहित थे।"

रेवा ने कई और नए तरीके अपनाए।

"आप गाड़ी ऑनलाइन ऑर्डर कर सकते हैं, और कार आपके दफ्तर या घर पहुंच जाएगी। यूके में कोई कंपनी ऐसे गाड़ी डिलिवर नहीं करती। हमने होम सर्विसिंग की भी व्यवस्था की है, जहां गाड़ी में कोई दिक्कत हो तो ऑन-बोर्ड कंप्यूटर के जरिए उसे ठीक किया जा सकता है।"

रेवा सात हजार पाउंड्स में मिलती है, और कंपनी अब तक यूके में एक हजार गाड़ियां बेच चुकी है। वहां ब्रांड का नाम जी-विज है। एक और चीज है जो थोड़ी अलग है। रेवा भारत में मिडल क्लास के लिए बनाई गई थी। यूके में वो एक फैशन स्टेटमेंट है।

"यूके में दस में से नौ कस्टमर्स के पास पहले से या तो बीएमडब्ल्यू थी या फिर पोर्शे या मर्सिडिज बेंज। ये वो टॉप लोग हैं जो बैंकर हैं, वकील हैं, या फिर रसूख वाले लोग हैं।"

जाहिर है, कंपनी को सर्विस अच्छी से अच्छी देनी पड़ती है।

"भारत में आप गाड़ी थोड़ी सी गंदगी के साथ डिलिवर कर सकते हैं। यूके में ये बिल्कुल नहीं चलता। जिस तरह की डिटेलिंग यूके के लिए करनी

पड़ी, वो अपने आप में एक कल्चर शिफ्ट थी।"

इससे कंपनी को बहुत फायदा हुआ। चेतन और चेतन की टीम ने यूके में रहकर तकनीक के बारे में कई सारी और नई चीजें सीखीं।

"बाहर के मार्केट के लिए काम करके हमने अपने विकास में पांच साल और जोड़ लिए। ये हमारे लिए जरूरी था कि कस्टमर की जरूरत के हिसाब से हम अपनी क्वालिटी को और बेहतर बनाएं, और एक ग्लोबल कंपनी बनें।"

इसके अलावा एक्सपोर्ट में मार्जिन भी ज़्यादा था। इससे मदद तो मिली ही।

पेरेंट कंपनी यानी मैनी ग्रुप से फंडिंग आती रही, और चेतन के पिता और उनके दो भाई चेतन की मदद करते रहे।

"मुझे लगता है कि हम और बिजनेस की कीमत पर रेवा को आगे बढ़ाते रहे। इतनी ही ताकत किसी और बिजनेस में लगाई होती तो बहुत फायदा होता। लेकिन हम सब इस प्रोजेक्ट को लेकर कमिटेड थे, और इस वजह से आगे बढ़ते रहे।"

मैनी ग्रुप ने रेवा को और मजबूती देने के लिए कई नए डिविजन शुरू किए जिसमें प्लास्टिक डिविजन, चेसिस डिविजन और चार्जर डिविजन शामिल था। आने वाले समय में इन तीनों डिविजनों ने लेयलैंड और वॉल्वो जैसे क्लायंट हासिल किए, और इन्हें मजबूत और स्वतंत्र डिविजन बनाया।

इस तरह के सपोर्ट का बहुत फायदा हुआ, लेकिन कंपनी को और फंडिंग की जरूरत थी। दिसंबर 2006 में चेतन ने बीस मिलियन डॉलर की पहली वीसी फंडिंग हासिल की।

ज़्यादातर पैसा नई तकनीक का विकास करने में जा रहा था।

"हम कारों को और तेज चलने वाली कैसे बनाएं?"

"हम कारों को लंबे समय तक टिकने वाली कैसे बनाएं?"

"हम कैसे उनके जल्द से जल्द चार्ज होने का इंतजाम करें?"

ये कुछ ऐसे सवाल थे जिससे टेक टीम जूझ रही थी।

"हमने हर साल एक नया मॉडल और एक नया वेरिएंट लॉन्च करने

का टार्गेट रखा*। हम नया प्लांट भी शुरू कर रहे हैं जहां हर साल 30,000 गाड़ियां बन सकती हैं।"

"फिलहाल हम दस देशों में टैस्ट-मार्केटिंग कर रहे हैं। इसका मतलब ये है कि उन देशों में हमारी चार से लेकर बीस गाड़ियां हैं। जल्द ही हमारे डिस्ट्रिब्यूटर भी होंगे वहां, और फिर हम रेग्युलेटरी अड़चनें भी पार कर लेंगे।"

इन देशों में कमर्शियल सेल भी जल्द ही शुरू हो जाएगा।

इसी तरह भारत में रेवा की टैस्ट मार्केटिंग दिल्ली में हुई। बल्कि ग्लोबल स्तर पर तो चेतन को लगता है कि जल्द ही एक बड़ा बदलाव आने वाला है। अमेरिका के राष्ट्रपति बराक ओबामा 2015 तक सड़कों पर पंद्रह लाख इलेक्ट्रिक गाड़ियां लेकर आने की बात कर रहे हैं। यूरोपियन यूनियन के कई देशों ने भी इन गाड़ियों पर 5000 यूरो की सब्सिडी देने की घोषणा की है।

"देखा जाए तो क्लाइमेट चेंज और रिन्यूएबल एनर्जी को लेकर दिलचस्पी बढ़ी है।"

तो क्या चेतन को ऐसा लगता है कि भारत की सड़कों पर भी एक दिन दस प्रतिशत गाड़ियां रेवा होंगी?

"मैं ये नहीं कह सकता", चेतन जवाब देते हैं। "मैं चाहूंगा कि दस प्रतिशत गाड़ियां बिजली से चलने वाली हों, बेशक वे रेवा न होकर कोई और ब्रांड भी हो तो चलेगा।"

लेकिन इन गाड़ियों को पक्के तौर पर रेवा तकनीकी पावर दे रही है। तकनीक के लिहाज से रेवा दुनिया की इकलौती कंपनी है जिसके पास बिजली से चलने वाली गाड़ियों का साढ़े आठ करोड़ किलोमीटर का अनुभव है।

"हम जो ऑफर कर रहे हैं, वो शायद दूसरे ऑटोमेकरों को तीन से पांच साल बचाने में मदद करेगा। तो बहुत सारे अवसर आने बाकी हैं, और इस स्पेस में कई सारे बिजनेस मॉडल उभरकर आने हैं।"

मेरे ख़्याल से चेतन ठीक कह रहे हैं। ये सिर्फ कार कंपनी ही नहीं

* फिलहाल रेवा रेवा-आई और रेवा एल-आयॉन के वर्जन में उपलब्ध है। रेवा-आई लेड-एसिट बैट्री से चलती है जबकि रेवा एल-आयॉन लिथियम-आयॉन बैट्रियों से चलती है। दो नए मॉडल--एनएक्सआर और एनएक्सजी जल्द ही लॉन्च किए जाएंगे।

है, बल्कि एक नॉलेज कंपनी है। रेवा के 33 प्रतिशत कर्मचारी आर एंड डी में हैं, और वे सब कार को लेकर बहुत उत्साहित हैं। रेवा इलेक्ट्रिक कार इंडस्ट्री का 'इनटेल इनसाइड' हो सकती है।

सितंबर 2009 में जनरल मोटर्स वो पहली बड़ी ऑटो कंपनी बना, जिसने 'शेवी स्पार्क' के नाम से अपना एक इलेक्ट्रिक वर्जन निकालने के लिए रेवा से अनुबंध किया। उम्मीद है कि ऐसे कई और बड़े समझौते होंगे...

इस तरह की कई छोटी-बड़ी सफलताओं के बावजूद रेवा अभी भी स्टार्टअप मोड़ में है, और अभी ब्रेक इवन होना बाकी है। इसलिए, चेतन के लिए काम और निजी ज़िंदगी के बीच संतुलन यानी वर्क-लाइफ बैलेंस अभी भी मुश्किल है।

"मैं अपनी पत्नी किम के सहयोग के बगैर इतना काम कर ही नहीं पाता। मैं शनिवार को भी काम करता हूं। कई बार काम घर ले जाता हूं। लेकिन संडे सिर्फ और सिर्फ पत्नी और बच्चों के लिए होता है..."

चेतन हफ्ते में तीन बार योगा करते हैं, और थोड़ी-बहुत साइकलिंग भी करते हैं। वे पहले खूब रेवा कार चलाया करते थे, लेकिन अब बंगलोर के ट्रैफिक की वजह से गाड़ी में पीछे बैठना पसंद करते हैं, चलाना नहीं। जाहिर है, उनकी गाड़ी अभी भी रेवा ही है।

"मेरे पास एक कस्टम रेवा भी है जो कन्वर्टिबल है--शाम को चलाने में खूब मजा आता है!"

"मेरा ये सपना है कि एक दिन जब मैं ट्रैफिक सिग्नल पर खड़ा होऊं तो मेरे आस-पास सब शांत हो। वहां बिजली से चलने वाली मोटरसाइकिलें हों, बिजली से ही चलने वाले ऑटो हों, बसें और गाड़ियां हों।"

और बिजली से चलने वाले मार्केट का लीडर होने का संतोष तो है ही।

संतोष ये भी है कि चेतन अपने उस ख़्वाब को पूरा करने के लिए शुरू की गई क्रांति के अगुआ हैं।

*

युवा उद्यमियों को सलाह

आपको अपने आईडिया पर पूरा यकीन होना चाहिए कि वो आईडिया हर हाल में काम करेगा। दुनिया चाहे जो भी सोचती हो, आपको देखना है कि आप अपने सपने को पूरा कर सकते हैं या नहीं।

दूसरी चीज ये है कि जब भी मेरे सामने कोई समस्या आती थी, मैं सो जाया करता था। सुबह उठकर जब मैं उस समस्या को नए सिरे से देखता था तो उसमें अवसर या मौके ढूंढ़ने की कोशिश करता था। मैंने देखा कि ये तरीका बड़ा कारगर होता है। इस सोच की वजह से मैं पॉजिटिव बना रहा और मैं अपने ग्रुप और अपनी कंपनी में भी इसी सोच को लागू कर पाया।

अब पीछे मुड़कर देखता हूं तो लगता है कि जो झटके लगे, वे दरअसल मौके थे ताकि हम कुछ नया कर पाएं, और अपनी सीमाओं से आगे बढ़कर कुछ काम कर पाएं।

पेपर टाइगर

महिमा मेहरा
हाथी छाप

महिमा रिसाइकलिंग में कुछ करना चाहती थीं, लेकिन किसी एनजीओ के साथ मिलकर नहीं। इसलिए उन्होंने हैंडमेड पेपर का काम शुरू कर दिया। इस बीच महिमा ने कई और दिलचस्प चीजें ढूंढ़ निकालीं, जिनमें से एक था हाथी के गोबर का इस्तेमाल।

महिमा मेहरा को बेचना बिल्कुल पसंद नहीं है।

"मैं मुंबई पहली बार आई हूं, और अपने साथ हाथी छाप प्रॉडक्ट्स के सैंपल्स लेकर घूम रही हूं। मेरे लिए ये मुश्किल है क्योंकि मैं मार्केटिंग टाईप की कभी नहीं रही।"

बल्कि महिमा उन लोगों में से नहीं है जिनसे आप बिजनेस चलाने की उम्मीद करते हैं। लेकिन उनके स्वभाव की कोमलता देखकर किसी गलतफहमी में मत रहिएगा--महिमा एक मजबूत शख्सियत वाली महिला हैं।

चौबीस साल की छोटी सी उम्र में महिमा ने हैंडमेड पेपर के छोटे प्रोड्युसरों की तलाश में यूपी में गांव-गांव भटकना शुरू कर दिया था। रिसाइकलिंग को लेकर उनके जुनून ने उन्हें हाथी छाप ब्रांड पर काम करने के लिए प्रेरित किया। आपको सुनकर हैरानी होगी, लेकिन हाथी छाप हाथी के गोबर से बनी चीजें तैयार करता है।

उनके इस अजीब से बिजनेस की वजह से महिमा को बहुत सारा अटेंशन भी मिला है, जिसके बारे में महिमा हंसते हुए बताती हैं,

"मैं इन चीजों को देखती हूं और सोचती हूं कि लोगों को ये क्यों पसंद आ रहा है?"

हाथी का गोबर हो या न हो, उनके प्रॉडक्ट कमाल के हैं। इस इंडस्ट्री में काम करना, यहां के लोगों के साथ काम करना, अपने तरीके से काम करना महिमा को पसंद है और उनके लिए यही बड़ी बात है।

महिमा ने ज़िंदगी के कोरे कागज पर अपने जवाब लिखने का फैसला कर लिया है। हाथी के गोबर को और ताकत मिले, ताकि लोगों को इस बात की प्रेरणा मिले कि अलग हटकर सोचो तो भी कमाल किया जा सकता है!

पेपर टाइगर

महिमा मेहरा
हाथी छाप

महिमा मेहरा जयपुर में पैदा हुई और पली-बढ़ी।

"हम लोग बिजनेस फैमिली से हैं। मेरे पेरेंट्स ज्वेलरी लाइन में थे, लेकिन मेरी दिलचस्पी कभी उसमें नहीं रही। मैं हमेशा से रिसाइकलिंग में ही कुछ करना चाहती थी।"

साइकॉलोजी में लेडी श्रीराम कॉलेज से ग्रेजुएशन करने के बाद महिमा ने तय किया कि वे अपनी पसंद का काम करेंगी और वही करेंगी जो करना चाहती हैं। वे जन सेवा आश्रम नाम की एक संस्था के साथ जुड़ गईं, और वर्मी-कॉम्पोस्टिंग पर काम करने की इच्छा जाहिर की। लेकिन उन्हें हैंडमेड पेपर के डिविजन में डाल दिया गया।

"जयपुर में रहते हुए मैंने हैंडमेड पेपर का काम देखा था। हम अक्सर अपनी साइकिलें लेकर सांगणेर नाम के एक छोटे से कस्बे में चले जाया करते थे, जहां ये काम होता था।"

जनसेवा के साथ काम करते हुए महिमा को पेपर पर काम करने में मजा आने लगा, और ख़ासकर रिसाइकलिंग में उनकी दिलचस्पी बढ़ने लगी। लेकिन उन्हें एनजीओ के साथ काम करते हुए मजा नहीं आ रहा था।

"मुझे लगता था कि फॉर्म भरने और इस तरह के कामों में ज़्यादा वक्त जाया होता था, जिससे काम के मिशन पर असर पड़ता था।"

महिमा किसी और संस्था के साथ रिसर्च कर सकती थीं, लेकिन उन्हें

फील्ड में रहकर अपने हाथों से काम करने में ही मजा आता था।

"मैं रिसाइकलिंग में कुछ करना चाहती थी, लेकिन मुझे एक अच्छी ज़िंदगी भी चाहिए थी... वैसे मैंने कभी नहीं सोचा था कि मैं अपना बिजनेस शुरू करूंगी। मेरा स्वभाव ही नहीं है कि मैं बिजनेस चला सकूं। लेकिन एक के बाद एक चीजें बस होती चली गईं।"

जन सेवा आश्रम में सात महीने काम करने के बाद महिमा ने नौकरी छोड़ दी और पेपर पर काम करने लगीं। साल था 1995। अपने परिवार से साढ़े बारह हजार रुपए का कर्ज लेकर महिमा ने काम शुरू किया, और वही उनका वर्किंग कैपिटल था।

"उस पैसे का मैंने क्या किया? अपने लिए एक टेबल, कुर्सी और कुछ पेपर खरीदे", महिमा हंसते हुए बताती हैं। "सच पूछिए तो मुझे इतनी ही चीजों की जरूरत थी!"

शुरू के महीनों में महिमा सिर्फ हाथ से काम करती रहीं। हैंडमेड पेपर बाजार से लेकर आतीं, उसके फोल्डर बनातीं और उसके बाद पड़ोस में जाकर खरीददार ढूंढ़तीं।

"मुझे मार्केटिंग बिल्कुल नहीं आती। मैं क्राफ्ट में भी एक्सपर्ट नहीं हूं। बल्कि मैं तो बहुत ही क्लमजी हूं। सब कुछ हिट एंड मिस था। मैं काम करते-करते काम सीख रही थी!"

ये डेढ़ साल तक चला और इस बीच महिमा की मुलाकात इंडो-जर्मन एक्सपोर्ट प्रोमोशन काउंसिल में अपने मेंटोर बर्न्ड मर्जेनिक से हुई। महिमा के काम की क्वालिटी देखकर वे बहुत प्रभावित हुए और उन्होंने महिमा को अपने कुछ दोस्तों से मिलवाया। उन दोस्तों ने महिमा से सात लाख रुपए की स्टेशनरी का ऑर्डर लिया।

"कमाल की बात ये थी कि उन्होंने मुझे आधे पैसे एडवांस में दे दिए। और फिर ये लोग जर्मनी में मेरे डिस्ट्रिब्यूटर बन गए और बाद में बहुत अच्छे दोस्त भी बन गए।"

महिमा ने तय किया कि अब अपना पेपर बनाने का वक्त आ गया है और इसके लिए वे उत्तर प्रदेश के छोटे से शहर कल्पी में गईं, जो भारत

में हैंडमेड प्रोडक्शन का केंद्र हुआ करता था। कल्पी क्यों? क्योंकि सांगणेर से जुदा कल्पी में कई छोटे-छोटे प्रोड्यूसर थे।

"रिसाइकलिंग के अलावा मैंने छोटे-छोटे यूनिटों के साथ काम करने का फैसला किया। वैसे लोगों के साथ काम करने का क्या फायदा है जो पहले ही एक्सपोर्ट अवॉर्ड जीतकर पैसे कमा ही रहे हैं?"

तो उस वक्त चौबीस साल की महिमा ने कानपुर के लिए ट्रेन ली। फिर तीन घंटे की सड़क यात्रा की, वो भी टेम्पो की छत पर बैठकर। जो पहली बात उनके दिमाग में आई वो थी, बिल्कुल बीहड़ बाजार। एक ऐसा शहर जिसके आस-पास कुछ भी नहीं था।

वहां पहुंचना मुश्किल नहीं था। एक औरत का वहां पहुंचना और बिजनेस करने की कोशिश करना मुश्किल था।

"कल्पी ऐसी जगह है जहां महिलाएं घरों में रहती हैं। आदमी लोग तो मेरी ओर देखते तक नहीं थे, मुझसे बात भी नहीं करते थे।"

और फिर जब महिमा पेपर सैंपल्स दिखातीं, तो वो लोग कहते, "नहीं बन सकता।"

आख़िर में कल्पी में उन्हें तीन भाइयों की एक यूनिट मिली जो काम करने के लिए तैयार हो गए। उनमें वही बात थी जो महिमा इतने दिनों से खोज रही थी।

"सबसे अहम था कि मुझे एक छोटा प्रोड्युसर चाहिए था, जिसमें क्रिएटिविटी हो, थोड़ा सा यकीन हो कि हां ये हम कर सकते हैं। बार-बार एक ही काम करते हुए पैसे कमाने की बजाए कुछ नया करने की चाहत हो। उदय में वो बात थी।"

लेकिन पहले साल दिल्ली से कल्पी के कई चक्कर लगाने पड़े। फोन पर बात करने की कोशिश करने से आसान था कल्पी पहुंच जाना और महिमा यही करने लगीं। रात भर का सफर कई बार किया कल्पी तक।

इसी बीच बर्न्ड जर्मनी लौट गए और एक फेयर ट्रेड कंपनी के लिए काम करने लगे।

"चलो ऑर्गैनिक फूड की पैकेजिंग के लिए कुछ डिजाईन करते हैं," बर्न्ड

"मेरे अजीब किस्म के सोशल स्किल्स हैं। मैं या तो गांवों में लोगों से बात कर सकती हूं, या फिर विदेशों में जाकर। मेरे नॉर्मल मिडल क्लास सोशल स्किल थोड़े खराब हैं!"

ने महिमा से कहा।

और इस तरह 'पेपटेरी', महिमा की छोटी सी कंपनी अचानक और बड़ी हो गई। पहले साल के पंद्रह लाख के टर्नओवर की तुलना में चौथे साल रेवेन्यू चालीस लाख पहुंच गया।

"हमने दार्जिलिंग टी के लिए पैकेजिंग की, जो एक्सपोर्ट की जाती थी। बल्कि वही कंपनी के लिए आय का मुख्य जरिया बन गया।"

उदय के साथ पुरानी तकनीकों पर काम करते हुए भी महिमा की कंपनी इतनी अच्छी क्वालिटी का पेपर बना लिया करती थी कि जर्मनी में टैस्ट करने के बाद एक खरीददार ने कहा था, "पेपर की क्वालिटी इतनी अच्छी है कि उसे भी खाया जा सकता है।"

लेकिन हैंडमेड पेपर में ऐसी क्या ख़ासियत होती है? उसका 'इको एलीमेंट' क्या है? सबसे पहले तो, हैंडमेड पेपर पूरी तरह लकड़ी के बगैर बनता है।

कच्चा माल एक किस्म का सूती कपड़ा होता है, जो टी-शर्ट या होजरी में इस्तेमाल किया जाता है। इस सूती को पल्प में तब्दील किया जाता है, और फिर उसके छोटे-छोटे टुकड़े मशीन से किए जाते हैं। इस मशीन को हॉलैंडर बीटर कहते हैं। फिर इसे रोलर ड्रम में धोया जाता है। ये प्रक्रिया कई घंटों तक चलती है।

अब जरूरत एक लकड़ी की टंकी की होती है जिसमें पानी भरा होता है। उसमें एक बड़ी सी छलनी डाली जाती है, और फिर सही मात्रा में पल्प डालकर लेयर तैयार किया जाता है।

"कल्पी जैसे जगहों में काम करने का फायदा ये है कि अभी भी वहां लोग शुद्ध तरीके से पेपर बनाते हैं।"

इको यानी पर्यावरण की ये चिंतामहिमा की रोज-रोज की ज़िंदगी में भी

दिखाई देती है। और ये सिर्फ शादी के लिफाफे के इस्तेमाल से जुड़ा हुआ नहीं है।

"मैं अपने लेजरजेट और डेस्कजेट प्रिंटर में कई सालों से हैंडमेड पेपर का इस्तेमाल कर रही हूं। हां, उसके लिए स्पेशल कोटिंग की जरूरत पड़ती है।"

एक्पोर्ट्स, पैकेजिंग, प्रोडक्शन और पेपर के साथ काम करने की खुशी--महिमा को इन सब चीजों ने छह सालों तक मसरूफ रखा। और इस बीच वे सांगणेर के एक प्रोड्युसर विजयेंद्र से मिलीं। फिर ज़िंदगी ने एक और दिलचस्प मोड़ ले लिया।

विजयेंद्र डेकोरेटिव पेपर के कुछ सैंपल्स लेकर महिमा के पास आए थे।

महिमा ने कहा, "हम इस तरह के कागज पर काम नहीं करते हैं। आप मेरे लिए कुछ और क्यों नहीं बनाते?"

ये चर्चा चलती रही। कुछ महीनों बाद जब महिमा जयपुर आई तो नवरात्र के लिए आमेर किले में गईं। विजयेंद्र उनके साथ थे।

"हम दोनों ने किले से नीचे देखा और हाथी का गोबर पड़े हुए देखा। हमने मजाक में एक दूसरे से कहा, ये तो बहुत अच्छा फाइबर है। हमें इसका पेपर बनाना चाहिए।"

वो लम्हा निकल गया और महिमा दिल्ली लौट आई। लेकिन महिमा के दिमाग में वो आईडिया रह गया।

"आपको लगता है इस आईडिया का कुछ हो सकता है?" महिमा ने विजयेंद्र से एक बार पूछा।

"हां... बहुत स्कोप है", विजयेन्द्र ने जवाब दिया।

ये एक फितूरी खयाल था, लेकिन महिमा ने तय किया कि वो इंटरनेट पर रिसर्च करेगी। और महिमा को जानकर हैरानी हुई कि श्रीलंका, थाईलैंड और मलेशिया में ये काम चल रहा था। हालांकि हर जगह ये हॉबी ज़्यादा था, बिजनेस कम था।

महिमा सोचने पर मजबूर हो गई--कोशिश करने में क्या हर्ज है? उन्होंने विजयेंद्र से प्रयोग शुरू करने को कहा।

"हमने छह-आठ महीने प्रोसेस समझने में लगाए। शुरू में कागज बहुत कमजोर निकला करता था क्योंकि हम सिर्फ गोबर इस्तेमाल करते थे। फिर हमने कॉटन फाइबर मिलाना शुरू किया और उसके बाद कागज की क्वालिटी बेहतर होने लगी।"

"महिमा ने जर्मन क्लायंट्स को 2003 में कुछ सैंपल्स भेजे, और उन्होंने प्रॉडक्ट्स रखने के लिए हामी भर दी। लेकिन डेढ़ साल बाद उन्होंने कहा, इट इज नॉट वर्किंग।"

महिमा को हैरानी नहीं हुई।

"मैं उन्हें लगातार बता रही थी कि ये सीरियस प्रॉडक्ट नहीं है। इसका ह्यूमर कोशंट बहुत हाई है। अगर आप हाथियों के गंभीर मोटिफ और ग्रे कलर का इस्तेमाल करेंगे तो ये बिकेगा नहीं।"

इस तरह ज़िंदगी वापस ढर्रे पर आ गई और एलीफेंट-फ्री पेपर की बिक्री चालू हो गई। अचानक महिमा ने कहा, "चलो यहीं इंडिया में कुछ करते हैं।"

उस वक्त पेपटेरी सत्तर लाख का सालाना बिजनेस कर रहा था।

"टर्नओवर पिछले कई सालों से उतना ही था, लेकिन मुझे उसकी चिंता कभी नहीं हुई। अगर कोई मुझसे इस बारे में पूछता भी था तो मुझे जवाब देने में पच्चीस सेकेंड भी नहीं लगते थे, नहीं... ये मेरी प्रायोरिटी है ही नहीं।"

इस तरह 'हाथी छाप' नाम के मजेदार ब्रांड के तहत हाथी के गोबर से बने हुए प्रॉडक्ट्स बेचना अपने आप में एक चुनौती थी। और एक चाहत भी कि देखें, इस तरह का पागलपन कहां लेकर जाता है...

हाथी छाप कारगर साबित हुआ। अगले तीन सालों में ही पेपटेरी का टर्नओवर एक करोड़ के पार चला गया। भारत का बाजार कुछ नया करने के लिए तैयार था।

"कल्पी मजेदार जगह है, चंबल घाटी का एक हिस्सा। मैं पहली बार वहां गई तो मुझसे किसी ने पूछा, आपको फूलन देवी के पति से मिलवाकर लाएं?"

"जब मैंने काम शुरू किया था तो हैंडमेड पेपर का मतलब था अनोखी बैग या फिर वेडिंग कार्ड। अब लोग नए-नए प्रॉडक्ट्स ढूंढ़ रहे हैं।"

पेपटेरी ने हाथी छाप पेपर शीट फॉर्म में बेचना शुरू कर दिया और स्टेशनरी और बच्चों के लिए गेम्स बनाने शुरू किए। इसमें पिट्ठू, स्नेक एंड लैडर्स और लूडो शामिल था। बल्कि बच्चों के प्रॉडक्ट्स बड़े तेजी से बिकने लगे, और अभी भी कई इको स्टोर्स के जरिए बेचे जा रहे हैं।

"ग्रोथ दो तरीके से होता है--पहला कि आप बिक्री में बढ़ोत्तरी करें, और दूसरा पीआर और पब्लिसिटी के जरिए। अब मेरा काम अचानक से लोगों को दिखाई देने लगा था।"

हाथी छाप पेपटेरी के बिजनेस का दस प्रतिशत हिस्सा है, लेकिन सबसे ज़्यादा इसी के बारे में लिखा जा रहा है या इस बारे में बात हो रही है। इस बीच रिटेल में आने की वजह से काम का वॉल्युम भी बढ़ा है।

पेपटेरी की कोर टीम में सिर्फ पांच लोग हैं और ये एक ऐसी जगह है जहां हर इंसान हर काम कर रहा है। पेपर दो या तीन प्रोड्यूसरों से मंगाया जाता है, पास के वर्कशॉप में प्रॉडक्ट्स तैयार किए जाते हैं। महिमा और उनकी टीम प्रॉडक्ट के डिजाइन से लेकर माल भेजने और को-ऑर्डिनेशन का सारा काम खुद करती है।

"रिटेल की वजह से काम और बढ़ गया है क्योंकि अब दुकानें तीन से पांच हजार के बीच का माल मंगाती हैं। लेकिन एक्सपोर्ट्स में हम एक ही बड़े क्लायंट से डील कर रहे होते हैं।"

मतलब ये कि महिमा को काम ज़्यादा करना पड़ रहा है। काम के घंटे पहले से ज़्यादा बढ़े हैं। लेकिन उन्हें भविष्य कैसा दिखाई देता है? क्या बिजनेस बढ़ेगा या फिर ऐसे ही रहेगा?

"अभी तो सीमाएं हैं--जिस यूनिट में विजयेंद्र का काम चल रहा है, वो बहुत छोटा है। मैं और बढ़ने की सलाह दे रही हूं, लेकिन मैं उनका आईडिया नहीं चुरा सकती। इसलिए हम साथ ही आगे बढ़ेंगे।"

महिमा दिल्ली-जयपुर हाईवे पर जमीन लेने की सोच रही हैं, ताकि विजयेंद्र भी बड़ी यूनिट लगा सकें। मकसद और पेपर बनाना है और पेपर-टूरिज़्म को

बढ़ावा देना है, जहां स्कूल के बच्चे वीकेंड पर आकर अपने हाथों से पेपर बनाना सीख सकें।

"मैं ज़्यादा से ज़्यादा लोगों तक हाथी छाप पहुंचाना चाहती हूं, सिर्फ लोगो ही नहीं, बल्कि उसका तजुर्बा भी!"

महिमा का अगला सपना टेक्नॉलोजी को गांवों तक पहुंचाना है, ताकि वाइल्ड लाइफ सैंक्चुअरी के पास छोटे-छोटे पायलट प्रोजेक्ट शुरू किए जा सकें।

"अगर हाथी का गोबर आय का जरिया बन सकेगा तो लोगों के मन में जानवरों के लिए इज्जत पैदा होगी!"

महिमा ने ऐसा एक प्रोजेक्ट शुरू करने की कोशिश भी की, लेकिन वो सफल नहीं रहा। अब महिमा उदयपुर की एक संस्था के साथ काम कर रही हैं और ऊंट के गोबर से पेपर बनाने की कोशिश कर रही हैं। फिलहाल पेपटेरी उनसे गोबर खरीदता है और उसे जयपुर लेकर आता है जहां उससे पेपर बनाया जाता है।

महिमा उदयपुर में यूनिट सेटअप करने के लिए फंड इकट्ठा कर रही हैं।

"ये वो लोग हैं जिनके साथ मैं काम करना चाहती हूं। मकसद और बेचना नहीं है। एक्सपैंड करने का मतलब और इस तरह के काम कर पाना है," महिमा कहती हैं।

खुशकिस्मती से महिमा वैसे लोगों से जुड़ी हुई हैं जो उनकी बात समझते हैं और उनके वैल्यू में यकीन रखते हैं। जर्मनी में महिमा के क्लायंट यूरोप के सबसे बड़े फेयर-ट्रेड ऑर्गनाइजेशन में से एक हैं। फेयर ट्रेड का मतलब है पूरी तरह ईमानदारी और पारदर्शिता।

"मैंने उन्हें अपनी प्राइस लिस्ट भेजी और उन्हें बताया कि मैं कितने पैसे कमा रही थी। उन्होंने मुझे प्राइस लिस्ट भेजी और उन्होंने मुझे बताया कि वे कितने पैसे कमा रहे थे।"

"मार्जिन ठीक-ठाक है। अभी तक स्टैंडर्ड रेंज चालीस प्रतिशत है, लेकिन जर्मन हमेशा थोड़े ज़्यादा मुनाफे पर जोर देते हैं ताकि किसी संकट का भी ध्यान रखा जा सके। महिमा अपने मुनाफे का एक हिस्सा डेवलपमेंट के लिए

“आप सिर्फ ये नहीं कह सकते कि हाथी पेपर इको-फ्रेंडली है, या फिर एक नए किस्म का पेपर है। आपको बैठकर उसे बनाना होता है, उसके प्रॉडक्ट्स बनाने होते हैं– वैसे प्रॉडक्ट्स जो लोग खरीदना चाहेंगे।”

बचाकर रखती हैं।”

हाथी छाप के मुनाफे का आठ प्रतिशत हिस्सा जयपुर के एक एम्बुलेंस के लिए रख दिया जाता है, जो हाथियों के लिए है। छोटे-छोटे प्रॉड्यूसरों के साथ काम करना प्राथमिकता है, लेकिन अच्छे लोग ढूंढ़ना मुश्किल है। और उनके साथ काम करना आसान भी नहीं होता।

“जब आप छोटे प्रॉड्यूसरों के साथ काम कर रहे होते हैं तो फिर आप उनकी निजी परेशानियों में भी इन्वॉल्व हो जाते हैं। कल्पी में मेरा पहला सप्लायर उदय एक ऐसे पारिवारिक विवाद में पड़ गया कि एक दिन बस उसने तय कर लिया कि वो अब काम नहीं करेगा।”

कई ऐसे प्रॉड्यूसर भी हैं, जो अब महिमा की कंपनी से बहुत बड़े हो गए हैं, लेकिन फिर भी महिमा के साथ काम करना चाहते हैं।

“ये बिजनेस पूरी तरह कमर्शियल तरीके से किया जा सकता था और मैं शायद अभी से चार-पांच गुना ज्यादा बड़ा बिजनेस चला रही होती। लेकिन मुझे ऐसे काम करना पसंद ही नहीं है।”

आखिर पेपर मेकिंग का काम जुनून के आधार पर शुरू हुआ। रिसाइकलिंग का जुनून, एक सादा-सी ज़िंदगी अच्छी तरह जीने का जुनून।

“मैं सिर्फ इतने ही पैसे कमाना चाहती हूं कि मैं रेंट दे सकूं और अपनी मिडल क्लास ज़िंदगी जी सकूं। ताकि मेरे पास अपने लिए बहुत सारा वक्त भी रहे।”

उनका परिवार, जो शुरू में थोड़ा परेशान था, अब उनके गैर-पारंपरिक करियर के साथ समझौता कर चुका है।

“महिलाएं आज भी जयपुर में काम नहीं करतीं। मैं बहुत से बहुत एक

टेलरिंग यूनिट चला रही होती या फिर पढ़ा रही होती शायद। हो सकता है कुछ डॉक्टर-इंजीनियर भी हों, लेकिन मैन्युफैक्चरिंग जैसा काम कोई महिला नहीं करती। इसे पुरुषों का क्षेत्र माना जाता है।"

बल्कि पेपटेरी शुरू करने के छह महीने बाद महिमा कई निजी चुनौतियों से भी जूझ रही थी।

"मेरा उसी दौरान डिवोर्स हुआ था और मैंने अपना पूरा ध्यान बिजनेस में लगा दिया। मुझे खुद को संभालना था, अपने बिखरे हुए टुकड़े चुनने थे और वो काम करना था जो मैं करना चाहती थी। मैं अपने पैरों पर खड़ी होना चाहती थी।"

"मैं जो भी कर रही हूं, अपने दम पर कर रही हूं। मुझे अभी तक बिजनेस में किसी पार्टनर की जरूरत नहीं पड़ी।"

महिमा जरूर पेपर रिसाइकलिंग में यकीन करती हैं, लेकिन ज़िंदगी और बिजनेस को लेकर उनके आईडिया एकदम उनके अपने हैं। और यही आईडिया दुनिया के सबसे कारगर कुदरती संसाधन होते हैं।

*

युवा उद्यमियों को सलाह

अगर आपके पास कोई दिलचस्प आईडिया है तो उस पर काम कीजिए। मैंने कई ऐसे युवाओं को देखा है जिनके पास आईडिया तो होते हैं लेकिन वे उनपर काम नहीं करते क्योंकि वे डरते रहते हैं। डरने की कोई जरूरत नहीं है। हिंदुस्तान में उद्यमियों के लिए बहुत बड़ा बाजार है। अगर आईडिया इन्टरेस्टिंग है, और मार्केट में जो पहले से उपलब्ध है, उससे थोड़ा भी अलग है तो वो आईडिया काम करेगा।

आप अगर सोशल या रूरल सेक्टर में काम करना चाहते हैं तो आपको बदलाव के लिए हमेशा तैयार रहना होगा। कई बार ऐसा होता है कि आपके पास एक टार्गेट होता है, और अचानक आपका सप्लायर दो महीने के लिए गायब हो जाता है क्योंकि उसके घर में शादी है! जाहिर है, इससे बहुत हताशा होती है। लेकिन आपको सब्र रखना होगा। मैं कभी नहीं डरी। मैंने एक बार भी नहीं सोचा कि ये काम नहीं करेगा। मैं बिज़नेस-माइंडेड नहीं हूं, और अगर मैं ये काम कर सकती हूं तो कोई भी कर सकता है!

सलाद पत्तों वाले

समर गुप्ता
त्रिकाया एग्रीकल्चर

शहर में पैदा हुए समर के बड़े ख्वाब नहीं थे। लेकिन ज़िंदगी चुनौती देती रही और उन्होंने तय किया कि चुनौतियों का सामना सामने से किया जाएगा। पिछले एक दशक में त्रिकाया एग्रीकल्चर ने एक हॉबी को एक फलते-फूलते बिजनेस में तब्दील कर दिया है। भारत में क्या-क्या उगाया जा सकता है, उस सोच की सीमाओं के तोड़ते हुए नई चीजें पैदा कर रहा है।

आप समर गुप्ता जैसे लोगों से मिलते हैं तो उनके बिजनेस कार्ड पर 'मैन्युफैक्चरिंग' या 'कन्सलटिंग' जैसा कुछ लिखा होता है। लेकिन कोई ये ठीक-ठीक नहीं जानता कि वे आख़िर करते क्या हैं।

सच तो ये है कि वे वाकई कुछ नहीं करते क्योंकि उन्हें कुछ करने की जरूरत नहीं होती। समर भी उन्हीं लोगों में से एक हो सकते थे।

त्रिकाया एडवर्टाइजिंग के फाउंडर रवि गुप्ता के बेटे समर को ज़िंदगी की सभी सहूलियतें हासिल थीं। 32 साल की उम्र में समर अपने पिता के हॉबी बिजनेस--खेती--की देख-रेख करते हुए खुश थे।

लेकिन जागने का और कुछ करने का लम्हा तब आया जब रवि गुप्ता की 59 साल की उम्र में अचानक मौत हो गई। एक ऐसी कंपनी, जो महीने के दो लाख रुपए गंवा रही थी, को चलाने की कोशिश करना अपने आपमें एक पागलपन था।

लेकिन चुनौतियां हममें से हमारा सबसे मजबूत हिस्सा निकालकर बाहर लाती हैं। समर ने जिम्मेदारियां उठा लीं और अपने मजबूत इरादों के साथ काम में जुट गए। उसके बाद बिजनेस का क्या हुआ, ये अपने आपमें एक कहानी है।

समर इस बीच पेड़-पौधों से प्यार करने लगे, फल-फूलों के बीच रहने लगे और हर लिहाज से मिट्टी की संतान बन गए।

समर की कहानी बताती है कि आप चाहे चांदी के चम्मच के साथ पैदा हुए हों, या फिर लकड़ी के, ज़िंदगी जीने का मतलब उसके मानी ढूंढ़ना होता है। कुछ ऐसा करना होता है जो आपकी रूह को झिंझोड़ दे, आपकी चेतना को जगा डाले।

सलाद पत्तों वाले

समर गुप्ता
त्रिकाया एग्रीकल्चर

समर गुप्ता तीसरी पीढ़ी के मुंबईकर हैं।

"मेरे दादाजी हरियाणा से आए थे। मैं नेपियन सी रोड में पला-बढ़ा। लेकिन क्लास फाइव के बाद मैं हॉस्टल रहने चला गया--अजमेर के मेयो कॉलेज में।"

समर का कभी भी पढ़ाई में बहुत मन नहीं लगता था। उन्हें पढ़ना जरूर अच्छा लगता था, लेकिन वे कभी भी उन बच्चों में से नहीं रहे जो रात भर बैठकर इम्तेहानों की तैयारी किया करते थे। उनके परिवार से भी किसी तरह का कोई दबाव नहीं था।

"मेरे पिता, रवि गुप्ता एडवर्टाइजिंग में थे। और हर लिहाज से वे बहुत बहुत लिबरल थे।"

रवि गुप्ता एड की दुनिया में लेजेंड थे। वे सत्तर के दशक में एक एजेंसी में क्लायंट सर्विसिंग डिपार्टमेंट में थे। लेकिन वो एजेंसी बंद हो गई और नौकरी चली गई।

पैंतीस साल की उम्र में रवि गुप्ता ने अपनी एजेंसी शुरू की--त्रिकाया।

"मैं उस वक्त 12 साल का था और मुझे याद है कि शुरू के दो साल उन्होंने बहुत संघर्ष किया। उन्हें कोई एडवर्टाइजिंग क्लायंट्स नहीं मिलते थे, इसलिए वे सारा दिन दौड़ते रहते थे और प्रिंट का काम लेकर आते थे, जैसे कैलेंडर वगैरह प्रिंट करना।"

उसके बाद त्रिकाया को थम्स अप का कैंपेन मिल गया और उसके बाद एजेंसी ने कभी पीछे मुड़कर नहीं देखा।

एजेंसी एक किस्म की 'क्रिएटिव हॉटशॉप' बन गई, अपने समय की एक मिसाल।

उस दौरान बिना किसी लक्ष्य के समर पढ़ाई करते रहे। पहले सेंट जेवियर्स में दाखिला लिया और वहां लिबरल आर्ट्स पढ़ने लगे। फिर दो साल के बाद बॉस्टन की टफ्ट्स यूनिवर्सिटी में पढ़ने चले गए।

"वो बहुत अच्छा अनुभव रहा। मैंने ग्रीक ट्रैजेडी के साथ इकोनॉमिक्स की पढ़ाई की, टाइपिंग और कम्पेरेटिव लिटरेचर साथ में पढ़ा। लेकिन आख़िर में मैं घर लौट आया।"

साल था 1986। अब आसान रास्ता ये था कि त्रिकाया एडवर्टाइजिंग ज्वाइन कर लिया जाए। अपने ही काम में वक्त लगाया जाए और अपने बॉस यानी अपने पिता से एक दिन बिजनेस की कमान ले ली जाए।

लेकिन ऐसा होना नहीं था।

"मैंने त्रिकाया में कुछ दिनों तक ट्रेनिंग ली। लेकिन मेरे पास इस तरह के काम का एप्टीट्यूड ही नहीं था। मैं बहुत ज़्यादा खुलकर बोलता हूं, किसी और के लिए काम करना मुझे बिल्कुल पसंद नहीं और मुझे स्ट्रक्चर में काम करने से कोफ्त होती है।"

तो उन्होंने वो किया जो कर सकते थे। अपनी ही फैमिली के एक और बिजनेस, प्रिंटिंग प्रेस में बॉस हो गए। उनकी मां ये प्रेस चलाया करती थीं, जहां ग्रीटिंग कार्ड्स छपते थे।

"यहां सबसे ख़ास बात ये थी कि मुझे किसी को रिपोर्ट नहीं करना होता था।"

अपने लिए अपने ही बेंचमार्क, अपने ही पैमाने तय करने होते थे।

समर को इसमें मजा आने लगा और वे खूब मेहनत भी करने लगे। एक ही क्लायंट दिन में तीन बार फोन करता, तुरंत आने को कहता और फिर अगले काम के लिए डिटेल्स देता।

"मैं ट्रेन में बैठ जाता, कलीना पहुंचता--कई बार दिन में दो-दो बार।

आप जब युवा होते हैं तो आपमें इतनी एनर्जी भी होती है," समर हंसते हुए कहते हैं।

लेकिन उसे करने के लिए मोटिवेशन चाहिए। और उससे बड़ा थ्रिल ये कि नुकसान में चल रही एक कंपनी को कैसे मुनाफे में पहुंचाया जाए। दो सालों के भीतर प्रेस महीने के डेढ़ लाख रुपए कमाने लगा। 1988 में इतने पैसे बहुत होते थे।

समर ने अपने पिता से कहा, "मुझे ये समझ नहीं आता कि जब मैं मुनाफा कमा रहा हूं तो पांच हजार की सैलरी क्यों लूं? मुझे अपना बिजनेस चाहिए।"

पिता ने कहा, "बेटा ये फैमिली बिजनेस है।"

समर ने कंपनी छोड़ दी।

"मैं मुंह फुलाए नाराज बैठा रहा। पार्टियां करता रहा। मैं और मेरे पिता लड़ चुके थे, लेकिन हम फिर भी एक ही घर में रह रहे थे। मेरे पिता में बहुत सब्र था। वे मेरी बहुत सारी बदतमीजियां बर्दाश्त करते थे।"

बाद में रवि गुप्ता ने समर को फिरोज इंजीनियर नाम के एक दोस्त से मिलवाया, जो जितने विलक्षण थे उतने ही सनकी भी थे। फिरोज ने 'सीजफायर' नाम की एक कंपनी शुरू की थी, और उन्होंने समर के सामने नौकरी का प्रस्ताव रखा। अपने तीसरे कर्मचारी के रूप में।

"मेरे लिए ये दिलचस्प था क्योंकि फिरोज बहुत तेज थे। उनके साथ काम करते हुए मुझे दिन में कम से कम एक बार ऐसा जरूर लगता था कि ये आदमी क्या दिमाग लेकर पैदा हुआ है... मैंने तो ऐसा सोचा ही नहीं था।"

'सीजफायर' में समर ने तीन साल गुजारे और इन तीन सालों में उन्होंने बहुत कुछ सीखा। कंपनी तीन लोगों से बढ़कर एक हजार तक पहुंच गई। फिरोज इंजीनियर के असिस्टेंट (या चमचा, जैसा कि समर खुद को बताते हैं) के तौर पर समर को बहुत कुछ सीखने का मौका मिला।

"मैं सीजफायर की पूरी एडवर्टाइजिंग हैंडल करता था, होर्डिंग्स खरीदता था, ये तय करता था कि सारे काम वक्त पर हों। क्योंकि फिरोज खुद सनकी

थे, मेरे लिए उनके साथ काम करना आसान था। तीन साल के आखिर में मैं उनसे भी लड़ गया और फिर मैंने नौकरी छोड़ दी।"

साल था 1992 और एक बार फिर समर बिना किसी रोजगार के थे। एक बार फिर पार्टी करने और बिना किसी प्लान के ज़िंदगी जीने का सिलसिला शुरू हो गया।

रवि गुप्ता ने एक बार फिर कहा, "बेटे, मुझे तुम्हारी मदद की जरूरत है।"

इस वक्त तक त्रिकाया एडवर्टाइजिंग एजेंसी सफलता के कई मुकाम छू चुकी थी। लेकिन रवि को समर की मदद अपने एक और वेंचर के लिए चाहिए थी। रवि के लिए वो वेंचर नहीं था, जुनून था।

"मेरे पिता ने लोनावला से चौदह किलोमीटर आगे छह एकड़ जमीन खरीदी थी, जो पहाड़ी थी और जंगल थी। हर शुक्रवार शाम पांच बजे वे डेक्कन क्वीन में बैठ जाते, दो रातें उस जमीन पर गुजारते और संडे की शाम की ट्रेन लेकर वापस बॉम्बे आ जाया करते।"

मकसद था शहर से दूर जाकर, प्रकृति के सान्निध्य में कुछ वक्त गुजार पाना। और वहां कोई फार्महाउस नहीं था। सिर्फ फार्म थे--खेत और झोपडपट्टी जैसा एक घर था जिसमें बाथरूम भी नहीं था।

"आपको शौच के लिए भी जंगल में जाना पड़ता था। मेरे पिता को वहां बहुत अच्छा लगता था और धीरे-धीरे मुझे भी आदत पड़ने लगी। मेरे भाई-बहन वहां शायद ही आना चाहते थे। उन्हें शहर की ज़िंदगी अच्छी लगती थी।"

त्रिकाया की किस्मत बेहतर हुई तो प्रॉपर्टी को थोड़ा और बेहतर बनाया गया। एक पक्का मकान बना, लेकिन खेत अभी भी थे। वैसी जमीनें थीं जहां फसलें उगाई जा सकती थीं।

"अगर मेरा कोई और पार्टनर होता तो मैं उससे भी लड़ लेता। मैं अब जो भी गलतियां कर रहा था, वे सब मेरी जिम्मेदारी थी... और मैं बहुत सारी गलतियां करता था!"

"मेरे पिता चाहकर भी वहां नहीं जा पाते थे... वे हमेशा वहां कुछ करना चाहते थे। सब्जियां उगाना चाहते थे।"

लेकिन वो भी अलग तरीके से। अगर पूरी दुनिया टमाटर, कद्दू और बैंगन उगा ही रही है तो फिर वही क्यों करना? क्यों नहीं कुछ अलग किया जाए?

"मेरे पिता साल में एक बार विदेश जाया करते थे, तो वहां से बीज लेकर आते थे--सलाद के पत्ते, चाइनीज कैबेज, ब्रोकोली। और हम भी वही लगाया करते थे।"

लोग कहते थे, "आप लेट्यूस भारत में नहीं लगा सकते। यहां बहुत गर्मी होती है। उगेगा ही नहीं!"

चुनौती जितनी बड़ी होती है, काम में मजा भी उतना ही आता है। पूरा का पूरा ऑपरेशन ट्रायल एंड एरर की बदौलत हो रहा था। पांच बार अगर फसल लगती तो एक बार जाकर उससे कुछ निकल पाता था।

"पहले पांच साल तो हमने खुद ही उगाया, खुद ही खाया। अपने दोस्तों को दिया। क्योंकि ये बिजनेस तो था नहीं। लेकिन 1987 में पांच साल की कोशिश के बाद मेरे पिता ने तय किया कि इस काम को गंभीरता से करना है।"

लोनावला प्लॉट को कुंए के पानी से सींचा जा रहा था, जब कुंआ सूख जाता था तो फसल भी सूख जाती थी। तब रवि गुप्ता ने तालेगांव में जमीन का एक और टुकड़ा लीज पर लिया जो मुल्शी नदी के ठीक बगल में था।

अब आप एक्जॉटिक सब्जियां तो उगा सकते थे। लेकिन बाजार कहां था? छोटा सा बाजार था--पांच सितारा होटलों का, एयर किचन का या फिर पेडर रोड पर किसी सब्जी वाले का। रवि गुप्ता को लगता था कि उन्हें माल बेचकर काम निकाला जा सकता है।

"त्रिकाया एग्रीकल्चर का इन्कॉरपोरेशन 1991 में हुआ, लेकिन वो मुश्किल दौर था। जब मैंने काम शुरू किया तो हर महीने दो लाख का नुकसान हो रहा था।"

उदारवाद का दौर शुरू ही हुआ था। शेयर मार्केट उछाल पर था। रवि गुप्ता एक सफल बिजनेस से पैसे निकालकर ऐसे काम में लगा रहे थे जिसके बारे में कोई गारंटी नहीं थी।

समर ने कहा, "आप मार्केट में ही पैसे क्यों नहीं लगा देते? अपना रिटायरमेंट फंड बनाइए!"

लेकिन रवि गुप्ता ने किसी की नहीं सुनी।

"इस एक बात की क्रेडिट तो मैं उन्हें देता ही हूं। उनके पास बिजनेस शुरू करने का विजन था और उसको चलाने का दम भी था।"

समर को लगा कि यहां उनकी जरूरत है, और उन्होंने पिता की मदद करने के लिए मार्केटिंग संभालने का फैसला किया।

"मैं सारे फाइव स्टार होटलों में गया और उन सबसे कहा, हम आपको ब्रोकोली दे सकते हैं। आपको आईसबर्ग लेट्यूस दे सकते हैं। आप जो भी चीजें इम्पोर्ट कर रहे हैं, हम एक-चौथाई कीमत पर आपको दे सकते हैं।"

शेफ बहुत खुश हुए, लेकिन कुछ ही हफ्ते बाद समर उदास होकर लौटे। पांच में से चार फसलें अभी भी नहीं हो पा रही थीं, फिर क्या गारंटी थी कि सप्लाई दिया जा सकेगा?

"आप एक बार ऐसा कर सकते हैं। दो बार ऐसा कर सकते हैं। लेकिन उसके बाद नहीं कर सकते। मेरा मेरे पिता से बहुत जबर्दस्त झगड़ा हुआ।"

दो टन चाइनीज कैबेज को मार्केट करने का क्या फायदा था, जब आप बीस किलो ही पैदा कर पा रहे थे? क्लायंट को आखिर बेचते क्या?

"मैंने अपने पिता से बहुत खराब तरीके से बात की। मैंने उनसे कहा कि वे पतंग उड़ाने की कोशिश कर रहे हैं।"

रवि गुप्ता को तकलीफ जरूर पहुंची, लेकिन अपने शांत स्वभाव के अनुरूप उन्होंने धीरे से कहा, "मेरे साथ फार्म चलो। तुम्हें दिखाता हूं कि मैं वहां क्या कर रहा हूं।"

गर्मी का मौसम था। बल्कि भयंकर गर्मी थी। फार्म पर एक मैनेजर था जिसका नाम किशोर था। उसने वादा किया था कि सात दिनों में ट्रक भरके चाइनीज कैबेज होगा।

"जब मैंने मार्केट से 32 प्रतिशत इन्टरेस्ट पर लोन लिया तो मुझसे कहा गया, ये दाऊद भाई का पैसा है। ताकि मुझे ये मालूम रहे कि पैसा हर हाल में वापस करना है।"

रवि गुप्ता ने कहा, "चलो देखते हैं।"

कोई पक्की सड़क नहीं थी। दोपहर की चिलचिलाती धूप में ट्रेक करने के बाद बाप-बेटे प्लॉट पर पहुंचे। देखा कि जिस जमीन पर कैबेज लगाने की बात थी उस पर तो हल भी नहीं चला था, बीज भी नहीं डाले गए थे।

किशोर सरासर झूठ बोल रहा था।

"हमने एक-दूसरे की ओर देखा और कहा, ये है। इसके खिलाफ जूझना है हमें!"

किशोर को वहीं काम से हटा दिया गया। इम्पोर्टेड बीज ड्रम में बिखरे हुए मिले। बर्बादी का आलम ऐसा था कि देखा न जाए।

"मेरे पिता को प्रोफेशनल लोगों के साथ काम करने की आदत थी। अगर बॉम्बे में आप मैनेजर को कोई काम करने को कहते हैं तो काम हो जाता है। आपको पर्सनली चेक करने की जरूरत नहीं होती, न माइक्रो मैनेज करना पड़ता है!"

इतनी मुश्किलों के बाद भी रवि गुप्ता ने हार नहीं मानी। वे प्रोडक्शन करते रहे। और समर को मार्केटिंग का काम देखने में खुली छूट दे दी। साथ ही कंपनी में पचास प्रतिशत हिस्सेदारी दे दी ताकि समर का काम में मन लगे।

बावजूद इसके 1997 में त्रिकाया एग्रीकल्चर नुकसान में जा रहा था।

"मुझे एक ऐसा महीना भी याद है जब लोगों की पगार चुकाने के लिए पैसे नहीं थे हमारे पास। मेरे पिता ने त्रिकाया के अकाउंटेंट को बुलाया और एक लाख रुपए का चेक दे दिया।"

ऐसे ही शायद काम चलता रहता, धीमे-धीमे, आराम-आराम से, अगर किस्मत ने दखलअंदाजी न की होती।

1996 में रवि गुप्ता को पेट का कैंसर हो गया। मई 1997 में उनकी मौत हो गई, 59 साल की उम्र में।

"उन्होंने तो मरने के बारे में बात ही नहीं की थी कभी... संपत्ति के बंटवारे के बारे में तो छोड़ ही दीजिए। सबकुछ इतना अचानक हुआ।"

परिवार की किस्मत अच्छी थी। ग्रे एडवर्टाइजिंग ने पहले ही त्रिकाया एडवर्टाइजिंग में 55 प्रतिशत हिस्सेदारी खरीद ली थी। वे बाकी का हिस्सा भी खरीदना चाहते थे। नरोत्तम शेख सरिया उस समय गुजरात अंबुजा के एमडी थे, जो कि त्रिकाया का बड़ा क्लायंट हुआ करता था। नरोत्तम रवि के नजदीकी दोस्तों में से भी एक थे।

उन्होंने डील में मध्यस्थता की और सब कुछ आराम से हो गया।

"मेरी मां ने एक कमाल की चीज की, जो शायद ही किसी बनिया परिवार में होती होगी। उन्होंने मेरे पिता के एस्टेट को पांच हिस्सों में बांटा, दो अपने पास रखे और एक-एक हमें दे दिए।"

किस्मत अच्छी थी। आपको शायद आगे काम करने की जरूरत नहीं थी।

लेकिन दरअसल सबकुछ इतना आसान था नहीं। पैसा तो बहुत था, लेकिन शुरू के तीन सालों तक उस पैसे को हासिल करना मुश्किल था। फिर समर को छोटा हिस्सा मिला। पैसे के बदले शेखसरिया ने त्रिकाया एग्रीकल्चर समर के नाम कर दिया।

उन्होंने कहा, "समर हो सकता है तुम्हें आज इसकी अहमियत समझ में न आए। लेकिन एक दिन तुम मुझे इसी बात के लिए शुक्रिया अदा कर रहे होगे।"

समर नरोत्तम शेखसरिया के वाकई शुक्रगुजार हैं।

"सबसे अच्छी डील, जो आज तक मुझे मिली," समर कहते हैं।

कंपनी नुकसान में थी और सबने इसे छोड़ने में भलाई समझी। लेकिन समर को इसमें क्षमता नजर आई, और सुरंग के आखिर में रोशनी की एक

किरण भी।

"अगर इसके शेयर मेरे भाई-बहन में बंटते, तो मुझे उनको जवाब देना होता। मैं शायद उस तरीके से काम नहीं कर पाता जैसे अब कर रहा हूं। मैं गलतियां करता रहा, लेकिन उन गलतियों से सीखता भी रहा।"

और वे गलतियां क्या थीं?

1997 में त्रिकाया एग्रीकल्चर के पास पच्चीस लाख रुपए का रेवेन्यू था और महीने दर महीने कंपनी नुकसान में जा रही थी। सबसे पहले समर को नुकसान को बंद करना था।

"डैड सपने देखते थे। उन्होंने कहा था, 'मैं इंडियन मार्केट से दुखी हो चुका हूं। मैं एक्सपोर्ट करना चाहता हूं।' तो हम ऑस्ट्रेलिया को स्नो पी (एक किस्म की मटर) एक्सपोर्ट कर रहे थे।"

ये फायदे का सौदा नहीं था। दो सालों में कंपनी ने पच्चीस लाख का नुकसान झेला ताकि ये एक्सपोर्ट किया जा सके।

"जैसे ही मेरे पिता गुजरे, मैंने एक्सपोर्ट बंद कर दिया। मैं पर्थ गया और वहां खरीददार से मिला। वो हमसे झूठ बोल रहा था, कह रहा था कि हम खराब माल भेज रहे हैं।"

सभी बिजनेस में ऐसे लोग होते हैं जो झूठ बोलते हैं, धोखे देते हैं।

"सब्जियों के व्यापार में?" समर कहते हैं। "आपको बड़ी मुश्किल से कोई ईमानदार इंसान मिलेगा।"

समर ने दिया, ईंट का जवाब पत्थर से। लोगों के साथ कोमलता से पेश नहीं आना, नहीं तो वे आपका फायदा उठाएंगे।

"मेरे पिता कहते रहते थे कि हमें वेन्डरों से रिश्ते कायम रखने चाहिएं। वे गर्मियों में उन्हें सस्ते में सब्जियां देते थे--तब भी जब हम लोग इकलौते

> "मैं आक्रामक हो जाता हूं, मुंह पर सारी बातें बोल देता हूं।
> मुझे लगता है कि इस बिजनेस में ऐसा करना जरूरी है।
> यहां शार्क भरे पड़े हैं।"

ऐसे किसान थे जो लेट्यूस बेच पाते थे। आईडिया ये था कि वेंडर भी सर्दियों में हमसे सब्जियां खरीदेंगे।"

सचाई तो ये थी कि जाड़े में वैसे भी बहुत सारी सब्जियां होती थीं और वेन्डर उसी से खरीदते थे, जो सबसे सस्ती सब्जियां बेचता था।

"मैंने एक *मॉर्निंग* प्राइस शुरू किया--वो प्राइस जो सब्जियों की उपलब्धता के हिसाब से घटता-बढ़ता था। आपको सब्जियां लेनी हैं, तो लीजिए वरना रहने दीजिए!"

लोगों ने कानाफूसी की, "रवि गुप्ता इतने महान आदमी थे... ये लड़का सब बर्बाद कर देगा।"

समर ने इस तरह की बातों पर कोई ध्यान नहीं दिया। यहां लोकप्रियता के लिए कोई अवॉर्ड नहीं दिया जाना था। बात टिके रहने की थी। अपना वजूद बचाने की थी।

"फार्म फैक्टरी चलाने की तरह नहीं होता है। कई सारी चीजों का असर पड़ता है उस पर। बहुत ज़्यादा धूप। बहुत कम धूप। बहुत ज्यादा बारिश। बहुत कम बारिश... अगर मैनेजर बेवकूफ बना रहा है तो आपके लिए अगले हफ्तों तक के बहाने तैयार रखेगा वो!"

आपको ऐसे लोगों की जरूरत होती है, जिन पर आप भरोसा कर सकते हैं, जो काम पूरा कर सकते हैं। समर ने फार्म पर आधे से ज्यादा लोगों को काम से हटा दिया। वे काम ठीक से कर नहीं रहे थे। बड़े साहब की भलमनसाहत का फायदा उठा रहे थे।

अब रवि गुप्ता नहीं थे। कोई अन्नदाता नहीं था। कंपनी के लिए कोई लाइफ सपोर्ट भी नहीं था। बल्कि समर ने लोन भी लिया--वो भी 32 प्रतिशत इन्टरेस्ट पर, ताकि शुरू के कुछ महीने काम निकाला जा सके। स्टाफ को पैसे दिए जा सकें, ट्रैक्टर चलाए जा सकें।

"बिजनेस को चलाना और कैशफ्लो को बचाए रखना मुश्किल होने लगा। मेरे लिए वो सचाई से रूबरू होना था।"

वेन्डरों और कर्मचारियों के साथ की गई सख्ती का फायदा दिखाई देने लगा। सबको ये समझ में आने लगा कि समर बिजनेस को बिजनेस की तरह

देख रहे थे।

"मैं शायद खुशकिस्मत था। मैं सही वक्त पर सही जगह था," समर कहते हैं।

एक्जॉटिक सब्जियों की मांग बढ़ने लगी। समर ने क्रॉफोर्ड मार्केट में छोटी सी जगह ले ली और वहां खूब सेल होने लगी। सबसे ज्यादा ब्रोकोली और आईसबर्ग लेट्यूस बिकता था।

"आइसबर्ग, खासतौर पर, भारत के मौसम में उगाना मुश्किल होता है। इसलिए अभी भी हमारे लिए ये फख्र की बात है। त्रिकाया की यही खासियत अभी भी उसकी पहचान है।"

इसके पीछे राज क्या था? हर बारीकी पर ध्यान--अटेंशन टू डिटेल। छोटी-छोटी कई सारी चीजें। सही बीज का आयात। लगातार खरपतवार निकालते रहना। ड्रिप इरिगेशन का इस्तेमाल। और सबसे जरूरी--कोल्ड स्टोरेज।

"मजेदार बात ये है कि कोल्ड स्टोरेज पर्थ के क्लायंट के लिए बनाया गया था। उस काम के लिए तो कोई फायदा नहीं हुआ, लेकिन उस कोल्ड स्टोरेज से हमें तब मदद मिली, जब हमने भारत में मैकडोनाल्ड्स को लेट्यूस सप्लाई करना शुरू किया।"

ज़िंदगी अजीब तरीके से चलती है। पहले दो सालों में किसी तरह वहां बने रहना था। फार्म में दस घंटे लगकर काम करना था--या फिर ऑफिस में घंटों रिसर्च करना था। नई तकनीक सीखना था, नए पौधे उगाना था। इंटरनेट पर मौजूद जानकारियां हासिल कर अपना ज्ञान बढ़ाना था।

एक बात और समर को समर को समझ में आ गई थी--खेती करना रॉकेट साइंस नहीं है। आपको इजरायली सहयोग से ग्रीन हाउस लगाने की जरूरत नहीं है। बल्कि जितनी भी कंपनियों ने इस तरह के ताम-झाम के साथ काम किया, उनकी कंपनी बंद हो गई।

"टेक्नॉलोजी सिंपल हो सकती है, मिसाल के तौर पर इन सीडिंग ट्रे को देखिए," समर मुझे एक ट्रे दिखाते हैं जो फ्रिज से निकले आइस ट्रे की तरह लग रहा है। "आप पहले महीने में पौधे की देखभाल करेंगे, तो जाहिर है, उसके बचने की उम्मीद ज़्यादा होगी।"

"जब मेरे पिता पहली बार ब्रोकोली लेकर क्रॉफर्ड मार्केट गए तो होलसेल वेन्डर हंसने लगे। कहा, ये तो सड़ी हुई गोभी है। वे फूल गोभी की कीमत पर भी ब्रोकोली खरीदने को तैयार नहीं थे!"

ट्रे में नारियल का डस्ट है, मिट्टी नहीं। इसलिए बीज को पैथोजन नहीं मिलता। ट्रे को ग्रीनहाउस में एक महीने के लिए रखा जाता है। फिर वहां से वर्कर प्लग* निकाल देते हैं और उन्हें खेतों में डाल देते हैं। पौधे तब धूप, बारिश और हवा के लिए पूरी तरह तैयार होते हैं।

ये एक महंगी प्रक्रिया है। हर ट्रे की कीमत ढाई सौ रुपए है। त्रिकाया के पास ऐसे 5000 ट्रे हैं, यानी कुल पंद्रह लाख सिर्फ ट्रे खरीदने में लगे हैं।

"आप हमेशा पैसे बचाना चाहते हैं। सस्ता सामान लेने का मन होता है। लेकिन मैंने ये भी सीखा है कि आप अगर शॉर्टकट लेते हैं तो आपको असफलता ही हाथ लगेगी। हमने ये एक सबक सीखा है।"

दूसरा सबक--कभी अपने सारे अंडे एक ही बास्केट में मत डालिए। अपने बीज अलग-अलग जगह डालिए। रिस्क को कम करने की कोशिश कीजिए। और ये कई तरीके से किया जा सकता है।

फसलों को मिक्स कीजिए। त्रिकाया एक्जॉटिक सब्जियां लगाने वाली पहली कंपनी थी--बेबी कॉर्न, चेरी टोमैटो, येलो स्क्वैश।

"हमने मार्केट तैयार किया। पैसे कमाए। फिर छोटे किसानों ने हमारी तरह सब्जियां लगानी शुरू कर दीं और कीमतें गिर गईं। हमारे लिए फिर से सब्जियां उगाना मुश्किल होने लगा!"

इसलिए त्रिकाया पांच या दस तरह की नहीं, बल्कि अस्सी तरीके की सब्जियां उगाता है। इनमें से तो कई की बिल्कुल डिमांड नहीं है।

समर एक गहरे हरे रंग की पत्तियां दिखाते हैं, "ये देखिए। ये स्विस चार्ड है। मेरे पास इसके बहुत सारे कस्टमर नहीं हैं। लेकिन हम फिर भी

* प्लग ऐसी यूनिट है, जिससे पौधों को बिना जड़ से उखाड़े कहीं और लगाया जा सकता है।

इसे प्रोमोट कर रहे हैं।"

फेनल, पार्सले, चाइव्स, पैन्डनस लीव्स... पांच-सितारा होटल की मेन्यू के बारे में सोचिए, और वो सारी सब्जियां यहां आपको मिलेंगी। यहां हवा में भी हर्ब्स की खुशबू बिखरी हुई है। लेकिन अगर किसानों ने ये भी लगाना सीख लिया तो?

लेट्यूस अभी भी त्रिकाया का ट्रंप कार्ड है।

"हमारे आईटम की खासियत ये है कि इन्हें बोरियों में नहीं ठूंसा जा सकता। हम सब्जियों को निकालने के बाद उन्हें दो से चार सेंटीग्रेड पर रखते हैं, उन्हें रेफ्रीजरेटेड वैन्स में पहुंचाते हैं। एक आम किसान ये काम नहीं कर सकता!"

और ऐसे प्लांट में निवेश भी नहीं कर सकता जहां जर्मन वैक्युम पैकिंग मशीन लगी हो। सबवे का कॉन्ट्रेक्ट हासिल करने के लिए समर ने यही किया। आज सबवे त्रिकाया का सबसे बड़ा खरीददार है। और सैंडविच में डाले जाने वाले इस ख़ास पत्ते का सबसे बड़ा सप्लायर भी।

इस हाइजिनिक फैसिलिटी में दास्ताने और टोपी लगाए हुए वर्कर सलाद की पत्तियों को चुन रहे होते हैं। फिर ताजा पत्तों को वैक्युम-पैक किया जाता है और इस तरह सब्जियों को सात दिन तक की शेल्फ लाइफ दी जाती है।

"मैकडोनल्ड्स और सबवे को सब्जियां सप्लाई करना एक बड़ा बिजनेस है। मैकडॉनल्डेस अकेले महीने में तीस टन पत्ते खरीदता है। हम ओबेरॉय को दिन में पांच किलो पत्ते सप्लाई करते हैं।"

इसके अलावा 160 बड़े खरीददार और हैं।

उनके शेफ स्वीट मार्जोरम भी खरीदते हैं और इसके अलावा कुछ और सब्जियां भी। त्रिकाया को उम्मीद है कि एक दिन ये एक्जॉटिक सब्जियां जल्द ही लोगों के घरों में डिनर टेबल पर भी नजर आएंगी।

"हम हर साल पच्चीस प्रतिशत की रफ्तार से बढ़ रहे हैं। इसलिए क्योंकि देश में लोगों के खाने का तरीका बदला है। लोग नई-नई चीजों के साथ प्रयोग करने को तैयार हैं!"

दस साल पहले क्रॉफोर्ड मार्केट में सिर्फ चार स्टॉल ऐसे थे जो एक्जॉटिक

सब्जियां बेच रहे थे। अब चालीस हैं।

"लेकिन सब के सब ट्रेडर हैं। एक हम ही हैं जो उगाते भी हैं, बेचते भी हैं। कोई दलाल नहीं है बीच में। कस्टमर अगर सौ रुपए खर्च कर रहा है तो उसका अस्सी रुपया त्रिकाया को जाता है।"

और याद रखिए, ये टैक्स फ्री आमदनी है। एक ऐसी सहूलियत, जो सिर्फ खेती के सेक्टर को मिली हुई है।

"मैं जानता हूं कि खेती को टैक्स फ्री रखना मेरे जैसे लोगों के लिए नहीं था। लेकिन है तो ऐसा ही..." समर कहते हैं।

एक आउटसाइडर के तौर पर समर ने काफी कुछ सीखा है। और ये भी सीखा है कि लो प्रोफाइल रखने में ही फायदा है।

"दो साल पहले हमारे फार्म पर टपोरी प्रॉब्लम हो गई थी। आस-पास के लोगों ने कहा, आपको सिर्फ और सिर्फ हमारे लोगों को काम देना होगा। उन्होंने तोड़-फोड़ मचाने की धमकी दी।"

समर ने अपना हेड ऑफिस इंदुरी में शिफ्ट कर दिया। जमीन लीज पर ली गई है, त्रिकाया की नहीं है। इसका मतलब ये कि 'लोकल दादा' को आराम से जीतने दिया गया।

अपने सारे बीज एक ही फार्म में मत डालिए। समर अलग-अलग जगहों पर काम फैला रहे हैं।

1997 में त्रिकाया के पास तालेगांव में एक फार्म था, जो 55 एकड़ था। अब सात फार्म हैं, 225 एकड़ के। इनमें से ज़्यादातर पुणे के आसपास हैं। 12 एकड़ ऊटी में है और 22 एकड़ कोंकण में।

"कोंकण में हम अल्ट्रा-ट्रॉपिकल फसलें उगा रहे हैं और ऊटी में फल और सब्जियां, जो ठंडी जगहों पर होती हैं।"

लेकिन इतना सब कुछ मैनेज कैसे होता है? ये देखना कि बीज सही वक्त पर डाला जा रहा है या नहीं, ट्रांसप्लांट सही वक्त पर हो रहा है या नहीं। पौधे स्वस्थ हैं या नहीं।

ये सब कुछ सिस्टम और खेत में काम कर रहे वर्करों की बदौलत हो पा रहा है।

फील्ड मार्शल हैं हरि मांजे गौड़ा, जिन्हें समर तबसे जानते हैं जब वे
13 साल के थे।

"जब वे गांव से आए थे, तब सिर्फ कन्नड़ जानते थे। एक ही साल
में उन्होंने हिंदी, मराठी, इंग्लिश--सब सीख ली और एजेंसी का एडमिन काम
भी देखने लगे।"

लेकिन डेस्क जॉब में उनका मन नहीं लगा। इसलिए 1989 में उन्हें
फार्म पर भेज दिया गया।

"हरि ने किशोर के हाथ से काम ले लिया। सब काम खुद सीखा और
खुद चमकते रहे।"

हरि समर के विश्वासपात्र हैं। फार्म का सारा काम उन्होंने अकेले संभाल
रखा है। एग्रीकल्चर के दो ग्रेजुएट्स के साथ मिलकर वे पूरा काम देखते हैं।
ये दो ग्रेजुएट्स हैं--सत्यवान पवार और रवि वाग, जो कई सालों से त्रिकाया
के साथ हैं।

"इन तीन लोगों के साथ मिलकर मैं सातों फार्म की आसानी से देखरेख
कर पाता हूं। मेरे लिए बल्कि माइक्रो-मैनेज करने की जरूरत भी नहीं है,"
समर बताते हैं।

लेकिन जाहिर है, समर प्लानिंग और स्ट्रैटजी खुद ही देखते हैं।

"मैं सेल्स और डिस्ट्रिब्यूशन टीम के साथ खुद बैठता हूं और देखता
हूं कि कितनी फसल उगाने की जरूरत है।"

त्रिकाया का कारोबार अब साढ़े छह करोड़ रुपए का है। मुंबई के मार्केटिंग
ऑफिस में कंपनी के लिए 35 लोग काम कर रहे हैं, जबकि फार्म पर 240
लोग हैं।

"सब्जियों की खेती में बहुत मेहनत लगती है। ये काम सस्ता नहीं है।
अब दिहाड़ी 120 रुपए हो गई है!"

कई लोग जहां कटौती करते, वहीं त्रिकाया अपने यहां काम करने वालों
को पूरे पैसे देती है। समर के लिए पैसा कमाना मुद्दा नहीं है।

"मैंने सत्रह साल की उम्र में ही तय कर लिया था कि मैं शादी नहीं
करूंगा। मैं बच्चे नहीं चाहता। मैं घरेलू आदमी हूं ही नहीं, जो इस तरह की

जिम्मेदारी उठा सके।"

इसलिए कुछ भी बचाने के पीछे कोई वजह नहीं है।

"मेरे लिए फ्लैट खरीदना या अपने बच्चे को अमेरिका पढ़ने भेजने के लिए पैसे बचाना मुद्दा कभी नहीं रहा। मैं जो भी कमाता हूं, अपने बिजनेस में वापस लगा देता हूं। मैं हर साल और जमीन खरीदता चला जाता हूं।"

समर के लिए सबसे जरूरी चीज है सीखना, और सीखना। और कई दिलचस्प काम करना। त्रिकाया में दोनों के लिए बहुत सारे मौके है।

"लोग कहते हैं, 'अरे तरकारी बेच रहा है'। लेकिन ये अच्छा बिजनेस है। आप सोफिस्टिकेटेड लोगों के साथ डील नहीं कर रहे होते हैं। ज्यादातर लोग अंग्रेजी बोलना जानते ही नहीं, इसलिए कोई हैंग-अप नहीं है।"

और समर बहुत महत्वाकांक्षी भी नहीं हैं।

"मिस्टर शेखसरिया ने मुझसे हाल ही में पूछा, समर क्या तुम त्रिकाया को सात करोड़ से 35 करोड़ तक ले जा सकते हो? मेरे पास कोई जवाब नहीं था।"

2007 में समर ने एक प्रोसेसिंग और कैनिंग यूनिट शुरू की ताकि पिकल्ड अनियन्स और जैलेपीनो जैसे गुरमे फूड बेच सकें। वे बहुत खामोशी से त्रिकाया ब्रांड पर काम कर रहे हैं और अपने रिटेल कस्टमर तक पहुंच रहे हैं।

अगले स्तर तक जाने में बहुत सारे पैसे लगेंगे--पैसे, लोग, ताकत। वैसे निवेशकों की कमी भी नहीं है।

एक सज्जन ने समर से पूछा, "मैं तीस करोड़ लगाने को तैयार हूं। रिस्क मेरा है। फिर तुम्हें किस बात का डर है?"

समर ने जवाब दिया, "इसी बात का तो डर है... ये मेरी ज़िंदगी है। मेरी विरासत है। जो लोग मेरे साथ काम कर रहे हैं, उन लोगों के प्रति जिम्मेदारी मेरी है।"

दिखता बेशक ये आसान और अच्छा बिजनेस हो, कुछ भी आसान नहीं होता। आप बीन्स की बारह किस्में लगाते हैं और उनमें से शायद एक कारगर साबित हो।

"हमारे पास एक स्पेशल प्लॉट है--आर एंड डी प्लॉट, जहां हम लगातार

नए पौधे लगा रहे हैं, नई किस्में लगा रहे हैं। मेरा नया जुनून फल लगाना है।"

मुझे सीताफल की एक किस्म चखने को दी गई है, जिसमें बिल्कुल बीज नहीं है। जल्द ही ये किस्म स्टोर में भी मिलेगी। और ये तो बस एक चीज है।

"मैं पाम हार्ट लगाना सीखने के लिए हवाई गया। गर्मियों में इक्वेडर जाऊंगा, एक ऐसे किसान के साथ रहूंगा जो फल उगाता है। मैं उससे काम सीखूंगा!"

अपने नए शौक के बारे में बात करते हुए समर की आंखों में चमक आ जाती है।

कहते हैं न, कि मेहनत का फल मीठा होता है।

∗

युवा उद्यमियों को सलाह

अगर आप शहर से हैं और फार्मिंग में जाना चाहते हैं तो पहली चीज ये कि जल्दी में मत रहिए। आपको पैसे कमाने की जल्दी नहीं होनी चाहिए। शुरू के दो साल आप सिर्फ सीख रहे होंगे। आपके सामने बहुत सारी समस्याएं आएंगी--वो भी ऐसी जो आपने सोची भी न होंगी।

अपनी जगह बनाएं। देखें कि आपको क्या करना अच्छा लग रहा है। हो सकता है सौ एकड़ के फार्म में ऑल्फॉन्सो उगाना अच्छा बिजनेस हो, लेकिन कई सारे लोग ये काम कर रहे हैं। अगर आपके काम में चुनौतियां हैं तो आपको काम करने में और मजा आएगा। याद रखिए, आप जो लगाएंगे, वही काटेंगे। खेती के मामले में तो ये सबसे बड़ा सच है ही, ज़िंदगी के मामले में भी है।

अच्छे बीज लगाइए और आपको फायदा भी अच्छा होगा।

जुबान

क्रिएटिव लोगों को अपनी बात कहने के लिए प्लेटफॉर्म चाहिए होता है। अगर उनका हुनर सबसे अलग हो तो वो प्लेटफॉर्म भी तैयार हो जाता है। और इस तरह आर्टिस्ट भी उद्यमी बन जाता है।

कहानी कहने वाला

अभिजीत बनसोड़
स्टूडियो एबीडी

यंग एनआईडी ग्रेजुएट अभिजीत बनसोड़ सोचते थे कि ये देसी इंजीनियर वेस्ट से इतने प्रभावित क्यों होते हैं। अभिजीत ने भारतीय धरोहर को हेरिटेज के नाम से संरक्षित किया, टाइटन का रागा कलेक्शन तैयार किया और अब अपनी प्रोडक्ट डिजाइन कंपनी चला रहे हैं।

जब अभिजीत बनसोड़ मुझे अपने ऑफिस का पता ईमेल करते हैं तो मुझे हैरानी होती है।

'लेकव्यू फार्म, ऑफ वाइटफील्ड-ओल्ड एयरपोर्ट रोड।'

मैं बैंगलोर के दो घंटे के ट्रैफिक से होते हुए सुकून भरे इस इलाके में पहुंचती हूं। मुझे रौशनी मिलती है और ऑक्सीजन से भरी हवा मेरे स्वागत में तैयार मिलती है। और मिलते हैं एक बहुत ही कमाल के डिजाइनर।

"अपनी घड़ी दिखाईए मुझे, ये तो रागा है," अभिजीत बच्चे की तरह खुश होकर कहते हैं।

कमाल की बात है कि एक डिजाइनर अभी-अभी मिले एक अजनबी की कलाई पर अपनी ही डिजाइन देखता है।

मैं बताती हूं कि मुझे ये घड़ी क्यों पसंद है और कैसे ब्रेसलेट स्टाईल में घड़ी आराम से कलाई में उतर आती है।

अभिजीत अपना सिर हिलाते हैं कि जैसे ये बात कई बार सुन चुके हों, लेकिन फिर भी इस बात से मन नहीं भरा।

और हो भी क्यों न।

अभिजीत बनसोड़ का ही विजन था कि टाइटन एक डिजाइन-सेन्ट्रिक कंपनी से बदलकर देश की जुबां में देश की कहानियां सुनाने लगी, एकदम देसी डिजाइन में।

अभिजीत की कहानी बताती है कि किसी एक इंसान का जुनून कैसे एक पूरे सिस्टम को बदल सकता है।

आपके पास सब्र होना चाहिए और अगर आप वक्त का इंतजार करने को तैयार हों तो उसका फायदा भी आपको मिलेगा।

और ये भी पता चलता है कि क्रिएटिव लोग और अच्छे बिजनेस मैनेजर मिल जाएं तो दोनों एक-दूसरे के पूरक बन जाते हैं।

और सफलता का एक नया राग सुनाया जा सकता है।

कहानी कहने वाला

अभिजीत बनसोड़
स्टूडियो एबीडी

अभिजीत बनसोड नागपुर में पैदा हुए और वहीं पले-बढ़े। बचपन इत्मीनान से भरा रहा और टॉपर बनने की कोई इच्छा कभी नहीं हुई।

"अस्सी बच्चों की क्लास में पचास के ऊपर रैंक आती थी। इससे मुझे वो करने की आजादी मिली जो मैं करना चाहता था।"

अभिजीत के घर के पास एक झील थी और अंग्रेजों के जमाने के बैरक थे।

"मैं और मेरा भाई पूरी की पूरी गर्मी की छुट्टी वहीं कूदते हुए बिताया करते थे। झील में तैरते थे और घर से बाहर ही रहते थे सारा दिन।"

उनके माता-पिता सरकारी नौकरी में थे। मां एम्पलायमेंट एक्सचेंज में थी और पिता कमिश्नर ऑफिस में।

"तो किस्मत से हमारा घर दिन में खाली होता था..." अभिजीत हंसते हुए बताते हैं।

जिन बच्चों को देखने वाला कोई न हो और उनके पास कोई न हो, ऐसे बच्चों के बारे में सोचकर ही आजकल के पेरेंट्स की नींद हराम हो जाएगी। लेकिन अभिजीत इस बात के लिए शुक्रगुजार हैं।

"हमको इसकी वजह से लोगों के साथ डील करना आया, हालातों के साथ डील करना आया। अपने फैसले खुद लेना आया। आप एक बच्चे को सोचने दीजिए। वो अपने लिए रास्ता निकाल ही लेगा।"

लेकिन ज़िंदगी में करना क्या है, ये सवाल सामने बना ही रहा।

"मैं कई सारी चीजें करना चाहता था। लेकिन मैंने ये कभी नहीं सोचा कि मैं डिजाइनर बनूंगा। बल्कि मैं तो बेसिक ड्राईंग एक्जाम में फेल हो गया था। मेरी मां ने मुझसे कहा, ये तुम्हारे लिए नहीं है।"

इसके अलावा, अस्सी के दशक में नागपुर के बच्चों के लिए डिजाइनिंग करियर ऑप्शन नहीं हुआ करता था। बच्चे या तो इंजीनियरिंग की तैयारी करते थे, या फिर मेडिकल की, या फिर आईएएस बनने की।

क्लास टेन्थ के बाद अभिजीत भी ज़िंदगी को लेकर सीरियस हो गए और अच्छे मार्क्स लेकर आए। इतना कि कराड़ के सरकारी इंजीनियरिंग कॉलेज में उनका दाखिला हो सके। लेकिन मेकैनिकल इंजीनियरिंग से ज़्यादा अभिजीत डिजाइन कर रहे थे और क्रिएटिव कामों में उनका मन लगने लगा।

"मैं पोस्टर बनाया करता था। मेरे दोस्त सॉफ्टवेयर बनाते थे और मैं इंटरफेस बनाता था।"

इसलिए जाहिर था कि अभिजीत डिजाइन प्रोग्राम के लिए अप्लाई करते। उन्हें आईडीसी (इंडस्ट्रियल डिजाइन सेंटर, आईआईटी बॉम्बे) और एनआईडी (नेशनल इंस्टीट्यूट ऑफ डिजाइन, अहमदाबाद), दोनों जगहों पर एडमिशन मिल गया।

आईडीसी में स्टाइपेंड भी मिल रहा था, लेकिन एनआईडी देखने के बाद अभिजीत को लगा कि वे यहीं, बस यहीं, आगे पढ़ना चाहते हैं। अभिजीत ने एजुकेशन लोन लिया और इंजीनियरिंग के इम्तेहान खत्म होते ही एनआईडी के कैंपस में आ गए। अगले ही दिन वे प्रोजेक्ट्स की पहली क्लास में थे।

एनआईडी अपने किस्म का अनुभव था। कितना कुछ सीखने को था और कितना कुछ भूलने को था।

"मैं गजब किस्म का आशावादी हूं। मैं हमेशा बहुत सारी संभावनाएं देखता हूं, और जो मेरे पास है उसमें से सबसे बेहतर हासिल करने की कोशिश करता हूं। उसके लिए नहीं सोचता जो मेरे पास नहीं है!"

इसमें प्रेजेंटेशन और स्केचिंग जैसे स्किल्स शामिल थे। अभिजीत ये नई चीजें 23 साल की उम्र में पहली बार सीख रहे थे।

तो शुरू में एनआईडी में संघर्ष करना पड़ा। इसके अलावा अभिजीत के लिए कल्चर शॉक भी था, वे एक तरह से मिसफिट थे वहां। सब कुछ बहुत वेस्टर्न था वहां। आम आदमी से कहीं कोई रिश्ता ही नहीं था।

मार्केटिंग को डिजाइन का दुश्मन समझा जाता था।

"सीनियर लोग कहते थे, कंपनियों में आपको मार्केटिंग से लड़ना पड़ता है, ताकि आपकी बात मानी जाए।"

प्रोडक्ट को एक अलग चीज माना जाता था, ब्रांड को अलग से देखा जाता था। अभिजीत इससे बहुत परेशान होते थे।

इस बीच देसी दिमाग वाले अभिजीत ने एनआईडी में एक-दो प्रोजेक्ट किए, जिसमें उन्होंने नैचुरल मैटिरियल और क्राफ्ट का इस्तेमाल किया।

"मैंने प्रोडक्ट डिजाइन में स्पेशलाइज किया। मैं वाकई ऐसी चीजें बनाना चाहता था जो देसी हों। मेरा मकसद क्राफ्ट को सिर्फ क्राफ्ट की तरह इस्तेमाल करने की बजाए उसमें सॉफिस्टिकेशन लेकर आना था।"

कुछ ऐसा बनाना था जो इमोशनल हो और साथ ही जिसकी अपनी पहचान भी हो।

एनआईडी ने अभिजीत को कई चीजों का एक्सपोजर दिया--टेक्सटाइल, ग्राफिक डिजाइन, एनीमेशन, वीडियो, सेरेमिक्स। आप सिर्फ देखकर ही इतना कुछ सीखते हैं, और अभिजीत तो आगे बढ़कर काम भी कर रहे थे।

"मैं प्रोडक्ट बनाने के लिए टेक्सटाइल डिजाइन, ग्राफिक डिजाइन की मदद लिया करता था। मुझे लगता है कि इससे मुझे कई सारी चीजें समझने और नए तरीके से सोचने का मौका मिला और ये सोचने का भी कि आप एक साथ को-एक्जिस्ट कर सकते हैं।"

बल्कि इस नए तरीके की सोच ने ही जादू को जन्म दिया।

अभिजीत के दिमाग में कुछ अलग हटकर करने का कीड़ा था। अपने डिप्लोमा प्रोजेक्ट के लिए अभिजीत ने बजाज से बात की और उनसे कहा कि वे एक ऑटोरिक्शा बेस को लोगों की कार के तौर पर पेश करना चाहते हैं।

बजाज ने कोई दिलचस्पी नहीं दिखाई।

"आईडिया को स्वीकृति मिलने में वक्त लगता है—और मैं हिम्मत नहीं हारता। मैं विजुअलाइज कर सकता हूं, और ये मेरी ताकत है। इसमें बिल्कुल पैसे नहीं लगते, सिर्फ स्केचिंग में और अपने दिमाग में सोचने की मेहनत लगती है।"

"वो तो हुआ नहीं," अभिजीत हंसते हुए बताते हैं। "अच्छा है कि नहीं हुआ। ऑटो इंडस्ट्री बहुत स्लो है और एक प्रोडक्ट को डेवेलप करने में 8-9 साल लग जाते हैं।"

हालांकि अभिजीत को टाइटन के साथ काम करने का मौका मिला, जहां वे दीवार घड़ियों पर काम कर रहे थे। यहां भी उन्होंने नए के साथ पुराने को जोड़कर कुछ करने की ठानी। ट्रेडिशनल क्राफ्ट को प्रीसिजन से जोड़ा।

जिस क्राफ्ट को अभिजीत ने चुना उसका नाम था, एटिकोपाका--आंध्र के एक छोटे से गांव में काठ पर लाख के रंग चढ़ाकर बनाए जा रहे लकड़ी के खिलौने।

अभिजीत गांव गए और वहां के कारीगरों के साथ रहकर ध्यान से उनका काम देखा।

"मैंने सीखा कि कैसे ये लोग सब्जियों से रंग निकालते है, कैसे इनका मॉडल पूरी तरह सस्टेनेबल है और कैसे एक अलग स्केल और एक अलग इंडस्ट्री में इसी मॉडल पर काम किया जा सकता है।"

मकसद आर्ट को लोकतांत्रिक बनाना था क्योंकि कला का सौंदर्य अफोर्डेबल हो सकता है, और उसका मास प्रोडक्शन भी किया जा सकता है। लेकिन हाथ से बने सामान का आप कैसे औद्योगिकीकरण करेंगे? चुनौती ये थी।

"मुझे लगता है 'हेरिटेज' इसलिए कामयाब रहा क्योंकि हम इसके लिए तैयार थे। सबकी नजरें भारत पर थीं—बॉलीवुड पर, करी पर, अरुंधती रॉय पर। हम जिन चीजों को देसी कहते थे, वे अचानक बहुत कूल हो गईं।"

एटिकोपाका से जितनी बार अभिजीत लौटते, उतनी बार एक नया प्रोटोटाइप लेकर आते और फिर फैक्टरी में इंजीनियरों के साथ उस पर काम करते। प्रोडक्शन के हिसाब से उसे तैयार करते।

मेहनत रंग लाई और डिप्लोमा प्रोजेक्ट ने एक इंटरनेशनल डिजाइन कॉम्पिटिशन में दूसरा स्थान हासिल किया। ये सिर्फ शोपीस नहीं था। चार हजार से भी ज़्यादा घड़ियां बिकी थीं। कंपनी इतनी प्रभावित हुई कि अभिजीत को एक पर्मानेंट पोजिशन दे दी गई।

साल था 1998 और टाइटन के पास पहले से पांच प्रोडक्ट डिजाइनर थे। लेकिन वे लोग कुछ डिजाइन कर नहीं रहे थे।

जेन्ट्स घड़ियां स्विस मार्केट से प्रेरित थीं और लेडीज घड़ियां जेन्ट्स घड़ियों का छोटा रूप थीं। इसलिए, घड़ियां वाकई बोरिंग थीं।

डिजाइन सपोर्ट फंक्शन था। कंपनी मार्केटिंग के दम पर चलती थी।

जाहिर है, एक युवा डिजाइनर को इस बात की समझ भी नहीं थी। पहला काम था घड़ी बनाने के बारे में सारी बातें सीखना।

"घड़ी छोटी सी होती है, बहुत पर्सनल होती है क्योंकि आप उसे पहनते हैं। इंडस्ट्री में उस वक्त कुछ चलन थे जिन्हें फॉलो करना होता था। उसमें रहते हुए भी हम इनोवेट कर रहे थे, लेकिन कुछ ख़ास हो नहीं रहा था।"

अभिजीत ने पांच साल वहां गुजारे और सब कुछ देखा, सीखा।

"मैं एक ऐसे मुकाम पर पहुंच गया, जहां मैं भी कुछ कर सकता था। जहां मैं कह सकता था कि इसको ऐसे नहीं, ऐसे किया जाना चाहिए और लोग मेरी बात सुनते।"

अभिजीत को बड़ा ब्रेक 2002 में मिला जब उन्होंने 'हेरिटेज' कलेक्शन पेश किया। ये हाई-एंड घड़ियों की रेंज थी जो भारतीय आर्किटेक्चर से प्रभावित थी।

"हम पर हमारे इतिहास की इतनी गहरी छाप है। हिंदू बेस (मंडल) से लेकर बौद्ध धर्म तक। फिर आप राजपूताना-इस्लामिक परंपरा को देख लीजिए। और फिर ब्रिटिश शासन तो है ही।"

घड़ियां मार्केटिंग जरूरत की वजह से नहीं, बल्कि सोच और समझ--गट

"मैं स्किल्स को बहुत तवज्जो नहीं देता। स्किल सीखा जा सकता है। आपको जिस चीज की जरूरत होती है, वो है सही एटीट्यूड।"

फील--के हिसाब से बनाई गई थीं। ये एक युवा डिजाइनर की सोच थी।

लेकिन जल्द ही मार्केटिंग टीम को स्टोरी टैलिंग की पावर का अहसास होने लगा। जब आपके पास बताने के लिए कुछ अलग होता है, तो आपको उसके लिए करोड़ रुपये खर्च करने की जरूरत नहीं होती! बल्कि आप 20-25 लाख रुपये में अपनी बात असरदार ढंग से कह सकते हैं।

हेरिटेज कलेक्शन को 'म्युजिक टुडे' के साथ लॉन्च किया गया। तौफीक कुरैशी जैसे संगीतकार लॉन्च के लिए बुलाए गए।

इवेंट और घड़ियों, दोनों को पहचान मिली। बाद में घडियां खूब बिकीं भी।*

हेरिटेज कलेक्शन अभिजीत के लिए ही नहीं, टाइटन के लिए भी टर्निंग पॉइंट था। डिजाइन मार्केटिंग की कोशिशों से आगे निकल आया। लोगों को स्टोर तक लाने की कोशिशें नया रूप लेने लगीं।

इसी के बाद रागा लॉन्च हुआ, जिसने भारतीय महिलाओं की कलाइयों पर घड़ियों का रूप बदल दिया।

"हमने तय किया कि हम 'मी-टू' ब्रांड नहीं बनाएंगे। हम 'रागा' फॉर्म में हिंदुस्तानी ज्वेलरी को सेलीब्रेट करेंगे। हम ऐसी घड़ियां बनाएंगे जो दुनिया में अभी तक किसी ने नहीं बनाई।"

इस तरह बैंगल और ब्रेसलेट के फॉर्म में घड़ियां आईं और उन्होंने लेदर स्ट्रैप को बदल डाला। डायल्स में भारतीयता झलकने लगी। पारंपरिक परिधानों के साथ पहनने लायक घड़ियां तैयार की गईं। और घड़ियों में एक किस्म का क्लास था--एक किस्म का अभिजात्यपन था।

"फिर हमने 'ब्लैक' नाम का कलेक्शन निकाला, जो डिजिटल लाइफ से

* हेरिटेज कलेक्शन अभी तक 20 करोड़ का बिजनेस कर चुकी है।

प्रेरित था। हमने कैसियो जैसी घड़ियों को खूबसूरती और सोफिस्टिकेशन दिया।"

जाहिर है, ये पूरी तरह सिर्फ और सिर्फ क्रिएटिव प्रोसेस नहीं था। डिजाइन टीम मार्केटिंग टीम के साथ बैठा करती थी और टार्गेट सेगमेंट को समझने की कोशिश करती थी कि किस तरह के लोगों को कैसी घड़ियां पसंद आएंगी। उसके बाद आया डिजाइन ब्रीफ, जिसके बाद आप उस स्टोरी तक पहुंचते हैं जो आप अपने प्रोडक्ट के जरिए सुनाना चाहते हैं।

हर कदम पर बहुत सारी बातचीत होती है, आईडिया बांटे जाते हैं। आख़िर में डिजाइन टीम अपनी स्टोरी पेश करती है।

"आमतौर पर डिजाइनरों को कई ऑप्शन पेश करने को कहा जाता है। लेकिन अगर हमसे चार ऑप्शन पेश करने को कहा जाता था तो हम पांच देते थे। इससे मेरी टीम में कॉन्फिडेंस आया--हम एक प्रक्रिया को फॉलो करने लगे और हमें ये समझ में आ गया कि हम आख़िर क्या कर रहे हैं।"

एक बार डिजाइन तय हो जाता, तो मार्केटिंग अपना काम शुरू कर दिया करती और एडवर्टाइजिंग एजेंसी से कम्युनिकेशन के बारे में बात की जाती। जबतक घड़ियां प्रोडक्शन में जातीं, तब तक प्रोमोशनल मैटिरियल और स्ट्रैटजी, दोनों तैयार होती।

"ऐसा नहीं है कि लास्ट मिनट में कलेक्शन को क्रिएटिव नाम नहीं दे सकते। कई बार तो शूट पर भी ऐसा होता है। कई इंडस्ट्री में अभी भी ऐसा होता है!"

अगले पांच साल डिजाइन टीम एक कलेक्शन के बाद दूसरा कलेक्शन तैयार करती रही। सबकी अलग-अलग पहचान बरकरार रही।

'फास्टट्रैक' को यंग आइकन के रूप में उतारा गया। 'फास्टट्रैक' के साथ 'ईस्ट-मीट्स-वेस्ट' स्टाइल में मसाला फन कलेक्शन भी पेश किया गया।

"मैंने जापानी डिजाइन फिलॉसोफी के बारे में पढ़ा था, स्कैंडिनेवियन डिजाइन के बारे में पढ़ा था, इटैलिटन डिजाइन फिलॉसोफी के बारे में पढ़ा था, और मैं सोच रहा था... क्या कोई इंडियन डिजाइन फिलॉसोफी भी है?"

"आप घर पर तो पूरी तरह इंडियन होते हैं, लेकिन बाहर से वेस्टर्न होने का दिखावा करते रहते हैं। इसलिए अगर आपको कॉरपोरेट कलेक्शन चाहिए तो फिर आप डायल पर रोमन नंबर रखेंगे।"

"हमने महाराष्ट्रियन 'चड्डी' को स्टाइल स्टेटमेंट बना दिया। लेकिन बिना किसी शोर-शराबे के।"

दूसरी तरफ टीम 'नेब्युला' बना रही थी, जो लक्जरी घड़ियां थीं।

"गोल्ड और डायमंड के इस्तेमाल से ही घड़ियां नहीं बिक जाएंगी। आपको हर पीस को कोई नया मतलब देना होगा, एक इमोशनल कनेक्ट देना होगा।"

लेकिन डिटेलिंग भी जरूरी है। 'नेब्युला' कलेक्शन के लिए टीम ने कैलिग्राफर अच्युत पलव के साथ काम किया।

डिजाइन की प्रेरणा कई जगहों से आई। 'हेरिटेज' कलेक्शन के लिए टीम ने महलों का दौरा किया और छोटी-छोटी चीजों पर ध्यान दिया। एक की एलिमेंट को लेकर उसके इर्द-गिर्द डिजाइन तैयार किया गया। जैसे हवा महल का झरोखा, जिसमें राजपूताना फ्लेवर झलकता हो।

"जब हमने 'रागा' के लिए चॉकलेट कलेक्शन किया तो हम चॉकलेट फैक्ट्रियों में गए, चॉकलेट शॉप्स में गए, चॉकलेट स्पा तक में गए। आपको सारे अनुभवों को खुद में समेटना होता है ताकि आप डिजाइन के जरिए अपनी बात कह सकें।"

और एक बार डिजाइन तैयार हो जाता है तो आपको फैक्टरी लेवल पर सपोर्ट चाहिए होता है।

"टूलिंग के स्तर पर भारी निवेश चाहिए होता है। हमें एकदम सही-सही स्पेसिफिकेशन देना होता है और आपको मैन्युफैक्चरिंग को ठीक वही डिलिवर

"मुझे मालूम ही नहीं था कि मैं एक दिन डिजाइनर बनूंगा। बल्कि मैं एलिमेन्ट्री के बेसिक ड्राईंग एक्जाम में फेल हो गया था। मेरी मां ने मुझसे कहा, मुझे नहीं लगता ये तुम्हारे लिए है भी।"

करने के लिए कहना होता है, जो आप चाहते हैं। ऐसी चीजें, जो उन्होंने पहले कभी नहीं की हो!"

कई बार ऐसा भी होता है कि डिजाइनर से कह दिया जाता है, "सॉरी, ये नहीं हो सकता।"

"तो क्या डिजाइनर होना भी आंत्रेप्रेन्योर होने जैसा ही है?" मैं पूछती हूं।

"बिल्कुल। आपका काम ड्राईंग बोर्ड पर ख़त्म नहीं होता। आपका काम उस ख़्वाब को सचाई में तब्दील करना भी होता है।"

और जिसे एक बहुत ख़ास सम्मान माना जाता है, टाइटन ने अभिजीत का नाम हर हेरिटेज घड़ी के पीछे दिया।

"जितना भरोसा उन्हें मुझ पर था, वो कमाल का था... वहां आजादी और भरोसे का कल्चर है।"

बल्कि शुरू से ही टाइटन ने डिजाइनरों से अलग से भी कुछ करने को कहा।

"मैं किसी और कंपनी के लिए फ्रीलांस नहीं करता था। लेकिन मैं अपने काम करता था। मैंने होम एक्सेसरीज की एक लाइन तैयार की--और ये बिल्कुल एक स्टोरी की तरह था। वाकई में बहुत मजा आया।"

अभिजीत ने बंगलोर में एक्जीबिशन किए, चेन्नई और दिल्ली में किए। लेकिन ये कभी भी उनके लिए सीरियस बिजनेस नहीं था। शायद होता, अगर टाइटन छोड़कर अभिजीत अपनी सारी ताकत उसमें लगा देते। हालांकि अभिजीत के मन में कोई अफसोस नहीं है।

"कॉरपोरेट्स के पास लोगों तक पहुंचने की ताकत होती है, जो मैं अकेले कभी नहीं कर सकता था।"

लेकिन फिर भी कंपनी के साथ दस साल काम करने के बाद उन्हें बाहर निकलने और कुछ और करने की ख्वाहिश पैदा हुई।

"मैंने घडियों में प्लास्टिक से लेकर प्लैटिनम--सभी चीजों पर काम कर लिया था। अब मुझे लगने लगा कि अलग से कुछ करने का वक्त आ गया है।"

"हमें आइकॉनिक प्रॉडक्ट बनाने का मौका दीजिए। लेकिन हमसे ये
मत कहिए कि सिर्फ बाहर से आवरण बदल दो।
हम जो करेंगे, भीतर तक जाकर करेंगे।"

अभिजीत ने मैनेजमेंट से बात की तो उन्होंने अभिजीत से एक साल
और रुकने की गुजारिश की। अभिजीत को नई टीम बनाने के लिए कहा
गया और हेरिटेज कलेक्शन का काम पूरा करने को कहा गया।

अभिजीत ने अक्टूबर 2008 में टाइटन छोड़ दिया और कंपनी के लिए
आठ डिजाइनरों की टीम तैयार कर दी। अब वे अभिजीत बानसोड़ डिजाइंस
चलाते हैं--स्टूडियो एबीडी--जो प्रोडक्ट डिजाइन का काम करती है।

एक साल के भीतर ही एबीडी ने बीपीएल के लिए एक टेबल लैंप
तैयार किया जो बहुत पसंद किया गया।

"डिजाइन ब्रीफ ये था कि ऐसा एक लैंप तैयार करना है, जो बिजली
जाने पर भी चलता रहे और बैट्री बैकअप कम-से-कम छह घंटे का हो, जिसमें
बच्चे पढ़ाई कर सकें।"

अब मुद्दा ये था कि इसमें से स्टोरी कैसे निकाली जाए? शुरुआत फॉर्म
से हुई।

"सबसे पहले मैंने उन्हें छोटी बैट्रियां तैयार करने के लिए कहा, क्योंकि
आप अपनी मेज पर बड़ा सा इन्वर्टर तो रख नहीं सकते!"

उसके बाद आया 'हैलो'। लैंप को इस तरह से पेश किया गया कि
ये अंधेरे में आपका साथी हो सकता है और अंधेरे में भी चमकता है।

"क्योंकि ये लैंप बच्चों के लिए था, इसलिए इसे सॉफ्ट कॉर्नर दिए गए
और जेली जैसे एनिमेटेड फॉर्म में बनाया गया। ऐसा लगता है कि लैंप आपसे
बातें कर रहा है और गर्दन भी झुका सकता है। हमने एलईडी का इस्तेमाल

"आपको ये देखना होगा कि आप अपने दिल और जिगर लगाकर
आख़िर करना क्या चाहते हैं।"

किया, जो बल्ब से अलग नए किस्म की लाइटिंग है और गर्मी भी नहीं पैदा करती। बल्कि शंकर नेत्रालय ने तो लाइट की क्वालिटी को सर्टिफाई भी किया।"

तकनीक और नई सोच का ये खूबसूरत मिश्रण है। कमाल की बात ये है कि इस प्रोडक्ट को मार्केट तक पहुंचने में सिर्फ सात महीने लगे। इससे भी कमाल की बात ये कि बीपीएल की अपनी केरल फैक्टरी में इस लैंप का प्रोडक्शन हो रहा है।

"मुझे एमडी से पावर मिला कि वो करो जो करना चाहते हो। मेरे पास पूरा भरोसा था उनका, और पूरा अधिकार भी।"

फैक्टरी में कहा गया, "अभिजीत जो कर रहे हैं, सही कर रहे हैं। अब उसे पूरा करने का रास्ता ढूंढ़ो।"

नतीजा कमाल का निकला। 'हैलो' लैंप* को दुनिया भर में पसंद किया गया। बीपीएल इसे स्टडीलाइट के नाम से बेच रही है।

"इस लैंप पर दो सौ से ज़्यादा ब्लॉग लिखे गए। कोरियन, जापानी, स्पैनिश—सभी बच्चों को ये लैंप पसंद आया और सिर्फ डिजाइन की वजह से। एलईडी के कई प्रोडक्ट्स होंगे, लेकिन आइकॉनिक प्रोडक्ट सिर्फ यही है।"

"आईपॉड की तरह?"

"बिल्कुल।"

बंगलोर का एक बच्चा है जो दून स्कूल में पढ़ता है। उसने अलग-अलग रंगों में अपने दोस्तों के लिए दस लैंप खरीदे हैं।

"ये देखकर अच्छा लगता है कि लैंप की भी अपनी फैन-फॉलोइंग बन गई है। लोग एक प्रोडक्ट की वजह से इतना जुड़ाव महसूस कर रहे हैं। इसलिए एपल एपल है, और बाकी बस प्रोडक्ट्स हैं।"

सवाल ये है कि क्या आप इस प्रोसेस को बार-बार दोहरा सकते हैं? चाहे वो छोटा एंटरप्राइज हो या बड़ी इंडस्ट्री। एबीडी की चार लोगों की टीम लगातार इस बारे में सोचती रहती है।

"प्रोडक्ट डिजाइन की उम्र बहुत छोटी होती है। लेकिन उसे बनाने, सीखने,

---

*   बीपीएल ने इस लैंप को *स्टडी लाइट* नाम से बेचा

उसके साथ एक्सपेरिमेंट करने में वक्त बहुत लगता है। हम कई मेलों में जाते हैं--मैटिरियल फेयर, इंटीरियर फेयर, क्राफ्ट फेयर, वॉच फेयर--हर जगह।"

एबीडी सबसे अच्छे एक्जिबिशन डिजाइनर, कॉपीराइटर और टीम के साथ काम करता है। कैड और कैम टेक्नॉलोजी ने काम को थोड़ा और आसान भी बना दिया है।

"क्लायंट वैसी रेन्डरिंग देख सकते हैं जो पूरी तरह प्रोडक्ट के जैसी दिखती हो और फिर अपने फैसले ले सकते हैं। हम डमी प्रोडक्ट बनाते हैं जिन्हें कन्ज्युमर टैस्ट करते हैं, डीलरों को दिखाते हैं, और इस तरह काम होता है।"

हाईटेक प्रोटोटाइप मशीन के साथ डिजाइन का वर्किंग मॉडल तैयार करने में सिर्फ तीन दिन लगते हैं!

एक और खास चीज जो एबीडी ने तैयार की वो है आईपीएल ट्रॉफी। इसके अलावा कई और दिलचस्प प्रोडक्ट्स हैं, जो ऑफिस में बिखरे पड़े हैं। कई सारी चीजें अभिजीत मुझे अपनी स्क्रीन पर दिखाते हैं।

टेराकॉटो कम्प्यूटर स्पीकर।

अगरबत्ती होल्डर, जो राख को इधर-उधर फैलने से रोकता है।

"ऐसा माना जाता है कि राख इधर-उधर नहीं फेंकी जानी चाहिए। तो ऐसे रिचुअल सिस्टम बन जाते हैं और यही सिस्टम प्रोडक्ट बन जाते हैं।"

सिस्टम की बात करें तो अभिजीत ने एक नया डिजाइन प्रोसेस तैयार किया है जो कर्म चक्र से प्रेरित है।

"आजकल डिजाइनर अपने क्रिएशन के बारे में शुरू से अंत तक नहीं सोचते। इसलिए आईडिया ये था कि इसमें जीवनचक्र की थीम डाली जाए।"

कंपनी क्या प्रैक्टिकल लेवल पर एबीडी की ग्रोथ और रेवेन्यू के लक्ष्य के बारे में भी सोच रही है?

"हां, थोड़ा बहुत।"

अभी तक बिजनेस सिर्फ वर्ड ऑफ माउथ से बढ़ा है या फिर अभिजीत के काम की पहचान से।

उन्हें लगता है कि उन्हें किसी न किसी की जरूरत पड़ेगी जो बिजनेस

डेवलपमेंट भी करे।

"मुझे लगता है कि मुझे वो इंसान मिल जाएगा और मैं क्रिएटिव प्रोसेस के बारे में और सोच सकूंगा। हमें डिजाइन सर्विस प्रोवाइडर नहीं चाहिए। हम डिजाइन कन्सलटेंसी होना चाहते हैं जो कंपनियों को नए तरीके से सोचने और लोगों से जुड़ने के लिए प्रेरित करता है।"

इसका मतलब कंपनियों के लिए और प्रोजेक्ट तैयार करने और एबीडी के डिजाइन को किसी और को लाइसेंस करना भी हो सकता है।

"कोई और प्रोडक्ट को मैनेज करे, उसे बेचे और उससे पैसे कमाए तो उसे ये करने दीजिए। हम सिर्फ डिजाइन में हिस्सेदारी चाहते हैं।"

जाहिर है, अभिजीत अपना ब्रांड बनाना चाहेंगे और इसके लिए फंडिंग ढूंढ़ भी रहे हैं। लेकिन फिलहाल वे जो कर रहे हैं, उसी से संतुष्ट हैं। अपने खूबसूरत से लेकव्यू ऑफिस में बैठकर जो सौंदर्य तैयार कर रहे हैं, वही बहुत है।

"हमारा स्टूडियो पहले एक वनबीएचके में था और मैं अपनी पत्नी से कहता था, अमृता ऐसी जगह के बारे में सोचो जहां खिड़की से झील दिखती हो। मुझे समझ में आ गया कि कोई चीज दिल से मांगो तो वो मिल ही जाती है।"

खिड़कियां खुली हुई हैं और हवा धीरे-धीरे बह रही है।

"मुझे रात में अच्छी नींद आती है और बहुत सारा ऑक्सीजन मिलता है।"

और मुझे इस बात का पूरा यकीन है कि ख्वाब भी और खूबसूरत होते होंगे।

*

युवा उद्यमियों को सलाह

हमें अपनी जड़ों पर फख्र करना होता क्योंकि आपकी सचाई उसी में नजर आती है। आपके काम में इंडियन डिजाइन होना चाहिए।

डिजाइन भड़कीला हो या सादा, लेकिन जो भी हो--हमारी पहचान से जुड़ा हो।

ऐसे वैक्युम क्लीनर बनाने की बजाए, जो स्पेसशिप की तरह दिखते हों, हाई-टेक झाड़ू क्यों न बनाए जाएं जो हिंदुस्तानी घरों के लिए उपयुक्त हों।

कई डिजाइनर अपने क्राफ्ट में बहुत अच्छे होते हैं, लेकिन आप अगर वाकई अपना प्रभाव छोड़ना चाहते हैं तो ज़्यादा से ज़्यादा लोगों तक पहुंचने की कोशिश कीजिए। आपके डिजाइन का बिजनेस समझ में आना चाहिए। इसका मतलब ये भी हो सकता है कि आपको किसी उद्यमी से पार्टनरशिप करनी पड़े, जो आपके विजन को बेच सकता है और आपके प्रोडक्ट की मार्केटिंग कर सकता है क्योंकि डिजाइनर इस काम में बहुत अच्छे नहीं होते!

होगी सच की जीत

परेश मोकाक्षी
हरिश्चंद्राची फैक्टरी

परेश मोकाक्षी एक्टर बनना चाहते थे, लेकिन मराठी नाटककार और निर्देशक बन गए। दादासाहब फाल्के की बायोग्राफी अचानक हाथ लगी और परेश एक नए सफर पर निकल पड़े–एक ऐसी फीचर फिल्म बना डाली, जो 2009 में भारत की ऑफिशियल ऑस्कर एंट्री बनी।

परेश का चेहरा उनके शब्दों से भी ऊंची आवाज में बात करता है। उनकी आंखें, पलकें और यहां तक की चेहरे के हाव-भाव भी नाचते हुए से लगते हैं और कई बार बातों-बातों में परेश खुलकर हंस भी पड़ते हैं।

हो भी क्यों न, परेश के पास खुद से खुश होने की कई वजहें हैं। उनकी पहली फिल्म--हरिश्चंद्राची फैक्टरी--मराठी में बनी। फिल्म में कोई स्टार नहीं थे, कोई गाने नहीं थे और न नाच था। लेकिन फिर भी फिल्म पसंद की गई।

लेकिन रातोंरात मिली इस सफलता के पीछे परेश की बीस सालों की मेहनत थी। कॉलेज से ही परेश को थिएटर और एक्टिंग में दिलचस्पी हो गई। लेकिन मराठी मंच पर अपनी पहचान बनाने में परेश को कई साल लग गए। लेकिन इस बंदे में कुछ अलग था। हर बार जो भी नाटक वे करते, वो सबसे अलग होता।

परेश सनकी हैं और जीनियस भी। इसलिए जाहिर है, फिल्म भी किसी सनकी जीनियस पर ही बनाते--इंडियन फिल्ममेकिंग के जीनियस दादासाहेब फाल्के पर।

फाल्के एक उद्यमी थे--एक आंत्रेप्रेन्योर, जिसने अपने सपने को पूरा करने के लिए बहुत सारे खतरे उठाए। उन्होंने भारत की पहली फीचर फिल्म बनाने के लिए पैसे जमा करने की खातिर पता नहीं कितने पापड़ बेले। लेकिन इस पागलपन के बीच एक बार भी नहीं सोचा कि ये नहीं हो सकता है।

ठीक इसी तरह 16 साल के बाद परेश ने 'हरिश्चंद्राची फैक्टरी' बनाई।

साल कोई भी हो, दौर कोई भी हो--आप ऐसे जी सकते हैं कि जैसे आपकी ज़िंदगी न होकर फिल्म हो कोई।

आप अपनी स्क्रिप्ट लिख सकते हैं, अपने आत्मविश्वास के साथ उस फिल्म को डायरेक्ट कर सकते हैं।

एक दिन आप अपने बच्चों को ज़िंदगी पर भाषण देते हुए कह सकते हैं कि आपने अपनी ज़िंदगी बहुत अच्छी तरह जी...

और वही आपके लिए *ऑस्कर स्पीच* होगी।

होगी सच की जीत

परेश मोकाक्षी
हरिश्चंद्राची फैक्टरी

परेश मोकाक्षी पुणे में पैदा हुए, एक पत्रकार के घर में।

"मैंने डॉ. बी एन बहुविध विद्यालय, लोनावला से अपनी पढ़ाई की और कॉलेज के लिए पुणे वापस आ गया।"

परेश ने पुणे के मॉडर्न कॉलेज में दाखिला लिया और जियॉग्राफी में बीए करने लगे।

लेकिन उनका ज़्यादातर समय मराठी थिएटर करते हुए गुजरता था।

"मैं स्कूल में था, तो एक्टिंग करता था। स्कूल में सब करते हैं। लेकिन पुणे आया तो लगा कि दुनिया बहुत बड़ी है और बहुत अलग भी। मुझे कई सारी चीजों का एक्सपोजर मिला और उनमें से एक चीज थी प्रोफेशनल थिएटर।"

परेश 'थिएटर एकेडमी* से जुड़ गए--जो घासीराम कोतवाल, महानिर्वाण, महापुर, बेगम बरवे और तीन पैस्याचा तमाशा जैसे नाटकों के लिए जाना जाता था।

"मैं उनके नए प्रोडक्शन में छोटे-छोटे रोल करने लगा और प्रॉप्स और कॉस्ट्यूम्स बनाने में मदद करने लगा।"

1990 में थिएटर एकेडमी ने ग्रिप्स थिएटर, बर्लिन के साथ काम करना शुरू कर दिया। ग्रिप्स बच्चों के लिए थिएटर करती है। ग्रिप्स फंतासी, जादू

* जब्बार पटेल, मोहन अगासे और सतीश अलेकर जैसे नाम थिएटर एकेडमी से जुड़े हुए थे

या राक्षसी कहानियों में यकीन नहीं करती। ये प्रोडक्शन रिएलिस्टिक थीम से जुड़े हुए हैं, जैसे सिंगल पेरेन्टहुड। लेकिन सारी कहानियां बच्चों की नजर से होती हैं।

"इन नाटकों में एन्टरटेनमेंट तो होता ही था, इनमें संदेश भी होते थे--बच्चों के लिए भी और पेरेंट्स के लिए भी। मैं उस मूवमेंट का लीड एक्टर बन गया--उन सारे नाटकों के, जो ग्रिप्स से एडैप्ट किए जा रहे थे और मराठी में जिनका मंचन हो रहा था।"

उस वक़्त परेश अपने कॉलेज के आख़री साल में थे। ग्रेजुएशन करने के बाद उन्होंने थिएटर एकेडमी फुलटाइम ज्वाइन कर लिया। लेकिन ये कमर्शियल सेटअप नहीं था। थिएटर एकेडमी अपने एक्टरों को पैसे नहीं देती--सब लोग सिर्फ और सिर्फ थिएटर से लगाव की वजह से जुड़े होते हैं। लेकिन यहां सवाल रोजी-रोटी का था।

थिएटर सिर्फ हॉबी हो सकती थी। फिर परेश ने नौकरी खोजने की कोशिश क्यों नहीं की?

"परिवार की खुशी के लिए मैंने यूपीएससी एग्जाम दिया, कंप्यूटर कोर्स भी किया। लेकिन मेरा मन किसी में नहीं लगा। फिर मुझे ये भी लगता था कि मैं खुद को एक्टर की तरह एस्टैबलिश करने के लिए बहुत मेहनत नहीं कर रहा था। तो मेरे परिवार के लिए तो वाकई वो बहुत मुश्किल दौर रहा होगा!"

नब्बे के दशक में परेश मुंबई आ गए। उनके परिवार का एक फ्लैट था दादर में, इसलिए कम से कम रहने की जगह थी।

"उन दिनों मेरी संजना कपूर से दोस्ती हो गई, जो पृथ्वी थिएटर चलाती थीं। मैं कोर ग्रुप का हिस्सा हो गया और हम सालाना थिएटर फेस्टिवल के लिए एक साथ काम करने लगे। मेरे संघर्षों के बीच में एक्टिंग का काम थोड़ा-बहुत चलता रहा, हालांकि उसमें बहुत सफलता नहीं मिली!"

मुश्किल ये थी कि परेश ऑडिशन देने में बिल्कुल अच्छे नहीं थे। जो प्रोड्यूसर या डायरेक्टर उन्हें स्टेज पर देख चुके थे, वही उन्हें काम देते थे।

"मैंने एक-दो मराठी फिल्में की, थोड़ा-बहुत टीवी भी किया। लेकिन बहुत

मजा नहीं आया। मुझे लगने लगा कि मैं इस काम में बहुत आगे निकल नहीं पाऊंगा क्योंकि मैं इस तरह का इंसान हूं नहीं जो सेल्फ-प्रोमोशन करे। एक एक्टर के लिए ये बहुत जरूरी क्वालिटी है!"

इसलिए ये एक मुश्किल दौर था। सवाल बहुत सारे थे और जवाब बहुत कम थे। हां, वे बड़ी मुश्किल से खर्चे निकाल पाने लायक ही कमाई कर रहे थे। तो क्या अपनी ज़िंदगी के मंच पर परेश सिर्फ दर्शक बने रह जाते?

और तब, 1999 में किस्मत ने एक दरवाजा खोल दिया। पृथ्वी एक इंटरनेशनल थिएटर फेस्टिवल कर रहा था और कुछ समकालीन नाटकों का मंचन करना चाहता था। संजना कपूर को पता चला कि परेश ने थिएटर एकेडमी के दिनों में कुछ नाटक लिखे हैं।

तब वे एक्टिंग में व्यस्त थे और स्क्रिप्ट के लिहाज से भी कुछ खास आ नहीं रहा था।

लेखक-निर्देशक रामू रामनाथन ने परेश से कहा, "नाटक मुझे पढ़कर सुनाओ!"

'संगीत देबुन्च्या मुली' और 'वाचानाची उसल', दोनों नाटक ब्लैक कॉमेडी थे। रामू को दोनों नाटक बहुत पसंद आए और उन्होंने कहा, "परेश दिस इज ग्रेट स्टफ। इसे फेस्टिवल का हिस्सा बनना चाहिए। तुम चुन लो कि तुम्हें कौन सा नाटक करना है और उसके निर्देशन की तैयारी करो।"

परेश ने 'संगीत देबुन्च्या मुली' को चुना, जो दो लड़कियों की कहानी है जो कीर्तन करती हैं और कई सारी समस्याएं आपस में बांटती हैं।

"नाटक में दोनों लड़कियां इस निष्कर्ष पर पहुंचती हैं कि इस धरती पर सभी समस्याएं की जड़ में औरत और पुरुष के बीच का विभाजन है। अगर हम इस विभाजन को पूरी तरह ख़त्म कर दें तो सारी समस्याएं अपने आप खत्म हो जाएंगी। तो ये किया कैसे जाए? सारे पुरुषों को स्त्रियों में बदल देते हैं!"

आईडिया जितना ही क्रेजी था, प्रोडक्शन उतना ही बड़ा हिट था। परेश मोकाक्षी--एक्टर--ने मंच को अलविदा कहने का फैसला कर लिया और परेश मोकाक्षी--लेखक-निर्देशक--का जन्म हो गया।

साठ मिनट के इस एक्सपेरिमेंटल नाटक के पूरे महाराष्ट्र में 100 से

भी ज़्यादा शो हुए। परेश का अगला नाटक इससे भी बड़ा हिट रहा।

'मुक्कमपोस्ट बोम्बलीवाड़ी' 1942 में सेट था, जब पूरे देश में आजादी का आंदोलन चल रहा था और पूरी दुनिया विश्व युद्ध की चपेट में थी।

"मैंने दो घटनाओं को जोड़ दिया, जहां हिटलर कोंकण के एक गांव में गलती से पहुंच जाता है। उसी वक्त लोग बोम्बलीवाड़ी के इकलौते पुलिस स्टेशन को उड़ाने की कोशिश कर रहे हैं!"

इस ब्लैक कॉमेडी का ख्याल परेश के दिमाग में कश्मीर और पंजाब में हो रहे बम विस्फोटों को देखकर आया। उनके दिमाग में ये ख्याल कौंधा कि क्या हो अगर बम फटे ही नहीं?

"ये ख्याल मजेदार था, लेकिन मैं उसे कॉन्टेम्परारी वक्त में सेट नहीं करना चाहता था। क्योंकि मराठी स्टेज के लिए ये एक नई बात नहीं थी। बल्कि ये एक स्टैंडर्ड फॉर्मूला था, जिसका इस्तेमाल हम वन-एक्ट प्ले कॉम्पटीशिन में करते हैं।"

परेश इसलिए इतिहास की ओर मुड़ गए और नाटक को 1942 में सेट करने का फैसला किया। 'मुक्कमपोस्ट बोम्बलीवाड़ी' के कुल मिलाकर 500 शो हुए और ज़्यादातर हाउसफुल रहे। ये सबके लिए हैरानी की बात थी कि इस तरह के नाटक बिजनेस भी कर सकते हैं।

आलोचकों ने कहा, "हमें तो पसंद आया नाटक, लेकिन ये हमने नहीं सोचा था कि दर्शकों को भी इतना पसंद आएगा।"

बल्कि परेश को भी बिल्कुल यकीन न था कि नाटक कमर्शियल तौर पर सफल होगा। उन्होंने तो ऐसे ही कुछ दोस्तों को स्क्रिप्ट सुना दी थी और ये सोचा भी नहीं था कि इसका प्रोडक्शन भी होगा। लेकिन थिएटर सर्कल में लोग इस नाटक के बारे में बात करने लगे।

एक दिन दो लड़के--संतोष काणेकर और अभिजीत सतप--परेश के पास आए।

"हम 'मुक्कमपोस्ट बोम्बलीवाड़ी' प्रोड्यूस करना चाहते हैं", उन्होंने कहा।

परेश ने कहा, "मुझे नहीं मालूम कि ये नाटक ऑडियंस को पसंद भी आएगा या नहीं। हो सकता है आपको चार-पांच शो के बाद रोक देना पड़े।

क्या आपलोग ये रिस्क लेने को तैयार हैं?"

"हमें नाटक बहुत अच्छा लगा, हमें ये करना ही है", उन्होंने जवाब दिया।

"अभिजीत और संतोष तब कॉलेज में ही थे, लेकिन उनमें जोश था। वे थिएटर पैसे के लिए नहीं, जुनून के लिए कर रहे थे।"

दोनों ने मिलकर दो लाख रुपए लगाए और 2001 में दो लाख रुपए बहुत होते थे। लेकिन जुआ खेलना काम आया और 500 शो हुए। प्रोड्यूसर को हर शो पर पच्चीस से तीस हजार रुपए की कमाई हुई। प्रोड्यूसरों ने पैसे कमाए, क्रू को भी प्रति शो के हिसाब से रॉयल्टी मिली।

परेश ने एक और कॉमेडी बनाई--लगना कल्लोल। प्रोड्यूसर वही दोनों लड़के थे, और कुल मिलाकर 200 शो हुए।

कॉमेडी में नाम कमा चुकने के बाद 2005 में परेश ने कुछ एकदम अलग हटकर करने की कोशिश की। 'समुद्र' साइंस फिक्शन मिस्ट्री थी, जो समुद्र मंथन पर आधारित थी। आधुनिक भारत का 'दा विन्ची कोड' की तरह कुछ।

"लोग इस विषय को देखकर हैरान थे, लेकिन मेरा दूसरा जुनून जो है, वो है हमारे पुराणों और मिथकों पर रिसर्च करना। मेरा मन रामायण, महाभारत, वेद और उपनिषद् पढ़ने में खूब लगता है। कई बार तो मैं ये भी कहता हूं कि ये मेरा मुख्य करियर है और बाकी सब कुछ एक्स्ट्राकरिकुलर एक्टविटी है!"

1992 में अयोध्या कांड के बाद परेश की इसमें दिलचस्पी और बढ़ गई।

"मैं जब अयोध्या का उन्माद देख रहा था तो मैं अक्सर खुद से पूछता था कि लोग आंखें मूंदकर चीजों पर भरोसा क्यों कर लेते हैं? फिर मैंने तय किया कि मैं अपनी रिसर्च खुद करूंगा और अपने निष्कर्षों पर खुद पहुंचुंगा।"

सबसे पहले है *ग्रंथादीक्षितसत्यया* पुस्तक पर आधारित सच। सबसे पहले किताबें पढ़िए और देखिए कि उनमें क्या लिखा है। लेकिन मूल टेक्स्ट पढ़िए, या फिर साहित्यिक अनुवाद पढ़िए। और नहीं, ये आसानी से होने वाला रिसर्च नहीं है।

"मैं एक बड़े आर्कियोलॉजिकल दौरे पर जाना चाहता हूं--इसके जरिए भी आप इतिहास को समझ सकते हैं। किताबों में इतिहास एक तरीके से लिखा होता है, जिसमें कुछ सच होता है और कुछ काल्पनिक। और किताबों में जो साइंस होता है, उसमें से वास्तविक विज्ञान क्या है और जादू क्या, ये जानना जरूरी होता है।"

ये एक किस्म की सनक है, लेकिन इस तरह की सोच परेश मोकाक्षी के दिमाग को तेज बनाए रखती है। इसी वजह से परेश औरों से अलग सोचते हैं, अलग लिखते हैं और अलग तरीके से रहते हैं।

इसलिए दादासाहब की जीवनी पढ़ते ही उनसे तुरंत एक करीबी रिश्ता कायम हो गया।

"जब मैंने फाल्के पर बापू वटावे की किताब पढ़ी, तो मैं इस सब्जेक्ट से इतना प्रभावित हुआ कि मेरी आंखों के आगे चीजें घूमने लगीं। मैंने पहले चार घंटे में ही 200 पन्ने पढ़ लिए और वहीं तय कर लिया कि ये ही मेरी पहली फीचर फिल्म का सब्जेक्ट होगा।"

ये हाथ के हाथ लिया गया फैसला था और स्क्रिप्ट लिखने में भी बिल्कुल देर नहीं लगी। बल्कि परेश ने इस सब्जेक्ट पर और रिसर्च किया। फिल्म इंस्टीट्यूट गए, नेशनल फिल्म आर्काइव्स गए, कुछ और किताबें पढ़ीं और एक्सपर्ट्स से बात की। फाल्के पर ही नहीं, उस वक्त की फिल्ममेकिंग पर भी रिसर्च किया, जो उस वक्त एकदम शुरुआती दौर में था।

"फाइनल स्क्रिप्ट दो महीने में तैयार हो गई थी। लिखना अपने आप में बहुत गहन प्रक्रिया थी। उसके बाद मैं फिल्म बनाने के लिए पैसे के जुगाड़ में भटकने लगा और वहां से सही मायने में एडवेंचर शुरू हुआ," परेश हंसते हुए बताते हैं।

लेकिन साथ में ये भी बताते हैं कि ये एक टिपिकल एडवेंचर है जिससे हर फिल्मकार को गुजरना पड़ता है।

"लोग आप पर भरोसा नहीं करते। वे नहीं जानते कि आप सक्षम हैं या नहीं, या फिर आप अपनी फिल्म का बंटाधार तो नहीं कर देंगे। इसलिए मैं उन्हें दोष नहीं देता। वैसे, मैं बहुत जिद्दी आदमी हूं!"

"मेरे परिवार को पूरा क्रेडिट जाता है, जिन्होंने मुझे इतने लंबे समय तक सपोर्ट किया। मैंने तो कमाना, अपने पैरों पर खड़ा होना, बहुत देर से शुरू किया—पच्चीस के बाद ही!"

परेश एक बात अच्छी तरह जानते थे। उन्हें फिल्म ठीक वैसे ही बनानी थी जैसी वे देख रहे थे। मराठी में, बिना किसी बड़े स्टार के, बिना किसी नाच-गाने के, बहुत सादे तरीके से।

प्रोड्यूसरों को ये ख्याल ही डरावना लगता था।

"परेश, हिंदी में फिल्म बनाएं। पैसे तो वहां हैं," ये लोग कहते थे।

"चल एक गाना डाल दे--सिर्फ टाइटल ट्रैक", कोई दूसरा कहता था।

लेकिन परेश अपनी बात पर टिके रहे। "मैं ऐसे किसी शख्स का इंतजार करूंगा, जो मुझे मेरे तरीके से फिल्म बनाने देगा," परेश ने कहा। तीन सालों के इंतजार के बाद परेश ने तय किया कि वे अपनी फिल्म खुद प्रोड्यूस करेंगे। इसके लिए उन्होंने अपने परिवार का दादर वाला घर गिरवी रख दिया।

"क्या कहूं मैं? मुझसे पहले भी लोगों ने किया है ऐसा... और मैं आखरी आदमी तो नहीं, जो ये करेगा। अगर आप जुनूनी हैं, अगर कोई एक चीज आप जी-जान से करना चाहते हैं, तो इस तरह का पागलपन तो करना ही पड़ेगा!"

हां, परेश को डायरेक्टर होने के नाते ग्लैमर तो मिलता है, लेकिन वे तुरंत विषय बदल देते हैं और अपने बदले फिल्म की बात करने लगते हैं।

'हरिश्चंद्राची फैक्टरी' मराठी में अभी तक की बनी सबसे महंगी फिल्म है, जिसका बजट चार करोड़ रुपए था।

"हमें बड़ा बजट चाहिए था क्योंकि ये पीरियड फिल्म थी। हमने न सिर्फ सेट खड़े किए बल्कि ये तक देखा कि उस वक्त किस तरह के इक्विपमेंट इस्तेमाल किए जा रहे थे।"

फिल्म पुणे, मुंबई, करजथ और लंदन में शूट हुई (फाल्के ने फिल्म बनाने की तकनीक लंदन से सीखी थी)। *हरिश्चंद्राची फैक्टरी* अप्रैल 2008 में फ्लोर

पर गई और उसी साल दिसंबर में पूरी हो गई। देश के सभी फिल्म फेस्टिवल्स में फिल्म को दिखाया गया।

पहले दिन से ही *हरिश्चंद्राची फैक्टरी* को बहुत अच्छी समीक्षा मिली। फिर हर फेस्टिवल में फिल्म को पुरस्कार मिलने लगे। बेस्ट फिल्म, बेस्ट डायरेक्टर, बेस्ट स्टोरी... कमाल की बात थी कि जीवनी होते हुए भी फिल्म कहीं बोझिल नहीं हुई थी। परेश के स्टाइल की कॉमेडी थी उसमें।

"थोड़ा बहुत प्रतिरोध भी था। कुछ लोगों को ये पसंद नहीं आई। लेकिन केरल में 2009 में मणि कौल--जो खुद एक संजीदा फिल्मकार हैं, ने ज्युरी में होते हुए फिल्म को बेस्ट फिल्म का अवॉर्ड दिया। तो लोगों को फिल्म पसंद आ रही थी। वे हमारी बात भी समझ रहे थे!"

और बात ये थी कि हास्य रस का मतलब स्लैपस्टिक होना नहीं होता, न अतिशयोक्ति होता है। *हरिश्चंद्राची फैक्ट्री* की कॉमेडी *लाइफ इज ब्यूटीफुल* जैसी कॉमेडी थी।

"*लाइफ इज ब्यूटीफुल* को कॉमेडी नहीं कह सकते। लेकिन फिल्म कॉन्सेन्ट्रेशन कैंप की गंभीर कहानी होते हुए भी बोझिल नहीं होती। कुछ लोग वाकई में ऐसे होते हैं जो हर तरह के हालात में बैलेंस शीट बनाए रखते हैं।"

वे ज़िंदगी के प्रति अपने नजरिए के दम पर हालातों पर जीत हासिल करते चले जाते हैं। दादासाहब फाल्के ठीक ऐसे ही इंसान थे। हम सब जानते हैं कि उन्होंने हिंदुस्तान की पहली फिल्म बनाई--*राजा हरिश्चंद्र*। लेकिन उन्होंने ये फिल्म बनाई कैसे?

"अरे बाप रे। यही तो कमाल की कहानी है," परेश कहते हैं।

एक लड़का जो त्र्यंबकेश्वर में 1870 में पैदा हुआ है, मुंबई जेजे स्कूल ऑफ आर्ट में पढ़ाई करने के लिए आ जाता है।

"1890 में शहर के किसी रईस बाप की औलाद के लिए जेजे में पढ़ना आम बात थी, लेकिन गांव के एक लड़के के लिए बिल्कुल नहीं थी। वो भी संस्कृत पंडित परिवार में पैदा हुए लड़के के लिए तो बिल्कुल नहीं।"

फाल्के ने बड़ौदा के कला भवन में पढ़ाई की और गोधरा में अपना फोटो स्टूडियो खोल लिया। जब स्टूडियो नहीं चला, तो उन्होंने एक जर्मन जादूगर

> "मैं ट्रायल एंड एरर राइटिंग नहीं करता। मैं दिमाग में स्टोरी और
> कैरेक्टर को एक लेवल तक पहुंचने देता हूं,
> और फिर लिखना शुरू करता हूं।"

से जादू के तरीके सीख लिए और पूरे देश में घूम-घूमकर प्रोफेसर केल्फा (फाल्के का उल्टा) के नाम से जादू दिखाने लगे।

"वे अजीब से इंसान थे, सनकी किस्म के। जो हमेशा कुछ न कुछ अलग कर रहा होता था। जो अपने परिवार की गरीबी के बारे में नहीं सोचता था, पैसे के बारे में नहीं सोचता था और न ये सोचता था कि मेरा अगला खाना कहां से आएगा... उस तरह की इमोशनल चीजों से परे था।"

बल्कि फाल्के ने तो एक ठीक-ठाक चलता हुआ प्रिंटिंग बिजनेस बंद कर दिया क्योंकि उनका अपने पार्टनर से झगड़ा हो गया। तभी एक टेंट में उन्होंने एक साइलेंट फिल्म देखी--द लाइफ ऑफ क्राइस्ट। फिल्म ने उन्हें अंदर तक छू लिया।

फाल्के ने खुद से पूछा, "हम हिंदुस्तानी इस तरह की फिल्में क्यों नहीं बना सकते हैं? अपने भगवान को स्क्रीन पर क्यों नहीं दिखा सकते हैं?"

41 साल की उम्र में फाल्के ने लंदन जाकर फिल्में बनाना सीखने का फैसला किया। उन्होंने *राजा हरिश्चंद्र* के लिए पैसे जमा किए।

"फाल्के के लिए ये कमाल का एडवेंचर था। उनकी बीवी और दो बच्चों के लिए भी। *हरिश्चंद्राची फैक्टरी* में यही कहानी दिखाने की कोशिश की गई है--यही एडवेंचर।"

थीम में कुछ तो है जो सभी उम्र के लोगों को छूता है। जिसने भी फिल्म देखी, उसने सराही। *राजा हरिश्चंद्र* के बनने के सौ साल बाद अगर फिल्म की कहानी इतने लोगों के पसंद आ रही है तो परेश के लिए यही सबसे बड़ा पुरस्कार है।

लेकिन उसके बाद सबसे बड़ा पुरस्कार आया। *हरिश्चंद्राची फैक्टरी* साल 2009 में भारत की ऑफिशियल ऑस्कर एंट्री बनी।

हुआ यूं कि फिल्म फेडरेशन ऑफ इंडिया ने तय किया कि सेलेक्शन प्रोसेस को बदला जाएगा और सिर्फ बड़े प्रोड्यूसरों और डायरेक्टरों को ही नहीं बल्कि और भाषा में बनी फिल्मों को भी ऑस्कर के लिए नामित किया जाएगा।

"रीजनल फिल्म फेडरेशनों को उनकी भाषा की तीन सर्वश्रेष्ठ फिल्मों को नामित करने के लिए कहा गया। इस तरह *हरिश्चंद्राची फैक्टरी* शॉर्ट लिस्ट हुई। और फिर ज्यूरी ने फिल्म को चुन लिया!"

फिल्म बड़ी होती गई और फिल्म की रिलीज राइट्स के लिए कई सारे डिस्ट्रिब्यूशन हाउस ने परेश से बात की। चार-पांच पार्टियों से बात करने के बाद अंत में परेश ने यूटीवी और पेपरिका मीडिया के साथ टाई-अप कर लिया।

लेकिन उन्होंने फिल्म बेच देने का आसान तरीका नहीं अपनाया। वे एक पार्टनर है और प्रॉफिट में उनकी हिस्सेदारी है।

"देखिए, पैसा मेरा है। फिल्म को रिलीज करने की कोई जल्दी थी नहीं। न पैसा कमाने की थी। इसलिए मैं इंतजार कर सकता हूं..."

हरिश्चंद्राची फैक्टरी देशभर में 29 जनवरी 2010 को रिलीज हुई। हालांकि फिल्म ऑस्कर की शॉर्टलिस्ट में गई नहीं, लेकिन दर्शकों की प्रतिक्रिया पॉजिटिव रही। ये एक ऐसी फिल्म है जो धीरे-धीरे लोगों तक पहुंचती है।

एक चैप्टर का 'दी एंड' तो हुआ, लेकिन कौन जाने कि आगे क्या हो। लेकिन परेश को पीछे मुड़कर देखने पर लगता है कि धीरे-धीरे सब जुड़ता चला गया--हर अनुभव, हर प्रभाव, हर संघर्ष।

"मेरी बेरोजगारी के साल भी," परेश फिर हंसते हुए कहते हैं।

"मैं किसी फिल्म स्कूल नहीं गया, न मैंने कभी किसी को असिस्ट किया। लेकिन पुणे में रहते हुए मैंने अच्छा सिनेमा, वर्ल्ड सिनेमा देखा। जिसे संस्कार कहते हैं, वो मेरे भीतर था।"

परिवार और दोस्तों की मदद के बगैर कुछ भी मुमकिन नहीं था। जैसे कि इंडियन मैजिक आई--जो थिएटर एकेडमी के दिनों के उनके दोस्तों ने शुरू किया था--और जो *हरिश्चंद्राची फैक्टरी* के प्रोड्यूसर थे।

उन्होंने ही सब कुछ संभाला।

सबसे ज़्यादा गौरवान्वित परेश के माता-पिता और उनके भाई हुए, जिन्होंने परेश का हर कदम पर साथ दिया। जिन्होंने परेश को उनके हाल पर छोड़ दिया ताकि उनके भीतर की क्रिएटिव चीजें बाहर निकलकर आती रहें।

"उनके बगैर तो ये हो ही नहीं सकता था... अगर उन्होंने मुझे अनुमति नहीं दी होती तो मेरे पास गिरवी रखने के लिए कुछ भी नहीं था। मैं ये फिल्म बना ही नहीं सकता था।"

दादासाहेब फाल्के की तरह ही परेश की ज़िंदगी में भी कम एडवेंचर नहीं रहे। और मुझे लगता है कि पिक्चर अभी बाकी है।

क्योंकि *लाइफ इज ब्यूटीफुल* और ज़िंदगी में संभावनाएं भी असीम हैं।

लेकिन खुद से सच बोलिए।

*

युवा उद्यमियों को सलाह

किसी की बात मत सुनिए--मैं तो यही बात कहना चाहूंगा।

किसी की सलाह मत मानिए। करिए वही जो करना चाहते हैं... ये ही एक सलाह है, जो सलाह है भी नहीं। मुझे बस यही कहना है। मैं किसी की नहीं सुनता, तो किसी और को मेरी सुनने के लिए कैसे कह सकता हूं?

अवतार

कृष्णा रेड्डी
प्रिंस डांस ग्रुप

उड़ीसा के एक छोटे से गांव में कृष्ण रेड्डी ने मजदूरों की एक टोली बनाई, और एक डांस ग्रुप बना लिया--प्रिंस डांस ग्रुप। इस ट्रूप ने भारत का सबसे मशहूर टैलेंट शो--इंडिया हैज गॉट टैलेंट--जीत लिया, और मिथक कथाओं से ली गई कहानियों पर कोरियॉग्राफी करके दर्शकों का दिल जीत लिया।

जब मैंने पहली बार शो में प्रिंस डांस ग्रुप को देखा था, मेरी आंखें फटी की फटी रह गई थीं।

कौन थे ये लिपे-पुते चेहरों वाले डांसर? कहां से आए थे ये लोग, और इन्हें इस तरह नाचना आख़िर सिखाया किसने था?

इन सवालों के जवाब अपने आपमें एक कमाल की कहानी थी। प्रिंस एक ऐसा ग्रुप है, जिसे 26 साल के कृष्णा रेड्डी ने शुरू किया। उड़ीसा के एक छोटे से शहर, बहरामपुर, के इस लड़के ने बिना किसी फॉर्मल ट्रेनिंग के डांस करना और कराना शुरू किया। सिर्फ जुनून था। रास्ते अपने आप बनते चले गए। जैसे एकलव्य ने ख़ुद तीरंदाजी सीखी, वैसे ही कृष्णा ने सिर्फ देख-देखकर डांस करना सीखा। अपनी डांसिंग को प्रैक्टिस से मांजते रहे। और फिर अपनी कल्पना के दम पर उसे अगले लेवल पर लेकर चले गए। सात सालों के संघर्ष के बाद, छोटे-छोटे शो में डांस करने के बाद, बड़ी मुश्किल से थोड़े-बहुत पैसे कमाने के बाद, कृष्णा के मन में खुद को साबित करने की तीव्र इच्छा जागी। भीड़ से अलग दिखाई देने की इच्छा, अपना असर छोड़ जाने की इच्छा।

ये करने के लिए कृष्णा ने आंत्रेप्रेन्योर की तरह सोचने का फैसला किया और 'बिग आईडिया' पर काम किया।

कृष्णा ने अपनी टीम को बिना किसी गलती के परफॉर्म करने के लिए तैयार किया, और तैयार किया मार्केट के लिए।

तैयार किया इस तरह कि लोग और वोटिंग दोनों उनके पक्ष में हो।

कृष्णा की कहानी से ये पता चलता है कि हुनर वहीं है, जहां से सब शुरू होता है। लेकिन हुनर को मांजने की इच्छा, खुद को सीमाओं से परे लेकर जाने की इच्छा और वो करने की इच्छा जो आपने पहले कभी न किया हो--आपके भीतर की रौशनी वहीं से आती है। तभी आप आम लोगों के बीच ख़ास हो जाते हैं।

दुआ है कि ऐसे कृष्णा कई अवतारों में आएं।

अवतार

कृष्णा रेड्डी
प्रिंस डांस ग्रुप

कृष्ण रेड्डी बहरामपुर में पैदा हुए।

"मेरा परिवार मूलतः आंध्र प्रदेश से है। मेरे पिता का ट्रांसफर उड़ीसा हो गया था। वो बिजली का काम करते हैं।"

बिजली का काम--बिजली विभाग में।

कृष्णा एक बड़े से परिवार की सबसे छोटी संतान थे--चार भाइयों और दो बहनों में सबसे छोटे। उन्होंने स्कूल या पढ़ाई पर कभी ज़्यादा ध्यान नहीं दिया। लेकिन वे एक चीज को लेकर जुनूनी थे, और वो था डांस। कोई फॉर्मल ट्रेनिंग नहीं थी, बस देख-देखकर सीख लिया।

"मेरा एक बड़ा भाई है जो डांस करता है। मैं उसे देखता था और उसके स्टेप्स कॉपी करता था। उन दिनों प्रभु देवा बहुत पॉपुलर थे। वही मेरे हीरो थे।"

कृष्णा को बहरामपुर के पास सालाना गणपति पूजा में डांस करने का मौका मिला। जब कृष्णा के भाई ने एक डांस ग्रुप शुरू किया तो कृष्णा उसका हिस्सा बन गए और एक बड़ी दुनिया से रूबरू हुए--छोटे से शहर से परे की बड़ी दुनिया में।

"हम लोग भुवनेश्वर जाया करते थे। पुरी और हैदराबाद भी जाते थे परफॉर्म करने। हमने छोटे कप और शील्ड्स हासिल किए। बड़ा मजा आता था! मैं स्टेज पर सोलो जाता था, प्रिंस के नाम से।"

बारहवीं की पढ़ाई करने के बाद कृष्णा ने तय कर लिया कि पढ़ाई बहुत हुई, अब वे अपना डांस ग्रुप चलाएंगे--प्रिंस डांस ग्रुप। लेकिन शुरू कैसे किया जाए? लोग कहां से आएंगे?

कृष्णा घर-घर जाते और वैसे स्टूडेंट्स ढूंढ़ते, जो डांस सीखने को राजी हो जाएं। कुछ ही दिनों में आठ बच्चे जुड़ गए। सारे बच्चे सौ-सौ रुपए महीना देने लगे। दो साल के भीतर ही स्टूडेंट्स बढ़कर बीस हो गए।

"खर्चा चल जाता था," कृष्णा बताते हैं। लेकिन वे फिर भी खुश नहीं थे। हां, उन बच्चों का परिवार पैसे जरूर दे देता था लेकिन उन्हें डांस कुछ हासिल कर लेने का, स्टेज पर अपने बच्चों को देखने का जरिया भर लगता था।

"अगर मैं एक स्टूडेंट को स्टेज पर शो के लिए ले जाता था, तो बाकी के पेरेन्ट पूछने लगते थे, 'मेरे बच्चे को क्यों नहीं?' उनकी जलन से मुझे बहुत उलझन होती थी।"

2004 में कृष्णा ने तय किया कि वे क्लासेस नहीं लेंगे और बच्चों को सिखाना बंद कर देंगे। उन्होंने गांव-गांव जाना शुरू किया। वे बस से जाते थे, बेहरामपुर से भी तीस-चालीस किलोमीटर आगे और उन बच्चों को ढूंढ़ते थे, जिनमें डांस का जुनून हो।

लेकिन सफर इतना आसान नहीं था।

"टाटा कॉलोनी में मेरे पास सात-आठ लड़कों का ग्रुप था। सब अच्छा चल रहा था लेकिन लोग फिर परेशान करने लगे। बोलने लगे, तुम यहां प्रैक्टिस नहीं कर सकते हो। छोटी-छोटी प्रॉब्लम आती थी और मैं उनसे जूझता रहता था।"

2005 में कृष्णा को बिल्कुल अलग किस्म के स्टूडेन्ट्स मिले। उन्होंने मजदूरों की एक टोली को डांस सिखाना शुरू कर दिया। लेकिन क्यों?

"मुझे ऐसे लोगों से मिलना हमेशा से अच्छा लगता था। बचपन से मैं उन्हें देखता था कि ये लोग इतनी मेहनत करते हैं, सुबह से शाम तक काम करते हैं। मगर फिर भी मस्त रहते हैं। अगर मैं उनकी खुशी के लिए कुछ कर सकता हूं तो मुझे भी अच्छा लगेगा।"

कृष्णा ने अंबोपुर में मजदूरों से बात की और उनसे पूछा, "डांस सीखोगे?" वे तुरंत तैयार हो गए।

इस तरह हर रात, अंधेरा होने के बाद, जब ये मजदूर लड़के दिन का काम ख़त्म कर लेते तो काली मंदिर पर जमा होते थे। मंदिर के बगल में एक छोटे से कमरे में वे पूरी तरह डांस में डूब जाते थे।

"हम सुबह दो-तीन बजे तक प्रैक्टिस करते थे। कुछ भी अपने स्टाइल का, जो भी मुझे आता था, मैं उनको सिखाता था।"

और ये लड़के वाकई बहुत अच्छे स्टूडेंट्स निकले।

"वो मेरी बात मानते थे। डांस के बारे में उन्हें कुछ भी मालूम नहीं था, इसलिए मुझसे कभी बहस नहीं करते थे!"

लेकिन एक दर्जन लड़के हर रात जमा होकर इस तरह क्यों नाचते थे... वो भी तब, जब हर सुबह उठकर उनको मजदूरी करने जाना होता था?

क्योंकि कृष्णा रेड्डी ने उन्हें एक बेहतर कल का सपना दिखाया था। एक ऐसे भविष्य का सपना, जो उन्हें *बूगी वूगी* प्रोग्राम में शामिल होने वाले डांसरों को देखने के बाद आया था।

"मैं *बूगी वूगी* देखता था और डांसरों से बहुत कुछ सीखता था। मैं सोचा था कि मैं ऐसा क्या करूं कि उनसे जीत जाऊं, उनके आगे निकल जाऊं।"

कृष्णा ने अपने लड़कों से कहा, "डांस से तुम कुछ भी बन सकते हो... मगर उसके लिए मेहनत करनी पड़ेगी।"

लड़कों ने कृष्णा पर यकीन कर लिया। कृष्णा के परिवार की तरह, जो कृष्णा को घंटों सीडी प्लेयर के साथ नाचते छोड़ दिया करता था।

"मेरे भाई काम कर रहे थे। मैं सबसे छोटा था, शायद इसलिए मेरे ऊपर कोई दबाव नहीं था।"

लेकिन कभी-कभी मां कहते थी, "ये डांस का पागलपन कब खत्म होगा? कुछ काम-धंधा सीख ले--बाद में काम आएगा।"

लेकिन कृष्णा को इस बात का पूरा यकीन था कि एक ना एक दिन डांस में ही मैं कुछ करके दिखाऊंगा। और वे अपने क्राफ्ट को और बेहतर

"मुझे लगा इतने दिन से हम डांस में हैं लेकिन कुछ भी हासिल नहीं हुआ है... जो भी हो मुझे ये कॉम्पटीशन जीतकर दिखाना है।"

बनाने में लगे रहे। आस-पास के गांवों के कुछ और लड़कों को भी डांस सिखाते रहे।

"मैं उन लड़कों के बस का किराया देता था, या फिर वे लोग साइकिल से आते थे। हम लोग तीन-चार महीने में छोटे-छोटे शो करते थे। वहां हम लोग पांच सौ-हजार रुपए जीत लेते थे। वही हमारे लिए बहुत बड़ी बात होती थी।"

2006 में कृष्णा ने तय किया कि वे 'बूगी वूगी' में किस्मत आजमाएंगे और अपने ट्रुप के सोलह सदस्यों के साथ कोलकाता चले आए। उस ट्रिप के लिए कृष्णा ने अपनी मोटरसाइकिल बेच दी। 1500 प्रतिभागियों के बीच कृष्णा का 'प्रिंस डांस ग्रुप' मुंबई में अगले राउंड के लिए चुन लिया गया।

एक बार फिर कृष्णा ने पैसे जमा किए और मुंबई चले गए। इस बार वे एक फीमेल डांसर (और उसकी मां) को लेकर गए, क्योंकि उन्हें बताया गया कि इससे उनके जीतने का चांस बढ़ जाएगा।

बहरामपुर से टीम हैदराबाद आई और फिर वहां से मुंबई की ट्रेन में बैठी।

कृष्णा ने एक पुलिस वाले से पूछा, "दादर कब आएगा।"

उस आदमी ने जवाब दिया, "सुबह छह बजे। चिंता मत करो। सो जाओ।"

लेकिन उस रात कृष्णा को नींद नहीं आई। सुबह चार बजे ट्रेन रुकी और कृष्णा ने खिड़की से बाहर झांककर देखा। ट्रेन दादर पहुंच गई थी!

फिर तो ट्रेन से उतरने की दौड़-भाग शुरू हो गई। उस भागमभाग में आधे उतरे, आधे ट्रेन में ही रह गए।

"मैं दौड़-दौड़कर सबको नीचे उतार रहा था... वे लोग मेरा सामान ट्रेन से बाहर फेंक रहे थे और एक-एक करके ट्रेन से कूद रहे थे। हमलोग किसी तरह उतर गए और लगा कि बस लड़ाई जीत ली है।"

लेकिन गिनती हुई तो पता चला कि दो लोग नहीं है। ट्रेन स्पीड पकड़ चुकी थी और एक लड़का अभी भी दरवाजे पर खड़ा था।

"वहीं रुको, कूदो मत," ग्रुप के लोग चिल्लाए।

लड़के ने बात नहीं सुनी और ट्रेन से कूद गया। उसे बहुत जोर से चोट आई।

एक लड़का अभी भी चलती ट्रेन नें था। कृष्णा ने अपने ग्रुप से दादर में रुकने को कहा और अगली ट्रेन लेकर सीएसटी चले गए। सीएसटी में पहले से एक दर्जन ट्रेनें प्लेटफॉर्म पर खड़ी थीं। बड़ी मुश्किल से लड़का मिला, और वे लोग दादर लौटे।

लेकिन अब दादर से पूरा का पूरा ग्रुप गायब था। लोगों ने बताया कि पुलिस उनको लेकर गई है।

"ये जुलाई 2006 में हुए सीरियल ब्लास्ट के एक महीने बाद की बात है। सारे स्टेशनों पर हाई एलर्ट था।"

रेलवे पुलिस ने कहा, "कहां से आए हो? आईडी प्रूफ दिखाओ।"

कृष्णा के पास कोई डॉक्युमेंट नहीं था। पुलिस को कुछ दिखा नहीं सके। 'बूगी वूगी' के नंबर ट्राई करते रहे लेकिन कोई जवाब नहीं मिला। बाद में बेहरामपुर एक दोस्त को फोन किया और कहा कि हम लोग मुसीबत में हैं। क्या मुंबई में किसी को जानते हो जो हमारी मदद कर सके?

दोस्त ने किसी को भेजा, उस आदमी ने ग्रुप की पहचान की और तब जाकर पुलिस ने उन्हें छोड़ा। लेकिन मुसीबतें अभी खत्म नहीं हुई थीं।

"हम लोग किसी तरह 'बूगी वूगी' के ऑफिस में पहुंचे। लेकिन हमारे पास रहने की कोई जगह नहीं थी..."

जो होटल ऑर्गनाइजरों ने बुक किया था वो बहुत महंगा था। पांच सौ रुपए प्रति व्यक्ति प्रति दिन। कृष्णा ने सस्ती जगह ढूंढ़ने की कोशिश की।

"मैं पहली बार बस्ती में गया। वहां मैंने लोगों को फुटपाथ पर रहते देखा। वहां खाते देखा, सोते देखा। मुझे बहुत डर लगा। मैंने सोचा, गांव ही बेहतर है। कम से कम लोगों के पास रहने के लिए घर तो है!"

कृष्णा को एक मेस दिखाया गया--एक छोटा सा कमरा जिसमें डेढ़ सौ

लोग सो रहे थे। वहां ग्रुप के लोग नहीं रह सकते थे। रात के दस बजे तक पैदल घूम-घूमकर कृष्णा रहने की जगह ढूंढ़ते रहे। आखिर में थककर कहा, "मैं हार गया हूं।"

कृष्णा ने अगली ट्रेन लेकर घर वापस जाने का फैसला किया। लेकिन ऑर्गनाइजरों ने कहा, "तुम्हारी वजह से 'बूगी वूगी' की नाक कट जाएगी। तुम यही चाहते हो?"

भारी मन से कृष्णा ने पांच सौ रुपए वाला कमरा लेने का फैसला किया और पूरे ग्रुप के लिए 8000 रुपए एक दिन के दिए। वे लोग आठ दिन वहां रुके थे।

"हम लोग दिन में सिर्फ एक बार खाते थे ताकि पैसे बचा सकें," कृष्णा बताते हैं।

भीतर आग तो थी और कृष्णा की टीम फाइनल में पहुंची भी। लेकिन एक मुश्किल और आई। जिस बैग में कॉस्ट्यूम्स और सीडी था, वो ट्रेन में ही रह गया था।

कॉम्पटीशन की सुबह कृष्णा ने दूसरा म्युजिक ढूंढ़ा और तैयारी की। कॉस्ट्यूम की जगह कृष्णा ने सिल्वर पेंट इस्तेमाल करने का फैसला किया, और इसी तरह वे लोग स्टेज पर गए।

"हम उस वक्त बहुत खराब हालत में थे... हमारे पास पैसे नहीं थे कि होटल का बिल दे सकें। लेकिन उस दिन भगवान ने सुन ली।"

'प्रिंस डांस ग्रुप' ने कॉम्पटीशन तो नहीं जीता, लेकिन जज जावेद जाफरी उनके डांस से इतने खुश हुए कि टीम को 75,000 रुपए का कैश प्राइज दे दिया।

'बूगी वूगी' के इस एक्सपोजर के साथ किस्मत के दरवाजे थोड़े और खुल गए। ग्रुप के पास कॉलेजों में, शादियों में और कल्चरल प्रोग्रामों में डांस करने के प्रस्ताव आने लगे और कमाई भी होने लगी।

"हम लोगों को हर शो के दस-बाहर हजार रुपए मिल जाते थे। हालांकि सारा पैसा रहने और खाने-पीने में खर्च हो जाता था। बहुत मुनाफा नहीं होता था।"

इस छोटी सी सफलता के बावजूद कृष्णा में इतना आत्मविश्वास नहीं आया कि अपनी फीस बढ़ा सकें, या फिर आने-जाने का खर्च मांग सकें। या उन लोगों को मुड़कर जवाब दे सकें जो कहते थे, तुम लोग अभी स्टार नहीं बने हो... हम तुम्हें और पैसे क्यों दें!

क्योंकि पैसे की कमी थी, इसलिए प्रिंस ग्रुप के कई डांसरों ने छोड़ दिया।

“मैं अपने लड़कों को महीने के आखिर में पैसे नहीं दे पाता था। इसलिए बहुत सारे लड़के काम की तलाश में हैदराबाद या मुंबई चले गए। फिर मुझे नए लड़के खोजकर उन्हें ट्रेन करना पड़ता था।”

किसी और स्टार्टअप की तरह कृष्णा को भी अपनी टीम के बिखरने का दंश झेलना पड़ा। लेकिन प्रिंस ग्रपु ‘बूगी वूगी’ में हर साल परफॉर्म करता रहा। दो बार वे लोग रनर-अप भी रहे। और दर्शकों के दिल जीतने के मामले में तो अव्वल रहे।

शो के एक और जज रवि बहल ने कृष्णा की मदद करते हुए उन्हें एक कमरा भी दिया ताकि वहां ट्रूप रह सके। साथ में ये भी कहा, “किसी को मत बताना। ये सिर्फ तुम्हारे लिए है।”

इस पहचान और मदद के बावजूद प्रिंस डांस ग्रुप बड़ी मुश्किल से अपना गुजारा चलाता था। किसी तरह आठ सौ-हजार रुपए की कमाई होती थी और बाकी के पैसे कॉस्ट्यूम्स में, आने-जाने में लग जाते थे।

पर गाड़ी चल रही थी। धीमे-धीमे। एक सुबह कृष्णा ने एक ऐसे कॉम्पटीशन के बारे में सुना जिसने उनकी किस्मत बदल दी। ये शो था--इंडिया हैज गॉट टैलेंट, जो कलर्स पर दिखाया जाना था। प्राइज मनी था पचास लाख रुपए।

कृष्णा को मालूम था कि यही एक मौका है। कुछ करके दिखाना था, मगर क्या? झटका और मटका से कुछ अलग दिखाना था। यहां और कई लोग होते जिनके कई और हुनर होते। कृष्णा को कुछ अलग करना था।

“मैं पूरी रात सोचता रहा। अगर मैं चुन लिया गया, अगर मैं जीता तो इसलिए क्योंकि मेरा डांस मेरे कल्चर, मेरे देश के बारे में होता। अपने देश पर, अपनी संस्कृति पर कुछ करना है।”

कृष्णा ने एक नए किस्म के डांस का सोचा... ऐसा जो पहले कभी किसी ने न देखा हो। कृष्णा ने बिल्कुल अलग किस्म के डांस की परिकल्पना की। ये डांस स्टेप्स से आगे बढ़कर कुछ और होता, ये डांस सबको साथ लेकर सबके हिस्से में आने वाली कहानी होता।

इस तरह कृष्णा 'एक्ट' की तैयारी शुरू हो गई, जहां सिल्वर पेंट* के चेहरों वाले डांसर कृष्णा के नीलरंगी अवतार को बांसुरी बजाते हुए दिखाते। उसके बाद मंच पर जो दिखाई दिया, वो किसी जादू** से कम न था।

जब ग्रुप ने एलिमिनेशन राउंड में डांस किया तो लोगों ने खड़े होकर तालियां बजाईं। जज शेखर कपूर ने इसे 'वर्ल्ड बीटिंग एक्ट' कहा--दुनिया जीत लेने का माद्दा रखने वाला डांस। शेखर कपूर ने कहा, "आपके एक्ट से साबित हो गया है कि अगर आप आर्टिस्ट हैं तो आपको रिसोर्स की जरूरत नहीं है। आपको प्रोफेशनल ट्रेनिंग की जरूत भी नहीं है। दिल चाहिए, कला चाहिए!"

सेलेक्शन के बाद हर एक्ट के लिए तैयारी को एक महीने दिए गए। तब कृष्णा ने जाकर फ्लैग एक्ट किया, जो सारे जहां से अच्छा की धुन पर तैयार हुआ था और बहुत पसंद किया गया।

इस एक्ट में डांसरों ने केसरिया, सफेद और हरे रंगों में ऐसा परफॉर्मेंस दिया कि दर्शक देखते रह गए। इसमें ट्रूप के दो विकलांग सदस्य भी थे--पद्मानंद साहू (24) और तेलू तैरिनी (13)। हर परफॉर्मेंस के बाद दर्शकों और जजों की आंखों में आंसू होते थे।

ग्रैंड फिनाले में प्रिंस ग्रुप से बहुत सारी उम्मीदें थीं। और एक बार फिर ग्रुप ने उन्हें हताश नहीं किया। विष्णु के दसावतार का एक्ट इस दुनिया से बाहर की कोई चीज था। कई बार किसी परफॉर्मेंस को देखकर उसे बयां करने के लिए शब्द नहीं होते। ये ऐसा ही एक परफॉर्मेंस था।

लेकिन सवाल था कि क्या प्रिंस ग्रुप को इतने वोट मिल पाते कि पब्लिक उन्हें जीता पाती?

* सिल्वर पेंट पाउडर से बनता है, जबकि नीला रंग डिस्टेंपर है। इसे लगाने में एक से डेढ़ घंटा लगता है और उतारने में 2-3 घंटे।

** तीनों परफॉर्मेंस के वीडियो यूट्यूब डॉट कॉम पर देखे जा सकते हैं। देखें Prince Dance Group

खुशकिस्मती से प्रिंस ग्रुप ने उड़ीसा के मुख्यमंत्री नवीन पटनायक का भी ध्यान खिंचा था। नवीन पटनायक ने कृष्णा को बुलाया और कहा--तुम अपने परफॉर्मेंस पर ध्यान दो। उड़ीसा की पूरी जनता तुम्हारे लिए वोट करेगी।

पटनायक ने खुद प्रिंस ग्रुप के लिए कैंपेन किया। उड़िया मीडिया ने अपने पूरा समर्थन दिया और वाकई ईंट भट्ठों में काम करने वाले लड़कों की इस टोली को सबसे ज़्यादा वोट मिले।

इतनी सारी मुश्किलों के बाद आखिरकार प्रिंस ग्रुप ने कॉन्टेस्ट जीत लिया।

और प्राइज का क्या हुआ? कृष्णा ने मारुति रिट्ज कार अंबोपुर के गांव को दे दी, जिसका इस्तेमाल अब इमरजेंसी के लिए किया जाता है।

"गांव वालों ने मेरी मदद की, मुझे समर्थन दिया। मुझे खिलाया-पिलाया। मुझ पर यकीन रखा। मैंने सोचा कि ये गाड़ी उनके काम आ सकती है।"

पचास लाख में से बीस लाख टैक्स में चले गए। कृष्णा ने एक-एक लाख रुपए टीम के बीस सदस्यों को दिया। बाकी के पैसे उस काली मंदिर के जीर्णोद्धार में लग गए, जहां ये लोग कभी रात-रात भर प्रैक्टिस करते थे।

"ये सब भगवान का आशीर्वाद है। मैं पहले भगवान पर यकीन नहीं करता था। मगर धीरे-धीरे मुझे ये अहसास हुआ कि मैं पहले कहां था और आज कहां हूं..."

कृष्णा और उनका ट्रूप उड़ीसा के स्टार हैं।

"हमें इज्जत और पहचान मिली है। हमें और क्या चाहिए?"

और शो, कई और तरह के मंच--सब कुछ मिलने लगा है धीरे-धीरे। सोनी म्यूजिक ने दो साल का कॉन्ट्रेक्ट साइन किया है। सोनी ग्रुप ही क्लायंट ढूंढ़ता है, फीस नेगोशिएट करता है और यात्रा और रहने-सहने के खर्चे देखता है।

"उन्हें एक कमीशन मिलता है। हमें सैलरी मिलती है। मैं बहुत खुश हूं। अब हम लोग सिर्फ अपने डांस पर ध्यान दे सकते हैं।"

और तो और उड़ीसा सरकार ने एक करोड़ के कैश प्राइज की घोषणा की है, और ग्रुप को चार एकड़ जमीन दी है ताकि वहां एक डांस एकेडमी बनाई जा सके।

"मेरे लिए सबसे खुशी की बात है कि मेरी वजह से बीस-पच्चीस लोगों की ज़िंदगी बन सकी है। अभी भी गांवों में हजारों ऐसे युवा हैं जिनमें हुनर है, क्षमता है। लेकिन मौके नहीं हैं। अगर मैं उनको रास्ता दिखा सकूं तो और भी अच्छी बात है।"

अगर आपके जहन में कोई बात है और आप उस बात पर यकीन रखते हैं, तो वो बात जरूर पूरी हो जाती है।

कृष्णा रेड्डी की ज़िंदगी इसी बात का सबूत है।

*

युवा उद्यमियों को सलाह

सिर्फ और सिर्फ आपकी मेहनत आपको आगे लेकर जाएगी। आप किसी पर भी निर्भर मत रहिए।

पैसा कभी अड़चन नहीं होता। मेहनत करने वालों को, दिल से काम करने वालों को सब कुछ मिलता है।

जंगल जंगल बात चली है

कल्याण वर्मा
वाइल्ड लाइफ फोटोग्राफर

बाईस साल की उम्र में कल्याण वर्मा के पास एक अदद-सी नौकरी थी, याहू में। लेकिन एक दिन इस लड़के ने नौकरी छोड़ दी और अपने जुनून को पूरा करने में लग गए। ये जुनून था वाइल्ड लाइफ फोटोग्राफी का। आज कल्याण एक ऐसे इडियट के तौर पर जाने जाते हैं, जिसने अच्छे-खासे काम को लात मारकर वो करना शुरू कर दिया जिसमें वाकई उनका मन लगता था।

मेरा भाई जब छोटा था, तब वो बेस्ट कंडक्टर बनना चाहता था। जब मैं छोटी थी, मैं ऐस्ट्रोनॉट बनना चाहती थी।

जब कल्याण वर्मा छोटे थे, उन्होंने एक दिन खुद से कहा, काश ऐसे हो पाता कि मैं पूरा दिन जंगलों में जानवरों को देखते हुए दिन गुजार सकता।

आज मेरा भाई एक मल्टीनेशनल कॉरपोरेशन के साथ ब्रांड मैनेजर है।

मैं अब एक राइटर हूं, जो अभी भी सितारों की ओर नजरें करके सोचती हूं--शायद कभी, एक दिन...

लेकिन कल्याण वर्मा ने बचपन के अपने ख्वाब को हकीकत का रूप दे दिया। वे वाकई पूरा दिन जंगल में बैठकर जानवरों को देखते हैं और उनकी तस्वीरें लेते रहते हैं। कल्याण आम लोगों के ख़ास ख्वाबों का प्रतिनिधित्व करते हैं।

वैसे ख्वाब, जो अक्सर हकीकत के रास्ते में आकर कुचल दिए जाते हैं क्योंकि हमें बचपना न करने की सलाह दी जाती है, रियलिटी के साथ रहने को कहा जाता है।

हम अपेक्षाओं और सीमाओं के जंगल के बीच से भी अपने लिए रास्ता निकाल सकते हैं और टार्जन की तरह ज़िंदगी की घनी डालों पर से उछलते-कूदते अपने मंजिल तक पहुंच सकते हैं।

और व्यावहारिकता का क्या?

मैं कोशी रेस्टोरेंट में बैठे हुए सोचती हूं, हममें से कई तो अक्सर पूरी ज़िंदगी वैसे भी वाइट सॉस में डूबी हुई फूलगोभी की तरह काट देते हैं।

लेकिन हमें सक्सेस की अपनी रेसिपी बनानी चाहिए, ठीक वैसे ही जैसे कल्याण ने किया। इससे न सिर्फ हमारा पेट भरेगा, बल्कि हमारे दिल और दिमाग, हमारी रूह को भी संतुष्टि मिलेगी।

जंगल जंगल बात चली है

कल्याण वर्मा
वाइल्ड लाइफ फोटोग्राफर

कल्याण वर्मा विशाखापत्तनम में पैदा हुए।

"मेरे पिता पब्लिक सेक्टर की नौकरी में थे और अक्सर उनका ट्रांसफर हुआ करता था। हम लोग हमेशा एक जगह से दूसरी जगह घूम रहे होते थे। अलग-अलग लोगों से मिल रहे होते थे, अलग-अलग जगहों पर घूम रहे होते थे।

कल्याण ने केंद्रीय विद्यालय में पढ़ाई की--सरकारी स्कूल में और कहते हैं कि उनके लिए अच्छा ही हुआ। लेकिन हर तीन साल पर एक नए स्कूल में होने का मतलब होता था नए दोस्त बनाना, जो कि अच्छी बात नहीं थी।

वाइजैग से लेकर गुलबर्ग तक और फिर विजयवाड़ा, फिर एक साल कनाडा--कल्याण ने आख़िर में बंगलोर में रहने का फैसला किया।

"मैंने अपने कॉलेज की पढ़ाई बंगलोर से की। इसलिए मेरे लिए बंगलोर ही घर है," कल्याण कहते हैं।

कल्याण पढ़ाई में ठीक-ठाक थे। उनके अपने उतार-चढ़ाव रहे, अपनी उम्र के बाकी बच्चों की तरह। और उनके अपने सपने रहे, अपनी उम्र के बाकी बच्चों की तरह।

"आप छोटे होते हैं तो पता नहीं कितनी सारी चीजें करना चाहते हैं। आप ऐस्ट्रोनॉट बनना चाहते हैं, पायलट बनना चाहते हैं। मैं गाना चाहता था। कोशिश भी की, लेकिन कर नहीं पाया। और फिर मैं जंगल में रहना

चाहता था। *नेशनल जियॉग्राफिक*, खासकर जेन गुडॉल को देखकर लगता था कि मैं जंगल में रहकर सारा दिन गुजार सकता हूं।"

सारा दिन? कल्याण को जंगल के करीब रहने का एक ही मौका मिला था अब तक--वो भी एक दिन का, जब उनका परिवार छुट्टियों के लिए ऊटी गया था।

"टीवी तक ठीक है, बेटे, आगे पढ़ाई करो, कुछ बनो," कल्याण के पिता चिंतित होकर कहते।

लेकिन खुशकिस्मती से कल्याण उन्हीं दिनों कंप्यूटर्स के प्यार में भी पड़ गए। वो दौर नब्बे का था और इस फील्ड में कई किस्म के ईजाद हो रहे थे। इस लड़के को हैकर्स खासतौर पर दिलचस्प लगते थे।

"मैंने बहुत कम उम्र में कंप्यूटर प्रोग्रामिंग शुरू कर दी और उसमें मजा भी बहुत आता था। तब मैं स्कूल में ही था। तो इंडस्ट्री भी ग्रो कर रही थी और पेरेन्ट्स भी कह रहे थे कि कुछ करो। तो लगा कि कंप्यूटरों की दुनिया में कुछ करना आसान होगा।"

और फिर वाइल्ड लाइफ में अपना करियर बनाता भी कौन है?

कल्याण ने बंगलोर में पीईसी कॉलेज ऑफ इंजीनियरिंग ज्वाइन कर लिया। कॉलेज तो ठीक-ठीक था, लेकिन बेस्ट नहीं था। दूसरी परेशानी ये थी कि कल्याण को कंप्यूटर साइंस में सीट नहीं मिली।

"मैं पढ़ने में ठीक था लेकिन मुझे टॉप इंजीनियरिंग कॉलेज में दाखिला नहीं मिला। लेकिन मैं बंगलोर में रहकर मेकैनिकल इंजीनियरिंग करना चाहता था। मुझे रोबॉटिक्स भी पसंद था, इसलिए मुझे लगा कि मैं दोनों चीजें एक साथ कर पाऊंगा।"

ब्रांच या कॉलेज का न मिलना कई छात्रों को परेशान कर सकता है, लेकिन कल्याण ने कोई अफसोस नहीं किया।

"कॉलेज में बहुत मजा आता था। लिनक्स और ओपेन सोर्स इस्तेमाल में आने लगा था। लोग इंटरनेट का इस्तेमाल करने लगे थे। मैं क्लास बंक कर रहा था लेकिन कैंटीन में बैठने के लिए नहीं। मैं घंटों कंप्यूटर लैब में बैठकर कुछ-कुछ सीखता रहता था।"

कॉलेज के सेकेंड ईयर से कल्याण ने पार्ट टाइम काम शुरू कर दिया और कुछ लिनक्स कन्सलटिंग और नेटवर्किंग का काम भी किया।

“मजा बहुत आता था क्योंकि मैं मेकैनिकल का स्टूडेंट था। लेकिन मैं कंप्यूटर साइंस लैब का ख्याल रख रहा था। ये अपने आपमें अजीब बात थी।”

आपके पास डिग्री थी, डोमेन एक्सपर्टाइज था। लेकिन गहरा ज्ञान नहीं था। जुनून था। नया सीखने की चाह थी। ये चाह शख्सियत का हिस्सा होती है। इस तरह कल्याण वर्मा, मेकैनिकल इंजीनियर को याहू में जगह मिल गई।

“नौकरी मुझे थर्ड ईयर कॉलेज में ही मिल गई। मुझे सिक्योरिटी की काम पसंद था, और मुझे याहू के सिक्योरिटी डिपार्टमेंट में रखा गया था--इसलिए मुझे मजा आया। उस वक्त याहू इंडिया स्टार्टअप था और काम करने के लिहाज से बहुत अच्छी कंपनी था।”

कल्याण अच्छा कमा रहे थे।

“बंगलोर के उस बैच में मुझे सबसे ज्यादा तनख्वाह मिलती थी... फ्रेशर को साल के साढ़े पांच लाख रुपए...”

साल था 2001।

याहू में काम करते हुए मजा आने लगा।

“याहू में सब सिस्टम के साथ कुछ न कुछ छेड़खानी की कोशिश करते रहते हैं, सिस्टम तोड़ने की कोशिश करते रहते हैं। तो हम चौबीस घंटे तैनात रहते थे!”

डॉटकॉम कंपनी थी, इसलिए कोई बॉस नहीं था। बाईस साल की उम्र में ही एक लड़के को सिक्योरिटी का इनचार्ज बना दिया गया।

“मैंने अपने प्रोजेक्ट खुद बनाए, अपनी चुनौतियां संभालीं। लेकिन मुझे अपने काम से मोहब्बत थी। मैं क्रिप्टोग्राफी करता था। ऐसी कई सारी चीजें करता था। मैं इन सब चीजों को लेकर इसलिए फख्र महसूस करता हूं क्योंकि छोटी-छोटी चीजें भी आप पर गहरा असर डालती हैं।”

“जैसे डोमेन की--जो ईमेल सिक्योरिटी का स्टैंडर्ड है। मैं डिजाइन टीम का हिस्सा था। जीमेल भी अब उसी प्रोटोकॉल का इस्तेमाल करता है।”

"मैं अपने सिक्योरिटी करियर के साथ न्याय नहीं कर रहा था, और मैं वाइल्ड लाइफ के साथ भी न्याय नहीं कर रहा था। मुझे चुनाव तो करना था।"

आप कल्याण की आवाज में उतर आया फख्र महसूस कर सकते हैं।

"बहुत से लोग ये कह सकते हैं कि मैं अपनी क्युबिकल नौकरी से तंग आ गया था, इसलिए मैंने नौकरी छोड़ दी। सच तो ये है कि मुझे अपना काम बहुत ज़्यादा पसंद था। मैंने 2003 में सुपरस्टार याहू अवॉर्ड जीता--जो याहू वर्ल्डवाइड का सबसे बड़ा अवॉर्ड होता है।"

फिर कल्याण ने नौकरी क्यों छोड़ी? क्योंकि वजहें कई थीं।

2004 तक याहू काफी बड़ी कंपनी बन गया था। एक छोटे से कमरे से, जहां कल्याण पांचवें कर्मचारी थे, अब एक बड़ी इमारत में तब्दील हो गया था, जहां अब एक हजार से ज़्यादा लोग काम करते थे। याहू अब कॉरपोरेशन था।

"हायरैरकी आ गई थी। लोग अपने हाथ में प्रबंधन चाहते थे। याहू इंडिया ट्रेडिशनल इंडियन सॉफ्टवेयर सेटअप बनने लगा था, और मैं बहुत कम्फर्टेबल नहीं था इस बात को लेकर। मुझे ये बात पसंद ही नहीं था।"

इसका मतलब ये भी था कि आप सुबह नौ बजे आईए, ड्रेस कोड फॉलो कीजिए।

"मैं शॉर्ट्स पहनने वालों में से था। सुबह छह बजे ऑफिस आ जाता था। कई दिन तो 22 घंटे काम करता था, और कुछ दिन तीन घंटे भी। मैं हमेशा अपना काम खत्म कर लेता था, लेकिन अब एक किस्म की बंदिश आ गई थी..."

अनुशासन?

"गैर-जरूरी अनुशासन। मुझे अनुशासन पसंद है। इससे क्षमता बढ़ती है, लेकिन सिर्फ अनुशासन के लिए अनुशासन ठीक नहीं है।"

कल्याण नौकरी को लेकर पसोपेश में थे और फैसला लेना तब आसान

हो गया, जब कल्याण से यूएस शिफ्ट होने को कहा गया, वो भी अलग डिपार्टमेंट में।

दोनों में से कोई विकल्प बहुत रास नहीं आया।

कल्याण ने 2004 के आखिर में याहू इंडिया की नौकरी छोड़ दी। तब उनकी उम्र 24 साल थी।

इस वक्त कल्याण को कई और कंपनियों से ऑफर आए, जिनमें गूगल भी शामिल था। लेकिन कल्याण को ये बात अच्छी तरह मालूम थी कि उन्हें ये काम और नहीं करना था। वही काम, वही आसानी, वही काम जो पहले से मालूम है।

"कॉलेज खत्म होने के एक हफ्ते के भीतर ही मैंने काम शुरू कर दिया था... ये वो वक्त था जब मेरे ऊपर कोई जिम्मेदारी नहीं थी। इसलिए मैंने सोचा, चलो अपनी ज़िंदगी में कुछ एकदम अलग हटकर करते हैं।"

और ये अलग हटकर काम था--वाइल्ड लाइफ फोटोग्राफी!

"मैंने एक अच्छा डिजिटल एसएलआर कैमरा खरीदा था। उन दिनों में उसकी कीमत एक लाख रुपए के आसपास थी। मेरे पास इतने पैसे थे कि मैं वो कैमरा खरीद सकता था।"

कई नए सॉफ्टवेयर इंजीनियरों की तरह कल्याण को भी वीकेंड में शहर से बाहर जाकर घूमना होता था। कल्याण बांदीपुर और नागरहोल जैसे वाइल्ड लाइफ सैंक्चुअरी जाकर तस्वीरें खींच चुके थे।

"वाइल्ड लाइफ फोटोग्राफी पसंद की दो चीजों का संगम था--फोटोग्राफी और वाइल्ड लाइफ... लेकिन मेरे पास कोई फॉर्मल ट्रेनिंग नहीं थी।"

खुद ही सीखते हुए अपना काम करते रहना कल्याण की ज़िंदगी का मोटो था।

"मेरे पास कंप्यूटर साइंस में फॉर्मल ट्रेनिंग नहीं थी। मेरे पास फोटोग्राफी में ट्रेनिंग नहीं थी। वाइल्ड लाइफ का शौक था, लेकिन मैं बायोलोजिस्ट नहीं हूं--सब चीजें खुद ही सीखी हैं।"

2004 में कल्याण ने एक गंभीर फैसला लिया।

"मुझे वाइल्ड लाइफ पसंद है। मुझे फोटोग्राफी भी पसंद है। इसलिए

मुझे जंगल में वक्त बिताना चाहिए।"

तीन-चार महीने बाद तो नौकरी वैसे भी मिल जाएगी। फिर क्यों डरना?

कल्याण ने एक इको-टूरिज्म रिजॉर्ट से संपर्क किया और कहा, "मैं आपके रिजॉर्ट में तीन महीने रहना चाहता हूं।"

उन्होंने कहा, "लेकिन आपको पैसे देने होंगे।"

मैंने कहा, "मैं पैसे तो दे नहीं सकता। अब क्या करें?"

उन्होंने कहा, "आप हमारे साथ आकर काम क्यों नहीं करते? आप अच्छी इंग्लिश बोलते हैं। आप वाइल्ड लाइफ जानते हैं। आप हमारे विजिटर्स को सफारी पर ले जा सकते हैं, उन्हें टूर दे सकते हैं..."

डील ये थी कि सैलरी नहीं मिलेगी, लेकिन रहने-खाने का इंतजाम हो जाएगा।

मैंने कहा, "बहुत सही--ये मेरे लिए परफेक्ट है।"

कल्याण ने अपना बोरिया बिस्तर बांधा और मैसूर के पास बीआर हिल्स में जंगल लॉजेज एंड रिजॉर्ट्स में रहने के लिए चले गए। इस एक फैसले ने उनकी ज़िंदगी बदल दी।

क्योंकि कल्याण कोई सैलरी नहीं ले रहे थे, इसलिए उनके सिर पर बहुत ज़्यादा जिम्मेदारियां भी नहीं थीं।

"सुबह में मैं जीप सफारी में जाता था, शाम को फिर जीप सफारी के लिए जाता था। दिन में अपनी गाड़ी निकालकर जंगल में घूमता था। वो मेरी ज़िंदगी का सबसे अच्छा वक्त था।"

जंगल में चौबीस घंटे रहने का मतलब होता है कि आप वाकई वाइल्ड लाइफ के साथ रह सकते हैं। और उन लोगों के साथ, जो वाइल्ड लाइफ को सबसे अच्छी तरह जानते हैं।

"मैं आदिवासियों के पास चला जाता था और उनके साथ एक बाघ का दो-तीन दिन तक पीछा करता था। मैंने तेंदुओं का पीछा किया, हाथियों के झुंड का पीछा किया। मैंने पक्षियों के बारे में सीखा, बंदरों के साथ खेला। मैं जानवरों के साथ इतना वक्त बिताने लगा कि वे मुझे पहचानने लगे। अपने दल का हिस्सा समझने लगे।"

"एक चीज जो मुझमें है, वो है खुद से सीखने की चाहत। मुझे खुद सीखना बहुत पसंद है—मैं शुरू से सब कुछ सीखता हूं। समझता हूं, लोगों से बात करता हूं, नए-नए काम करता हूं।"

इसके अलावा जानवरों के साथ खतरों से रूबरू भी हुए।

"जब मैंने पहली बार बाघ को देखा था तो मैं अपना कैमरा उठा ही नहीं पाया था। मैं इतनी बुरी तरह से कांप रहा था। और ऐसा तीन-चार बार और हुआ!"

एक बार कल्याण कैमरा ट्रैप तैयार कर रहे थे, जिसमें कैमरे को पेड़ से बांधा जाता है। कैमरा गर्मी पहचान लेता है और कोई जानवर जब नजदीक से गुजरे तो तस्वीर खींच लेता है।

"मैं कैमरे को पेड़ से बांध रहा था और मैंने ध्यान भी नहीं दिया कि मेरे सिर के ठीक ऊपर, डाली पर एक तेंदुआ बैठा हुआ है। मुझे कोई आवाज सुनाई पड़ी और मैंने सिर उठाकर देखा कि तेंदुआ मुझे देखकर मुस्कुरा रहा है। वो मेरी ज़िंदगी का सबसे डरावना लम्हा था। मैं इतना डर गया था कि मेरी पतलून गीली होते-होते बची थी।"

कल्याण अपनी जान बचाने के लिए भागे और ये कहानी सुनाने के लिए बचे रह गए। लेकिन ऐसे ही लम्हों की वजह से कल्याण को जंगल में बार-बार जाने का नशा चढ़ गया।

तीन महीने के आखिर में कल्याण वापस जा ही नहीं सके। उन्हें वहां इतना मजा आया कि कल्याण पूरे एक साल उसी जंगल में रहे।

लेकिन सच कड़वा होता है। कल्याण के पास खुद को सपोर्ट करने के लिए एक साल तक के पैसे तो थे, लेकिन ऐसे पूरी ज़िंदगी नहीं कट सकती थी। लेकिन फिर भी कल्याण वापस नौकरी में नहीं आ सके।

"मैंने तय किया कि मैं आईटी सिक्योरिटी कन्सलटेंट बन जाऊंगा। क्योंकि मैं अपना आधा वक्त शहर में गुजारता था और आधा जंगल में।"

दोनों दुनियाओं का बेहतरीन हिस्सा, ऐसा लगता है, लेकिन ऐसा हुआ

नहीं।

"मैंने पूरे 2006 वैसे ही काम किया। वो मेरी ज़िंदगी के सबसे मुश्किल लम्हों में से था। मैं न कन्सलटिंग पर ध्यान दे पा रहा था न वाइल्ड लाइफ पर।"

कल्याण जंगल के बीचोंबीच होते थे और किसी क्लायंट का फोन आ जाता था, कल सुबह ऑडिट है... आपको यहां आना होगा।

और जब शहर में होते थे किसी ऑडिट पर तो जंगल से कोई फोन करता था, बाघ ने अभी-अभी किसी को मारा। आप यहां फोटो लेने के लिए क्यों नहीं आ रहे?

कल्याण ने छह-आठ महीने कोशिश की कि दोनों दुनिया का संतुलन बनाया जाए, ताकि थोड़े-बहुत पैसे भी कमाए जा सकें और जंगल में तस्वीरें भी खींची जा सकें।

"मैं डिप्रेस्ड तो नहीं था लेकिन मैं बहुत मोटिवेटेड भी नहीं था। मैं काम छोड़ देता था। मेरे कुछ क्लायंट्स छूट गए। जंगल में होने का ये बड़ा नुकसान था। 2006 में कल्याण के पास बीबीसी से फोन आया।"

"मेरी मदद यूं हुई कि मैं सोशल मीडिया पर बहुत एक्टिव था। 1999-2000 से ही।"

कल्याण 2000 से ब्लॉगिंग कर रहे थे। और अपनी तस्वीरें ऑनलाइन भी शेयर करते थे।

"मैं पैसे के लिए फोटोग्राफी नहीं कर रहा था। इसलिए मेरा पूरा आउटपुट मेरे ब्लॉग पर था। और जंगल में मैं जीपीआरएस की मदद से लाइव ब्लॉगिंग करता था। मैं लिखता था, एक बाघ मेरी खिड़की के बाहर से मुझे आवाज दे रहा है। फिर मैं फोटोग्राफ लेता था और पांच से दस मिनट में उसे अपलोड कर देता था।"

ब्लॉग* को बहुत सारे फैन्स और फॉलोअर्स मिले—भारत से भी, और भारत से बाहर भी। उनका काम बोइंग बोइंग नाम के पॉपुलर वेबसाइट पर भी फीचर हुआ।

* www.kalyanvarma.net/journal.

कल्याण ने जो इतनी सारी तस्वीरें ली थीं, उनमें से कुछ मेंढकों की भी तस्वीरें थीं। बीबीसी मेंढकों पर फिल्म बनाना चाहती थी और उन्होंने जब टर्म गूगल किया तो उन्हें कल्याण वर्मा के ब्लॉग का पता मिल गया।

मेंढकों पर बनी उस फिल्म को सफलता नहीं मिली, लेकिन कल्याण अपने पैर दरवाजे के भीतर घुसा चुके थे। कुछ ही महीनों बाद 2007 में बीबीसी एक और फिल्म बना रही थी, मॉनसून और वेस्टर्न घाट पर, वो भी कल्याण के एक दोस्त संदेश कंडूर के साथ।

बीबीसी की टीम ने कहा, "तुम्हें जगह के बारे में पता है। हमने तुम्हारी तस्वीरें भी देखी हैं। हम जानते हैं कि तुम क्या कर रहे हो। तुम हमारे साथ काम क्यों नहीं करते?"

ये एक साईन था। कल्याण के लिए उस दिशा की ओर इशारा, जिधर वे जाना चाहते थे। कल्याण ने अपना कन्सलटिंग बिजनेस बंद कर दिया और वाइल्ड लाइफ फोटोग्राफी में पूरी तरह कूद जाने का फैसला किया।

"वे मुझे बहुत पैसे नहीं दे रहे थे लेकिन मुझे ये मालूम था कि मुझे ब्रेक मिल गया है। मैं और कुछ सालों के लिए मेहनत करने को तैयार था। मुझे लगता है लोगों के साथ एक ये भी समस्या होती है कि वे बहुत तेजी से ऊपर बढ़ना चाहते हैं..."

सच तो ये है कि सारी चीजें अपना वक्त लेती हैं।

आपको खुद को साबित करना होगा।

आपको सब्र रखना होगा।

"मैंने प्रोडक्शन असिस्टेंट के तौर पर काम शुरू किया और सिर्फ ट्राइपॉड उठाया करता था। लेकिन सीखने को बहुत कुछ मिला क्योंकि यूके से फिल्ममेकर आए थे। जब वे लोग फिल्म नहीं कर रहे होते थे तो मैं उनका कैमरा मांग लिया करता था और कुछ-कुछ शूट भी कर लेता था। उनको मेरा काम बहुत पसंद आया।"

और कुछ दिनों के बाद वे यूके से आने की बजाए कल्याण से फुटेज शूट करने को कहने लगे।

"मुझे लगता है कि भरोसा और रिश्ता वक्त के साथ ही बनता है।"

'वक्त' एक जरूरी लफ्ज है यहां।

"टेक्निकल स्किल्स जरूरी हैं, लेकिन वही सब कुछ नहीं। ये भी जरूरी है कि आप अपने क्लायंट को कितना खुश रख पाते हैं? क्या वे आपको पसंद करते हैं? क्या वे आप पर भरोसा करते हैं? क्या वे इस बात का यकीन करते हैं कि आप डेलिवर कर पाएंगे?"

क्रिएटिव फील्ड में ये जरूरी नहीं कि आप कितने पढ़े लिखे हैं। आपको शुरुआत बिल्कुल नीचे से करनी होती है, और सब कुछ सीखना होता है।

"हां, बहुत सारे ऐसे लोग हैं जो ये करना ही नहीं चाहते। वे सीधे टॉप पर जाना चाहते हैं। जैसे नेशनल जियॉग्राफिक चालीस फोटोग्राफरों को लेता है लेकिन चार करोड़ लोग ऐसे हैं जो नेशनल जियॉग्राफिक के फोटोग्राफर बनना चाहते हैं।"

तो फिर दस लाख में एक को चुनते कैसे हैं?

"मैं नेशनल जियॉग्राफिक में लोगों को जानता हूं। वे कहते हैं कि वे टेक्निकल मेरिट पर अब लोगों को नहीं ले सकते। अब हम वैसे ही फोटोग्राफरों को लेते हैं जो पहले से कुछ कमाल कर चुके हैं।"

वैसे लोग, जो लगातार कमाल कर रहे हैं। वैसे लोग, जिनका जादू सिर्फ एक बार का नहीं है।

"लोगों को लगता है कि मैंने ये कूल फोटो ली है तो नेशनल जियॉग्राफिक इसे खरीद लेगा। नहीं ऐसा नहीं होता। आपको कड़ी मेहनत करनी होती है, अपना क्रेडिट कमाना होता है। ठीक वैसे ही किसी जर्नलिस्ट की तरह, जिसकी पहचान अपनी राइटिंग की वजह से बनती तो है, लेकिन एक लंबे समय तक लगातार लिखने के बाद।"

हां, ये जरूर है कि इस पहचान के बनने में अब शायद तीस साल न लगें। तीन साल में ही कल्याण इतनी दूर आ गए हैं।

"बीबीसी को अब मुझ पर इतना भरोसा हो गया है कि वे मुझे फॉरेन क्रू के टक्कर का मानते हैं। शुरू में वे लोग मुझे हर रोज का बीस पाउंड देते थे। अब तीन सौ पाउंड देते हैं। लेकिन इस तरह का भरोसा बनने में वक्त लगता है। उन्हें मालूम है कि मैं डिलिवर कर सकता हूं।"

एक अच्छी तस्वीर के लिए फोटोग्राफरों को कम से कम सौ तस्वीरें खींचनी होती हैं। लेकिन जाहिर है, कोई स्टैंडर्ड रूल या फॉर्मूला नहीं है।

"मेरी कुछ सबसे अच्छी तस्वीरें दो या तीन शॉट में ही ले ली गई थीं क्योंकि वहां कुछ हो रहा था और आप वहीं मौजूद थे। लेकिन कई बार आपको कई-कई दिन तक उस तस्वीर के लिए इंतजार करना होता है, जिसके लिए आप वहीं बैठे रहते हैं।"

वीडियो के साथ भी वही कहानी है। एक घंटे के हाई-क्वालिटी फुटेज के लिए बीबीसी सौ घंटे का रॉ फुटेज लेता है।

एक्सेलेंस--सबसे अच्छा प्रदर्शन, सबसे अच्छा काम--वो संजीदा और लगातार कोशिश है जो अक्सर दिखाई नहीं देती। चाहे आप जहां चले जाएं।

हो सकता है कि आपको ऐसा लगता हो कि जब आप ज़िंदगी का एक चैप्टर बंद करके दूसरा लिखने जा रहे होते हैं तो अभी तक जो किया वो सिर्फ वक्त की बर्बादी लगता हो। लेकिन सच तो ये है कि इंसान अपने तजुर्बों का कुल जमा होता है और उसका कुल हमेशा टुकड़ों से बड़ा होता है।

"एक और चीज जिससे मुझे वाइल्ड लाइफ फोटोग्राफी की तरफ अपना रास्ता बदलने में मदद मिली, वो थामेरा टेक्नॉलोजी बैकग्राउंड। मैं कई सारी चीजें एक साथ कर सकता था--वेब पोर्टल बना सकता था, प्रोडक्शन के लिए लाइव ब्लॉग बना सकता था।"

याहू के एक सुपरस्टार के लिए ये बाएं हाथ का खेल हो सकता था, लेकिन इससे बीबीसी को बहुत फायदा हुआ। इसलिए क्योंकि सारी सुविधाएं उन्हें फ्री ऑफ कॉस्ट मिलीं।

"बीबीसी में किसी को मालूम ही नहीं था कि करना कैसे है। उन्होंने यूके में कोई महंगी सी कंपनी हायर कर ली होती और उस कंपनी को ढेर सारे पैसे दिए होते। जबकि मैं सारे काम मुफ्त में कर रहा था। जाहिर है, वो लोग बहुत खुश थे।"

थोड़ी और मेहनत, थोड़ा और काम--इसका मतलब ये है कि पहल की जाए और ये बिना पूछे कि मेरे लिए इसमें क्या है, आगे बढ़ते रहा जाए।

"मैं मानता हूं कि वाइल्ड लाइफ फोटोग्राफी में बहुत सारी किस्मत भी इन्वॉल्व होती है। लेकिन मैं कहता हूं, आप जितना काम करते हैं, किस्मत उतनी ही बेहतर होती चली जाती है।"

आपको ये यकीन होना चाहिए कि एक न एक दिन आपकी मेहनत का फायदा आपको मिलेगा।"

बीबीसी के कई सारे कार्यक्रमों में पहले से ही प्राइमरी कैमरामैन होता था, लेकिन कल्याण को फिर भी वेबसाइट के लिए स्टिल्स शूट करने के लिए बुलाया जाता था।

जिन कुछ सीरिज पर कल्याण ने काम किया वो थे, 'माउटेन्स ऑफ मॉनसून्स' और 'क्रोकोडाइल ब्लूज'।

"मैंने बीबीसी के कई सारे प्रोडक्शंस के वेब प्रेजेन्स पर काम किया। उनके वाइल्ड लाइफ कॉन्जर्वेशन पर काम किया। हमने ऑनलाइन फंड रेज करने का प्रयास किया है और फिर उसी के आधार पर सीरीज बनाकर टीवी पर दिखाया है।"

कल्याण ने 'चेजिंग द मॉनसून' नाम की एक बीबीसी सीरिज पर भी काम किया। उन्होंने किंग कोबरा पर एक शूट करते नेशनल जियॉग्राफिक में भी अपने लिए जगह बनाई।

लेकिन अभी भी सवाल ये है कि क्या आप वाइल्ड लाइफ फोटोग्राफी से करियर बना सकते हैं, वो भी भारत में? कल्याण से ये सवाल लगातार पूछा जाता है।

"भारत में ज़्यादातर वाइल्ड लाइफ फोटोग्राफर रईस लोग हैं, वैसे लोग जिनकी बड़ी-बड़ी इंडस्ट्री है। उनके लिए ये ट्रॉफी-हंटिंग की तरह है। आप अपने दोस्तों को दिखा सकते हैं कि आपने कितनी कूल तस्वीर ली है टाइगर की।"

बहुत कम ऐसे फोटोग्राफर हैं, जो वाइल्ड लाइफ तस्वीरों से अपना करियर बना रहे हैं। उन्हें विदेशी पब्लिकेशन्स को बेचकर पैसे कमा रहे हैं।

दूसरी ओर देखें तो ये एक छुपा हुआ अवसर भी है।

"चूंकि आप मार्केट में ऐसे पहले इंसान हैं, आप अपने लिए मार्केट बना सकते हैं। मैंने फोटोग्राफी में यही तरीका अपनाया है।"

आमतौर पर एक वाइल्ड लाइफ फोटोग्राफर अफ्रीका जाता है, शेर और चीते की तस्वीरें खींचता है।

"वहां सब कुछ आसान है। बड़ा फुटबॉल फील्ड है जैसे, और आप शेरों तक गाड़ी में बैठकर जा सकते हैं। उन्हें सोता हुआ देख सकते हैं, उनकी तस्वीरें खींच सकते हैं और वापस आ सकते हैं।"

भारत में एक बाघ दस दिन की कोशिश के बाद अपनी झलक दिखलाता है।

"भारत में हालांकि वाइल्ड लाइफ अफ्रीका जितना ही है, लेकिन बहुत कम डॉक्युमेंट किया गया है उसको।"

मिसाल के तौर पर, वेस्टर्न घाट में पांच किस्म के लंगूर हैं लेकिन तीन की ही तस्वीरें खींची जा सकी हैं।

"नेशनल जियॉग्राफिक के फोटोग्राफर इसलिए ये काम नहीं कर पाएंगे क्योंकि उन्हें लोकल लोगों से बात करनी होगी, बहुत सारा वक्त वहां गुजारना होगा, जगह को समझना होगा। लेकिन हम लोगों के लिए ये सारे काम आसान हैं। मुझे लगता है कि ये एक बड़ी चुनौती है, और बड़ा मौका भी!"

बात ये है कि आप मेहनत करते हैं और अगर आप रिसोर्सफुल हैं, तो आप अपने लिए कहीं न कहीं से रास्ता बना ही लेंगे। और अपने काम से पैसे बनाएंगे, एक नहीं--कई तरीके से।

मिसाल के तौर पर कल्याण ने लोकल मार्केट में अपनी तस्वीरें बेचने का रास्ता निकाल लिया है। वो एक ऐसे देश के लिए कमाल की बात है, क्योंकि हमारे यहां कुछ खरीदने का कल्चर तो है ही नहीं। फिर डिजिटल कैमरा और फ्लिकर के इस जमाने में सबको ये लगता है कि इसमें कौन सी बड़ी बात है।

"लोग भारत में फोटोग्राफी के पैसे नहीं देंगे। यहां तक कि मैगजीन्स भी दो सौ, पांच सौ रुपए एक फोटो की देती हैं, जो कुछ भी नहीं है।"

"मैं सॉफ्टवेयर लिख रहा हूं, क्योंकि ये कूल है। इसलिए नहीं
क्योंकि मुझे क्लायंट हर घंटे के बीस डॉलर देगा।
मेरे में वो बच्चे जैसा उत्साह लौट आया है।"

लेकिन अगर आप फोटोग्राफ देखें और उसका प्रोडक्ट बना दें तो लोग
खरीदेंगे। तो कल्याण प्रिंट नहीं बेचते। वे उसका कैलेंडर बनाने में इस्तेमाल
करते हैं और ये कैलेंडर हाथों हाथ बिक जाते हैं।

"सबको एक कैलेंडर चाहिए और स्टेट बैंक ऑफ इंडिया के लिए कुछ
बोरिंग सा बनाने से अच्छा है कि वे वाइल्ड लाइफ पिक्चर के साथ कुछ
अच्छा सा देखें, और बनाएं। मैं टी-शर्ट की प्रिंट भी बेचता हूं।"

इन प्रोडक्ट्स के अलावा (जो कल्याण खुद डिजाइन करते हैं), रेवेन्यू
का एक और सोर्स है वर्कशॉप। वैसे लोगों के लिए जो फोटोग्राफी सीखना
चाहते हैं।

"बीबीसी का काम साल में तीन महीने से ज्यादा नहीं होता। मैं उन
तीन महीनों में फुल-टाइम काम कर रहा होता हूं, और मुझे अच्छे पैसे मिलते
हैं। लेकिन बाकी के 8-9 महीने मैं और चीजें करता हूं जो मुझे व्यस्त रखे।"

और पैसे आते रहते हैं। फिलहाल आधे से ज्यादा पैसे प्रोडक्ट और
वर्कशॉप से आते हैं।

वर्कशॉप पूरी तरह वेबसाइट के जरिए मार्केट किए जाते हैं। जिसे भी
दिलचस्पी हो, वो साइन अप करता है। महीने में एक बार वर्कशॉप होती
है और उसमें फील्ड ट्रिप भी होते हैं।

लेकिन कई वर्कशॉप वीकेंड पर ही होते हैं, वो भी बंगलोर में। वीकेंड
ही वो वक्त होता है जब लोगों के पास वर्कशॉप करने की फुर्सत होती है।
कल्याण टेक्स्टबुक तरीके से वर्कशॉप नहीं कराते। सारे तरीके प्रैक्टिकल्स के
हैं, थ्योरी के नहीं--ठीक वैसे ही, जैसा कल्याण ने सीखा।

"लोगों को ये तरीका बहुत पसंद आता है। बाकी के स्कूल बहुत ट्रेडिशनल
होते हैं, बेसिक्स से शुरू करते हैं। लेकिन अब लोगों का अटेंशन स्पैन इतना

है नहीं। वे लोग डिजिटल एसएलआर खरीद लेते हैं, टेक्निकली तो सारी चीजें समझ जाते हैं लेकिन ये नहीं जान पाते कि बेहतर तस्वीरें कैसे लेनी हैं।"

इसके अलावा, फोटोग्राफी स्कूल आपको डिजिटल फोटोग्राफी की छोटी-छोटी बातें नहीं बताते। आप पिक्चर प्रोसेस कैसे करें, उन्हें अपलोड कैसे करें, अपने काम को ऑनलाइन पब्लिसाइज कैसे करें।

"फोटोग्राफी का मेरा फलसफा ओपेन सोर्स का है। आप मेरी वेबसाइट पर जाइए, सारी तस्वीरें क्रिएटिव कॉमन्स लाइसेंस के तहत हैं--पब्लिक डोमेन पर फ्री।"

ये सुनकर बहुत हैरानी होती है क्योंकि आर्टिस्ट और क्रिएटिव लोग अपने काम को लेकर बहुत पोजेसिव होते हैं। क्योंकि अगर आप राइट्स दे रहे हैं, तो पैसे कमाने का पारंपरिक तरीका आप अपने हाथ से जाने दे रहे हैं।

लेकिन वक्त बदल रहा है और कल्याण की इस विषय पर अलग सोच है।

"लोग वापस आते हैं। उन्हें मेरी तस्वीरें इतनी पसंद आती हैं... और कुछ लोग अपने आप कहते हैं कि हम आपकी तस्वीरों के लिए पैसे देना चाहते हैं। बाकी लोग मेरे प्रोडक्ट्स खरीदते हैं।"

क्रिएटिव लोगों के लिए ये बहुत बड़ा सबक है। आप लोगों को म्युजिक या फिल्म या किताब डाउनलोड करने से नहीं रोक सकते, लेकिन आप उन्हें अपना फैन तो बना ही सकते हैं। उन्हें अपना फॉलोअर, अपना दोस्त बना सकते हैं। आप पैसे कमाने के तरीके वहां से भी निकाल लाएंगे। अगर आपका काम अच्छा है तो पैसा आ ही जाती है।

ओके। लेकिन कुछ भी अपने आप नहीं आता। और ये तो पक्की बात है कि दुनिया की हामी या अप्रूवल जल्दी मिलता भी नहीं। जिस पहले साल कल्याण जंगल भाग गए होंगे, उस साल दुनिया को पक्का लगा होगा

"आप इतने खूबसूरत जानवर देखते हैं, जंगल देखते हैं। फिर अगले साल वहीं लौटकर जाते हैं, तो मालूम पड़ता है कि वहां वो जानवर हैं ही नहीं। आप इस बारे में कैसे कुछ नहीं करना चाहेंगे?"

कि ये पागल हैं।

“ओह, दोस्तों को तो लगा ही कि मेरा दिमाग फिर गया है। मेरे पेरेन्ट्स भी बहुत दुखी थी। मैं एक टिपिकल इंडियन सेटिंग को छोड़कर जा रहा था--घर, कार, नौकरी।”

और तब, जब मम्मी को लग रहा था कि अब बच्चे की शादी की बात चलानी चाहिए। ये सारा प्रेशर उन्होंने हैंडल कैसे किया?

“मैंने बस ये कहा कि ये सारी चीजें ज़िंदगी में मेरी प्रायोरिटी नहीं हैं। मैं आंध्र से हूं, जहां लोग दहेज की बात करते हैं। ये एक किस्म का वैल्यूशन होता है। मेरी वैल्यू तो एकदम जमीन छू रही थी अब।”

कल्याण के माता-पिता को इस फैसले से समझौता करने में दो साल लगे और अब वे कल्याण के काम में फख्र महसूस करते हैं। लेकिन दो साल कल्याण ने इस बात की बिल्कुल फिक्र नहीं की कि लोग क्या कहेंगे, क्या सोचेंगे।

फिर आगे?

“मैं कई सारी चीजें कर रहा हूं... मैं पार्ट फोटोग्राफर हूं, मैं पार्ट फिल्मेकर हूं। मैंने कई सारे वाइल्ड लाइफ एनजीओ के साथ काम किया है। मैं उन्हें उनका स्पीशीज डेटाबेस बनाने में मदद करता हूं। उनके लिए कॉन्जर्वेशन मेसेज तैयार करता हूं। मैं कई बार फॉरेस्ट डिपार्टमेंट के लिए फील्ड वर्क भी करता हूं।”

बेसिकली, हर वो चीज जो सिर्फ फोटोग्राफी ही नहीं है, बल्कि वाइल्ड लाइफ से जुड़ी हुई है।

“मैं अपने हाथ गंदे करना चाहता हूं, और इसका हिस्सा बनना चाहता हूं।”

कल्याण नेशनल जियॉग्राफिक के लिए कवर स्टोरी करना चाहते हैं और ये होगा भी जल्द ही। इस बीच उन्हें बीबीसी ‘अर्थ एक्सप्लोरर’ के तौर पर चुना गया है। जिसका मतलब ये कि दुनिया घूमने के लिए और बीबीसी के लिए स्टोरिज करने के लिए उन्हें पैसे दिए जाएंगे।

और आगे अगले पांच सालों में वे क्या कर रहे होंगे, या फिर अगले

दस सालों में? इसे दो तरीके से देखा जा सकता है।

"मैं जो कर रहा हूं वही दस साल तक करता रहूं तो मैं खुश रहूंगा। मैं प्रोमोशन नहीं ढूंढ़ रहा।"

कल्याण अपने शेड्यूल रखते हैं। जब भी सफर करना होता है, सफर करते हैं। करते वो हैं जो उन्हें करना पसंद है। ये भी मुमकिन है कि सब छोड़कर वे एकदम नया कुछ करने लगें।

"मुझे लगता है कि अगर आपको कुछ पसंद है, तो वो आप करके रहेंगे। कल को अगर मैं ऐस्ट्रोनॉट बनना चाहूंगा तो मैं एक एस्ट्रोनॉमी क्लब शुरू कर दूंगा। मैं एचएलएल के लिए काम करूंगा, या फिर वर्जिन गैलैक्टिक के लिए। मैं कहूंगा, मैं मेकैनिक बन सकता हूं। और मैं अगले पांच साल तक मुफ्त में काम करने को तैयार हूं। मैं किसी न किसी तरह दरवाजे में अपनी टांग घुसाकर ही रहूंगा।"

अपने किस्मत के दरवाजे खोल लीजए और अपनी ओर से पूरी कोशिश कीजिए।

किस्मत का दरवाजा खुलेगा। मेरी बात का यकीन कीजिए।

*

युवा उद्यमियों को सलाह

पूरी मेहनत कीजिए। अपनी पूरी ताकत लगा दीजिए। लोगों को ये लगता है कि भारत में वाइल्ड लाइफ साइंटिस्ट या वाइल्ड लाइफ फोटोग्राफर बनने के अवसर नहीं हैं। जैसा कि मैंने कहा, अवसर आप बनाते हैं।

दूसरा, आपको जुनून की जरूरत होती है -- क्वालिफिकेशन से ज्यादा जुनून की। कई लोग आते हैं मेरे पास और कहते हैं, मैंने फिल्म बनाने में डिप्लोमा किया है। बताईए कि मैं बीबीसी या नेशनल जियॉग्राफिक के साथ कैसे काम कर सकता हूं? मैं वाइल्ड लाइफ फिल्में बनाना चाहता हूं...

मैं उनसे पूछता हूं, आप कितने जंगलों में गए हैं?

वे कहते हैं, एक भी नहीं।

उनसे भारत के दस पक्षियों के नाम पूछ लीजिए और उनको एक का नाम भी मालूम नहीं होगा। आपको शायद मेरी बात का भरोसा न हो, लेकिन जितने लोगों को मैं बीबीसी या नेशनल जियॉग्राफिक में जानता हूं--उनमें से कोई भी ट्रेन्ड फिल्मेकर या ट्रेन्ड बायॉलोजिस्ट नहीं है। सब ज़िंदगी में कुछ न कुछ अलग काम करते हैं, लेकिन फिल्मों और वाइल्ड लाइफ को लेकर बहुत जुनूनी हैं।

आपको ढूंढ़ना होगा कि प्यार क्या है, और उसे पूरा करना होगा। मैंने तीन साल बिना किसी तनख्वाह के काम किया है, ताकि मैं अपनी पहचान बना सकूं। बड़ा घर या बड़ी गाड़ी मेरे लक्ष्य नहीं थे।

हां, आपको वाइल्ड लाइफ फोटोग्राफी के लिए कैमरा और बाकी चीजें चाहिए होती हैं। आप 50,000 के बजट के साथ शुरू कर सकते हैं। एक बेसिक कैमरा ले सकते हैं, एक सस्ता जूम लेंस ले सकते हैं। कैमरा भी कंप्यूटर की तरह होता है। आपको अच्छा प्रोग्रामर बनने के लिए मैकबुक या चार जीबी रैम की जरूरत नहीं पड़ती है। आप एक मोबाइल फोन पर या एक पुराने पीसी पर भी काम कर सकते हैं। मेरी अपनी कुछ सबसे अच्छी तस्वीरें पुराने, सस्ते लेंसों से ली गई हैं। लोगों को वे तस्वीरें अभी भी पसंद आती हैं। और आख़िर में, आपको अलग सोचना होगा। ये सभी फील्ड में लागू होता है--चाहे वो म्यूजिक हो या आर्ट, या फिर लिटरेचर। अगर आपकी स्टाईल दूसरों से बिल्कुल अलग है तो या तो आप बुरी तरह असफल हो जाएंगे या फिर लोग आपको इसलिए पसंद करेंगे क्योंकि आप सबसे अलग हैं। लेकिन सफलता का यही एक मूलमंत्र है--सबसे अलग होकर काम करना।

संपर्क करने के लिए

अगर आप सहायता/सलाह के लिए इस पुस्तक में उल्लिखित किसी उद्यमी से संपर्क करना चाहें, तो ये उनके ईमेल आईडी हैं।

कोशिश करें कि आपके सवाल स्पष्ट हों और जवाब के लिए थोड़ा धैर्य रखें!

1. प्रेम गणपति, दोसा प्लाजाः *g.dosaplaza@gmail.com*
2. कुंवर सचदेव, सु-कैमः *ks@su-kam.com*
3. गणेश राम, वीटाः *ganeshram@vetaglobal.com*
4. सुनीता रामनाथकर, फेमः *sunitaramnathkar@hotmail.com*
5. एम महादेवन, ओरिएंटल कुइजीन्सः *madicos55@gmail.com*
6. हनमंत गायकवाड़ बीवीजीः *gaikwad.hr@gmail.com*
7. रंजीवरामचंदानी, तंत्राः *tantratshirts@gmail.com*
8. सुरेश कामथ, लेजर सॉफ्टः *kamath@lasersoft.co.in*
9. रघु खन्ना, कैशयॉरड्राइवः *raghu@cashurdrive.com*
10. आर श्रीराम, क्रॉसवर्डः *sriram@nextpracticeretail.com*
11. सौरभ व्यास और गौरव राठौर, पॉलिटिकल एजः *saurabh.vyas@gmail.com & gaurav.rathore@gmail.com*
12. सत्यजीत सिंह, शक्ति सुधाः *info@shaktisudha.com*
13. सुनील भू, फ्लैंडर्स डेयरीः *sunil@flandersdairv.com*
14. चेतन मैनी, रेवाः *maini.chetan@mahindrareva.com*
15. समर गुप्ता, त्रिकाया एग्रीकल्चरः *pooper@elephantpoopaper.com*
16. महिमा मेहरा, हाथी छापः *samar@trikaya.net*

17. अभिजीत बनसोड़, स्टूडियो एबीडी: *abhijitbansod@studioabd.in*
18. परेश मोकाक्षी, हरिश्चंद्राची फैक्टरी: *pareshmokashi@hotmail.com*
19. कृष्णा रेड्डी, प्रिंस डांस ग्रुप: *pabitraforever@gmail.com*
20. कल्याण वर्मा, वाइल्ड लाइफ फोटोग्राफर: *mail@kalyanvarma.net*